LES TIGRES DE TASMANIE

DU MÊME AUTEUR

Moïse, le pharaon rebelle (Le Rocher, octobre 2002)
Le Secret interdit (Le Rocher, octobre 2001)
Le Roman de la Belle et la Bête (Le Rocher, novembre 2000)
La Fille du diable (Le Rocher, juin 2000)
Antilia (Le Rocher, septembre 1999)
Trilogie : *La Première Pyramide*
Tome 1 : La Jeunesse de Djoser (Le Rocher, novembre 1996)
Tome 2 : La Cité sacrée d'Imhotep (Le Rocher, octobre 1997)
Tome 3 : La Lumière d'Horus (Le Rocher, septembre 1998)
La Lande maudite (Le Rocher, juin 1996)
Cycle : *Les Enfants de l'Atlantide*
Tome 1 : Le Prince déchu (Le Rocher, mai 1994, Réédition janvier 2000)
Tome 2 : L'Archipel du soleil (Le Rocher, février 1995, Réédition mars 2001)
Tome 3 : Le Crépuscule des géants (Le Rocher, mars 1996)
La Porte de bronze (Le Rocher, janvier 1994), Prix Julia Verlanger, 1995
Cycle de Phénix
Tome 1 : *Phénix* (Le Rocher, août 1986, Réédition en deux volumes en avril 1998)
Livre 1: Dorian et Solyane
Livre 2 : L'Amour interdit, Prix Cosmos 2000, 1987 / Prix Julia Verlanger, 1987
Tome 2 : *Graal* (Le Rocher, novembre 1988, Réédition en deux volumes en juin 1999)
Livre 1 : L'Ombre du prophète
Livre 2 : Le Sacrifice
Tome 3 : *La Malédiction de la licorne* (Le Rocher, juin 1990, Réédition juin 2001)

www.simonay.com

Bernard Simonay

LES TIGRES DE TASMANIE

Roman

Production Jeannine Balland
Collection Sud Lointain

PRESSES DE LA CITÉ

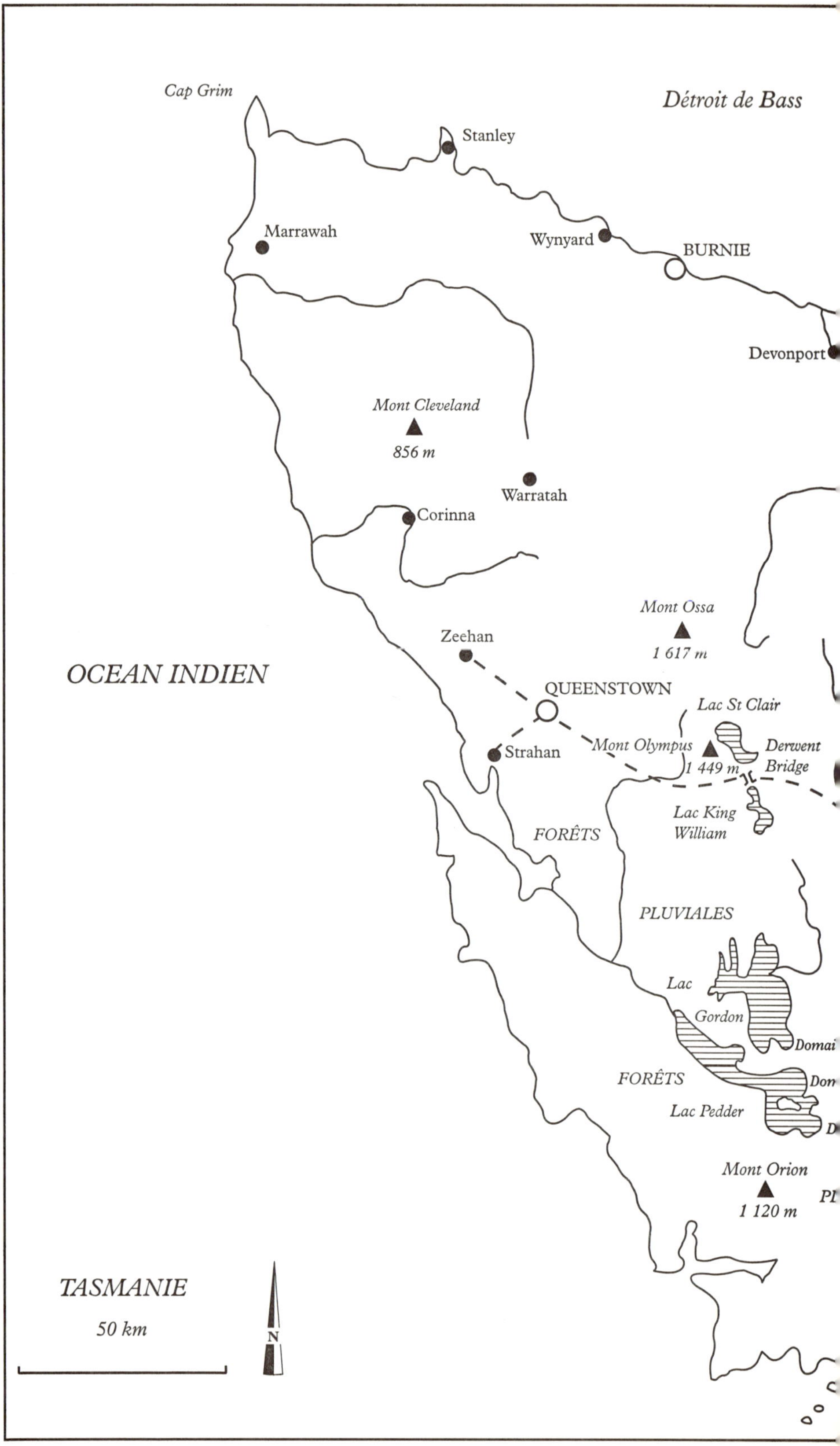

Cap Grim
Détroit de Bass
Stanley
Marrawah
Wynyard
BURNIE
Devonport
Mont Cleveland
856 m
Warratah
Corinna
Mont Ossa
1 617 m
Zeehan
OCEAN INDIEN
QUEENSTOWN
Lac St Clair
Mont Olympus
1 449 m
Derwent
Bridge
Strahan
Lac King
William
FORÊTS
PLUVIALES
Lac
Gordon
FORÊTS
Lac Pedder
Mont Orion
1 120 m
TASMANIE
50 km
N

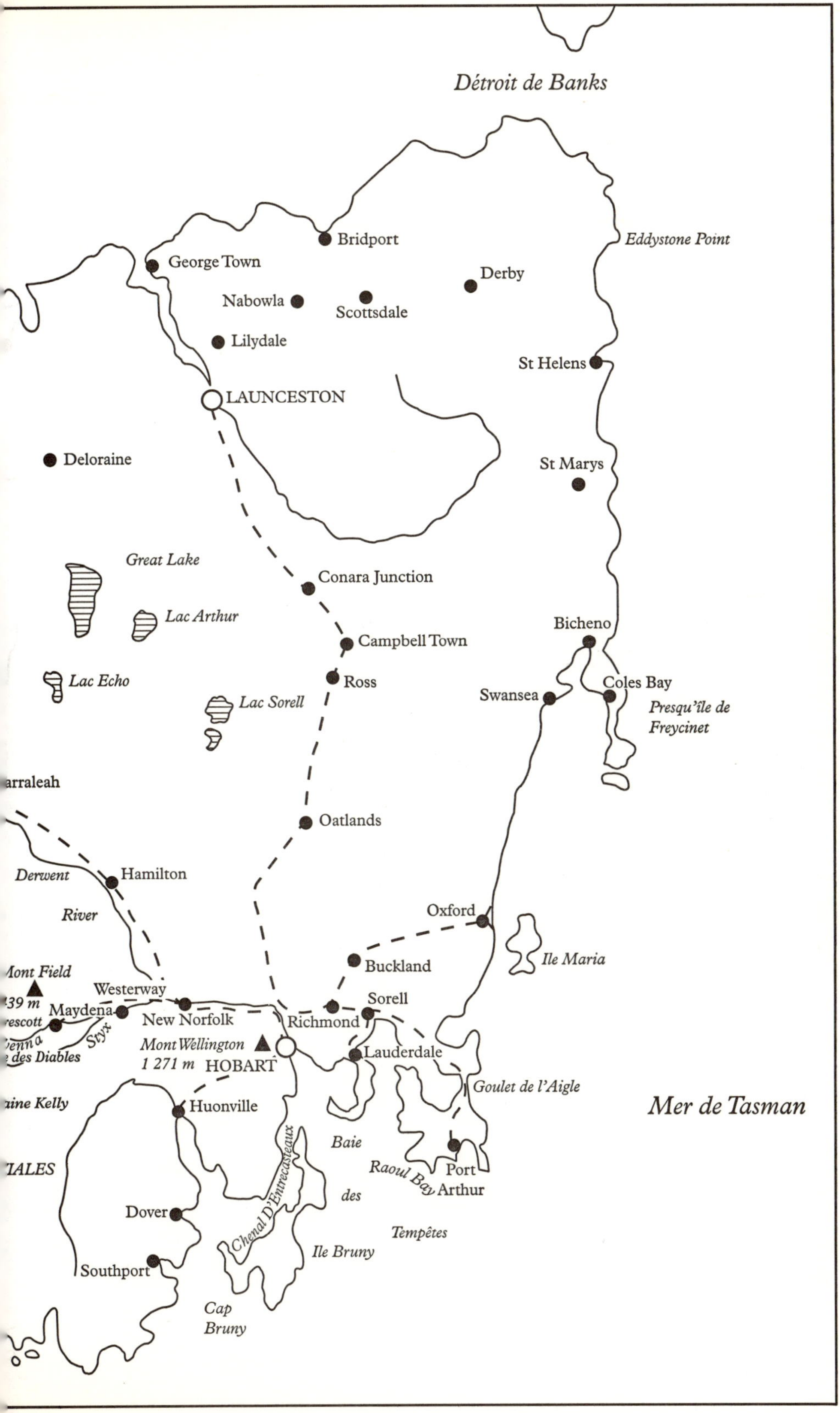

Détroit de Banks
Bridport
Eddystone Point
George Town
Derby
Nabowla
Scottsdale
Lilydale
St Helens
LAUNCESTON
Deloraine
St Marys
Great Lake
Conara Junction
Lac Arthur
Bicheno
Campbell Town
Lac Echo
Ross
Swansea
Coles Bay
Lac Sorell
Presqu'île de Freycinet
Oatlands
Derwent
Hamilton
River
Oxford
Ile Maria
Buckland
Westerway
Sorell
Maydena
New Norfolk
Richmond
Styx
Mont Wellington 1 271 m
HOBART
Lauderdale
Goulet de l'Aigle
Mer de Tasman
Huonville
Baie
Chenal D'Entrecasteaux
Raoul Bay
Port Arthur
des
Dover
Tempêtes
Ile Bruny
Southport
Cap Bruny

ISBN 2-258-05945-3

A mon papa, qui ne lira jamais ce livre,
et qui me manque terriblement...
A ma maman, que j'aime très fort

Remerciements...

Je tiens à remercier chaleureusement tous les membres de l'Alliance française de Hobart, particulièrement madame Hilary Fawcett, pour l'aide précieuse qu'ils m'ont apportée. La quantité impressionnante de documentation qu'ils ont réunie m'a permis de mieux comprendre ce pays mal connu, mais fascinant.

Prologue

Très loin, de l'autre côté du monde, au sud du continent australien, existe une île étonnante. Sur plusieurs centaines de kilomètres, sa côte occidentale dresse un puissant bouclier de falaises et de côtes désolées contre les assauts incessants des quarantièmes rugissants. Il règne en ces lieux farouches une tempête éternelle qui interdit à l'homme de s'y établir, à tel point qu'on n'y rencontre aucun port.

Derrière ce rempart quasi infranchissable s'élève un massif montagneux aux pics escarpés et couverts de forêts luxuriantes. Des vallons élevés, cernés par des sommets noyés par les brumes, servent d'écrins à des lacs sauvages, sur lesquels le soleil ne brille guère plus d'un mois par an. L'eau s'infiltre partout ; elle dégringole des cimes en une dentelle de cascades somptueuses, puis explose en torrents impétueux qui emportent rochers et troncs d'arbres morts au cœur de ravines humides. Plus bas vers l'est, où le relief s'adoucit, elle s'assagit, cabriole autour des pierres, se glisse entre les herbes aquatiques, exhalant des parfums incomparables, qui se mêlent aux senteurs d'une flore exubérante et colorée. Hiver comme été, elle imprègne et détrempe la terre, s'infiltre sous la roche, dégouline des arbres gigantesques, elle se répand dans les sous-bois sombres en une brume pénétrante et omniprésente, qui confère à la forêt l'aspect irréel d'un rêve.

Mais il arrive que les nuages épais, apportés par les ouragans de l'ouest, s'écartent pour dévoiler un ciel d'azur étincelant. Alors, le soleil adresse à la terre des baisers de lumière qui réchauffent le sol et font naître d'innombrables arcs-en-ciel. Des vapeurs translucides s'élèvent du fond des vallons, la chaleur exalte les odeurs des sous-bois, et l'île se pare de beautés incomparables.

Au cœur de cette sylve d'eucalyptus géants et de myrtes dont les feuilles ne jaunissent jamais, grouille tout un peuple d'animaux aux noms étonnants : chats-tigres, opossums, phalangers, échidnés, ornithorynques, wallabies, wombats, sarcophiles... Cependant, le plus extraordinaire de tous était un fauve exterminé au début du vingtième siècle. Il ressemblait à un loup, mais les femelles portaient leurs petits dans une poche ventrale, comme le font les kangourous. Le terme savant pour le désigner est « thylacine ». A cause des rayures qui marquaient son pelage dorsal, les autochtones le baptisèrent *French Tiger*, « tigre français ». Mais on le connaît mieux sous le nom de « tigre de Tasmanie ».

Allongée sur la plage de gravier blanc qui bordait le petit lac montagnard, Ventre-Blanc surveillait ses fils. Tous deux jouaient en silence non loin de la cascade, bondissant de rocher en rocher, roulant l'un sur l'autre, laissant parfois échapper un jappement discret. D'instinct, ils savaient retenir leurs cris de joie, afin de ne pas attirer l'attention du prédateur redoutable à l'origine de la destruction du Peuple. Le père, Longues-Mâchoires, scrutait les alentours de son œil vif, en compagnie de deux jeunes mâles issus d'une meute anéantie, Courtes-Pattes et Queue-Touffue. Une demi-douzaine d'autres individus, trois femelles et trois mâles, paressaient, profitant de la tiédeur de ce soleil si rare. Tous provenaient de tribus différentes, et seul l'instinct de survie les avait poussés à se rassembler.

Ventre-Blanc se souvenait encore d'un temps où de nombreuses hordes se partageaient le monde. Aussi loin que la mémoire du Peuple pouvait remonter, jamais celui-ci n'avait eu à craindre les êtres-qui-marchaient-sur-deux-pattes. Ceux-ci vivaient en bonne harmonie avec les loups tigrés et les respectaient. Puis un jour, tout avait basculé. D'autres créatures-à-deux-pattes étaient apparues. Nul ne savait d'où elles venaient. Depuis toujours, les limites du Monde se fixaient aux Grandes Eaux infinies, et jamais personne n'en avait entendu parler. Elles ressemblaient aux êtres-qui-marchaient-sur-deux-pattes, et les anciens n'avaient aucune raison de se méfier d'elles. Avec elles étaient apparus des troupeaux innombrables d'animaux à la fourrure blanche ou noire, jusqu'alors inconnus, qui s'étaient révélés bien plus faciles à chasser que les wallabies et les rongeurs de la forêt. Mais peut-être ces bêtes stupides avaient-elles conclu un pacte avec les créatures-à-deux-pattes, car celles-ci se mirent à répandre la mort au sein du Peuple. Lorsqu'elles apparaissaient, le silence explosait sous le fracas de tonnerres incessants, des sifflements effrayants faisaient vibrer l'air et une odeur étrange se propageait, suffocante, engendrant la terreur. Autour de Ventre-Blanc, ses compagnons s'écroulaient, la tête éclatée ou les membres déchiquetés. Alors, elle avait fui, toujours plus loin, toujours plus haut, se réfugiant vers les montagnes protectrices, là où les créatures hésitaient à s'aventurer. Pourtant, certaines d'entre elles s'étaient acharnées, et il avait fallu redoubler de prudence, vivre comme un gibier traqué. Ventre-Blanc conservait sur ses flancs les cicatrices d'une blessure qui avait failli lui coûter la vie.

Avec le temps, les apparitions des créatures porteuses de mort s'étaient raréfiées. Les quelques survivants des meutes s'étaient regroupés, surmontant les antagonismes qui autrefois opposaient leurs membres pour la possession des territoires de chasse. D'instinct, les loups marsupiaux savaient que leur seule chance de survie était de mélanger leur sang.

Ventre-Blanc avait eu deux fils, qui venaient à peine de s'aventurer hors de sa poche protectrice. D'autres femelles auraient encore des enfants, et le Peuple parviendrait peut-être à se perpétuer. Mais la terrible vérité était inscrite dans l'esprit de Ventre-Blanc. Elle sentait la mort se resserrer inéluctablement autour d'eux. Elle-même et les derniers rescapés du massacre finiraient par disparaître définitivement, comme avaient disparu depuis longtemps les premiers êtres-qui-marchaient-sur-deux-pattes. Ventre-Blanc se demanda s'ils avaient, eux aussi, été victimes des créatures...

Il n'y avait aucune révolte, aucune haine en elle. Les choses étaient ainsi, même si elle ne les comprenait pas. Comme elle ne comprenait pas non plus pourquoi l'une de ces créatures sanguinaires semblait avoir fait alliance avec ce qui restait du Peuple. Peu après la douleur fulgurante qui lui avait lacéré les flancs, elle avait cru que le temps était venu pour elle de rejoindre le Grand Esprit du monde et de se fondre à lui pour toujours. Elle s'était traînée, pendant plusieurs jours, seule survivante de sa horde, parvenant, en suivant les torrents, à semer les meutes de chiens lancées à ses trousses. Puis, sentant ses forces l'abandonner, elle avait choisi un endroit pour mourir, tout près de la cascade où elle se trouvait aujourd'hui.

Une haute silhouette s'était approchée. Une odeur puissante avait pénétré ses narines, et un flot de terreur l'avait envahie. L'une des créatures l'avait retrouvée. Elle avait eu un sursaut de révolte, pour se défendre, tenter de fuir une dernière fois. Malheureusement, ses pattes lui refusaient tout soutien. Alors, elle s'était résignée à mourir de la main de la créature.

Mais celle-ci s'était penchée sur elle et avait soulevé sa tête. Ventre-Blanc n'avait jamais compris ce qui s'était passé ensuite. Le monstre avait lavé ses plaies, lui avait apporté de la nourriture et l'avait veillée plusieurs jours. Peu à peu, elle avait repris des forces. Près d'elle, des loups avaient surgi, d'autres membres du Peuple, dont Longues-Mâchoires, qui, de loin, l'observait avec attention.

Parfois, la créature disparaissait, puis revenait, apportant un gibier abattu, wallaby, opossum ou petit rongeur. Lorsque Ventre-Blanc avait été rétablie et que le spectre de la mort s'était éloigné, la créature avait disparu. Les loups s'étaient alors rapprochés et l'avaient flairée avec circonspection. Elle avait été adoptée par la meute, constituée d'individus rescapés d'autres massacres.

De temps en temps, la créature revenait et les observait. Alors, Ventre-Blanc la rejoignait et lui léchait la main, en signe d'amitié et d'alliance. Son odeur avait cessé de l'effrayer. Elle restait incrustée pour toujours dans sa mémoire.

1

Hobart, novembre 1919

Lorsque Clémentine Smith pénétra, pour la seconde fois en deux jours, dans l'hôtel de ville de la capitale de la Tasmanie, son cœur se mit à battre plus vite. De la réponse qu'allait lui fournir miss Bowler, l'employée qui l'avait reçue la veille, dépendait son avenir et celui de Mary, la petite fille de sept mois qu'elle serrait jalousement contre elle. Enveloppée dans une robe de satin blanc et coiffée d'un bonnet qui ne laissait voir que sa frimousse, Mary posait sur le monde un regard sérieux, plein de curiosité.

L'intérieur de l'édifice était sombre, meublé avec ce mélange de confort et d'austérité caractéristique des établissements publics anglais. Construite en 1909, la mairie s'enorgueillissait d'une magnifique salle de concert éclairée à l'électricité par de superbes lustres. Une épaisse odeur de cire emplissait l'atmosphère. Le parquet lustré faisait entendre des craquements sous les pas des visiteurs silencieux, hommes en costumes lugubres coiffés de hauts-de-forme et femmes en robes longues datant de l'ère victorienne. On y croisait aussi des gens plus modestes, mal à l'aise, le chapeau à la main, venus effectuer une démarche. Clémentine, arrivant de Paris, s'étonna un peu de ces tenues vestimentaires surannées. Depuis la fin de la guerre, la mode avait subi une révolution radicale. Les épaules nues, la longueur des robes ramenée bien au-dessus de la cheville et les décolletés audacieux avaient généré, dans la Ville lumière, nombre de scandales. La jeune femme n'osait imaginer ce qu'une telle mode provoquerait dans ce pays soumis à la sévérité anglaise.

Une réceptionniste grise l'amena jusqu'au bureau de miss Bowler, avec laquelle elle avait rendez-vous. Dès l'entrée, Clémentine comprit que quelque chose n'allait pas. Par-dessus ses grosses lunettes, son interlocutrice affichait un air profondément embarrassé, dont elle lui donna aussitôt la raison :

— Je suis désolée, miss Smith. J'ai cherché toute la journée dans nos archives, mais je n'ai trouvé aucune trace de la naissance de votre époux.

— Aucune trace ? Mais c'est impossible !

Clémentine fouilla dans son sac et en tira le livret militaire de son mari. Après l'avoir vérifié, miss Bowler répondit :

— Je ne sais que vous dire, miss Smith. Nos archives n'ont subi aucun incendie, aucune inondation ou autre catastrophe qui pourrait expliquer la disparition de certaines pièces. Je ne peux que vous confirmer ce que j'ai constaté : aucun William Smith n'est né à Hobart le 7 août 1884.

— Il doit y avoir une erreur, suggéra Clémentine, désemparée.

— Je comprends votre désarroi, miss Smith. Par acquit de conscience, j'ai cherché à d'autres dates. Il arrive que l'administration militaire se trompe sur le jour, le mois ou l'année. Malheureusement, je n'ai rien trouvé.

Clémentine serra les dents pour ne pas éclater en sanglots.

— Mais il est peut-être né dans une autre ville, dit miss Bowler. Là encore, les militaires ont pu se tromper.

— Il m'a toujours dit être né à Hobart. Ses parents doivent y vivre.

Elle hésita, puis ajouta :

— A la vérité, il ne m'en parlait pas souvent. Je me suis parfois demandé s'il n'était pas en froid avec les siens. D'ailleurs, il ne voulait pas retourner en Tasmanie. Après la guerre, il désirait que nous nous installions à Paris.

Elle avala sa salive pour retenir les larmes qui lui brûlaient les yeux, puis désigna Mary, qui la contemplait, les sourcils froncés, inquiétée par le chagrin de sa mère :

— Mes propres parents sont morts. J'espérais que la petite pourrait au moins connaître ses grands-parents paternels.

Elle secoua la tête d'un air désespéré.

— Je ne peux pas croire que j'ai fait tout ce voyage pour rien.

Miss Bowler aurait volontiers sorti son mouchoir pour s'essuyer les yeux. Le sort semblait s'acharner sur cette jeune femme. D'ordinaire, elle n'appréciait pas beaucoup les Français. Elle les jugeait frivoles, arrogants, imbus d'eux-mêmes. Mais cette miss Smith faisait preuve d'une grande dignité dans son malheur. Il fallait à tout prix éviter qu'elle tombât entre les griffes des individus douteux du port. Les jeunes femmes seules étaient des proies faciles pour eux. Combien s'étaient retrouvées dans des lieux sordides parce que personne ne s'était occupé d'elles ? Sans parler de celles dont on retrouvait le cadavre dans les eaux sombres de Watermans Dock ou de Princes Wharf. Ce genre de meurtre n'était jamais élucidé. La police avait d'autres chats à fouetter que d'arrêter les assassins de prostituées.

— Où êtes-vous descendue ?

— A l'hôtel Macquarrie.

— C'est un établissement sérieux. Mais évitez le Tramway Hotel. Sa propriétaire, Mrs Heartley, n'a pas bonne réputation, et son hôtel est fréquenté par des gens... inconvenants. En règle générale, ne vous aventurez pas aux alentours du port en fin de journée. Vous risquez d'y faire de mauvaises rencontres.

— C'est entendu.

— Je vais vous donner l'adresse d'une femme, déclara-t-elle. C'est l'une de vos compatriotes, qui a épousé un homme d'affaires tasmanien. Elle s'appelle Emilie Richmond. Elle a fondé un cercle français. Je suis sûre qu'elle vous viendra en aide.

Elle tendit un papier griffonné à Clémentine, qui la remercia. Prise par un élan de sympathie, miss Bowler lui saisit la main.

— Gardez confiance, dit-elle. Vous verrez, la Tasmanie est un pays rude, mais magnifique. Je suis sûre que vous saurez y trouver votre place.

2

En sortant de l'hôtel de ville, un sentiment d'angoisse incoercible envahit Clémentine. C'était comme si William n'avait jamais existé. Mais c'était absurde. Elle l'avait connu, elle l'avait aimé. Elle avait dormi dans ses bras, ils avaient fait l'amour ensemble. Elle entendait encore le son de sa voix, chaude et caressante, maladroite lorsqu'il essayait de parler français. Une voix qui s'était tue à jamais.

Pour des raisons qu'il n'avait jamais évoquées, William n'envisageait pas de retourner en Tasmanie une fois la guerre terminée. A l'époque, cette décision convenait parfaitement à Clémentine, puisqu'elle n'aurait pas accepté de quitter ses parents. Mais la guerre l'avait laissée sans autre famille que son bébé. Retrouver celle de son mari avait constitué l'une des motivations qui l'avaient attirée dans ce pays. Durant les jours trop courts qu'ils avaient partagés, il lui avait parlé de la Tasmanie, de ses plaines verdoyantes où l'on cultivait le houblon, les pommes et l'avoine, de son climat fantasque, où, comme disait un proverbe, « on pouvait passer par les quatre saisons en une seule journée », de ses vastes montagnes couvertes de forêts humides au cœur desquelles vivaient des animaux tout droit sortis d'un bestiaire de légende.

Pendant les trois mois de son périple, elle s'était représenté la rencontre avec les parents de son mari. L'armée avait déjà dû leur apprendre la mort de leur fils. Elle avait imaginé leur joie à la vue de leur petite-fille. Il ne faisait aucun doute dans l'esprit de la jeune femme qu'elle allait être accueillie à bras ouverts.

Elle avait débarqué une semaine plus tôt du *Loongana*, un bateau qui faisait la liaison entre Sydney et la Tasmanie. La traversée avait été un enfer. Sous un ciel couleur de bronze, des courants puissants creusaient des lames de deux à trois mètres qui venaient frapper l'étrave en soulevant des geysers d'eau salée. Un vent froid balayait les flots frangés d'écume. Devant sa mine inquiète, un passager bavard lui avait expliqué qu'elle n'avait rien à craindre. Le *Loongana* était un navire aussi rapide que fiable. En 1912, il avait transporté de Melbourne à Burnie les pompiers et le matériel destinés à secourir des mineurs ensevelis suite à une catastrophe minière qui avait eu lieu près du mont Lyell, dans l'ouest de la Tasmanie. Grâce à sa vitesse exceptionnelle de vingt-deux nœuds, on avait pu sauver la majeure partie des victimes.

Après la traversée du détroit de Bass, le bateau malmené avait longé pendant deux longues journées une côte lointaine, noyée par les brumes et la pluie. De temps à autre, on distinguait les silhouettes fantomatiques de hautes montagnes dont les sommets disparaissaient dans les nuages. Puis le navire s'était engagé dans une sorte de fjord interminable, sous un ciel étrange, un patchwork mouvant de bleu et de gris, parcouru par des nuages que les vents modelaient et étiraient au gré de leur fureur.

En débarquant à Hobart, elle avait éprouvé une désagréable sensation d'insécurité. Dans le port bouillonnant d'une activité intense, elle avait été assaillie par une quantité d'odeurs brutales, apportées par une brise marine agressive et froide. Sur les quais s'appesantissaient des remugles de cordages mouillés et de bitume, de pestilentiels relents de suif, d'huile de baleine ou de phoque, de caques, de poissons fumés ou séchés, auxquels se mêlaient les effluves provenant de l'océan. Dans la ville, les odeurs n'étaient pas moins pénétrantes : sucre et parfums de fruits émanant des fabriques de confitures, cidre, poiré, fragrances d'épices, senteurs de bois coupé. Venaient s'y ajouter les émanations d'essence des automobiles et des lourds camions, mêlées aux odeurs d'ozone du tramway brinquebalant.

Son premier souci avait été de trouver un logement. Elle avait choisi le Macquarrie Hotel, qui portait le nom du premier gouverneur de la terre de Van Diemen, ancien nom de la

Tasmanie. Comme l'avait dit miss Bowler, c'était un établissement respectable.

Les premiers jours avaient été employés à régler les tracasseries administratives réservées aux immigrants. Ayant épousé un Australien, Clémentine bénéficiait de la double nationalité, de même que sa fille. Mais les fonctionnaires de Hobart avaient tenu à vérifier, avec un zèle digne d'éloges, le travail déjà effectué par leurs homologues de Sydney. Tant et si bien que Clémentine avait passé sa première semaine dans les bureaux de l'Administration, pour échouer devant miss Bowler.

Clémentine avait l'impression de perdre William une seconde fois. Qu'allait-elle devenir sur cette île dont elle ne savait rien, avec une petite fille de sept mois sur les bras ? Bien sûr, elle avait un peu d'argent d'avance, mais cela ne durerait pas éternellement.

Elle secoua la tête pour chasser son angoisse. Ce n'était pas en se lamentant sur son sort qu'elle s'en sortirait.

— Viens, chuchota-t-elle à sa fille, allons découvrir notre nouveau royaume.

L'après-midi était ensoleillé, et une lumière ocre illuminait la pierre jaune et rousse des bâtiments. Hobart s'étirait essentiellement sur la rive occidentale de la Derwent, qui prenait sa source au cœur des hautes montagnes de l'ouest, à quelque trois cents kilomètres de là, au pied du mont Olympus. Son estuaire, nourri par les eaux d'innombrables affluents, avait, par endroits, plus de deux kilomètres de large.

Surmontant son appréhension, la jeune femme descendit en direction du port. Peu à peu, une émotion intense l'envahit. William avait vécu ici, marché dans ces rues, fréquenté ces magasins, ces parcs. Il lui en avait tellement parlé qu'il lui semblait reconnaître certains lieux. Ainsi, Macquarrie Street, l'artère principale de Hobart, ne lui semblait pas inconnue. Elle montait de Sullivan Cove, où s'ancrait le port, jusqu'aux cascades tombant au pied du mont Wellington, qui dominait la ville de ses 1 271 mètres. Plusieurs monuments d'architecture géorgienne s'échelonnaient le long des trois kilomètres de cette rue, la première tracée un siècle plus tôt lors de la fondation de la ville. Outre l'hôtel de ville, de construction récente, on y rencontrait l'hôpital Trevine, le Tasmanian Museum, des industries textiles. A l'angle de Macquarrie Street et de Murray Street, elle reconnut les sinistres geôles dont William lui avait parlé. Autrefois, on y enfermait les convicts, premiers immigrants de Tasmanie. Tout près s'élevait la cathédrale St David.

Comme nombre de nouvelles cités anglo-saxonnes, la ville présentait des artères rectilignes, se coupant à angle droit. Seule la route menant à Sandy Bay, au sud, s'offrait le caprice d'une boucle pour contourner Anglesea Barracks, la plus ancienne caserne de Tasmanie.

Toutes sortes de véhicules circulaient dans les rues. De lourds chariots tirés par de puissants chevaux de trait transportaient du bois de construction que l'on entreposait dans les entrepôts Chesterman, sur Davey Street, ainsi que des tonneaux de bière ou des barils de fuel destinés aux navires ou aux automobiles. Celles-ci étaient peu nombreuses, et sans doute réservées aux nantis. Bruyantes, brinquebalantes, elles annonçaient leur passage à coups de trompe sonores. En France, la jeune femme avait eu plusieurs fois l'occasion de conduire. Elle avait même envisagé d'acquérir un véhicule pour exercer son métier de médecin. Elle reconnut plusieurs Ford T et des Cadillac en provenance des Etats-Unis, mais aussi des modèles français, comme une Clément-Bayard de 1912 équipée de sa capote, une solide Berliet à projecteurs électriques, et une somptueuse De Dion Bouton.

Une foule bigarrée se pressait sur les trottoirs, ouvrières des confitureries, industries textiles et chapelleries, petits crieurs de journaux, manœuvres, dockers, paysans venus en ville pour des achats, hommes d'affaires aux regards hautains, femmes élégantes flânant le long des vitrines, suivies par leurs domestiques. Richesse et pauvreté se côtoyaient.

On croisait aussi des individus à la peau sombre, vêtus de vieux vêtements à l'européenne rapiécés, qui contrastaient avec leur allure générale. Certains arboraient d'étranges coiffures. Clémentine en déduisit qu'il s'agissait probablement des premiers Tasmaniens.

Peut-être parce que le souvenir de William l'accompagnait dans sa promenade, Clémentine ne ressentait plus l'angoisse qui l'avait saisie le jour où elle avait débarqué. Il lui semblait qu'il marchait à ses côtés, invisible et familier, pour lui présenter sa ville. Elle se souvint de ses paroles :

— Quand tu quittes Macquarrie Street à la hauteur de Franklin Square, tu te retrouves sur le port. Les bateaux du monde entier s'y donnent rendez-vous. Il y a des baleiniers japonais et norvégiens, des cargos venant d'Australie, de Hongkong ou d'Europe, et les navires qui assurent la liaison entre le continent et la Tasmanie ; et puis, toutes les petites barques de pêcheurs. Si tu vas traîner sur les quais quand ils rentrent de la pêche, tu peux y acheter des homards ou des langoustes pour presque rien.

Clémentine aperçut les petits bateaux de pêche, mais elle n'osa s'approcher. Au-dessus des jetées tournoyaient des nuées d'oiseaux marins, dont les cris grinçants composaient une symphonie étrangement accordée aux sifflements du vent et au vacarme des flots explosant contre les digues du port.

Un bateau français s'apprêtait à partir pour une expédition vers l'Antarctique. Amundsen avait fait escale à Hobart avant de s'embarquer pour l'aventure qui lui avait permis de vaincre Scott à la conquête du pôle Sud, en 1911. A moins de trois mille kilomètres vers le sud commençait la terre du roi George V, non loin du pôle magnétique. Il n'existait aucune île entre la Tasmanie et le continent antarctique.

Le *Loongana*, qui l'avait amenée une semaine auparavant, était encore à quai. Un instant, Clémentine se demanda si elle ne ferait pas mieux de repartir pour la France. Le bateau était là. Il lui suffisait d'acheter un billet à la capitainerie. Mais la réponse était claire : elle n'avait aucune envie de retourner là-bas. Elle n'y avait plus aucune attache et en gardait trop de souvenirs pénibles.

Lorsqu'elle avait quitté la France, la fin août anormalement fraîche annonçait un automne précoce. A Marseille, elle avait embarqué sous un véritable déluge, comme si son pays de naissance s'était habillé de pluie pour chasser en elle la moindre velléité de retour.

Trois mois plus tard, à Hobart, les passagers du *Loongana* se félicitaient que le printemps se fût montré clément. Le printemps... Ici, dans l'hémisphère sud, tout était inversé. A son départ de France, on allait vers l'automne. A présent, elle se retrouvait en plein printemps austral, en route vers un nouvel été. En plein mois de novembre...

William lui avait parlé de cette surprenante inversion des saisons. Lui-même l'avait ressentie, dans le sens opposé, lorsqu'il était arrivé en France. Mais il n'avait guère eu le temps de s'en étonner.

Non, elle devait rester en Tasmanie... Elle avait la conviction qu'elle n'avait pas fait tout ce voyage pour rien. Quelque chose l'avait attirée ici.

Toujours escortée par la présence invisible de William, Clémentine traversa Parliament Square pour se retrouver sur la place Salamanca. De vastes entrepôts de grès jaune longeaient le front de mer bordé d'arbres. Là vivaient les riches négociants de Hobart. Elle découvrit avec étonnement les étals de nombreux marchands qui proposaient des fruits et des légumes inconnus, des épices aux senteurs insolites, des pièces de tissu, des viandes impossibles à identifier. Parmi eux, des camelots vantaient à grands coups de gueule les mérites de produits aux propriétés miraculeuses, destinés à soigner les maux de dents, les douleurs rhumatismales ou lombaires, les crises de goutte, ou à requinquer les maris défaillants.

Elle revint vers son hôtel par Castray Esplanade, qui longeait le môle sud du port. Elle hâta le pas. L'après-midi s'achevait et il était temps de rentrer. La petite Mary s'était endormie sur l'épaule de sa mère, le visage empreint de la plus grande sérénité. Lovée contre le sein maternel rassurant, que pouvait-il lui arriver ?

Sur Macquarrie Street, des échoppes, des magasins proposaient leurs articles aux chalands. Pour avoir passé quelques mois à Londres avant la guerre, lorsqu'elle était encore étudiante, Clémentine reconnut l'esprit anglais dans l'agencement des boutiques, dans la coupe des vêtements, et dans les pubs sombres qui commençaient à ouvrir.

Tout à coup, un magasin proposant des articles pour enfant attira son attention. En vitrine trônait un superbe landau en bois verni blanc, orné de petits anges suspendus, peints de couleurs vives. Une demi-heure plus tard, Mary était confortablement installée dans le véhicule poussé avec fierté par sa mère. L'achat avait été une petite folie, mais Clémentine estimait que ce landau lui serait bien utile pour transporter la petite lors des longues promenades qu'elle se promettait de faire dans les jours à venir.

Cet achat avait redonné courage à la jeune femme. Etait-ce l'ambiance de la petite ville, sa volonté commençait à reprendre le dessus. Elle regarda sa fille qui, parfaitement réveillée, contemplait avec de grands yeux intéressés le décor de sa voiture, et particulièrement les petits anges. Plus que jamais Clémentine éprouvait le besoin viscéral de l'aimer et de la protéger. Elle ne baisserait pas les bras. La vie lui avait envoyé d'autres épreuves, bien plus difficiles et dangereuses que celle-ci. Un nouveau défi se dressait devant elle ? Eh bien, soit. Elle allait le relever, et elle triompherait.

— Tu vas voir, mon bébé, chuchota-t-elle à la petite fille, nous serons bien ici. Et puis ne t'inquiète pas, nous allons bien finir par retrouver la famille de ton papa.

L'enfant la contempla intensément. Peut-être Mary comprit-elle les paroles de sa mère, peut-être fut-elle simplement heureuse d'entendre sa voix. Elle lui répondit d'un rire clair, signe d'une complicité totale, d'un amour réciproque que jamais rien ne pourrait détruire. Un rire qui redonna confiance à Clémentine. Elle ne devait pas se laisser gagner par le découragement parce qu'elle n'avait pas retrouvé la famille de William. Il ne figurait peut-être pas sur le registre d'état civil de Hobart, mais il avait existé. Mary en était la preuve vivante. Ce mystère devait avoir une explication simple, rationnelle. Et elle la découvrirait.

Elle reprit la direction de son hôtel.

3

La nuit était rouge. Rouge vif des traînées sinistres des balles traçantes dans un ciel surchauffé, rouge éblouissant des explosions qui soulevaient des geysers de terre et de chair autour de Clémentine, rouge sombre et lugubre du sang ruisselant des blessures. Autour d'elle, tout près, très loin, les corps des soldats s'effondraient, déchiquetés par les rafales des mitrailleuses, désintégrés par l'éclatement des obus, bombes barbares et brutales qui broyaient les vies. De rousses vapeurs létales rampaient sur le sol décomposé, insidieuses, traîtresses. Ce n'était plus ni la nuit, ni le jour. C'était la lueur opaque, éternelle, de l'enfer, les odeurs écœurantes des cadavres en putréfaction que l'on ne pouvait récupérer sans périr sous le feu croisé de l'ennemi.

Les poumons comprimés, les côtes serrées, Clémentine avait peine à respirer. Des brancards innombrables basculaient près d'elle des amas de corps déchirés par la souffrance. Des gémissements lui emplissaient la tête, des appels au secours, des regards s'accrochaient au sien, pour quêter un peu de réconfort. A gestes lents, elle tentait de rassembler des membres arrachés, de replacer des têtes sur des troncs mutilés. Mais ses mouvements étaient lourds, maladroits, comme si une gangue poisseuse entravait ses mains. Il n'existait ici aucun espoir de survie, aucune possibilité de fuir. A l'arrière, les généraux avaient placé leurs gendarmes, qui fusillaient les déserteurs lassés des massacres inutiles. Un cri monta du plus profond des entrailles de Clémentine, accélérant sa respiration, mais refusant pourtant de sortir. La mort rôdait vers elle, sournoise, inéluctable, au cœur de la nuit écarlate. Enfin, le cri se libéra, explosa, peut-être poussé par une autre femme, très loin. Ou tout près. Il fut suivi par un roulement de tonnerre.

Clémentine s'éveilla, haletante. Quelqu'un frappait au mur, près de sa tête. Pendant un moment qui lui sembla une éternité, elle fut incapable d'avoir une pensée cohérente, comme si son esprit bouleversé se diluait dans le néant. Elle ne parvenait même pas à se rappeler qui elle était, à se souvenir de l'endroit où elle se trouvait. Un gémissement affolé sortit de sa gorge. Puis, lentement, tout se remit en place. Le mur n'était autre que la cloison de sa chambre éclairée par une veilleuse. Hurlant dans son cauchemar, elle avait dû réveiller un client irascible.

Le cœur battant la chamade, elle alluma la lampe de chevet. Les ténèbres s'estompèrent. Pendant plusieurs minutes, Clémentine s'efforça de calmer son angoisse. Les horreurs traversées pendant la guerre avaient gravé leur empreinte en elle, sous forme de mauvais rêves qui rongeaient ses nuits. Elle consulta sa petite pendulette de voyage, posée sur la table de chevet ; elle indiquait trois heures du matin. Malgré son épuisement, Clémentine redoutait de se rendormir, de crainte de replonger au cœur de l'enfer. Elle se leva, vérifia que Mary dormait profondément. Par bonheur, son hurlement ne l'avait pas réveillée.

Afin de chasser les relents d'angoisse qui rampaient en elle, Clémentine sortit sur le petit balcon sur lequel ouvrait sa chambre. Une fraîcheur vive la cueillit, mêlée aux odeurs de la cité. Elle resserra les pans de sa robe de chambre. Une rumeur sourde montait de la ville. Autre confort de Hobart, la ville bénéficiait de l'électricité. Le long de Macquarrie Street s'alignaient des réverbères. La jeune femme contempla le ciel étoilé, comme elle aimait le faire lorsqu'elle était petite. Son père lui enseignait alors le nom des constellations, et lui contait les légendes qui leur avaient donné naissance. Elle se souvenait particulièrement de celle de la princesse Callisto et de son fils Arkas, servis à manger à Zeus par le roi Lycaon, père de Callisto. Furieux, Zeus avait alors changé Lycaon en loup et ressuscité la princesse et son fils, qu'il avait placés ensuite dans le ciel, où ils étaient devenus la Grande et la Petite Ourse. Soudain, une sensation étrange envahit Clémentine. Les deux Ourses étaient impossibles à localiser. Plus étonnant encore, le ciel ne ressemblait pas du tout à celui qu'elle connaissait. Au-dessus d'elle s'étendaient des constellations inconnues, auxquelles elle était incapable de donner un nom. Après quelques secondes d'angoisse irrationnelle, elle se rendit compte que tout cela était parfaitement normal. Dans l'hémisphère austral, le firmament nocturne était différent de celui de l'hémisphère boréal.

De même, les premiers jours, un autre phénomène avait grandement étonné la jeune femme. Comme en France, le soleil se levait à l'est. Mais il accomplissait ensuite sa course en passant par le nord, et non par le sud. C'était à ces détails insolites que Clémentine avait parfois un peu l'impression de se trouver sur une autre planète.

Clémentine était née à Paris en 1894, au début de cette période que l'on commençait à appeler la Belle Epoque. Son père, Paul Chantrel, était médecin. A force de soigner la misère des gens sans fortune, il n'avait pas construit la sienne, mais il s'était taillé une réputation méritée d'homme intègre et honnête. Acquis aux idées progressistes, il aurait pu faire carrière dans la politique. Mais une sagesse ramenée des contrées lointaines qu'il avait parcourues étant jeune l'avait tenu éloigné des partis, ces creusets agités où se côtoyaient des idéalistes aspirant à un monde de paix et de fraternité, et des ambitieux sans scrupules, assoiffés d'honneurs et de pouvoirs. Il était donc resté à l'écart des mouvements violents qui avaient agité la France à son retour, et avait joui de la vie avec un mélange d'épicurisme et de stoïcisme emprunté à Michel de Montaigne, l'un de ses modèles. Paul Chantrel était un homme fascinant, un bon vivant à l'humeur toujours égale, dont le sourire plein de tendresse avait veillé sur l'enfance de Clémentine. Son épouse, Hortense, issue d'une famille de modestes commerçants, vouait une admiration sans borne à son mari, et une adoration totale à sa fille unique. Un triste accident lui ayant ôté tout espoir d'avoir d'autres enfants, elle s'était consacrée tout entière à l'éducation de Clémentine, qui avait été élevée dans une rassurante atmosphère d'amour.

Très tôt, le père de Clémentine lui avait ouvert les yeux sur la réalité du monde, sur la souffrance des hommes. Elle avait voulu suivre ses traces. Après avoir obtenu son baccalauréat à dix-sept ans, elle s'était engagée dans des études de médecine, à une époque où peu de femmes avaient le courage et l'audace de suivre cette voie réservée aux hommes.

Au mois d'août 1914, la guerre avait éclaté, alors que Clémentine allait commencer sa quatrième année d'étude. Consciente que chaque bribe de connaissance emmagasinée pouvait contribuer à sauver une vie, elle s'était jetée avec plus de volonté encore dans le travail. Puis, en raison du manque tragique de personnel soignant, elle avait été envoyée, en février 1916, dans un hôpital de campagne situé non loin de Verdun. Un hôpital qu'elle avait dû évacuer plusieurs fois à cause des offensives allemandes, avant d'y revenir pour découvrir à chaque fois de nouveaux blessés, de nouveaux agonisants. Elle devait alors assister les chirurgiens qui réparaient, tant bien que mal, les membres broyés, ou, plus simplement, les amputaient. Il fallait toujours soigner dans l'urgence, avec un cruel manque de médicaments et de moyens. Beaucoup d'hommes mouraient, taraudés par la souffrance et l'angoisse. Elle ne comptait plus le nombre de malheureux dont elle avait tenu la main jusqu'au dernier moment, parfois même alors que les bombes éclataient au-dehors.

C'était là, dans cette atmosphère d'apocalypse, qu'elle avait rencontré William, trois années auparavant. Une division australienne était venue soutenir les Français. Même si les deux armées ne combattaient pas ensemble, les blessés étaient conduits dans l'hôpital où travaillait Clémentine.

William y avait été amené un jour, pour une légère estafilade au bras gauche. Une balle l'avait effleuré, entaillant un peu les chairs. Persuadé qu'un simple bandage aurait suffi, il pestait contre son colonel qui lui avait ordonné de se faire soigner. La vermine qui grouillait dans les tranchées favorisait les infections, et la gangrène avait tôt fait de ronger les membres. Pour son supérieur, cette blessure avait aussi été un moyen de contenir le bouillant lieutenant qui avait coutume de braver la mort plus souvent qu'à son tour. William combattait avec une rage étrange, comme s'il avait recherché le contact avec la mort, la défiant sans cesse sur son terrain. Sans doute un ange gardien particulièrement efficace veillait-il sur lui. Cette blessure était la première. Sans gravité, elle nécessitait tout de même quelques soins.

C'est ainsi que Clémentine avait vu débarquer ce grand gaillard blond, qui ne connaissait du français que des mots fantaisistes, glanés au cœur des tranchées. Parce qu'elle parlait couramment l'anglais, on le lui avait confié. Elle avait été tout de suite attirée par ce personnage haut en couleur, ce blessé indocile qui ne rêvait que de retourner en découdre. Très vite, elle avait senti que son enthousiasme insolite masquait une sorte de désespoir. Leur première rencontre s'était révélée épique, William exigeant avec fermeté qu'on le laissât repartir après lui avoir mis un bandage, et Clémentine s'évertuant à le faire tenir tranquille. Elle avait fini par obtenir gain de cause en lui plantant d'autorité dans les fesses une seringue contenant un calmant. Un tel comportement de la part d'une femme aussi jeune avait stupéfait le fougueux officier australien, alors âgé de trente ans. Comme elle était la seule avec qui il pût communiquer, il avait exigé sa présence aussi souvent que possible.

En réalité, William Smith n'arrivait pas d'Australie, mais de Tasmanie. Il avait longuement décrit à Clémentine les paysages de son île mystérieuse, située à deux cents kilomètres au sud du continent austral, et elle s'était mise à rêver de cette contrée des antipodes, qui ignorait tout de l'enfer des combats.

Remarquant que son infirmière était très jolie, William n'avait plus éprouvé une envie aussi aiguë de repartir au front. Au moment de rejoindre son régiment, il avait promis à la jeune femme de revenir la voir. Il avait tenu parole. Très vite, ils étaient devenus amants. William traversa les terribles années 1916 et 1917 sans la moindre égratignure. Pour Clémentine, il avait renoncé à son comportement téméraire. Vers le début de juillet 1918, après avoir résisté à de redoutables attaques allemandes, les alliés reprirent l'offensive.

Depuis la fin juin, Clémentine se doutait qu'elle était enceinte. Dès qu'ils purent se rejoindre, elle en fit part à William, qui lui proposa aussitôt de devenir sa femme. Elle accepta. Il était persuadé que cette fois les Alliés allaient vaincre définitivement, et que cette « foutue guerre » allait bientôt prendre fin. Son colonel lui accorda une permission exceptionnelle pour épouser la « petite toubib française ». Le 14 juillet 1918, date de la fête nationale, Clémentine Chantrel devenait madame Smith. Pendant la trop courte semaine qu'ils passèrent ensemble à Paris, ils firent de nombreux projets, comme celui de s'installer dans la capitale une fois les combats terminés. Elle lui fit rencontrer ses parents, découvrir la Tour Eiffel, le Sacré-Cœur, le métro, les Tuileries et le Luxembourg, le traîna au Moulin-Rouge et aux Folies-Bergère. Puis tous deux reprirent le chemin du front.

Trois semaines plus tard, sur les rives de l'Aisne, un obus emportait la tête du lieutenant William Smith.

On avait interdit à Clémentine de voir le corps de son mari. Elle avait assisté, comme dans un cauchemar, à un enterrement rapide dans un cimetière militaire anonyme et froid. Puis la guerre avait encore exigé sa présence. Mais elle n'avait plus supporté de voir chaque jour arriver de nouveaux blessés, d'accompagner, pratiquement impuissante, les agonies de ces hommes déchirés par la douleur, dont beaucoup étaient encore presque des enfants. Un écœurement total envers ceux qui les envoyaient à la mort, depuis les postes situés à l'arrière où ils ne couraient eux-mêmes aucun danger, l'avait saisie. Elle en avait eu assez du mépris dans lequel les hauts militaires tenaient les soldats et les officiers comme William.

Alors, pour préserver son enfant à naître, Clémentine avait abandonné son poste pour regagner Paris. Depuis son mariage, elle ne s'était pas trop inquiétée de ne plus recevoir de courrier de ses parents. Les offensives allemandes, suivies de la contre-offensive alliée, avaient désorganisé la poste. Mais, lorqu'elle arriva devant l'immeuble où ils résidaient, une tragique nouvelle l'attendait :

— On les a enterrés il y a huit jours, mademoiselle Chantrel !

Comme si un mauvais sort s'acharnait sur le pays martyr, il n'avait pas suffi des centaines de milliers de tués dans les tranchées, tombés sous les balles ou terrassés par le froid et la maladie. Les villes situées hors des zones de combat, relativement épargnées depuis le début du conflit, avaient dû faire face à un ennemi plus insidieux, qu'aucune arme ne pouvait arrêter. Lors de son séjour précédent, toute à son bonheur, Clémentine n'avait guère accordé d'attention au terrible fléau qui frappait la capitale depuis le mois d'avril, et que l'on appelait la « grippe espagnole ». Mais la réalité l'avait rattrapée. L'épidémie sévissait de plus belle et les morts se comptaient désormais par dizaines de milliers, parmi lesquels Paul et Hortense Chantrel, emportés en moins de huit jours.

Clémentine avait connu un moment de pur désespoir. Mais les années passées au front ayant forgé son caractère, elle avait très vite réagi. Pour l'enfant qu'elle portait, elle n'avait pas le droit de se laisser aller. Surmontant sa douleur, elle s'était installée dans l'appartement de ses parents, rue de Vaugirard, et avait repris son poste à la Salpêtrière.

La guerre s'était achevée le 11 novembre 1918, sur un armistice qui ne réglait rien. Les blessés continuaient d'arriver par trains entiers. Certains n'avaient plus de visage. On les appela les « gueules cassées ». En février 1919, Clémentine mit sa fille au monde. A peine le temps de lui trouver une nourrice pour la garder pendant la journée et elle reprenait sa tâche à l'hôpital, dans un service de chirurgie où l'on tentait de réparer les dégâts causés par les balles, les obus, les lance-flammes, les armes blanches, et même les poings. Car, en certains endroits, les combats avaient été si féroces que, lorsque les munitions étaient venues à manquer, on s'était entre-tué à mains nues.

Clémentine était lasse de la violence. Cette guerre épouvantable n'avait pas servi de leçon. Malgré leurs blessures terribles, les soldats qu'elle soignait étaient tous prêts à repartir si un nouveau conflit venait à éclater. La haine poisseuse, absurde, rôdait autour de la jeune femme comme un spectre impalpable. Dans les tavernes, on chantait encore des chansons militaires.

Elle découvrit aussi que beaucoup d'hommes n'étaient pas partis pour le front. Certains s'étaient arrangés pour être nommés dans la gendarmerie, qui traquait les déserteurs. D'autres encore, bénéficiant d'appuis locaux, étaient devenus « fournisseurs » des armées, et s'étaient enrichis de manière éhontée. Infatués, ils étaient désormais les nouveaux maîtres des soirées parisiennes. Clémentine eut de plus en plus de mal à supporter ces individus prétentieux et cyniques.

Au mois de mai 1919, avec le retour des beaux jours, elle décida que cette vie insipide ne pouvait plus durer. Paris l'étouffait. Elle songea un temps à s'installer en province où les médecins manquaient. Mais, même dans la capitale, une femme médecin n'était pas particulièrement appréciée. Par principe, on doutait de ses capacités. En province, ces préjugés stupides risquaient encore plus de lui porter préjudice.

Le pays mystérieux dont William n'avait cessé de lui parler la hantait.

Une nuit, elle rêva de la Tasmanie avec une précision si étonnante qu'elle s'éveilla avec un sentiment étrange : elle avait l'impression que l'île l'appelait. Alors naquit en elle l'idée de tout quitter pour refaire sa vie là-bas. Tout lui parut soudain évident. Mary avait encore de la famille à Hobart, des grands-parents, des oncles, des tantes, des cousins, peut-être. Evidemment, cela représentait une expédition audacieuse, difficilement réalisable avec un bébé de quelques mois. Pourtant, Clémentine prit sa décision rapidement. Elle savait qu'en hésitant trop longtemps, elle finirait par se résigner à sa vie décevante.

Bénéficiant de la double nationalité en raison de son mariage avec un Australien, Clémentine n'avait eu aucun problème pour faire accepter son immigration en Tasmanie. Débarrassée de ses meubles, elle n'avait conservé que ses vêtements, quelques bibelots et des objets personnels qui remplissaient tout de même quatre grosses malles. Puis elle avait pris le train pour Marseille et embarqué sur un paquebot en partance pour l'Extrême-Orient.

Un vagissement éveilla sa vigilance maternelle. Sa pendulette indiquait à présent six heures. Mary commençait à avoir faim. Clémentine prit l'enfant dans ses bras et se recoucha. Elle dénoua sa chemise de nuit, libérant un sein gonflé de lait. La petite fille prit le mamelon dans sa bouche et se mit à téter avec une mine sérieuse, les yeux grands ouverts, fixés sur le visage de sa mère.

Mary était tout ce qui lui restait de William, et elle constituait désormais sa seule famille. C'était en elle qu'elle puisait sa force. Toutes deux avaient déjà accompli un périple extraordinaire. Pour Mary, Clémentine trouverait la force d'apprivoiser ce pays inconnu. Dès le lendemain, elle allait prendre contact avec la personne dont miss Bowler lui avait donné l'adresse : Emilie Richmond.

4

Clémentine détestait être obligée de solliciter une aide. Malheureusement, elle ignorait tout de ce pays et il lui fallait trouver très vite un toit et un travail. Elle avait envisagé un moment de s'installer comme médecin. Elle avait abandonné ce projet pour deux raisons : tout d'abord, la réaction des Tasmaniens vis-à-vis d'une femme médecin ne serait probablement guère différente de celle des Français. Ensuite, elle n'éprouvait pour l'instant aucune envie de replonger ses mains dans le sang, de poser les yeux sur de nouvelles blessures. Elle avait besoin de se reposer, d'oublier ses cauchemars en menant une vie différente, loin de la souffrance des autres.

L'adresse indiquée par miss Bowler se situait en bordure d'un parc immense qui longeait la Derwent, et que l'on appelait Queens Domain. Aberdeen Street était bordée de vastes demeures coloniales de pierre ocre, aux balcons fleuris et aux jardins magnifiquement entretenus. On y jouissait d'une vue imprenable sur le parc et le fleuve. Si la plupart, construites au dix-neuvième siècle, reflétaient le style géorgien ou victorien, un nouveau style était apparu au tournant du siècle avec la naissance de la fédération australienne, dont la Tasmanie constituait l'un des Etats. Les Australiens avaient alors créé une architecture typique. La maison des Richmond, sans doute bâtie au cours des premières années du siècle, appartenait à cette école. Située au fond d'un jardin de belles dimensions, c'était une solide bâtisse de brique à deux étages, au toit de tuiles. Une tour coiffée d'un chapiteau hexagonal la flanquait, elle-même bordée par une double galerie de bois blanc, au rez-de-chaussée et au premier étage. La construction magnifique témoignait de l'aisance financière de ses propriétaires.

Clémentine suivit l'allée bordée de châtaigniers et de cèdres. Des massifs de fleurs, orchidées, roses et lys, diffusaient des parfums légers et agréables, auxquels se mêlaient les senteurs d'un superbe magnolia. Un peu intimidée, Clémentine poussa son landau en direction de l'entrée.

Un majordome à l'allure compassée vint lui ouvrir. La voyant avec un bébé, il la toisa d'un regard hautain. Sans doute s'imaginait-il avoir affaire à une quelconque quémandeuse. Clémentine ravala la honte qui lui rougissait les joues et déclara :

— Je voudrais parler à madame Richmond.

— Je vais voir si elle peut vous recevoir. Qui dois-je annoncer ?

— Elle ne me connaît pas. Mon nom est Clémentine Smith. Je viens de la part de miss Bowler, de la mairie.

L'autre eut une moue de mépris, puis laissa tomber :

— Si vous voulez bien patienter.

Refermant la porte, il abandonna Clémentine sur le palier. Partagée entre l'humiliation et la colère devant la suffisance de l'individu, elle éprouva une soudaine envie de s'enfuir. Elle ne venait pas faire l'aumône. Elle se promit de remettre sèchement en place la maîtresse des lieux si elle adoptait la même attitude. Mais ses préventions tombèrent aussitôt qu'apparut Emilie Richmond, venue elle-même rouvrir la porte. C'était une femme de petite taille, âgée d'une bonne cinquantaine d'années, au visage rond, et dont les yeux pétillaient de malice.

— Entrez, ma chère, dit-elle en français.

Sous le regard horrifié du majordome, Clémentine poussa le landau dans une vaste entrée aux murs couverts de tissu vert olive.

— Miss Bowler m'avait prévenue de votre visite, poursuivit la maîtresse des lieux. Vous savez, Hobart est une petite ville. Tout s'y sait très vite. Je l'ai croisée hier soir alors qu'elle quittait l'hôtel de ville, et elle m'a fait part de vos ennuis. Je vous attendais.

Sans plus de manières, elle se pencha sur le berceau et regarda longuement Mary, l'air attendrie.

— Votre petite fille est magnifique, dit-elle. Je vois que vous la laissez libre de ses mouvements en ne serrant pas le lange. C'est une excellente idée. Croire que les bébés auront les jambes arquées si on ne les comprime pas est une stupidité. Il faut laisser faire la nature.

— Pourtant, j'ai dû maintes fois affronter les foudres de matrones qui se croyaient obligées de me faire remontrance à ce sujet.

— Des bécasses ! Elles n'y connaissent rien.

Elle tapa des mains. Une petite métisse âgée d'une quinzaine d'années apparut.

— Loona va prendre soin de votre bébé. Nous serons ainsi plus à l'aise pour bavarder. Ne vous inquiétez pas, elle connaît son affaire. D'ailleurs, je vous conseille d'engager une métisse pour ce genre de choses. Elles sont très efficaces et elles adorent les enfants.

Un peu réticente, Clémentine confia Mary à la jeune fille. Mais elle fut rassurée lorsque le bébé adressa un sourire ravi à Loona. Emilie prit familièrement Clémentine par le bras et l'invita à entrer dans le salon. Visiblement, elle avait l'air enchantée de sa présence. Cet accueil chaleureux décontenança quelque peu la jeune femme. Depuis cinq ans, elle avait vécu au cœur de l'enfer, et son retour à Paris avait prolongé cette impression angoissante. Le milieu qu'elle avait fréquenté après la guerre lui avait révélé des aspects ténébreux de l'âme humaine qu'elle n'aurait jamais imaginés. Sur la défensive, elle se demanda pour quelle raison cette femme qu'elle ne connaissait pas se montrait si bienveillante avec elle.

Emilie dut ressentir sa méfiance, car elle lui lâcha le bras et dit :

— Soyez la bienvenue en Tasmanie, Clémentine. Vous verrez, c'est un pays très attachant.

Clémentine finit par sourire. Elle s'en voulut de son attitude. Emilie était tout simplement heureuse de rencontrer une compatriote, et ravie de pouvoir lui rendre service. Elle invita Clémentine à prendre place sur une banquette recouverte de velours bordeaux. Comme dans l'entrée, les murs étaient recouverts de tissu vert. Le vaste séjour était occupé par des meubles de cèdre rouge. Un magnifique vaisselier présentait de superbes plats de faïence noir et or. Dans un angle trônait une table ronde à pied sculpté, entourée de six chaises dont le style sembla complètement étranger à Clémentine.

— Ce sont des créations de James Whitesides, un célèbre artiste du dix-neuvième siècle, expliqua Emilie. Après avoir remporté plusieurs médailles d'or en Angleterre, il est venu s'installer en Australie. Les grandes familles se sont arraché ses œuvres.

Une large cheminée trônait, adossée au mur opposé à l'entrée. De larges fenêtres en saillie, ornées de rideaux blancs, ouvraient sur le jardin, au-delà duquel on devinait le vaste parc de Queens Domain.

Tandis qu'une autre domestique métisse apportait du thé et des biscuits, Clémentine relata pour Emilie les circonstances qui l'avaient amenée à quitter la France. Celle-ci l'écouta avec gravité, puis déclara :

— Vous avez frappé à la bonne porte. Je suis la présidente d'un petit club que l'on appelle le Cercle français[1]. Il regroupe plusieurs de nos compatriotes vivant en Tasmanie, ainsi que des francophiles, qui sont assez nombreux dans ce pays. Savez-vous que la Tasmanie a failli devenir française ?

— Non.

— Elle fut découverte en 1642 par le Hollandais Tasman. Il la baptisa terre de Van Diemen, en l'honneur du gouverneur des Indes hollandaises de l'époque. Plus tard, elle fut abordée par l'explorateur Cook et le terrible capitaine Bligh, celui qui provoqua la mutinerie du Bounty. En 1793, un lieutenant nommé John Hayes remonta le fleuve et lui donna le nom de Derwent, ce qui signifie « eau claire », en langue celtique. Puis un navigateur français, Nicolas Baudin, aborda l'île en 1802. Les Britanniques craignirent de voir la Tasmanie tomber entre des mains ennemies. En 1803, Macquarrie, le gouverneur d'Australie, fit envoyer trente-cinq forçats et une dizaine de soldats, afin d'occuper le site de Hobart de manière permanente. Alors commença la colonisation. Des bateaux amenèrent des milliers de convicts,

1. C'est à partir de ce Cercle français que sera fondée l'Alliance française de Hobart. Bien entendu, Emilie Richmond est un personnage fictif, et toute ressemblance avec une personne ayant réellement existé ne serait que le fruit d'une coïncidence...

hommes et femmes, ainsi que des colons chargés de défricher la terre. Les prisonniers étaient utilisés comme main-d'œuvre à bon marché pour abattre les arbres et construire les bâtiments que vous pouvez encore voir aujourd'hui. Quant aux colons, ils s'enfoncèrent très vite à l'intérieur des terres.

— Mais... cette île était-elle déjà habitée ?

Emilie baissa la voix.

— Vous touchez là le point sensible de la Tasmanie, et sa plus grande honte. D'ailleurs, c'est un sujet qu'il vaut mieux éviter d'aborder. Nous sommes ici sur une île appartenant à la couronne britannique ; or, les Anglais n'ont jamais eu coutume de respecter les indigènes, partout où ils se sont implantés. Je suppose que nous pouvons en dire autant des Français. Au début, les Aborigènes ont plutôt bien accueilli les colons. Mais, lorsque ceux-ci ont voulu s'implanter sur leurs territoires de chasse, ils se sont rebellés. Alors, le gouverneur a déclaré la loi martiale, et les Aborigènes furent exterminés jusqu'au dernier.

— Jusqu'au dernier ? Pourtant, il m'a semblé voir des gens à la peau noire dans les rues de Hobart.

— Ce sont des métis, descendants des indigènes et des premiers colons. Certains continuent à vivre dans les forêts, comme leurs ancêtres. Mais elles ne leur appartiennent plus. C'est la loi du plus fort, et nous n'y pouvons rien, nous autres femmes.

Clémentine acquiesça silencieusement. Quelques images de la guerre passèrent dans son esprit. La loi du plus fort, c'était surtout celle des hommes, pour lesquels tout était prétexte à se battre et à anéantir ce qu'ils refusaient de comprendre. Clémentine sentait bouillonner en elle un sentiment de révolte lorsqu'elle se trouvait confrontée à la force brutale et à l'injustice. Mais, pour la sauvegarde de Mary, il valait mieux qu'elle tût sa façon de penser, même si Emilie paraissait partager son point de vue.

Elle préféra changer de sujet.

— Je n'ai pas renoncé à retrouver la famille de mon mari, Emilie. Malheureusement, je ne sais pas comment m'y prendre.

— Vous pourriez engager un détective privé. Ambrose en connaît un. Il s'appelle Steve Robson. C'est un homme sérieux et efficace. Je vous communiquerai son adresse.

— Je vous en remercie.

Emilie posa sa main sur celle de Clémentine.

— Je suis vraiment très heureuse de votre arrivée, Clémentine. Je suis sûre que nous allons devenir de grandes amies. Avant tout, il faut vous trouver un travail et un logement. Que savez-vous faire ?

— C'est un peu délicat. En vérité, je suis médecin.

Emilie la contempla avec des yeux stupéfaits.

— Médecin ? Je croyais ce genre de métier exclusivement réservé aux hommes.

— A la faculté, nous n'étions pas nombreuses, précisa la jeune femme. J'ai obtenu mes diplômes peu avant la fin de la guerre, après trois années passées sur le front. Mais, en fait, je ne souhaite pas continuer dans cette voie, du moins pour l'instant. J'ai besoin d'oublier ce que j'ai vécu là-bas.

— Je comprends. Ne vous inquiétez pas, nous ne devrions pas avoir trop de mal à trouver. Et en attendant que nous dénichions un logement, vous pouvez venir habiter ici. Ainsi, Loona pourra s'occuper de votre enfant.

Prise au dépourvue, Clémentine balbutia :

— Je ne voudrais pas abuser... C'est très généreux de votre part.

— Vous n'abuserez pas. Cette maison est bien trop grande pour mon mari et moi. Et puis, mon offre n'est pas tout à fait désintéressée : vous allez avoir tant de choses à me raconter sur Paris. J'en suis partie voilà plus de trente ans. J'avais vingt ans alors. C'était un peu après l'histoire du général Boulanger. Vous n'avez pas connu, évidemment.

Clémentine sourit. Elle aimait déjà beaucoup Emilie, qui avait l'âge d'être sa mère. Bien sûr, elle ressentait une certaine gêne à se trouver ainsi invitée par une femme qu'elle ne connaissait que depuis quelques heures. Mais elle était également ravie. Pour la première fois depuis une éternité, elle ne se sentait plus isolée, perdue au cœur d'un univers hostile.

Une bouffée de bonheur l'envahit. Bien sûr, elle n'avait aucune idée de ce qu'elle allait pouvoir faire pour gagner sa vie. Mais elle faisait confiance à sa nouvelle amie pour l'aider. Et puis, elle allait prendre contact au plus tôt avec le détective dont elle lui avait parlé. Elle était sûre qu'il saurait retrouver la famille de William.

5

Le soir même, Clémentine s'installait chez Emilie, à la grande joie de Loona, qui avait adopté Mary.

Au cours du repas, la jeune femme fit la connaissance d'Ambrose Richmond, le mari de sa nouvelle amie. Sa société de transport fournissait les énormes camions qui convoyaient, jusqu'au port de Strahan, le cuivre et le soufre extraits des mines de Queenstown, ou encore les chariots transportant les tonnelets de bière brassée à New Norfolk. C'était un homme de forte corpulence, au visage sévère. Il aborda Clémentine avec une certaine circonspection, peut-être parce qu'elle était une femme, peut-être parce qu'elle était française, ou encore les deux. Lorsqu'il apprit qu'elle avait son diplôme de médecine, son scepticisme et sa méfiance s'accentuèrent.

— La médecine est une affaire d'hommes, déclara-t-il d'un ton péremptoire. Dans un hôpital, le rôle des femmes est de soigner les malades en tant qu'infirmières. Mais il semble que le monde ait aujourd'hui perdu la tête. Les femmes ne savent plus se tenir à leur place. Elles veulent exercer les mêmes métiers que nous, médecin ou chef d'entreprise. Ici, elles ont même obtenu le droit de vote. L'Australie est d'ailleurs le seul pays au monde où les femmes votent[1]. Je vous demande un peu ! Les autres pays doivent bien se moquer de nous !

1. En Australie, les femmes ont obtenu le droit de vote dès 1894. Les Etats-Unis n'ont suivi qu'en 1920, la Grande-Bretagne en 1928. Et la France en... 1945.

Clémentine se garda bien de répondre. Elle ignorait que les femmes pussent voter dans ce pays. Emilie riposta :

— Et pourquoi les femmes n'auraient-elles pas ce droit, mon ami ?

— Parce qu'elles votent comme leur mari ! Leur suffrage n'a aucune influence sur le résultat.

— Etes-vous donc si certain que je vote comme vous ?

— Mais, ma chère...

— Taisez-vous, Ambrose ! Vous allez dire des bêtises. Vous vous êtes déjà montré suffisamment désagréable avec notre invitée. Clémentine est médecin. Et elle a probablement sauvé bien des vies au cours de cette terrible guerre.

— Bah ! répliqua-t-il. Une femme est peut-être capable de suivre jusqu'au bout des études de médecine. Mais il faudra toujours un homme au-dessus d'elle pour la diriger.

Une colère sourde gagna Clémentine. Elle déclara d'une voix froide :

— Monsieur Richmond, j'ai vu des hommes, des brancardiers, s'évanouir devant les blessures reçues par certains soldats. Croyez-moi, il faut du courage pour replacer à l'intérieur d'un ventre les intestins mis au jour par un coup de baïonnette, ou pour soigner un visage détruit par un lance-flammes.

Ambrose pâlit. Clémentine poursuivit :

— Il m'est arrivé plusieurs fois de pratiquer ce genre d'opération. A Verdun, les chefs médecins n'étaient pas toujours disponibles, en raison de la trop grande quantité de blessés. Moi, une simple femme, j'ai dû à de nombreuses reprises prendre seule des décisions. Lorsque je suis partie, mes supérieurs m'ont dit que plus de mille soldats me devaient la vie. Ils ont ajouté que peu de médecins hommes pouvaient se prévaloir d'une telle réussite. En trois ans de campagne, cela fait une vie par jour. Hélas, pour les sauver, il m'a souvent fallu amputer une jambe ou un bras, parfois sans anesthésiant. Nous manquions de médicaments, conservés pour les officiers supérieurs qui se moquaient bien de la souffrance des simples soldats.

— Je... je ne mets pas en doute vos capacités, chère amie, s'excusa Ambrose, embarrassé. Une femme est sans doute capable d'être un bon médecin. Mais nous ne sommes pas habitués à une telle situation, vous comprenez.

— Il faudra pourtant vous y faire, répondit Clémentine. Dans l'avenir, les femmes médecins seront de plus en plus nombreuses. Et elles obtiendront le droit de vote ailleurs qu'en Australie.

Emilie renchérit :

— C'est vrai ! Les Etats-Unis songent sérieusement à le leur accorder. Ainsi que la Grande-Bretagne.

Clémentine éclata de rire.

— Il n'y a guère que la France qui soit en retard à ce sujet.

Devant une telle coalition, et le regard noir que lui adressa Emilie, Ambrose finit par capituler.

— C'est bien, madame Smith, dit-il. Pardonnez-moi de me montrer si méfiant, et soyez la bienvenue sous mon toit. Il est rare de rencontrer une femme possédant une personnalité aussi... affirmée que la vôtre.

— Depuis plusieurs années, j'ai dû me défendre seule, monsieur Richmond.

Plus tard, Ambrose laissa Emilie et Clémentine en tête-à-tête.

— Il ne faut pas lui en vouloir, déclara Emilie. Ce vieil imbécile n'est pas méchant, mais il est persuadé que les femmes ne sont sur terre que pour faire des enfants et les élever. Cela ne l'empêche pas de faire tout ce que je désire.

Elle se rapprocha de Clémentine et ajouta d'un air entendu :

— Le secret, avec les hommes, c'est de leur laisser croire que ce sont eux qui commandent. Ils adorent diriger, cela les flatte. Mais, avec un peu de finesse, il est facile de les amener là où l'on veut.

Mise en verve par une fine champagne qu'elle faisait venir de France, Emilie fit ses confidences à Clémentine. Elle avait rencontré Ambrose à Paris, alors qu'elle était danseuse dans les opéras bouffes d'Offenbach. Le riche homme d'affaires, en voyage en Europe, avait succombé aux charmes du french cancan et aux jambes joliment dessinées de la demoiselle. Il lui avait fait une cour enflammée, lui avait envoyé de pleins paniers de roses, des bijoux, puis avait offert de l'épouser. A cette époque, le séduisant Tasmanien n'avait pas encore pris d'embonpoint, et la situation qu'il offrait à la petite danseuse française était des plus flatteuses. Seul inconvénient, il fallait quitter Paris pour l'autre bout du monde. Mais Emilie avait la tête sur les épaules.

Elle savait que sa carrière ne durerait pas très longtemps, et que ses chances de décrocher un bon parti s'amenuiseraient à mesure que les années passeraient. Elle avait accepté, convolé en justes noces sous le regard envieux de ses camarades. Puis elle avait parcouru l'Europe au bras de son mari tout neuf, et tout fier de se promener en compagnie d'une aussi jolie femme. Ils avaient traversé l'Atlantique, visité les Etats-Unis naissants, depuis New York jusqu'à San Francisco, que le terrible tremblement de terre de 1906 n'avait pas encore détruit. Dans chaque lieu, Ambrose prenait des contacts, visitait des entreprises, s'enrichissait d'expériences industrielles nouvelles. Après un voyage qui avait duré plus de trois ans, ils étaient revenus en Tasmanie, où il avait repris l'entreprise paternelle, déjà bien implantée. Il avait installé sa petite danseuse dans la maison qu'elle occupait toujours, et elle n'avait pas été longue à faire la conquête de la bonne société de Hobart. Elle avait largement contribué à répandre la culture française.

Dix ans plus tôt, elle avait créé le Cercle français et organisé des salons où on lisait de grands poètes comme Victor Hugo, Lamartine, Gérard de Nerval, Musset ou Vigny. On y commentait aussi les derniers romans publiés en France, qui arrivaient sur place avec quelques mois de retard. Emilie conservait une correspondance régulière avec ses anciennes amies, qui l'informaient de ce qui se passait là-bas.

Son seul regret était de ne pas avoir eu d'enfant.

— Ambrose et moi avons dû renoncer après trois fausses couches, précisa-t-elle. Une quatrième aurait risqué de me coûter la vie. Alors, je me suis fait une raison. Mais, en vous regardant, je ne peux pas m'empêcher de penser que je pourrais avoir une fille de votre âge. Et une petite-fille aussi belle que Mary.

Emue, Clémentine prit la main d'Emilie et la serra avec affection. Les yeux brillants, Emilie ajouta :

— C'est pourquoi je suis heureuse que vous soyez là. Vous pourrez rester le temps qu'il vous plaira.

Soudain, elle alla chercher un papier dans un secrétaire et le donna à Clémentine.

— J'allais oublier. Ceci est l'adresse de Steve Robson, le détective dont je vous ai parlé.

— Merci.

Dès le lendemain, à la première heure, Clémentine se rendit chez le détective. C'était une officine discrète, située près du Parlement. Petit et râblé, Steve Robson lui fit penser à un castor, à cause de ses deux incisives supérieures proéminentes. L'homme fumait la pipe, ce qui n'avait pas dû contribuer à améliorer sa dentition. Elle lui expliqua ce qui l'amenait. Il hocha la tête et demanda :

— Avez-vous une photographie de votre mari, madame ?

— Hélas non. Nous en avions fait à Paris pour notre mariage, mais la boutique du photographe a été détruite par un bombardement avant que nous ayons pu récupérer les épreuves.

— Sans photographie, cela ne va pas être facile, mais je vais voir ce que je peux faire avec le livret militaire et sa date de naissance.

— C'est très important pour moi, monsieur Robson.

— Je vais m'y employer dès aujourd'hui, madame. Comme vous le voyez, je possède le téléphone. Cela va nous permettre de gagner du temps. Je vais contacter les mairies des villes proches de Hobart. Peut-être est-il né dans l'une d'elles.

— Il m'a dit être né dans la capitale.

— Alors, il faut envisager l'hypothèse qu'il ait pu changer de nom.

— Pourquoi aurait-il fait ça ?

— C'est ce qu'il nous faut apprendre. Mais sans photo, ça sera plus difficile.

Lorsqu'elle sortit du bureau de Steve Robson, Clémentine éprouvait un certain malaise. Elle ne croyait pas que William fût né ailleurs qu'à Hobart. Dans ce cas, il fallait admettre qu'il avait bien changé de nom. Et cette perspective l'inquiétait. On pouvait supposer qu'il avait agi ainsi parce qu'il avait commis quelque chose de répréhensible. Et cela, elle ne pouvait y croire. William n'avait rien d'un malhonnête homme. Mais elle l'avait si peu connu...

Le soir, Clémentine fit part de son embarras à Emilie.

— Ne vous tourmentez pas avec ça, Clémentine, répondit-elle. Il ne s'agit peut-être que d'une histoire de famille.

— Justement. J'ai pensé aussi qu'il pouvait être marié, qu'il avait d'autres enfants. Il avait trente ans quand je l'ai rencontré.

Emilie la prit par les épaules et déclara :

— Laissons d'abord ce détective travailler. Nous verrons bien. Il ne faut pas vous tracasser alors que l'explication n'a sans doute rien d'alarmant. Ambrose est retenu par des clients, nous allons en profiter pour nous offrir une soirée parisienne.

Il était difficile de résister à la bonne humeur d'Emilie Gagnée par sa gaieté, Clémentine lui raconta le Paris de l'après-guerre, comment les femmes s'habillaient, les spectacles qu'elle avait vus. Elle lui raconta les dernières pièces de théâtre, les nouvelles opérettes. Elle avait également ramené dans ses malles un phonographe et des disques de cire.

Quand Ambrose rentra, vers onze heures, la maison résonnait des accents pathétiques d'Esther Lekain, Bérard, Jean Lumière et autres Vagabonds parisiens. Amusé, il se joignit à elles. Clémentine et Emilie furent prises de fou rire parce que, bien qu'il parlât couramment le français, il ne saisissait pas les sous-entendus coquins d'une chanson d'Urban intitulée *Le P'tit objet.*

C'est une affaire qui peut t'nir dans l'creux d'la main
C'est fin, c'est gentil
Coquet, arrondi
Ni trop grand ni trop petit...

Mais Clémentine ne désirait pas s'imposer trop longtemps chez sa nouvelle amie. Faisant jouer ses relations, Emilie finit par dénicher une petite maison située sur Collins Street, une rue parallèle à Macquarrie Street, l'une des artères principales de Hobart. C'était un bungalow californien de cinq pièces meublées. Une belle terrasse longeait la façade, et il bénéficiait de grandes baies vitrées. La maison était équipée de l'eau courante et même de l'électricité. A Clémentine qui s'étonnait d'un tel confort, Emilie expliqua :

— La Tasmanie est un pays très arrosé. Depuis le début du siècle, on a construit plusieurs barrages. Ils alimentent la ville en courant électrique.

Afin de lui éviter de chercher une nourrice pour garder Mary, elle offrit à Clémentine d'engager Loona. Clémentine accepta volontiers. La jeune métisse et le bébé s'entendaient à merveille. Fin novembre, toutes trois s'installèrent dans la petite maison de Collins Street. Les premiers jours, Clémentine se crut revenue à l'époque de son séjour en Angleterre. La rue où elle habitait rappelait à s'y méprendre une rue de la banlieue de Londres. Pourtant, la réalité était bien différente. Seule l'architecture géorgienne ou victorienne des demeures pouvait entretenir cette illusion. Chaque jour, des détails insolites étonnaient la jeune femme. La nourriture qu'elle trouvait sur les marchés ne ressemblait pas à celle que l'on rencontrait en Europe. Les bouchers proposaient bien sûr de la viande de mouton et de bœuf, mais aussi du kangourou et de l'émeu, une sorte de petite autruche.

Les fruits et les légumes étaient bien différents de ce qu'elle connaissait, et elle dut se fier à Loona pour faire ses choix. Celle-ci lui fit découvrir les *lemon aspen*, que l'on appelait aussi « tremble citron ». C'était une sorte de pamplemousse utilisé pour glacer les gâteaux ou faire une vinaigrette. Les *lilli pilli*, des fruits ronds et roses, avaient un peu le goût du melon. On trouvait aussi les noix de macadamia, les noix de pandani, considérées comme une denrée de luxe. La noix bunya provenait du Queensland, sur le continent australien, et se récoltait tous les trois ans. Il y avait les noix de cajou, les prunes Davidson, les *quandongs* bleus, au goût de figue, et les fameuses prunes d'Illawara, qui ressemblaient à des raisins noirs. Loona expliqua à Clémentine comment en faire des tartes et des confitures. Le tamarin, fruit du tamarinier, était un fruit acide qui accompagnait bien les plats de poisson. Enfin, on trouvait aussi les *snowberries*, les baies des neiges, qui ne poussaient qu'ici, en Tasmanie. On les faisait sauter avec du beurre et on les servait avec des crêpes et du cidre. Un cidre fabriqué avec les pommes cultivées dans la vallée Huon, au sud de Hobart.

Clémentine était installée depuis une semaine lorsque Emilie lui rendit visite. Elle lui avait trouvé un travail.

— Vous pourriez donner des cours de français, déclara-t-elle avec enthousiasme. Ici, à Hobart, le fait de parler français est considéré comme un signe de bonne éducation. Cela date de l'époque où l'empereur Napoléon III et la reine Victoria ont signé l'Entente cordiale. C'est un travail peu fatigant, et très bien rémunéré. Je vous ai trouvé trois familles.

Dès le lendemain, Clémentine commença son travail. Laissant Mary sous la garde de Loona, elle se rendit au domicile de la première famille, les Wilson. Martin Wilson était le procureur général de Hobart. Il accueillit la jeune femme avec un visage sévère. Emilie l'avait prévenue qu'il n'avait pas une grande considération pour les Français.

— Veuillez entrer, madame, dit-il d'une voix grave.

Une femme au visage très pâle attendait dans le salon, les cheveux tirés en arrière sous un bonnet de dentelle. A ses côtés se tenaient deux enfants aux mines fermées.

— Mon épouse, Eléonore, présenta le maître des lieux. Et voici mes enfants, Robert, treize ans, et sa sœur Margareth, qui en a douze.

Le procureur examina Clémentine d'un regard chargé de méfiance, sans doute celui qu'il utilisait pour toiser les prévenus dans le box des accusés, au tribunal. Clémentine, malgré l'antipathie que lui inspirait le personnage, s'appliqua à adopter un visage aussi neutre que possible. Elle avait besoin de ce travail et elle ne voulait pas décevoir Emilie.

— Vous leur donnerez une heure de cours tous les jours sauf le samedi et le jour du Seigneur. Je suppose que vous êtes bonne chrétienne, naturellement.

Clémentine estima qu'il n'eût pas été de bon ton de lui avouer que la guerre l'avait passablement fâchée avec la religion.

— Je suis baptisée et j'ai fait ma première communion.

— Evidemment, vous êtes catholique, ajouta-t-il avec un mépris à peine dissimulé.

Visiblement, le personnage appartenait plutôt à la religion réformée.

— La plupart des Français le sont, répondit Clémentine, agacée. Mais, pardonnez-moi, monsieur, je pensais être ici pour donner à vos enfants des cours de français, non de théologie.

La dame au visage pâle intervint :

— Mais oui, mon ami ! dit-elle. N'oubliez pas que le Seigneur a prêché la tolérance.

— S'il ne tenait qu'à moi, mes enfants se passeraient de cette langue dont ils n'ont aucun besoin. L'anglais n'est-il pas aujourd'hui la langue universelle ? Mais après tout, cette idée vient de vous, ma chère. Alors, réglez cette affaire vous-même. On m'attend au tribunal.

Après s'être incliné brièvement devant Clémentine, il quitta les lieux, au grand soulagement de la jeune femme. Eléonore lui semblait un peu plus abordable.

— Pardonnez à mon mari, dit-elle. Il est très méfiant de nature, mais il faut le comprendre. Le métier de procureur n'est pas de tout repos à Hobart. Entre les marins du port, qui affichent des mœurs déplorables, qui se saoulent et fréquentent les prostituées, et les petites gens de la ville périphérique, dont beaucoup descendent des premiers immigrés, il a fort à faire pour imposer la loi. Parfois, il regrette que l'on ait fermé le bagne de Port Arthur. Mais je vous ennuie avec mes histoires.

— Pas du tout...

Les deux enfants attendaient, immobiles, mais les yeux brillants de curiosité. Leur mère leur fit signe d'approcher.

— Robert et Margareth parlent déjà un peu le français, précisa Eléonore.

Ainsi Clémentine commença-t-elle sa carrière de préceptrice. Son caractère égal eut vite raison des préventions des deux enfants, à la fois attirés par l'idée d'apprendre cette langue qu'il fallait parler si l'on voulait être considéré, et méfiants vis-à-vis de l'arrivante, à cause de ce que leur père affirmait au sujet des Français. Il ne fallut qu'un jour à Clémentine pour briser la glace. Robert et Margareth ne cessaient de harceler la jeune femme de questions. Elle les obligeait à les poser en français et répondait de même. La curiosité étant un moteur efficace, ils firent des progrès rapides.

Outre les Wilson, Clémentine eut d'autres élèves. Klaus Kleinberg, l'un des plus grands avocats de la ville, avait trois enfants : un garçon de vingt-cinq ans, Terence, et deux filles plus jeunes, Priscilla, seize ans, et Jennifer, quatorze ans. Klaus Kleinberg se révéla plus hospitalier que Martin Wilson. Mais Clémentine comprit très vite qu'il s'agissait là d'une déformation due à son métier, qui consistait à séduire. C'était devenu chez lui une seconde nature. Son épouse, Deborah, une blonde opulente à l'allure plutôt vulgaire, accueillit Clémentine avec de grandes démonstrations d'amitié qui sonnaient un peu faux. Clémentine se douta qu'elle agissait ainsi avec tout un chacun. En revanche, les deux filles étaient adorables, et la jeune femme établit très vite des liens de complicité avec elles. Leurs questions portaient essentiellement sur la mode, sur la capitale française, dont le seul nom de Ville lumière suffisait à attiser la curiosité.

Enfin, Clémentine donna des cours aux enfants Fischer. Le père, Herbert, homme d'affaires spécialisé dans l'import-export, travaillait en relation directe avec le mari d'Emilie. C'était un bel homme, soucieux d'attirer l'attention des femmes, auxquelles il ne pouvait s'empêcher de faire des avances empressées. Clémentine n'échappa pas à cette manie et dut subir un assaut en règle lorsqu'il la reçut dans son bureau. Elle eut toutes les peines du monde à le tenir à sa place. D'une nature passionnée, il avait engendré sept enfants, dont cinq, âgés de dix à dix-neuf ans, étaient en âge d'assister aux cours de Clémentine. A elle seule, la famille Fischer lui rapportait le double des deux autres, car l'homme d'affaires exigea deux heures de cours par jour. Clémentine le soupçonna de faire coïncider ces exigences avec son envie de la voir souvent. Aussi s'arrangea-t-elle pour venir quand elle était sûre de la présence de son épouse, Constance Fischer, une femme blonde plutôt effacée.

Ainsi que l'avait dit Emilie, le travail n'était nullement contraignant. Clémentine gagnait correctement sa vie — en livres sterling, ce qui lui posa quelques problèmes de conversion au début. Souvent, les épouses invitaient Clémentine à rester en leur compagnie pour prendre le thé, selon le rite immuable du *five o'clock* importé tout droit d'Angleterre. Elle se rendit compte que les femmes étaient au moins aussi curieuses que leurs enfants. Il émanait de tout ce qui venait de Paris un délicieux parfum de soufre. Ces dames, dont le rôle consistait essentiellement à faire des enfants à leurs admirables époux, s'occupaient d'œuvres de charité afin de tromper leur oisiveté. Ainsi, elles organisaient des fêtes dont les bénéfices étaient reversés aux plus démunis. Très vite, elles invitèrent Clémentine à participer à leurs activités. Elle ne put faire autrement que d'accepter, malgré le peu de goût qu'elle ressentait pour la charité des riches, qui n'était à ses yeux qu'un moyen de se donner bonne conscience en restituant aux pauvres un peu de ce qu'ils leur volaient par ailleurs.

Le soir, après ses cours, elle rentrait chercher Mary et Loona, et toutes les trois partaient faire une longue promenade dans la ville. Souvent, elles se rendaient à Queens Domain, dans les jardins botaniques royaux. Fondés en 1828, ceux-ci s'étendaient au pied de Government House, construit à la même époque. Elles s'asseyaient au bord de l'étang aux nénuphars, ou bien flânaient dans la fougeraie où l'on avait reproduit l'aspect de la forêt pluviale s'étendant sur les hautes montagnes de l'ouest. On pouvait aussi y visiter une serre peuplée de plantes vénéneuses, comme les *oleanders* ou les daturas.

Dans le parc vivaient quantité d'oiseaux dont beaucoup étaient inconnus en Europe. Si l'on croisait des rouges-gorges, des roitelets, des martins-pêcheurs ou des corbeaux, on rencontrait aussi des perroquets aux couleurs chatoyantes, ainsi que des cacatoès noirs à queue rouge, jaune ou blanche, ou blancs à crête rouge. Et tout ce monde jacassait, indifférent à la rumeur des bruits de moteur provenant de la ville proche.

Depuis qu'elle possédait son propre toit et exerçait son nouveau métier, Clémentine se sentait un peu mieux. Ses cauchemars continuaient à la visiter, mais ils se faisaient moins violents, et ne la réveillaient plus en sursaut. La présence de Loona auprès de Mary la rassurait.

La jeune métisse ne se montrait guère bavarde. Dans son anglais approximatif, elle ne parlait que du bébé. Elle racontait à Clémentine ce que la petite avait fait dans la journée, ce qu'elle avait mangé, lui narrait ses progrès. Clémentine s'était attachée à cette gamine singulière. Elle avait croisé nombre d'hommes à la peau noire pendant la guerre. La plupart d'entre eux arrivaient d'Afrique, pour combattre un ennemi dont ils n'avaient jamais entendu parler. Ils parlaient tous français, sauf les quelques Noirs américains qu'elle avait eu l'occasion de soigner à partir de 1917. Mais les métis d'Aborigènes tasmaniens étaient différents. Ils étaient de plus petite taille. Bien qu'ils fussent pour la plupart engagés comme domestiques par les Blancs, leurs yeux trahissaient leur dignité et leur fierté. Loona ne parlait presque jamais d'elle-même. Pourtant, à quelques bribes d'information lâchées par la jeune fille dans son langage fantaisiste, Clémentine finit par apprendre son histoire.

Comme certains métis tasmaniens, elle avait passé sa petite enfance dans les forêts pluviales de l'ouest. Elle habitait alors un village éloigné. Mais un jour, des hommes blancs avaient surgi. Ils avaient tué plusieurs personnes du village, et ils avaient enlevé des jeunes, filles et garçons. Elle s'était débattue, avait tenté de s'enfuir, mais on lui avait attaché les jambes et les bras dans le dos. Ses ravisseurs l'avaient amenée en ville, avec ses compagnons d'infortune. Là, un « homme très méchant » avait voulu l'obliger à « faire des choses mauvaises » avec « d'autres hommes très méchants ». Clémentine en conclut qu'elle avait été livrée à la prostitution pour le compte d'un proxénète du port. Mais Loona s'était enfuie, et elle s'était réfugiée dans la maison de « madame Emilie ». Celle-ci l'avait découverte, cachée dans la réserve. Loona lui avait raconté sa mésaventure, et elle avait pu rester à son service. Elle précisa :

— Madame Emilie vouloir me donner de l'argent. Mais Loona refuse. Argent sert à rien. Pas bon à manger. Alors, madame Emilie donne à manger à Loona, et Loona dormir dans sa maison. Loona contente ainsi.

Vers la mi-décembre, elle reçut la visite de Steve Robson.

— J'ai effectué des recherches dans toutes les villes situées autour de Hobart, miss Smith. J'ai télégraphié à Glenorchy, Brighton, Kingston, Rokeby, Lauderdale. Malheureusement, je n'ai encore aucune piste. Je crains qu'il ne se confirme que votre mari avait changé de patronyme. Dans ce cas, il sera plus délicat de situer sa famille. Je vais tenter ma chance auprès des autorités militaires. Avec un peu de chance, elles seront au courant de quelque chose.

Lorsqu'il fut reparti, nanti d'une nouvelle provision de quelques livres, Clémentine connut un moment de découragement. Elle avait un moment espéré que l'on retrouverait la trace de la famille de William dans la banlieue de la capitale. Mais si William avait changé de nom, il avait sans doute une raison, qu'elle ne serait peut-être pas heureuse de connaître.

Comme à chaque fois que le doute l'assaillait, elle se rendit chez Emilie, à qui elle fit part de ses inquiétudes.

— Si William avait déjà une épouse ici, il lui a peut-être donné des enfants. Imaginez qu'il ait eu un fils, et que ce fils, plus tard, rencontre ma petite Mary. Je n'ose penser aux conséquences.

— Rien ne prouve que ce soit le cas. Et puis, avant qu'elle soit en âge de se marier, vous avez le temps de voir aboutir vos recherches.

Elles restèrent un long moment silencieuses, puis Emilie déclara :

— Allez, il faut vous changer les idées. Qu'avez-vous prévu pour Noël ?

— Noël ?

Clémentine ne sut que répondre. Comment songer à Noël lorsque le temps se faisait chaque jour plus beau et plus chaud ? Les Noëls précédents, marqués par la guerre, s'étaient révélés bien tristes. Le pire de tous avait été le dernier, puisqu'elle avait perdu William et ses parents quelques mois auparavant. Et puis, occupée par ses cours et son installation, Clémentine n'avait pas pris garde que l'on approchait de la fin de l'année.

— Cela fait maintenant plus d'un mois que vous êtes arrivée, poursuivit Emilie. Nous sommes aujourd'hui le 15 décembre. Comme vous êtes seule avec votre fille, Ambrose et moi voulions vous proposer de fêter Noël avec nous.

La gorge de Clémentine était tellement serrée qu'elle se demanda si elle allait pouvoir répondre.

Ainsi passa-t-elle le réveillon chez les Richmond. Pour son premier Noël, Mary fut gâtée comme jamais elle ne l'avait été. Par tradition, Emilie assistait à la messe de minuit donnée dans la cathédrale St Mary, située sur St Patrick Street.

— C'est le seul jour de l'année où je me rends à une messe, confessa-t-elle. J'ai été élevée dans la religion catholique, mais mon catéchisme est resté quelque part sur les planches du french cancan. Je ne crois plus en rien, sinon à cette fête, parce qu'elle réunit les familles. Il y a de l'amour à Noël, et le monde n'en a jamais de trop.

Clémentine l'y accompagna d'autant plus volontiers qu'elle partageait les mêmes sentiments. Malheureusement, songea-t-elle, l'amour s'enfuyait bien vite après Noël. Elle fut étonnée, en sortant de l'église, de constater la tiédeur qui régnait sur la ville. Des parfums d'été flottaient dans l'air, et une vague lueur persistait à l'ouest, au-delà du mont Wellington, comme si le soleil refusait de se coucher. Un phénomène que l'on ne voyait en France qu'à l'époque de la Saint-Jean, lorsque les feux immenses d'origine païenne illuminaient la nuit la plus courte de l'année. Ici, en Tasmanie, c'était aussi l'été, la chaleur, la nuit courte et ses parfums enivrants... et pourtant, on fêtait Noël.

Après la messe de minuit, on retourna à la maison, pour un repas plantureux arrosé d'excellents vins français, servi sous une tonnelle où régnait le souvenir de la chaleur de la journée. Des vents légers apportaient les odeurs de l'océan. Tout à coup, Emilie déclara :

— Pour le nouvel an, nous organisons un *barbie*.

— Un *barbie* ?

— C'est une fête typique de la Tasmanie. Nous faisons rôtir un mouton ou une chèvre, et nous fêtons la nouvelle année. Je serais très heureuse de vous y convier. Il est temps que vous fassiez connaissance avec nos amis français. Ceux du Cercle.

6

Clémentine était à la fois enchantée et affolée par l'invitation. L'amitié d'Emilie lui prouvait qu'elle avait été adoptée par les gens de Hobart. Depuis qu'elle avait une maison et un emploi, elle avait l'impression de recommencer à exister. Elle menait une vie calme, réconfortante après les années d'enfer traversées. Elle fréquentait encore peu de monde, mais ce *barbie* serait l'occasion d'élargir le cercle de ses connaissances.

Cependant, cette soirée l'inquiétait également, car elle ignorait comment s'habiller. Les robes portées d'ordinaire par Eléonore Wilson, Deborah Kleinberg ou Constance Fischer trahissaient la rigidité anglaise du siècle précédent. Ces dames eussent été horrifiées si elles avaient su que la mode parisienne prônait désormais la jupe serrée et dévoilait les mollets jusqu'à vingt-cinq centimètres au-dessus de la cheville. De jeunes femmes sportives avaient même lancé la mode des cheveux courts, mode que Clémentine s'était empressée de suivre, car elle mettait son visage en valeur et se révélait très pratique dans son travail, en raison de la coiffe portée par les femmes dans les hôpitaux.

Durant les quelques mois de l'après-guerre, Clémentine avait découvert les nouvelles tendances, présentée par des créateurs comme Jean Patou ou encore la jeune Gabrielle « Coco » Chanel. Elle avait acheté des robes hors de prix, espérant ainsi noyer le souvenir des combats dans le plaisir de la vie retrouvée. Malheureusement, elle s'était ennuyée à mourir dans ces soirées passées au milieu des parvenus de la Grande Guerre. Les yeux masculins qui s'attardaient sur elle avec insistance l'agaçaient.

C'était le regard de William qu'elle aurait aimer sentir se poser sur elle, c'était son désir qu'elle aurait voulu lire dans ses prunelles brillantes. Elle en avait éprouvé encore plus cruellement son absence. Lors de son départ, elle avait failli abandonner ces robes. Mais elle n'avait pu s'y résoudre. Elles mettaient son élégance naturelle en valeur, et elles étaient bien plus agréables à porter que les lourdes tenues d'avant-guerre. Cependant, elles risquaient de scandaliser les dames puritaines de Hobart.

Elle décida de demander l'avis d'Emilie, qu'elle invita à prendre le thé. Avec des gestes pleins de précaution, Clémentine sortit ses trésors et les étala sur la courtepointe. Le visage d'Emilie s'illumina.

— Elles sont magnifiques, ma chérie, s'exclama-t-elle. Aucune femme de Tasmanie n'en possède de semblables.

Le compliment toucha Clémentine. Avec un plaisir évident, elle passa les robes l'une après l'autre. Loona, qui tenait Mary dans ses bras, la regarda faire, éberluée. Les tenues ne ressemblaient en rien à ce qu'elle connaissait. L'une d'elles était une robe rouge qui modelait parfaitement sa silhouette et s'arrêtait presque au-dessous du genou, dévoilant ses chevilles fines.

— C'est une matière nouvelle, s'étonna Emilie en tâtant l'étoffe.

— Cela s'appelle du jersey, expliqua Clémentine. Ce modèle a été créé par Coco Chanel.

Elle fit un tour sur elle-même.

— Les élégantes parisiennes s'arrachent ses créations.

Elle passa ensuite une robe blanche qui se révéla entièrement différente des autres. Elle rappelait les tuniques grecques antiques, dévoilant largement les jambes. Un ample drapé venait se fixer sur l'épaule nue.

— Ne me dites pas que les femmes s'habillent comme ça... dans la rue, s'exclama Emilie.

— Oh non. On ne les porte que le soir. Celle-ci a été inspirée par la tenue d'une jeune danseuse américaine, Isadora Duncan. Les créateurs de mode se sont emparés de son idée. Cela faisait six mois que je ne portais plus que de tristes robes de deuil. William détestait le noir. J'ai pensé qu'il aurait aimé me voir dans cette tunique, et je l'ai achetée.

— Elle vous va à ravir. C'est celle-là que vous devez porter le 31 décembre !

— Mais ne pensez-vous pas qu'elle risque de choquer certaines personnes ? Les femmes de Hobart n'ont pas l'habitude de me voir dans une tenue aussi... légère. Sachant que je suis veuve, ne vont-elles pas s'indigner ?

— Votre mari est mort il y a un an et demi, Clémentine. Croyez-vous que William serait heureux de vous voir mener une existence morose simplement pour respecter son souvenir ?

— Je ne sais pas. Lorsque j'ai porté ces robes, j'ai vaguement eu l'impression de le trahir.

— C'est vous-même que vous trahissez, Clémentine. Venez.

Emilie prit la main de la jeune femme et l'entraîna sur la terrasse qui longeait la maison. Au-dehors resplendissait le chaud soleil de l'été naissant. Des parfums subtils s'élevaient du jardin. Emilie prit Clémentine par l'épaule et la serra contre elle avec affection.

— Vous avez traversé des épreuves terribles au cours de cette guerre. Elles ont laissé en vous des cicatrices qui peinent à se refermer. Mais il y a en vous une grande force de vie.

— Je n'en suis pas si sûre, murmura Clémentine.

— Ne cherchez pas de faux prétextes, ma chérie. Vous avez trouvé la paix à Hobart, et vous redoutez de remettre cette quiétude en cause pour affronter de nouveau le monde. Mais vous êtes combative, Clémentine, vous faites partie de la race des vainqueurs. Vous avez eu l'audace d'entreprendre cette expédition insensée jusqu'au bout de la terre. Et vous avez accompli l'exploit de voyager seule, avec votre petite fille de quelques mois. Bien peu de femmes auraient eu ce courage. Alors, libérez la puissance de vie qui est en vous. C'est ainsi que William vous aimait, tout comme vos parents. Là où ils sont, ils seront heureux de vous voir épanouie. C'est la meilleure manière de respecter leur souvenir.

Le trente et un décembre, Clémentine, sous l'œil admiratif de Loona, contempla son reflet dans la psyché qu'elle avait amenée de France. Sa conversation avec Emilie lui avait fait beaucoup de bien. Son amie avait raison. Ne fût-ce que pour sa fille, elle n'avait pas le droit de se laisser aller. Elle avait toujours pris plaisir à se montrer coquette.

Elle avait passé deux heures à composer une coiffure savante qui relevait ses cheveux sur sa nuque et mettait en valeur l'ovale parfait de son visage. Ainsi, elle ressemblait à une nymphe ravissante.

Les seuls bijoux qu'elle possédait lui venaient de sa mère. Ils consistaient en une bague et un collier d'or fin orné de turquoises. De même, elle se maquillait très peu, et évitait le khôl, dont les Parisiennes avaient tendance à abuser afin de se dessiner un regard de biche. La couleur très claire de ses yeux ne nécessitait aucun artifice supplémentaire.

Elle sourit à son reflet et passa une cape pour se rendre chez Emilie.

Celle-ci l'accueillit avec un visage ravi.

— Vous êtes métamorphosée ! s'exclama-t-elle.

Elle posa un doigt léger sur les épaules nues de Clémentine et ajouta :

— Voilà une audace que l'on ne connaît pas ici, ajouta-t-elle. J'ai dans l'idée que vous allez provoquer une petite révolution et susciter quelques jalousies. Aucune femme ici n'oserait porter une robe aussi... suggestive.

Une certaine gêne envahit Clémentine.

— Justement. Je crains que cette robe ne soit un peu trop...

Emilie éclata de rire.

— Eh bien tant pis. Je veux que vous soyez la reine de cette soirée. Venez !

Clémentine comprit qu'Emilie revivait, à travers elle, ce plaisir de séduire qui avait été le sien trente années auparavant. Son amie lui prit la main et lui chuchota à l'oreille :

— N'ayez aucune crainte, ma chérie. Vous avez tout pour vous : la beauté, le port de tête altier, le regard brillant qui traduit à la fois la volonté et l'intelligence. Vous êtes magnifique.

La jeune femme éprouva une nouvelle bouffée d'affection envers Emilie. Celle-ci la traitait comme la fille qu'elle n'avait pas eue. Un peu embarrassée, elle la suivit dans le parc où les domestiques avaient déjà dressé les tables. Des coupes proposaient les fruits particuliers à la Tasmanie : *bopple nut*, *quandongs*, confitures de prune d'Illawara, tamarins, *snowberries*, noix de pandani. Les deux petites métisses passaient parmi les convives en offrant des verres de champagne. Une ribambelle de gamins de tous âges courait en tous sens dans le parc.

A l'écart se dressaient trois braseros, sur lesquels des hommes disposaient de la viande à griller. Le torse nu à cause de la chaleur, ils surveillaient la cuisson en arrosant régulièrement la chair de sauce. D'autres débouchaient bouteilles de vin et de bière. Tous s'arrêtèrent pour contempler l'arrivante.

Clémentine s'était attendue à retrouver les parents des enfants auxquels elle donnait des cours. Mais il n'y avait là que Herbert Fischer et son épouse, Constance. Elle ne connaissait pas les autres, au nombre d'une centaine. Emilie lui présenta une foule de personnes dont elle eût été incapable ensuite de se souvenir les noms. Aux regards que lui adressaient les hommes et les femmes, elle se rendit compte qu'Emilie avait dit vrai. Même si les robes avaient perdu de leur rigidité coutumière, aucune femme ne pouvait rivaliser avec l'élégance de sa tunique. Il se dégageait d'elle une sensualité à laquelle les hommes étaient loin de se montrer insensibles. Très vite, une cour d'admirateurs se constitua autour d'elle. Dès que sa flûte de champagne était vide, quelqu'un la remplissait. Bientôt, la tête lui tourna un peu.

On lui apporta de la viande grillée, des fruits, des gâteaux. Au fil des brèves conversations partagées avec ces inconnus, elle apprit qu'il existait en Tasmanie une véritable communauté française, échouée au hasard des pérégrinations de chacun. Ils descendaient d'authentiques aventuriers, d'explorateurs un peu pirates, de paysans ou d'artisans désireux de construire leur vie sur une terre nouvelle. Certains avaient quitté leur pays pour répondre à un idéal religieux ou philosophique... ou pour échapper à une condamnation. Beaucoup avaient épousé des métisses, et leurs enfants avaient le teint couleur pain d'épices. Parmi eux, plusieurs avaient participé à la guerre, sous l'uniforme australien, soit sur le sol français, soit lors du terrible engagement du détroit des Dardanelles, au cours duquel plusieurs dizaines de milliers d'hommes avaient trouvé la mort. L'un d'eux avait le visage brûlé, un autre avait perdu le bras gauche, un troisième avait la jambe coupée au-dessus du genou. Cela ne les empêcha pas de rivaliser de prévenance envers Clémentine.

— Quelle est cette viande ? demanda-t-elle alors qu'on lui apportait une assiette.

— Du kangourou à cou rouge, répondit le jeune homme à la jambe coupée. Goûtez, c'est très bon.

Un peu réticente, Clémentine planta les dents dans la chair grillée. L'intérieur était saignant, sans doute parce que la viande avait été saisie. Le goût se situait entre le gibier et le bœuf, mais la chair était plus tendre.

— Alors ? s'enquit le jeune homme.

— C'est surprenant, répondit Clémentine. Je ne pensais pas que le kangourou se mangeait. C'est un animal plutôt charmant.

— Une vraie saloperie, rétorqua l'homme au visage brûlé. Il y en a partout, et ils démolissent les jardins et les clôtures. Si on ne les mangeait pas, ils nous chasseraient bientôt du pays. Autrefois, ils constituaient la nourriture de base des Aborigènes.

— La viande doit être vieillie pour acquérir tout son goût ! reprit l'unijambiste, peu désireux de voir l'autre lui voler la vedette.

Il montra sa jambe coupée.

— Je l'ai perdue à Verdun, déclara-t-il fièrement. Une rafale de mitrailleuse me l'a tranchée net. C'est un miracle d'avoir gardé l'autre intacte.

Ne voulant pas être en reste, Visage-Brûlé montra la partie gauche de sa figure :

— Ça, c'est un lance-flammes. Je me suis trouvé face à face avec un Allemand. Quand j'ai vu la flamme jaillir, j'ai eu le réflexe de tourner la tête. Mes vêtements se sont mis à brûler. Je n'ai dû la vie qu'à un trou d'eau dans lequel je me suis jeté aussitôt. J'ai eu la chance de conserver mes deux yeux.

Le manchot intervint à son tour.

— Moi, c'est un éclat d'obus. Il m'a emporté le bras d'un seul coup. Je ne m'en suis pas rendu compte sur le moment. Nous menions un assaut hors de la tranchée. J'ai continué à avancer. Tout à coup, j'ai senti que mon fusil devenait bizarrement lourd. Et je me suis aperçu que seul mon bras droit le tenait. J'ai regardé : mon bras gauche avait disparu. J'ai mis un long moment avant de comprendre. Et puis, j'ai commencé à avoir mal et je suis tombé dans les pommes. Je ne sais pas ce qui s'est passé ensuite.

Je me suis réveillé sur un lit d'hôpital et la guerre a été terminée pour moi.

Il cracha un juron et ajouta :

— Pas fâché d'en avoir fini, d'ailleurs. Là-bas, c'était l'enfer. Si je vous disais tout ce que j'ai vu...

— Je le sais, répondit doucement Clémentine. J'ai terminé mes études de médecine sur le front, à côté de Verdun, justement. Des blessures comme les vôtres, j'en ai soigné beaucoup, et des plus graves.

— Vous étiez médecin militaire ! s'exclamèrent simultanément les trois hommes.

Ils se regardèrent, interloqués. Ils avaient exhibé leurs blessures dans le but de l'impressionner. Mais voilà qu'elle leur avouait qu'elle aussi avait fait la guerre...

— Allez, vous dites ça pour nous faire marcher, s'exclama le manchot.

Puis, gêné, il se mit à tousser, conscient de sa gaffe envers l'unijambiste.

— Je ne vous mens pas. Je suis bien médecin. Et je suis restée sur le front de février 1916 à août 1918. J'y ai perdu mon mari. Elle ajouta, pleine d'espoir :

— D'ailleurs, vous l'avez peut-être connu. Il était de Hobart. Il s'appelait William Smith.

Ils hochèrent la tête puis Visage-Brûlé répondit :

— Ce nom ne m'évoque rien. Mais ça ne veut rien dire. Plus de deux mille gars sont partis d'ici.

Les quelques mots échangés avaient changé la nature de l'intérêt que les trois anciens soldats portaient à Clémentine. Ce n'était plus seulement une jeune femme désirable qu'ils avaient en face d'eux. C'était une camarade de combat. Leur attitude se modifia aussitôt. Ils ne furent pas longs à évoquer des endroits et des personnages qu'ils avaient connus.

Mais elle ne resta pas longtemps prisonnière de leurs griffes affectueuses. Après le repas suivait un bal. Dans le prolongement de la terrasse, on avait installé un plancher flanqué d'une estrade. Un orchestre d'une demi-douzaine de musiciens vint y prendre place. Aussitôt, des hommes se pressèrent autour de Clémentine pour lui réclamer une danse. Elle passa ainsi entre plusieurs bras, revendiquée par des cavaliers de tous âges.

L'haleine de certains fleurait le champagne, le cidre, la bière ou le whisky, mêlés à des relents de tabac. Mais ils n'en avaient cure, et cela ne les empêchait pas de lui adresser compliments dithyrambiques et propositions coquines, qu'elle balayait d'un sourire. Ce qui ne les décourageait pas pour autant. Ils lui donnaient leur nom, insistaient pour la revoir une fois la fête achevée. Un audacieux parvint même à lui voler un baiser sur la bouche, dont elle ne songea même pas à se fâcher.

Elle se rendit très vite compte que les musiciens manquaient un peu d'imagination. Ils connaissaient surtout les danses américaines comme le square-dance, le one-step ou le fox-trot. Parfois, ils se laissaient aller à une valse, voire un exotique pasodoble que peu de femmes se risquaient à entreprendre. Convoitée par les hommes, Clémentine trouva à peine le temps de souffler, jusqu'au moment où Emilie interrompit musique et conversations en annonçant que l'année nouvelle était sur le point de naître.

Au douzième coup de minuit, égrené par les cloches de la cathédrale St Mary, un feu d'artifice éclata, illuminant le parc de poussières d'étoiles. A ce moment, un homme aux cheveux poivre et sel s'approcha de Clémentine. Il devait avoir dépassé la cinquantaine. Une barbe courte ornait son visage. Il était taillé en hercule, et vêtu d'un costume clair qui le serrait un peu. Son regard amusé pétillait de malice ; ses yeux, d'un bleu très pâle, se striaient de petites pattes d'oie. Il émanait de l'inconnu un charme indéniable. Clémentine avait déjà remarqué qu'il l'observait de loin, lorsqu'elle évoluait dans les bras d'un autre. Mais il ne l'avait pas encore abordée.

— Notre hôtesse nous a présentés tout à l'heure, dit-il dans un français marqué par un accent anglais à peine perceptible. Je ne sais si vous vous souvenez de moi : Peter White.

— Je me souviens de vous, monsieur. Vous faites partie du cercle des Tasmaniens francophiles et vous parlez notre langue sans accent.

— J'ai vécu plusieurs années en France.

Il lui adressa un sourire irrésistible et poursuivit :

— J'aurais aimé vous demander une danse, mais je trouve ces rythmes un peu ennuyeux. J'ai constaté que vous dansiez divinement bien. Aussi, j'aurais aimé...

Il hésita, puis demanda :

— Savez-vous danser le tango ?

L'intérêt de Clémentine s'éveilla aussitôt.

— Vous connaissez le tango ?

— J'ai vécu à Buenos Aires, il y a... pas mal de temps. Mais je n'ai jamais oublié cette danse extraordinaire. Ici, à Hobart, il n'existe qu'une seule taverne où on le pratique. Elle se trouve dans un quartier mal famé du port. Les gens de la bonne société ne s'y rendent pas. Mais je ne fais pas vraiment partie de la bonne société.

— Ah oui ?

Il lui adressa un clin d'œil malicieux.

— Ici, on m'a surnommé le « Pirate ». Mais je sais danser le tango. Et vous ?

— Je le danse aussi. A Paris, il était à la mode.

Il fit la moue.

— Je n'ai qu'une crainte, c'est que nos braves musiciens n'en connaissent aucun.

— Eh bien, nous allons leur offrir l'occasion de se reposer. Ils doivent avoir soif. Venez !

Elle lui tendit son bras et l'entraîna. Clémentine se dit qu'elle devait être un peu grise pour se conduire aussi familièrement avec un homme dont elle ignorait tout. Mais en quelques mots, il s'était créé entre eux une singulière complicité. Elle expliqua :

— J'ai rapporté un phonographe de Paris, et je possède plusieurs disques de tango. Il y en a un que j'aime particulièrement. Il s'intitule « Jalousie ».

— Je le connais.

Dès que le feu d'artifice fut terminé, les musiciens, ravis de céder la place à l'appareil, se précipitèrent sur le vin et la bière, dont leur prestation les avait trop longtemps privés à leur goût. Intrigués, les invités virent Clémentine et son compagnon prendre place sur la piste. Celui-ci emprisonna sa cavalière d'un bras puissant, puis la musique les entraîna. Dès les premiers instants, la complicité qui les avait rapprochés un peu plus tôt se confirma. On eût dit qu'ils dansaient ensemble depuis toujours. Les virevoltes harmonieuses dévoilaient les jambes longues et fines de Clémentine, provoquant parfois des murmures de protestation de la part de certaines femmes, d'admiration et d'envie chez d'autres. Quant aux hommes, ils étaient subjugués par la beauté de la danseuse, par la grâce et le charme qui se dégageaient de ses mouvements. Près d'Emilie, Constance Fischer, qui avait un peu abusé du champagne, s'agitait avec un plaisir évident. Visiblement, elle aurait aimé savoir danser le tango plutôt que le one-step.

Clémentine ne savait plus très bien où elle se trouvait. Elle avait toujours aimé danser, et particulièrement ce tango argentin, qui alliait la sensualité à la virtuosité. Ce diable d'homme devait mesurer plus d'un mètre quatre-vingt-dix. Et malgré son âge, il faisait preuve d'une vitalité et d'une force étonnantes. Entre ses bras, elle avait l'impression de ne plus rien peser. La main agrippée à sa taille était à la fois ferme et douce. Le regard accroché au sien brillait de joie. Peter White s'amusait visiblement beaucoup. Elle devinait sans peine ses pensées. Il était fier de prouver qu'un homme de son âge pouvait encore surprendre les jeunes, fier aussi de tenir entre ses bras la plus jolie femme de la soirée. Ravi également de provoquer un petit scandale face aux quelques puritains qui hantaient les lieux, et qu'il avait entendus médire de la tenue audacieuse de la jeune Française.

Lorsque la danse s'acheva, tous deux avaient le souffle court, mais un sourire épanoui illuminait leur visage. Après un moment d'hésitation, un tonnerre d'applaudissements salua leur prestation.

Clémentine se laissa guider jusqu'à un banc où ils prirent place. Tandis qu'une jeune métisse leur apportait des boissons, elle observa discrètement son compagnon. Peter était vraiment un bel homme. Sa voix était chaude et grave, enveloppante. Etait-ce l'effet du champagne, de l'atmosphère mystérieuse de cette nuit de la Saint-Sylvestre australe, où tout allait à l'envers ? Il avait deux fois son âge, mais Clémentine ne pouvait se défendre d'éprouver une étrange attirance pour lui. Il y avait en lui quelque chose de rassurant, de réconfortant. Elle ne le connaissait pourtant que depuis quelques minutes. Il demanda :

— Vous plaisez-vous à Hobart ?

— J'ai été accueillie avec une telle gentillesse que je ne songerais pas à me plaindre. Et puis, par certains côtés, cette ville me rappelle un peu l'Angleterre, où j'ai vécu deux ans.

— Vous avez raison. Les Anglais ont apporté leur style victorien, géorgien ou néogothique. Ils ont reproduit ici une sorte de petit Londres, afin d'y retrouver le confort et les manies qu'ils avaient là-bas. Mais ce n'est pas la vraie Tasmanie.

— Et c'est quoi, la vraie Tasmanie ?

Il ne répondit pas immédiatement.

— Si un jour vous me faites l'honneur de me rendre visite dans mon domaine, je vous montrerai le visage réel de l'île. Certains diront qu'il pleut souvent, qu'il y fait froid dès le début de l'automne, et que nous sommes isolés du reste du monde. Ceux-là sont aveugles. Il est vrai que l'île est loin de tout. Mais c'est un pays neuf, magnifique et sauvage. Il faut savoir l'apprivoiser. J'ai beaucoup voyagé, depuis l'Amérique du Sud jusqu'en Chine, en passant par l'Indonésie et les Philippines. Partout, les Européens — et particulièrement les Anglais — ont imprimé leur marque et provoqué des ravages. Ils s'imaginent dominer le monde parce qu'ils le façonnent à leur manière. Mais bien souvent, ils saccagent, ils détruisent, ils massacrent, sans rien comprendre aux pays qu'ils plient à leur volonté. Et ils passent à côté de leur beauté et de leur richesse.

Clémentine songea que son père lui avait dit des choses semblables.

— Vous ne vivez pas à Hobart ? demanda-t-elle.

— J'y possède une demeure, mais j'y viens rarement. Elle me sert surtout lorsque je viens traiter mes affaires ou voir des amis. J'habite le *bush*, au pied des montagnes forestières de l'Ouest.

— Le *bush* ?

— C'est ainsi que les citadins désignent tout ce qui se situe hors de la ville. Pour eux, tous ceux qui ne résident pas en ville habitent le *bush*. En réalité, ce terme désigne la végétation impénétrable qui peuple les petites vallées encaissées. Moi, je vis au cœur de la forêt. J'ai fait construire une maison tout près du village de Maydena. C'est à une centaine de kilomètres d'ici.

— Pourquoi habiter si loin ?

— Pour être proche de la nature. J'exploite une concession si vaste que je n'en ai jamais fait le tour en totalité. Au-delà s'étend la forêt sauvage, que personne ne connaît véritablement.

— Et la vraie Tasmanie, c'est la forêt ?

— La plus étrange qui se puisse trouver. Sur mes terres, on rencontre les arbres les plus grands du monde. L'un d'eux, que l'on appelle tout simplement *Big Tree*[1], dépasse probablement les cent mètres. Cette forêt est le royaume de l'eau. Il y pleut souvent, mais le temps change très vite et l'on peut commencer la journée sous une pluie battante pour se retrouver une heure plus tard sous un soleil magnifique. Ou l'inverse. Les animaux ne sont pas des mammifères, mais des marsupiaux.

Clémentine connaissait déjà tout cela, mais elle laissait parler son interlocuteur, parce qu'il aimait profondément ce pays, dont il parlait avec le même amour que William. Mise en confiance, elle lui raconta sa vie, et les raisons qui l'avaient poussée à venir s'installer en Tasmanie. Il l'écouta gravement, mais s'étonna lorsqu'elle lui avoua ne pas avoir utilisé son diplôme de médecin. Elle répondit :

— Je dois prendre le temps d'oublier ce que j'ai vécu.

Elle laissa passer un silence, puis ajouta :

— Cette guerre fut épouvantable. Mes patients n'étaient pas des malades. C'étaient des hommes bien portants, que l'on envoyait sans aucun remords se faire tuer dans une boucherie sans nom. Nous avions à peine de quoi les soigner. Parfois, leur état était si effrayant que l'on se demandait comment la vie pouvait encore s'accrocher à leurs corps déchiquetés ou brûlés. Et je devais tailler dans ces membres, dans ces ventres, souvent avec des anesthésiants de fortune. J'avais l'impression d'être une sorte de sculpteur maudit tentant de reconstruire ce qui avait été détruit. Mais la matière que je travaillais était la chair humaine.

Elle leva les yeux vers lui.

— Peut-être reprendrai-je mon métier plus tard. Mais j'ai encore l'odeur du sang en moi. Presque toutes les nuits, je fais des cauchemars. C'est pourquoi je veux essayer d'oublier cette horreur.

Peter laissa passer un long silence, puis déclara :

1. *Big Tree* existe réellement. Sa hauteur a été estimée à 100 mètres au début du vingtième siècle. En 2001, le vieillissement, les tempêtes et la foudre l'avaient ramené à 86 mètres. Depuis, un nouveau *Big Tree* a été découvert, qui mesure 87 mètres.

— Je n'ai pas participé à cette guerre. Mais, en parcourant le monde, j'ai assisté à beaucoup d'injustices. C'est pourquoi j'ai choisi de vivre un peu en marge du monde.

Plus tard, Clémentine retrouva Emilie.

— Qui est cet homme ? demanda-t-elle.

— Peter White est le propriétaire de l'une des plus importantes scieries de Tasmanie. C'est un homme remarquable, Clémentine. J'ai remarqué que vous lui plaisiez.

— Il est vrai qu'il a beaucoup de charme. Mais il est un peu âgé pour moi.

Emilie eut un sourire entendu.

— Oh, ne vous y fiez pas. Cela ne l'empêche pas d'avoir encore beaucoup de succès avec les femmes, même les jeunes comme vous. On pourrait croire qu'elles s'intéressent à sa fortune. Mais c'est un véritable séducteur.

— Et il aimerait m'ajouter à son tableau de chasse, compléta Clémentine en faisant la moue.

Emilie éclata de rire. Elle était, elle aussi, un peu pompette.

— Sans doute. Et c'est normal. Regardez-vous, ma chérie ! Quel homme, en vous voyant, n'aurait l'envie de vous serrer dans ses bras ? Il faudrait qu'il soit bien sot ou aveugle. Mais vous n'êtes pas obligée de céder. C'est le privilège de la femme.

— Je n'ai guère envie de vivre une aventure amoureuse en ce moment. Ce monsieur White m'a dit qu'il souhaiterait me revoir. Je ne sais quoi lui répondre. Il a l'âge d'être mon père.

— Mais il ne l'est pas. A votre place, j'accepterais. Peter est un vrai gentleman, et sa compagnie est des plus agréables. Il a énormément voyagé.

Clémentine fit une moue qui pouvait passer pour un acquiescement.

Au petit matin, Peter White proposa de la raccompagner, ruinant les espoirs de plusieurs jeunes hommes qui s'apprêtaient à la même démarche.

— Mais j'habite à deux pas, répondit Clémentine.

— Par une telle nuit, vous risquez de tomber sur des marins éméchés en provenance du port. Je ne voudrais pas que votre robe leur donne des idées regrettables.

— Eh bien soit.

Après avoir pris congé d'Emilie et de son mari, tous deux se mirent en route. Peter avait offert son bras à Clémentine. Tout en bavardant, ils ne mirent que quelques minutes pour gagner la petite maison. Parvenu devant le portail, Peter déclara :

— J'ai passé une soirée magique, Clémentine. C'est en grande partie à vous que je le dois. Si vous n'y voyez pas d'obstacle, j'aimerais beaucoup vous revoir. Il me faut repartir demain pour Maydena. Mais je reviens dans une dizaine de jours. Je serais le plus comblé des hommes si vous m'accordiez la joie d'une journée en votre compagnie.

Clémentine hésita. Il était impossible de résister au regard brillant qu'il lui adressait. Elle avait l'impression de ne rien porter, et devait reconnaître qu'il n'était pas désagréable de se sentir désirée ainsi. Sa respiration s'accéléra imperceptiblement, et elle répondit :

— J'accepte.

Lorsqu'il prit ses mains pour les baiser, elle crut qu'une onde de feu coulait le long de ses bras et se répandait dans son corps.

Quand elle entra dans sa chambre, son trouble ne l'avait pas quittée. Ce diable d'homme possédait un charme extraordinaire. Bien sûr, ses choix auraient dû la porter vers des garçons plus jeunes. Mais ceux qu'elle avait rencontrés ce soir l'avaient seulement amusée. Aucun d'eux n'avait su l'émouvoir comme Peter White. Elle gardait le souvenir de l'étreinte fougueuse du tango, où ses mains solides s'étaient emparées de sa taille avec une possessivité à laquelle elle avait été heureuse de se soumettre. Elle sentait encore ses yeux posés sur elle, un regard qui la déshabillait, qui la pénétrait intimement, qui éveillait en elle des sensations enivrantes. Elle comprenait à présent pourquoi les femmes ne lui étaient pas insensibles. Après leur conversation, une petite cour d'admiratrices s'était reformée autour de lui. Bizarrement, elle en avait ressenti une inexplicable bouffée de jalousie.

Ayant ôté sa robe et fait une rapide toilette, elle hésita, puis se coucha sans passer de chemise de nuit. C'était le premier janvier, et pourtant, il faisait chaud. Son corps nu la brûlait presque. Cela faisait si longtemps que les mains d'un homme ne s'étaient pas posées sur elle. Depuis la mort de William, elle avait refusé toute liaison avec les parvenus rencontrés lors des soirées parisiennes. Il y avait seulement eu cette étrange aventure de Sydney. Mais elle préférait ne plus y penser.

Dans un sursaut de révolte, elle étouffa les envies inavouables qui prenaient racine au creux de ses reins et se traita de sotte. Elle ne devait pas céder à la magie de cette nuit courte et mystérieuse. Demain, elle y verrait plus clair et son esprit serait apaisé. Elle ne pouvait pas tomber amoureuse d'un homme qui avait deux fois son âge. C'était inconcevable.

Il avait émis le désir de la revoir. Eh bien, soit, elle le reverrait. Et elle lui dirait qu'il n'était pas digne d'un gentleman de troubler ainsi une jeune femme en âge d'être sa fille.

Pourtant, lorsqu'elle s'endormit, sa voix chaude résonnait encore à son oreille.

7

Lorsque Clémentine se réveilla, vers la fin de la matinée, une douleur sourde lui martelait le crâne. Elle s'assit sur son lit en se disant qu'elle avait un peu abusé du champagne et que ce n'était pas raisonnable. Mais après une douche à l'eau froide, la migraine s'estompa. Elle contempla sa tunique grecque abandonnée sur un fauteuil, en caressa l'étoffe soyeuse. Elle était tellement plus agréable à porter que les lourdes robes et les corsets exigés par la bienséance. Elle possédait bien quelques soutiens-gorge, ces nouveaux sous-vêtements un peu moins contraignants, mais ils n'étaient guère pratiques. Au fond, les femmes ne vivaient pas de manière naturelle. En vertu de quels critères, de quelle sombre morale ? Etait-il donc si criminel de mettre en valeur sa féminité ? Qui avait décrété que la sensualité et le plaisir étaient condamnables ? En cette nuit de la Saint-Sylvestre, elle avait gaiement bafoué toutes ces règles stupides. Et cela la réjouissait.

En retrouvant sa fille et Loona, elle se sentait d'humeur joyeuse. Le soleil déversait des flots de lumière à travers les larges baies vitrées. Elle sortit sur la terrasse ; des parfums légers flottaient dans l'air. Elle dévora avec appétit le solide petit déjeuner que lui avait préparé la jeune métisse. Puis elle donna un bain à Mary, qui rit aux éclats en ressentant la gaieté de sa mère.

Plus tard, dans l'après-midi, toutes trois firent une longue promenade dans le quartier de Battery Point, que Clémentine trouvait particulièrement pittoresque avec ses maisons de bois typiques et ses rues en pente. De là, on jouissait d'une vue magnifique sur l'autre rive et la pointe de Rosny, et sur Kangaroo Bay, à l'opposé. Elles descendirent jusqu'à Sandy Bay, où l'on construisait de magnifiques demeures pour les familles aisées. Un petit port accueillait leurs navires de plaisance.

Tandis que Loona jouait avec Mary, Clémentine songea à la nuit passée, dont la magie ne l'avait pas encore quittée. Si la fièvre qui l'avait saisie lorsqu'elle s'était couchée s'était atténuée, d'autres bribes de souvenirs lui revenaient. Elle ne pouvait nier la complicité spontanée qui était née entre Peter White et elle. Au désir se mêlait autre chose qu'elle refusait d'expliquer, parce que cela ressemblait bizarrement à ce qu'elle avait éprouvé lorsqu'elle avait rencontré William. Mais William n'avait que dix ans de plus qu'elle. En revanche, Peter avait l'âge d'être son père... Avec une espèce de rage intérieure, elle rejeta cette image. Peter *n'était pas* son père.

Pendant les jours qui suivirent, elle se surprit à attendre sa venue avec impatience. Elle n'osa parler de ce qu'elle ressentait à Emilie. Parfois, la honte l'envahissait. La nuit, son corps se faisait exigeant. Dans ces moments de délire sensuels, l'image qui lui venait était celle du sourire de Peter, le souvenir de ses mains sur sa taille. Elle les imaginait alors se déplacer, glisser sur sa peau, s'insinuer en des endroits trop précis.

Le matin, elle s'attardait devant son miroir, observant la forme sculpturale de ses seins, qui n'avaient pas souffert du sevrage de la petite Mary. Malgré sa grossesse, elle avait retrouvé un ventre plat. Grande et élancée, sa silhouette ne correspondait pas aux critères de beauté en vogue, qui prônaient la ligne « sablier ». Mais Clémentine n'en avait cure. Elle avait pu constater au cours de la Saint-Sylvestre que les hommes la trouvaient belle.

Mais, en cette dernière nuit de l'année, elle avait partagé autre chose avec Peter White. Souvent lui revenait la conversation qu'ils avaient partagée, dont il lui semblait se remémorer chaque mot. Elle prenait plaisir à entendre sa voix au plus profond de sa mémoire. Il planait sur lui un mystère qu'elle aurait aimé percer. Il lui avait dit avoir beaucoup voyagé. Dans quelles circonstances avait-il quitté l'Angleterre ? Qu'avait-il fait de sa vie ?

Elle admettait qu'elle était très attirée par cet homme surprenant. Mais elle n'était pas amoureuse. Certainement pas.

Comment aurait-elle pu tomber amoureuse d'un homme si... âgé ? D'ailleurs, il y avait de fortes chances pour qu'elle soit déçue lorsqu'elle le reverrait. Elle l'avait connu dans l'atmosphère un peu surnaturelle de la dernière nuit de l'année. La chaleur des feux, mêlée à celle de l'alcool, le tango, la fatigue aussi lui avaient obscurci l'entendement. A la lumière du jour, cet homme étrange perdrait sans doute de son mystère. Alors, elle se sentirait libérée.

Afin de s'en convaincre, elle accepta les invitations des jeunes hommes qui se pressèrent chez elle dès le surlendemain. Hobart était une ville pleine de ressources, qui s'enorgueillissait de posséder le Théâtre royal, construit en 1837, première salle de toute l'Australie. On l'y invita. On la convia également dans différents restaurants, et même au Majesty's et au Strand Deluxe, deux salles de cinématographe projetant des films muets. L'audacieux qui était parvenu à lui voler un baiser la nuit de la Saint-Sylvestre tenta d'y renouveler son exploit. En vain.

Aucun de ses prétendants ne sut retenir son attention. Elle fit de louables efforts pour ne pas se montrer désagréable, mais elle ne fut pas longue à comprendre ce que tous avaient en tête. Ils l'avaient vu danser un tango endiablé, dévoiler ses jambes et ses épaules, et en avaient conclu qu'il ne leur serait guère difficile de la glisser dans leur couche. Ce en quoi ils se trompaient. Lorsqu'elle les avait gentiment, mais fermement, remis en place, ils repartaient penauds... puis revenaient quelques jours plus tard quémander un autre rendez-vous.

Résignée, elle estima qu'elle ne devait pas attendre une attitude différente de la part de Peter White. Mais au fond d'elle-même, elle espérait qu'il se conduirait autrement.

Le matin du onze janvier, un commis se présenta chez elle, les bras encombrés d'un énorme bouquet de roses.

— Miss Smith, c'est bien ici ?

La carte qui accompagnait les fleurs disait :

« Si vous n'avez pas oublié notre rencontre de la Saint-Sylvestre, peut-être accepterez-vous ce modeste présent, et aussi de me revoir. J'attends votre réponse avec impatience.

« Votre très dévoué Peter White »

Clémentine sourit, puis retourna la carte et griffonna :

« Je vous attends. »

Il se présenta trois heures plus tard, peu avant l'heure du déjeuner, ce qui avait largement laissé à Clémentine le temps de se préparer. Après quelques tergiversations, elle avait opté pour la robe rouge de Coco Chanel, assortie d'un chapeau créé lui aussi par la jeune styliste. Lorsqu'elle ouvrit, Peter resta un moment à la contempler.

— Vous êtes surprenante, Clémentine. Comment réussissez-vous le miracle d'être encore plus belle que dans mon souvenir ? C'est un parterre de roses que j'aurais dû vous offrir.

Lui-même était vêtu d'un costume gris clair mieux coupé que celui qu'il portait à la soirée de la Saint-Sylvestre. Le vêtement avait l'air neuf. Clémentine le soupçonna de l'avoir fait confectionner dans l'unique but de leur rencontre et en fut secrètement flattée. Lui offrant son bras, il l'invita à monter dans sa voiture, un cabriolet tiré par deux chevaux.

La journée débuta par un déjeuner dans un restaurant du centre de Hobart, tenu par un Français. D'après Peter, c'était le meilleur de la capitale, et Clémentine dut convenir que la cuisine était délicieuse.

Elle avait craint un moment d'éprouver une certaine gêne en raison des pensées équivoques qui avaient peuplé ses jours et ses nuits depuis le premier janvier. Mais il n'en fut rien. Presque immédiatement, la complicité qui les avait rapprochés se manifesta de nouveau, et ils se mirent à parler comme s'ils se connaissaient depuis toujours. A la différence de ses autres prétendants, pas une fois Peter n'eut d'attitude embarrassante. S'il se montrait tendre et prévenant, à aucun moment il ne fit à Clémentine de proposition embarrassante.

L'après-midi, il lui fit faire le tour de la ville en voiture. Dans Macquarrie Street, Peter s'arrêta devant les anciennes geôles et commenta :

— Il y a à peine un demi-siècle, un pilori se dressait à l'extérieur. On y exposait les prisonnières récalcitrantes, par n'importe quel temps. Parfois, celles-ci n'avaient commis d'autre crime que d'avoir mal répondu à une maîtresse tyrannique.

Tout en haut de Macquarrie Street, au-delà des cascades où se dressait la vieille brasserie construite en 1827, ils empruntèrent une route étroite qui montait sans cesse. Peu à peu, les habitations disparurent.

— Où m'emmenez-vous ? s'inquiéta Clémentine.

— Laissez-moi vous réserver la surprise, répondit-il.

Elle finit par comprendre que la piste menait jusqu'au sommet du mont Wellington. Il leur fallut presque deux heures pour y parvenir. Les chevaux soufflaient et peinaient. Les hêtres et châtaigniers laissèrent bientôt la place aux conifères déformés par les vents, puis à des arbustes épineux ancrés dans les strates basaltiques grises.

Au sommet, une brise puissante apportait une fraîcheur qui contrastait avec la tiédeur estivale de la cité. Ils descendirent de voiture. A leurs pieds s'étalait un paysage grandiose, où l'on découvrait l'ensemble de l'estuaire de la Derwent, et la ville installée sur ses rives. Les monuments, les maisons, les artères, les parcs, le port, les navires, les véhicules, tout était devenu minuscule. Un ferry traversait le fleuve, laissant échapper un panache de fumée qui paraissait immobile. Au bruissement du vent et aux cris des oiseaux se mêlait une rumeur sourde, presque un murmure, qui montait de la capitale.

Peter attira la jeune femme contre lui et lui dit doucement :

— Regardez cette ville, Clémentine. Elle grouille, elle vit, elle vibre de mille bruits, de mille projets. Elle semble avoir toujours été là tant elle est en harmonie avec cette côte tourmentée. Pourtant, voilà un peu plus d'un siècle, il n'y avait rien sur cette côte. C'était un lieu sauvage, que les Aborigènes appelaient « Niberlooner ». Les savants estiment qu'ils sont arrivés en Tasmanie il y a plusieurs milliers d'années, en provenance d'Australie. Ils ont traversé le détroit de Bass sur des pirogues creusées dans des troncs d'arbre. En s'installant ici, ils se sont isolés de leurs cousins du continent, avec lesquels il est peu probable qu'ils conservèrent des contacts. Ils avaient trouvé la paix. Ils auraient pu vivre ainsi jusqu'à la fin des temps, ignorés du reste du monde. Mais un jour, un chasseur nommé Woorady vit un immense oiseau blanc aux ailes déployées se diriger vers leur havre. Il songea immédiatement avoir affaire à un mauvais esprit, qui allait porter le malheur à Niberlooner. Hélas, il ne se trompait pas. Des hommes de grande taille sortirent du ventre de l'oiseau. Ils creusèrent la terre, saccagèrent les nids, chassèrent les animaux sans respect pour les mères ; ils abattirent les grands arbres pour installer des bêtes inconnues. Ils construisirent ensuite des huttes malodorantes et s'y entassèrent. Woorady et ses compagnons, effrayés, quittèrent Niberlooner pour se réfugier à l'intérieur des terres, croyant ainsi échapper aux envahisseurs. Mais ceux-ci les poursuivirent pour s'emparer de leurs terres. Alors pour ceux que l'on appelle les Aborigènes, ce fut le début de l'enfer.

Peter n'en dit pas plus, mais Clémentine comprit qu'il souffrait.

A la fin de la journée, lorsqu'il la raccompagna, elle en savait un peu plus sur lui. Elle avait appris qu'il n'avait jamais été marié. Il avait quitté l'Angleterre très jeune, avait vécu en Argentine, puis en Extrême-Orient avant de venir s'installer en Tasmanie. Là, il avait acquis une concession forestière qu'il exploitait depuis une vingtaine d'années, en compagnie de serviteurs qu'il considérait comme sa famille.

— J'ai passé une journée exceptionnelle, Clémentine, dit-il. J'aurais aimé la prolonger ce soir, mais je dois dîner avec maître Kleinberg pour de tristes raisons administratives. Cependant, j'ai prévu de rester demain sur Hobart pour vous faire visiter l'autre rive de la Derwent.

— Avec plaisir, Peter.

Quand elle se glissa sous les draps cette nuit-là, Clémentine dut s'avouer qu'elle n'avait pas été déçue par leurs retrouvailles. La magie avait continué d'opérer. Peter n'avait pas commis la maladresse de se montrer trop empressé. Sans doute cherchait-il à la connaître, à l'apprivoiser avant d'aller plus loin. Mais il devait savoir l'effet qu'il produisait sur les femmes. Pas un instant elle n'avait prêté attention à son âge. Il y avait en lui une étonnante jeunesse de caractère, qui s'exprimait par l'enthousiasme qu'il apportait à toutes choses. Il se passionnait pour de nombreux domaines, dont il parlait avec esprit. Elle s'endormit, profondément troublée.

Le lendemain, ils empruntèrent le *Cartela,* qui assurait la liaison entre Watermans Dock et Kangaroo Bay, à l'est de Rosny Point, avant de desservir différents points de la baie des Tempêtes. Pourvu de deux ponts destinés aux passagers, il transportait également du fret[1], ainsi que des chariots et des animaux, chevaux, moutons et bœufs. Malgré la puissance de son moteur Diesel, il avait fort à faire pour lutter contre le courant du fleuve, qui s'inversait deux fois par jour en raison des marées.

Un vent frais en provenance du sud fouettait le visage des passagers, contraignant Clémentine à retenir son chapeau par un ruban serré. Des embruns provoqués par des lames puissantes aspergeaient le pont. Les habitués n'y prêtaient guère attention. La jeune femme, abritée par sa longue cape, aimait sentir l'eau sur son visage, et lécher les gouttes salées sur ses lèvres.

Au terme de cette traversée un peu agitée, ils débarquèrent sur l'autre rive, où s'étendait un petit village de pêcheurs. De ce côté du fleuve, l'ambiance ne rappelait en rien celle de Hobart. Les gens de Kangaroo Bay vivaient uniquement de la mer et pour la mer. C'était pour la plupart des hommes rudes, épris de liberté, peu soucieux de se mêler à ceux de la ville. L'océan leur fournissait tout ce dont ils avaient besoin pour se nourrir et la forêt proche, du bois pour construire barques et masures. Ils avaient trouvé dans ces lieux une liberté à laquelle ils n'auraient renoncé pour rien au monde. Peu leur importait qu'un lointain souverain anglais les considérât comme « sujets » de la Couronne britannique. Jamais il ne mettrait les pieds en Tasmanie.

Peter aimait la compagnie de ces hommes et de ces femmes qui n'avaient d'autre ambition que de vivre au jour le jour, et de profiter de la beauté de leur petit bout de paradis, où l'on savait se contenter de choses simples, loin des fureurs du monde. Il y avait parmi eux des gens de toutes origines : Anglais, Hollandais, Allemands, quelques Italiens, et bien sûr des Français.

Entre eux, ils parlaient un sabir structuré autour d'un anglais approximatif mêlé de mots de cockney, l'argot londonien, et d'emprunts anarchiques à différentes langues européennes.

Longeant la baie, Peter entraîna Clémentine vers la pointe sud, que l'on appelait « Kangaroo Bluff ». Là se dressait une petite taverne rustique où les pêcheurs aimaient à se retrouver après leur journée en mer. Peter y fut accueilli avec familiarité. Appa-

1. Le *SS Cartela*, construit en 1912 sur les chantiers de Purdon, assura un service régulier autour de la baie des Tempêtes pendant de nombreuses années. De nos jours, il est encore utilisé pour les circuits touristiques.

remment, il connaissait bien les lieux. En raison de la présence de Clémentine, dont la robe élégante contrastait avec les vêtements rapiécés des habitants, on fit quelques efforts pour leur proposer une table à peu près propre et des chaises en bon état.

En compagnie du patron, un hollandais prénommé Konrad, Peter choisit un poisson encore vivant, de taille respectueuse, qui agitait la queue d'une manière furieuse.

— C'est un *barramundi*, expliqua-t-il à Clémentine. Un pêcheur vient juste de l'amener. On le rencontre surtout en Australie, dans l'estuaire de l'Ashburton ou de la Noosa. Mais on en trouve également quelques-uns ici, dans la Derwent. Là-bas, les indigènes le capturent d'une manière très particulière. Ils construisent un barrage dans lequel ils laissent des passages faits d'écorce. Les poissons sont obligés de s'y glisser. Il ne reste plus alors qu'à les cueillir.

Tandis que le tavernier disparaissait dans sa cuisine pour préparer le *barramundi*, Clémentine et Peter s'installèrent sur la terrasse dominant le fleuve. Des hordes de nuages pressés traversaient l'estuaire, occultant parfois le soleil qui diffusait une lumière dorée, inconnue en Europe. Loin vers le sud, une côte bleutée se découpait sur l'horizon, voilée par des nappes de brume tissées par les vents. Il se dégageait du panorama une impression de mystère et de sauvagerie.

— Cette terre est la presqu'île de Lauderdale, expliqua Peter. Elle fait un large crochet qui masque l'ouverture sur l'océan. Plus loin, sur la droite, on aperçoit l'île Bruny, qui borde la baie des Tempêtes à l'ouest. Lors de son premier voyage, le capitaine Cook a débarqué sur une plage de cette île.

Un peu plus tard, Konrad leur apporta un plat sur lequel trônaient les filets de *barramundi* grillés, préparés avec du citron, du thym et du poivre tasmanien. Le Hollandais connaissait son affaire. Clémentine dévora sa part avec un bel appétit.

Le soir, lorsqu'il la raccompagna, Peter lui dit :

— Je dois regagner ma forêt. Mais je compte revenir bientôt. J'ai encore beaucoup d'endroits à vous faire découvrir. Accepteriez-vous ?

— Volontiers, Peter. J'ai passé avec vous deux jours très agréables.

Il lui baisa la main avec galanterie, puis remonta dans son cabriolet et s'en fut. Troublée, Clémentine le regarda partir. Elle avait déjà hâte qu'il revînt. Lorsqu'elle traversa le petit jardin de son bungalow, jamais le parfum des fleurs ne lui avait paru si enivrant.

Mais la réalité s'imposa à elle. Elle devait encore travailler sur les cours de ses élèves pour le lendemain.

Une semaine plus tard, Steve Robson vint lui faire son rapport.

— Je suis désolé, miss Smith. Je n'ai malheureusement rien découvert. J'ai même, par acquit de conscience, appelé les mairies de Launceston, de Burnie et de Queenstown. Aucune trace d'un William Smith né le 7 août 1884. Les autorités militaires possèdent bien un dossier à son nom. Il mentionne ses états de service et la date de son décès. En revanche, il est probable qu'il s'est inscrit sous un faux nom. Son livret militaire a été établi à partir des renseignements qu'il a fournis, sans aucune preuve officielle. On m'a expliqué que l'on ne demandait pas de justificatifs aux volontaires.

Profondément déçue, Clémentine lui régla sa note. Restée seule, elle tenta de comprendre. Pourquoi William avait-il changé de nom ? Elle songea encore une fois à une épouse possible, mais abandonna très vite l'idée. Il n'était pas homme à fuir son devoir. La raison était sans doute différente. Elle se souvint de cette témérité inconsciente que ses supérieurs lui reprochaient au cours des combats. On aurait dit qu'il défiait la mort. Peut-être cherchait-il à expier quelque chose... Mais quoi ? Et qui était réellement William Smith ?

Au fond, avait-elle vraiment envie de le savoir ? Depuis qu'elle avait rencontré Peter, le fantôme de William ne l'accompagnait plus dans ses promenades. C'était sans doute mieux ainsi. La nostalgie qui avait marqué ses premières semaines en Tasmanie s'était estompée. En compagnie de Peter, elle apprenait à aimer Hobart. Cette cité fourmillait de lieux surprenants. Ainsi, lors de sa visite suivante, elle visita le Tramway hôtel, établissement contre lequel miss Bowler l'avait mise en garde à son arrivée. Tandis qu'on leur servait un thé glacé, la patronne, miss Heartley, vint les saluer. C'était une dame âgée d'une soixantaine d'année, qui apparemment connaissait bien Peter. En dépit de ce qu'on lui avait dit sur elle, Clémentine la trouva sympathique. Plus tard, son compagnon lui expliqua les raisons de la mauvaise réputation de l'hôtel. Au début du siècle, les autorités avaient menacé miss Heartley de fermer son établissement si elle s'obstinait à accueillir les prostituées du port. Son avocat avait alors fait valoir que ces mêmes prostituées fréquentaient aussi les alentours du Parlement, mais qu'on n'allait pas fermer celui-ci pour autant. On avait ensuite exigé qu'elle renvoyât sa cuisinière sous prétexte qu'elle avait autrefois exercé le plus vieux métier du monde. Miss Heartley avait refusé en rétorquant que la vie privée de ses employés ne la regardait pas, que cette cuisinière lui donnait toute satisfaction et qu'elle n'avait aucune raison de la congédier. Les autorités avaient dû baisser pavillon[1].

Clémentine apprit aussi certaines particularités du langage de Hobart. Ainsi les termes « Princes Royal » signifiaient « bordel ».

— Il me semble que beaucoup de choses sont liées à la prostitution dans cette ville, s'inquiéta la jeune femme.

— Il ne faut pas vous en étonner. *Princes Royal* était le nom du navire qui amenait les femmes convicts. Certaines finissaient par trouver du travail dans la confection ou la chapellerie où elles étaient honteusement exploitées. Mais les autres n'avaient que leur corps à vendre si elles voulaient survivre. D'où le surnom donné au bateau[2].

Au 89 de Macquarrie Street se dressait une demeure datant de 1816, nommée Ingle Hall.

— Ici a vécu Maria Risely, expliqua Peter. A l'origine, elle était arrivée en Tasmanie comme convict. Mais elle a épousé un homme nommé Edward Lord, qui fit construire cette maison pour elle. Pendant des années, par son intermédiaire, elle a influencé la vie politique de la colonie. Jusqu'au jour où ils ont divorcé. Elle a alors perdu tous ses droits, y compris celui de voir ses enfants[3]. A l'époque, tout ce que possédait une femme, ainsi que tout ce qu'elle pouvait gagner, appartenait à son mari.

Une bouffée de colère saisit Clémentine.

— Nous vivons bien dans un monde d'hommes. Puisqu'il en est ainsi, je doute de jamais me remarier.

1, 2 et 3. Authentique.

— Rassurez-vous. Depuis 1870 et la loi concernant les propriétés des femmes mariées, tout ceci n'a plus cours, et une femme reste maître de ses biens. D'ailleurs, n'ont-elles pas le droit de vote en Australie ?

Un jour, il l'emmena visiter le zoo de Hobart, qui regroupait les espèces particulières de l'île. Un animal étonnant attira son attention. Il ressemblait à un loup, mais, sur le dos, son pelage se couvrait de rayures sombres.

— Les Tasmaniens l'appellent *French Tiger*, expliqua Peter.

— C'est un carnassier ?

— Oui, mais il n'est pas dangereux. J'en ai croisé quelques-uns dans les montagnes lorsque je suis arrivé, il y a vingt ans. Hélas, le gouvernement l'avait décrété animal nuisible et offrait des primes pour sa peau. Les fermiers se sont mis en chasse et les ont exterminés. Il ne reste plus que le petit groupe qui dépérit derrière ces grilles, loin de ses forêts. Lorsqu'ils seront morts, le tigre de Tasmanie aura disparu à jamais. Car je n'en ai vu aucun depuis plus de quinze ans.

Trois individus étaient enfermés dans une cage d'à peine deux mètres sur trois, avec pour tout confort une botte de paille souillée, et une bassine où stagnait une eau sale.

Clémentine contempla les malheureuses bêtes avec tristesse. Elle avait toujours détesté les zoos. Elle estimait que les animaux n'étaient pas faits pour vivre derrière des grilles. Quels crimes avaient-ils donc commis pour être ainsi condamnés à la captivité jusqu'à ce que mort s'ensuive ?

Une bande de gamins passa devant la cage et s'amusèrent à frapper les barreaux avec des bâtons. Le plus grand des loups émit un grognement tandis que les deux autres se rencognaient contre le mur comme s'ils avaient voulu y disparaître. Furieuse, Clémentine admonesta les garnements qui s'enfuirent en ricanant. Puis elle s'approcha de la cage et s'adressa au grand loup qui la regardait.

— Je suis désolée, dit-elle. Vous ne méritez pas votre sort, et j'aimerais avoir le pouvoir de vous libérer. Malheureusement, je ne peux rien faire.

Peut-être fut-ce seulement le ton compatissant de sa voix... L'animal se leva et s'approcha de la grille, contre laquelle il vint se frotter. Alors, Clémentine passa la main à travers les barreaux et flatta le pelage du fauve, qui lui lécha la main. Un peu inquiet, Peter n'osait plus faire un geste, de peur de briser la magie de l'instant.

Tout à coup, un gardien se précipita vers eux. Le grand loup tigré se réfugia aussitôt au fond de la cage.

— Faut faire attention, m'dame ! Vous auriez pu vous faire mordre ! C'est des vraies saloperies, ces bestiaux-là !

— Et que diriez-vous si on vous enfermait dans une cage jusqu'à la fin de vos jours, sans aucune raison ?

Douché par la réaction agressive de Clémentine, le gardien haussa les épaules et s'en fut en maugréant, sous le regard amusé de Peter.

— C'est incroyable, dit-il. Ce fauve semblait prêt à vous manger dans la main.

— Depuis que je suis toute petite, les animaux viennent facilement vers moi. Pendant les vacances, à la campagne, je ne compte plus les hérissons, les canards, les lapins que je ramenais à mon père. Une fois, j'ai même apprivoisé un renard.

Trois mois s'écoulèrent ainsi. Chaque fois que Peter venait à Hobart, il se faisait annoncer par un gros bouquet accompagné d'un billet lui demandant un rendez-vous. La jeune femme prenait un plaisir toujours plus vif à ces visites.

Dans Hobart, on sut très vite que Peter White fréquentait assidûment « la petite Française ». Clémentine reçut plusieurs mises en garde de la part des épouses Wilson, Kleinberg et Fischer. Constance, qui devait éprouver un petit faible inavouable pour lui, s'arrangeait toujours pour retenir Clémentine pour le thé, espérant des confidences de la jeune femme, qui restait cependant très discrète.

— Je ne veux pas vous alarmer, ma chère, affirmait-elle, mais méfiez-vous de ce Peter White. On lui prête nombre d'aventures dans cette ville, et souvent avec des femmes mariées. On sait ce que ce genre d'homme attend d'une femme. Nous serions déçues que vous tombiez dans son piège.

Cette curiosité agaçait Clémentine. Mais elle ne pouvait se permettre de se fâcher avec ses parents d'élèves. Emilie s'amusait beaucoup de ces conversations lorsque Clémentine les lui rapportait ensuite.

— Laissez donc baver ces pies-grièches, disait-elle. Elles sont jalouses. Dites-moi plutôt où vous en êtes avec lui.

— Nulle part. Il me couvre de fleurs, de cadeaux et de compliments, mais il ne m'a fait aucune proposition.

Cette nouvelle étonna Emilie.

— C'est étrange. Cela ne lui ressemble pas.

Peu à peu, Clémentine apprit à connaître Peter. Il lui expliqua dans quelles conditions il avait quitté l'Angleterre.

— J'en suis parti dès l'âge de dix-huit ans, dit-il. J'ai pris la mer à Southampton, sur le premier bateau en partance. C'était... il y a déjà quelques années.

Il resta un moment silencieux, le regard perdu dans un monde auquel elle n'avait pas accès. Puis il ajouta :

— Je n'y suis jamais retourné.

— Pourquoi ?

— Je me suis fâché avec mes parents. Nous n'avions pas la même conception de la vie. Parce qu'ils appartenaient à la grande bourgeoisie londonienne, ils m'avaient inscrit dans une école très stricte, où l'on infligeait des punitions corporelles pour la moindre vétille. Je n'étais pourtant pas un mauvais élève, mais je n'ai jamais accepté d'être battu ainsi. Je me suis enfui plusieurs fois. Au retour, les châtiments n'y faisaient rien. Je recommençais à la première occasion. En désespoir de cause, mes parents ont fini par me laisser finir mes études en France, où le régime était beaucoup plus souple. Ceci explique que je parle couramment votre langue. J'ai obtenu mes diplômes et je suis retourné chez mes parents. Ils ont alors voulu m'imposer de rentrer dans la haute administration. Mais j'avais envie de parcourir le monde. Je l'ai dit à mon père, qui est entré dans une colère noire et m'a déshérité avant de me jeter à la rue sans une livre en poche. Alors, je me suis engagé sur le premier navire en partance. C'est ainsi que je me suis retrouvé à Buenos Aires.

Pour gagner sa vie, il était devenu gaucho, puis chercheur d'or. Il avait eu la chance d'en trouver suffisamment pour acheter un petit ketch anglais à deux mâts. Durant plusieurs années, il avait bourlingué à travers le Pacifique, de l'Amérique du Sud à l'Extrême-Orient. Il connaissait nombre de pays : la Polynésie, la Chine, l'Indonésie, le Siam, le Laos, le Tonkin, les Philippines. Il avait même pénétré la jungle de Bornéo, où il avait vécu plusieurs mois au milieu de ces redoutables chasseurs de têtes que l'on appelait les Dayaks. Puis le hasard l'avait poussé vers la Tasmanie, où il avait échoué au tournant du siècle. Là, grâce à la petite fortune qu'il avait amassée au cours de ses tribulations, il avait acquis une concession forestière. Sa mémoire fourmillait de mille anecdotes toutes plus étonnantes les unes que les autres. Clémentine ne se lassait pas de l'écouter. Par moments, elle aurait pu croire qu'il fabulait, tant les histoires qu'il racontait lui paraissaient étranges. Mais il ne cherchait pas à l'impressionner, seulement à partager avec elle des souvenirs extraordinaires.

— Vous devriez écrire un livre, lui dit-elle un jour.

— J'ai commencé à le faire, mais je n'ai guère de temps à y consacrer.

Il se tut, puis ajouta :

— Plus tard, peut-être. Pour l'instant, j'ai trop de travail à la scierie, avec les comptes, la gestion, enfin toutes les tracasseries administratives.

Ils retournèrent plusieurs fois à Kangaroo Bluff, où Konrad leur préparait un homard grillé ou une belle langouste. Clémentine aimait particulièrement cet endroit.

La magie de la première soirée ne s'était pas estompée. Bien au contraire. Lorsqu'il repartait pour sa forêt, elle ne vivait plus que dans l'attente de son retour. Lorsqu'il revenait, il apportait toujours un cadeau pour Mary, qui le reconnaissait immédiatement et manifestait avec véhémence l'intention d'obtenir quelques cajoleries.

Pourtant, même s'il se glissait dans leurs rapports une tendresse complice, pas une fois au cours de ces trois mois il ne proposa à Clémentine une relation plus intime. Que fallait-il donc croire des ragots colportés sur lui ? Elle finit par penser que seule la jalousie faisait médire les femmes. Un jour, espérant peut-être le provoquer et l'amener à se déclarer, elle s'en ouvrit à lui. Il l'écouta avec attention, puis répondit :

— Détrompez-vous, elles n'ont pas tort. Il est probable qu'elles aient exagéré la vérité, mais il est vrai que j'ai entretenu des relations particulières avec des dames de Hobart, dont certaines étaient mariées. Mais ce n'est pas ma faute si elles s'ennuyaient avec des maris qui ne leur accordaient aucun intérêt. En revanche, je n'ai jamais eu plusieurs maîtresses en même temps. Ce comportement engendre le mensonge, et j'estime que c'est une attitude qui ne sied pas à l'amour.

— Vous étiez amoureux de ces femmes ?

— Bien sûr ! Faire l'amour sans éprouver de sentiments nous rabaisse au niveau de l'animal. J'ai aimé chacune de mes compagnes.

— Dans ce cas, pourquoi ne pas avoir épousé l'une d'elles ?

— Sans doute n'étais-je pas assez amoureux pour ça.

Clémentine laissa passer un silence, puis demanda :

— Et... qu'attendez-vous de moi ?

Il resta un moment silencieux, puis répondit de façon laconique :

— Certainement pas de devenir ma maîtresse.

Elle aurait voulu lui demander pourquoi. Peut-être ne la trouvait-il pas assez belle. Mais elle n'osa insister. Elle savait de toute façon que ce n'était pas cela. Il lui faisait assez de compliments pour qu'elle n'ait pas à s'inquiéter à ce sujet. Peut-être s'estimait-il trop âgé pour elle. Elle pensa un instant lui donner un encouragement, lui dire que leur différence ne constituait pas un obstacle insurmontable. Puis elle renonça. Les mots lui semblaient maladroits, difficiles à prononcer.

Un jour, il lui demanda :

— Savez-vous monter à cheval ?

— Bien sûr. Quand j'étais petite, nous passions tous les étés en Normandie. C'est là que j'ai appris.

Le regard de Peter s'illumina.

— En Normandie ? Quelle coïncidence ! Savez-vous que j'ai terminé mes études à Rouen ?

Après avoir loué des chevaux, ils prirent la direction de Kingston, au sud de Hobart. Pendant un long moment, ils suivirent l'estuaire majestueux de la Derwent. Malgré les années, Clémentine n'avait rien perdu de ses talents de cavalière, ce qui ravit Peter.

— Vous m'étonnez chaque jour davantage, Clémentine, dit-il, essoufflé après un galop effréné.

Elle lui raconta alors ses vacances normandes, dans l'Orne ou sur les plages de Cabourg, où elle se livrait à des courses échevelées dans les vagues, au milieu des nuages de mouettes et de goélands effrayés.

— Vous avez réveillé en moi des souvenirs bien agréables, Peter. Et je vous en suis reconnaissante. Cette promenade me donne envie d'acheter un cheval.

Ils poursuivirent leur chemin en silence. Puis elle demanda :

— Pourquoi vous être retiré sur cette île perdue ?

— Parce que je l'aime. Les hautes montagnes de l'Ouest comptent parmi les plus beaux sites du monde. Je me sens chez moi en Tasmanie. J'ai toujours rêvé de posséder des terres immenses. C'est ici que j'ai pu réaliser ce rêve.

Il resta un moment silencieux, puis ajouta :

— Un jour, je vous ai promis de vous montrer le vrai visage de la Tasmanie. Accepteriez-vous de venir chez moi, au domaine des Diables ?

Elle n'hésita qu'un court instant.

— Très volontiers, Peter.

8

Malgré le début de l'automne, le temps restait exceptionnellement doux et ensoleillé. Après avoir prévenu ses élèves qu'elle n'assurerait pas les cours pendant les jours suivants, Clémentine prépara ses malles. Elle y entassa presque tout ce qu'elle possédait, comme si elle partait pour une saison entière. Elle regretta de ne pas avoir eu le temps de se faire confectionner une nouvelle robe, afin de surprendre Peter. Tant pis. Elle se contenterait de ce qu'elle avait.

Le matin du départ, il se présenta alors que le soleil n'était même pas encore levé.

— Nous avons une centaine de kilomètres à parcourir jusqu'au domaine, expliqua-t-il. Nous pourrions voyager par le train, puisque la ligne passe à Maydena. Cela ne durerait que cinq heures, mais je voudrais prendre le temps de vous faire découvrir la vallée de la Derwent. Ce soir, nous ferons étape à New Norfolk. Nous serons au domaine des Diables demain soir.

Laissant Hobart derrière eux, ils empruntèrent la route qui longeait le fleuve en direction du nord, contournant la masse imposante du mont Wellington. La ligne de chemin de fer doublait la route. Il y circulait de lourds trains transportant essentiellement du bois de construction.

La voiture, tirée par un couple de puissants ardennais, n'avançait pas très vite, ce qui laissait le temps de contempler le paysage. Ils n'étaient pas seuls sur la route. De gros camions les doublaient régulièrement, ainsi que quelques automobiles annoncées par de fantaisistes appels de trompe. L'une d'elles amusa beaucoup Clémentine. C'était un vieux modèle où les quatre places étaient disposées face à face. Il n'y avait pas de volant, mais une manivelle.

— On appelle ça un vis-à-vis, dit-elle. En Normandie, le docteur en possédait un. Cet engin date du début du siècle.

Les automobiles, réservées aux riches, n'étaient pas très nombreuses. En revanche, il circulait un nombre important de motocyclettes, dont beaucoup étaient équipées de side-cars.

A Granton, un pont mixte menait sur la rive orientale du fleuve. Au-delà, la route et le chemin de fer conduisaient jusqu'à l'autre ville importante de Tasmanie : Launceston, située à deux cents kilomètres au nord. Mais la voiture emprunta la piste qui suivait la vallée de la Derwent vers l'ouest.

Dans les bras de Loona, Mary était ravie du voyage. Elle venait d'avoir un an et commençait à prendre une certaine autonomie qui exigeait une surveillance constante. A plusieurs reprises, elle manifesta son intention de venir s'asseoir à l'avant, près de Peter et de sa mère. Si on l'avait écoutée, elle aurait tout aussi bien tenu les rênes.

Pour avoir vécu deux ans en Angleterre, Clémentine estima que cette vallée rappelait beaucoup la campagne britannique. On y rencontrait des vergers où l'on cultivait essentiellement les pommes et le houblon. Des moulins et des fours se dressaient sur les rives de la Derwent, autour desquels s'affairaient des hommes en tenue des champs. Pourtant, au-delà des collines, on devinait, noyé dans la brume vespérale, un relief plus farouche, qui démentait cette impression de paysage anglais.

Par endroits, la route creusée d'ornières traversait des parcelles de forêt que des bûcherons travaillaient à abattre. Clémentine vit ainsi un géant de plus de trente mètres s'écrouler avec fracas. Plus loin, on arrachait des souches à l'aide d'un attelage de huit bœufs puissants.

— Autrefois, toute cette région était couverte de forêts, commenta Peter, le visage sombre. Si on laisse faire ces barbares, la Tasmanie deviendra bientôt complètement chauve.

— Pourtant, vous-même vous abattez des arbres, objecta Clémentine.

— Mais j'en replante d'autres. Je vous montrerai tout cela.

Nombreux étaient les conducteurs de chariots ou de camions qui saluaient Peter au passage. Amusée, la jeune femme lui en fit la remarque.

— Il semble que vous connaissiez tout le monde, dit-elle.

— Cela fait vingt ans que je parcours cette route au moins une fois par mois, expliqua-t-il. A un moment ou à un autre, j'ai eu l'occasion de partager une chope de bière avec ces gens. Quelques-uns ont même travaillé au domaine des Diables comme bûcherons ou comme transporteurs.

En fin de journée, ils parvinrent à New Norfolk. C'était une petite ville très animée, où l'on fabriquait l'essentiel de la bière consommée à Hobart et dans toute la Tasmanie. Ce qui expliquait les lourds chariots chargés de tonnelets qu'ils avaient croisés. Peu avant la cité, un spectacle surprenant attira l'attention de Clémentine. Sur les rives de la Derwent s'égayaient des centaines de grands cygnes noirs au bec rouge. Leurs petits en revanche avaient un plumage blanc, qui fonçait avec l'âge.

Peter retint deux chambres au Bush Inn, une vieille auberge typique datant de 1815. L'atmosphère de la ville était différente de celle de la capitale. Si le centre, regroupé autour d'une vaste esplanade longeant le fleuve, rassemblait de riches demeures de type géorgien ainsi que des églises appartenant à des confessions différentes, les faubourgs étaient constitués de modestes maisons de bois, agrémentées de jardinets et de potagers. Là vivaient les ouvriers travaillant dans les brasseries ou les fermes cultivant le houblon. Dans les rues, on croisait beaucoup de convoyeurs et de saisonniers engagés pour les récoltes, qui battaient leur plein à cette époque de l'année. Clémentine attira très vite l'attention de ces hommes rudes, qui l'observaient discrètement du coin de l'œil. Elle comprit que seule la présence de Peter empêchait ces individus frustes de l'aborder. D'ailleurs, aucune femme seule ne s'aventurait dans les rues. Il était facile de comprendre pourquoi : au moment où ils allaient regagner l'auberge, une échauffourée éclata dans un pub, qui bientôt gagna l'extérieur. Une poignée d'individus hirsutes se bagarraient en aboyant des injures. Loona prit Mary contre elle pour la protéger. Clémentine connut un court instant de frayeur. Mais la haute silhouette de Peter la rassura.

Le soir, il lui fit goûter la spécialité locale : la truite arc-en-ciel grillée, pêchée dans les torrents du mont Field. Clémentine ne fut pas fâchée de quitter New Norfolk le lendemain matin.

— Je n'aime pas cette ville, dit-elle. Elle me fait peur.

— A cause de la bagarre d'hier soir ? Ne vous alarmez pas. Ces individus sont plus bêtes que méchants. Ils ne connaissent que ce moyen pour régler leurs différends. Si vous étiez revenue une heure plus tard, vous les auriez trouvés tous accoudés au même comptoir pour vider le verre de l'amitié.

— Mais pourquoi se battent-ils ?

— Pour rien. Le travail est rude et les distractions sont rares.

— Se battre n'est pas un signe d'intelligence.

— Vous avez probablement raison. Mais on ne leur a pas vraiment laissé le choix. Ici, les pauvres n'ont pas accès à l'instruction. Alors, ils passent le temps de la seule manière qu'ils connaissent, en buvant et en se battant. Il m'est arrivé, à moi aussi, de faire le coup de poing. C'est parfois indispensable pour se faire respecter dans ce pays sauvage.

Après New Norfolk, la route quittait le cours de la Derwent pour suivre celui d'une petite rivière appelée Tyenna. Vers le milieu de la journée, Peter montra à Clémentine la cascade Russell, dont les chutes tombaient de plus de quarante mètres. Depuis deux jours, un phénomène intriguait la jeune femme. Bien que l'on fût au début de l'automne, les arbres conservaient un aspect verdoyant, et rien n'annonçait un prochain jaunissement des feuilles. Elle s'en ouvrit à Peter.

— En Tasmanie, à part une ou deux espèces, les arbres restent toujours verts, dit-il. C'est une particularité du pays.

Au-delà des chutes Russell, le relief se modifia. La vallée se resserrait, s'entourait de collines plus élevées, dominées au nord par le mont Field. Le paysage se couvrait d'une immense forêt peuplée de hêtres, de châtaigniers et de frênes. Curieusement, l'échelle du monde sembla se modifier. A Hobart, les arbres conservaient une dimension raisonnable. Ici, au cœur de cette sylve luxuriante, certains s'élançaient si haut vers le ciel que la piste était constamment plongée dans une pénombre glauque.

— Ce sont des eucalyptus des marais, commenta Peter.

Parfois, leur écorce avait disparu et le tronc à nu se parait de couleurs étonnantes, qui allait du jaune au brun en passant par le rouge et l'orangé.

Ils traversèrent le village de Maydena en fin d'après-midi. C'était une petite bourgade aux maisons de bois. La population était essentiellement constituée de bûcherons travaillant sur les concessions forestières des alentours. On y trouvait un boucher, un épicier, un boulanger et un magasin général.

Le chemin de fer s'arrêtait un peu au-delà de Maydena, à un endroit où l'on chargeait le bois de construction en provenance des scieries voisines. On y trouvait également un bureau de poste et une succursale de la banque du Commonwealth. La voiture emprunta une piste menant vers le sud. Il fallut encore parcourir une dizaine de kilomètres chaotiques avant d'arriver au domaine des Diables.

Clémentine ne put retenir son admiration lorsque la maison lui apparut, dans la lumière dorée du soleil déclinant. Nichée au bord d'une petite rivière tumultueuse, la demeure s'inspirait de la nouvelle architecture de la fédération australienne. Construite en brique rouge, sur deux étages disposés en L, sa façade méridionale était longée par une terrasse couverte surélevée, ornée d'une balustrade de bois blanc ouvragé. Au sud, la demeure offrait quatre larges fenêtres en saillie. Le parc cernant la maison était décoré de massifs de fleurs, de bosquets d'arbustes et de plantes locales, selon l'inspiration anglaise, qui alliait l'aspect sauvage à un équilibre subtil des espèces. Dans un coin du parc, Clémentine devina un verger et un jardin potager, ainsi que de petits bâtiments abritant sans doute un poulailler. Il se dégageait du site une sensation de paix et d'harmonie.

— J'ai moi-même dessiné les plans de cette demeure, déclara Peter.

Une pointe de fierté perçait dans sa voix. De hautes collines servaient d'écrin à la propriété. Au-delà du parc, la forêt reprenait ses droits, peuplée là aussi d'arbres gigantesques. La voiture emprunta l'allée bordée de myrtes menant à la maison. Quatre chiens de races diverses l'accompagnèrent en poussant des gémissements de joie. Lorsque Peter descendit, ils lui firent fête.

Puis ils réservèrent le même accueil à Clémentine, comme s'ils la connaissaient de longue date.

— Vous exercez vraiment un charme sur les animaux ! remarqua Peter. D'ordinaire, ils sont plutôt méfiants avec les nouveaux venus.

Devant la terrasse, une dizaine de personnes à la peau foncée les attendaient avec des sourires curieux.

— Voici Bernie, Dina et leurs enfants, les présenta Peter. Ce sont eux qui tiennent le domaine.

Trois gaillards d'une vingtaine d'années se précipitèrent sur les bagages. Recrue de fatigue, Clémentine réveilla Loona qui s'était endormie à côté du berceau de Mary.

On pénétra à l'intérieur de la maison. Clémentine s'aperçut avec surprise que les lieux bénéficiaient de l'électricité.

— Il y a quatre ans, j'ai fait construire un petit barrage un peu plus haut sur le *creek*. Ce qui m'a permis d'améliorer le rendement de la scierie et de bénéficier de la fée électricité. Auparavant, on s'éclairait à l'huile de baleine.

— Le *creek* ?

— Ici, c'est le nom que l'on donne aux torrents et aux rivières. Celle-ci s'appelle le Styx, comme le fleuve des enfers de la mythologie grecque. Le domaine des Diables est le seul à posséder un barrage dans la région. Mais je ne veux pas vous ennuyer avec ça. Vous êtes épuisée.

C'était vrai. Après ce long voyage, Clémentine n'avait qu'une seule envie : dormir.

Les jeunes, trois garçons et trois filles, s'extasièrent devant Mary, que Loona gardait jalousement serrée contre elle, un peu inquiète. Trois enfants en bas âge se pressaient autour de Peter, qui dut les prendre dans ses bras à tour de rôle. Deux des jeunes femmes étaient des métisses. Clémentine apprendrait plus tard qu'il s'agissait des épouses des fils aînés de Dina et Bernie. Quant à la troisième, la fille du couple, elle ne devait pas avoir plus de seize ans.

— Ce sont des Malais, commenta Peter. Contrairement aux autres Asiatiques, ils n'ont pas les yeux bridés.

Ils prirent place dans une vaste salle à manger décorée d'un mobilier en cèdre rouge finement travaillé.

— Dina nous a préparé un repas léger, ajouta Peter. Vous pourrez constater que c'est une excellente cuisinière.

Elle acquiesça d'un sourire. Décidément, il ne cessait de l'étonner. Pendant la journée entière, il avait conduit l'attelage. Pourtant, alors qu'elle-même n'aspirait qu'à dormir, il semblait encore posséder des ressources d'énergie. Il devait être sécurisant de s'endormir près d'un homme comme lui. Depuis plusieurs années, la vie l'avait contrainte à se prendre seule en charge. La trop courte période au cours de laquelle elle avait été mariée avec William n'y avait rien changé. Ils n'avaient vraiment vécu ensemble qu'une huitaine de jours. La mort de ses parents l'avait obligée à gérer seule les problèmes de succession et à organiser sa vie avec la petite Mary sans aucun soutien. Elle y avait gagné liberté et indépendance. Mais parfois, cette situation l'épuisait. Elle aurait voulu, de temps à autre, pouvoir se reposer sur quelqu'un de confiance.

Après le repas, Peter lui indiqua sa chambre, à côté de celle qu'il attribua à Mary et Loona. Au moment de la quitter, il lui prit les mains et les porta à ses lèvres.

— Je suis très heureux que vous ayez accepté de venir jusqu'ici, Clémentine. Reposez-vous. Demain, je vous ferai découvrir mon domaine.

Au cœur de la nuit, un bruit étrange réveilla Clémentine en sursaut. A cause de la tiédeur de la fin de l'été, elle avait laissé la fenêtre de la chambre ouverte. Le bruit venait de l'extérieur. Elle se rapprocha, peu rassurée, et ouvrit les lourdes tentures de velours bordeaux. La baie donnait sur le parc. A peu de distance commençait la forêt, dont on devinait la fourrure sombre sous la clarté blafarde de la lune. Le bruit ne ressemblait à rien de connu. Peut-être s'agissait-il d'un animal. Au début, cela rappelait le feulement d'un tigre, puis le cri devenait de plus en plus aigu, pour s'achever dans une succession de sons rauques, chargés de colère. Clémentine frissonna. Quelle créature monstrueuse était capable de pousser un tel cri ? Le phénomène se répéta plusieurs fois, puis disparut. Un peu inquiète, Clémentine referma la croisée.

Le lendemain, elle fit sa toilette, et opta pour une robe de toile bleue résistante, assez large pour lui permettre de monter à cheval. Elle retrouva ensuite Peter, attablé à la terrasse, devant un solide petit déjeuner composé d'œufs, de tranches de lard grillé et de fruits. Il se leva pour la saluer et l'invita à prendre place. Par peur de paraître ridicule, elle n'osa lui parler du bruit inquiétant entendu pendant la nuit.

— Nous avons de la chance, déclara-t-il. Il est rare que le temps se maintienne au beau au début de l'automne.

Après le déjeuner, il l'entraîna jusqu'à l'écurie où Bernie était en train de seller deux *quarter horses* dociles et résistants. Quelques instants plus tard, ils remontaient l'étroite vallée du Styx, aussi appelée la vallée des Diables. Le *creek* roulait ses eaux tumultueuses avec un bruit clair et chantant. De fraîches odeurs aquatiques pénétraient les narines de Clémentine. Une piste surélevée longeait le cours d'eau.

— En ce moment, le niveau du Styx reste raisonnable, expliqua Peter. Le barrage nous permet de réguler son débit, mais, autrefois, il entrait en crue tous les hivers.

Le vallon n'avait pas plus d'un kilomètre de large, et menait vers des plateaux plus élevés. Autour de Clémentine, la végétation luxuriante occupait les moindres recoins du terrain. Dans le torrent, de longues algues échevelées offraient une palette de verts tendres et de bronzes. Buissons et plantes rampantes foisonnaient, s'agrippant aux rochers couverts de mousse. Des fougères arborescentes formaient de magnifiques arches de verdure au-dessus du torrent. La lumière dorée perçant les trouées de feuillage faisait naître des nuances malachite, jade, amande, émeraude. Emerveillée, Clémentine avait mis son cheval au pas. Il n'existait pas en France de forêt aussi dense, aussi mystérieuse. La piste, creusée d'ornières profondes, dessinait un sillon large et incongru au cœur de cette sylve sauvage.

— Cette forêt est impénétrable, dit Clémentine.

— Il n'y a pas d'animaux de grande taille en Tasmanie, comme en Europe, où les cerfs, les chevreuils et les sangliers tracent de véritables sentiers. Nous avons dû arracher cette piste à la forêt. Il nous faut l'entretenir régulièrement car, si nous laissions faire la nature, en moins d'une année, il n'en resterait rien plus rien.

Un bouquet de petits arbres étranges attira l'attention de Clémentine. Ils ressemblaient à des palmiers, mais leur tronc était entièrement couvert d'une sorte de pelage grisâtre.

— Des *pandani*, dit son compagnon. Nous en récoltons les noix.

La scierie dressait ses bâtiments à deux kilomètres en amont de la petite vallée, qui s'élargissait en cet endroit pour recevoir un affluent venu des montagnes méridionales. On y avait aménagé une vaste clairière où l'on stockait les énormes billes de bois provenant de l'abattage. Il régnait sur les lieux une puissante odeur de résine et de bois coupé. Lorsqu'ils arrivèrent, une équipe de forestiers empilaient les grumes à l'aide d'une bruyante grue à vapeur.

Après avoir mis pied à terre, ils pénétrèrent dans un grand bâtiment où une vingtaine d'hommes s'affairaient autour de puissantes scies à ruban à l'aide desquelles on découpait les troncs d'arbre dans le sens de la longueur. Le grincement suraigu des machines les contraignit à hurler pour pouvoir s'entendre.

— Que devient tout ce bois ? demanda Clémentine.

— Il part pour Hobart. De là, il est embarqué à destination de l'Australie ou de l'Europe. Il est utilisé pour la fabrication des meubles et la construction. Le reste est transformé en pâte à papier.

— Il y a une fabrique de papier à Hobart ?

— Non. On en trouve seulement sur le continent, ou en Europe, bien sûr. J'ai pensé à en constituer une. Malheureusement, je ne connais rien à cette industrie. Et je n'ai pas le temps de m'en occuper.

— Combien employez-vous de personnes ?

— Une trentaine de bûcherons, auxquels il faut ajouter une douzaine de menuisiers et une dizaine d'hommes chargés du transport.

Un colosse blond aux yeux profondément enfoncés dans les orbites s'approcha. La manière dont il la détailla déplut immédiatement à Clémentine.

— Voici Wilhem Van Harburg, le présenta Peter. C'est le contremaître.

L'autre ôta son chapeau et s'inclina brièvement devant la jeune femme.

— B'jour, m'dame.

L'individu était presque aussi grand que Peter, mais, à l'inverse de son compagnon, il se dégageait de lui quelque chose de fourbe. Tandis que les deux hommes échangeaient quelques mots, Clémentine fit quelques pas, sous le regard intrigué des ouvriers. Soudain, elle aperçut le générateur.

— C'est le barrage qui alimente tout cela ?

— Bien sûr ! Vous plairait-il de le voir ?

— Volontiers !

Reprenant leurs montures, ils quittèrent la scierie et s'engagèrent le long d'une piste qui remontait le cours du Styx. Par endroits s'élevaient des amas de troncs fraîchement abattus. Chemin faisant, il lui décrivait les différentes essences.

— Nous exploitons ici plusieurs types d'arbres. Tout d'abord, il y a les eucalyptus, de diverses sortes : eucalyptus filandreux, ainsi nommé à cause de son écorce, que l'on appelle aussi arbre de Cook, parce qu'il fut découvert par le navigateur au dix-huitième siècle sur l'île Bruny, au sud de Hobart ; l'eucalyptus céleri, qui a la forme d'une branche de céleri géante. On utilise le bois d'eucalyptus pour la construction des maisons, des bateaux, des ponts. On rencontre aussi l'acacia argenté, aux feuilles bleu-vert ; sa floraison est magnifique. Imaginez un arbre d'une trentaine de mètres couvert de superbes fleurs couleur citron. On l'utilise pour le mobilier, parce que son bois rose ou marron clair donne un beau poli. Son écorce sert à tanner le cuir. Il y a le *blackwood*. C'est un autre acacia, avec lequel on fabrique des orgues ou des pianos. Nous exploitons également le myrte, ou hêtre à feuilles persistantes. Son nom savant est *nothofagus*. Il peut vivre jusqu'à cinq cents ans. Avec son bois, on fabrique des meubles, des parquets, des lambris, mais aussi les ponts des bateaux. C'est un très bel arbre : au printemps, les jeunes feuilles sont d'une couleur rouge cuivré, avant de devenir d'un joli vert tendre qui fonce avec le temps.

— Mais ne craignez-vous pas que la forêt finisse par disparaître ?

— Non. Nous n'abattons pas les arbres sans discernement. Nous sélectionnons les bois de coupe. Pour chaque arbre prélevé, nous en plantons un autre, afin de maintenir l'équilibre. Gérer une forêt n'est pas une mince affaire, car il faut s'armer de patience. Les jeunes pousses doivent se développer de manière optimale, sans se gêner les unes les autres. Plusieurs dizaines d'années sont nécessaires pour obtenir un hêtre adulte.

Il désigna la sylve épaisse qui s'était refermée sur eux. Malgré le beau temps persistant, il flottait dans l'air une forte humidité, chargée d'une odeur d'humus, de moisissure, et du parfum caractéristique des feuilles d'eucalyptus.

— Regardez cette forêt, dit Peter. A nos yeux d'êtres humains, il semble qu'il y règne une paix totale. Mais cette impression est trompeuse. Ici se déroule une guerre encore plus impitoyable que celles menées par les hommes, car elle ne comporte aucune trêve.

— Comment cela ?

— Les arbres se livrent entre eux un combat permanent. Leur objectif est la recherche de la lumière, qui leur apporte la vie. Dans ce fouillis végétal, seuls les plus forts peuvent survivre. Les autres meurent étouffés sans aucune pitié. Dans cette lutte incessante, ils perdent de leur puissance. Aussi, lorsque nous replantons, nous effectuons nous-mêmes une sélection. Nos arbres sont surveillés, entretenus, protégés. Et ils deviennent plus beaux.

Soudain, un grondement effrayant retentit près d'eux. Le même bruit que celui qu'elle avait entendu la nuit précédente. Elle sursauta. Peter éclata de rire.

— Ne vous alarmez pas. C'est seulement un diable.

— Un diable ?

Peter l'invita à descendre de cheval. Ils quittèrent la piste pour s'enfoncer dans les sous-bois, où régnait une atmosphère glauque. Au milieu des *pandani* et des fougères arborescentes, le bruit s'intensifia, commençant par le même rugissement rauque pour s'achever sur des borborygmes épouvantables. Un peu inquiète, Clémentine se rapprocha de Peter. Amusé, celui-ci passa un bras protecteur autour de ses épaules. Tout à coup, le diable en question bondit sur une souche pourrie et se dressa devant eux, l'air agressif. Clémentine éclata de rire à son tour. L'animal avait la taille d'un gros chat à fourrure noire, au museau allongé, à la queue courte et fournie. Il portait des marques blanches sur le cou, le poitrail et la croupe. Il continua à les injurier dans son langage bizarre, ouvrant une gueule démesurée, furieux d'avoir été dérangé pendant qu'il dévorait une charogne. Plus il hurlait, plus ses oreilles devenaient rouges.

— Je vous présente le diable de Tasmanie ! dit Peter. Le plus infréquentable des animaux de ces forêts. C'est un marsupial carnivore. Malgré sa petite taille, sa mâchoire est assez puissante pour broyer les os. Lorsque les premiers immigrants ont débarqué, il y a plus d'un siècle, ils ont cru que Lucifer lui-même hantait ces forêts. Autrefois, la superstition affirmait que le Malin imitait la voix humaine pour mieux attirer ses victimes dans ses pièges. Et le nom est resté à cette bestiole.

Stupéfaite, Clémentine vit deux petites têtes apparaître derrière la mère.

— Nous avons affaire à une dame, ajouta Peter. Nous ne devons pas être loin de sa tanière. Habituellement, les diables ne vivent pas dans des terriers, sauf lorsque les femelles donnent naissance à leurs petits. Elles en chassent les mâles, parce que même leur père dévorerait les petits.

— Ce sont des monstres ! s'exclama Clémentine.

— Oh, la nature n'est pas très tendre avec les diables. Depuis que je vis dans cette forêt, j'ai eu le temps de les étudier. Savez-vous que la femelle met jusqu'à vingt bébés au monde. A la naissance, ils ne sont pas plus gros que votre pouce. Ils mettent environ trois semaines pour gagner la poche où ils poursuivent leur croissance pendant quatre mois. Seuls deux ou trois d'entre eux survivent. Lorsqu'ils atteignent sept mois, la mère quitte la tanière pour ne plus jamais y revenir. Après, le jeune doit affronter le monde tout seul. Il est alors la proie des rapaces ou d'autres marsupiaux carnivores, comme le chat-tigre. Sur une portée, rares sont ceux qui parviennent à l'âge adulte.

Plus loin se dressait le barrage. De dimensions modestes, il retenait néanmoins un lac artificiel long de plus d'un kilomètre.

— Ce barrage ne risque-t-il pas de céder ? demanda Clémentine.

— Ne vous inquiétez pas. Nous le vérifions régulièrement. Il a été construit suivant une méthode sûre. Sur le côté, vous avez le canal de déversement, avec, à l'arrivée, la petite centrale hydroélectrique qui nous fournit le courant.

Les explications de Peter n'avaient pas vraiment rassuré Clémentine. Le barrage atteignait environ une quinzaine de mètres de haut. Elle n'osait imaginer la vague qu'il produirait s'il venait à se rompre. Elle regarda vers l'aval. La vallée étroite menait directement à la scierie, et, au-delà, à la demeure de Peter.

Le soir, Dina leur avait préparé un repas typique tasmanien, comportant un plat de *yabbies*, des écrevisses grillées, un ragoût de wallaby et une tarte aux prunes. Le tout arrosé d'un vin tasmanien. Depuis quelques années, des viticulteurs audacieux s'étaient mis en tête de cultiver la vigne dans le nord-est de l'île. Il n'existait encore que quelques dizaines d'hectares, mais le vin était généreux, d'un rouge intense, et long en bouche.

— C'est un chardonnay, précisa Peter. Sur le continent, on plante la vigne depuis la fin du dix-huitième siècle. Il y en a à Sydney, et dans la région d'Adélaïde. En Tasmanie, c'est beaucoup plus récent. Le terroir n'a pas de nom. On baptise le vin suivant le cépage. Malheureusement, les « Ockers » ne s'y intéressent pas vraiment. Ils préfèrent la bière.

— Les Ockers ?

— Les Australiens. On pourrait traduire ça par « ploucs ».

— Vous n'avez pas l'air de beaucoup les aimer.

— Ils nous considèrent parfois comme des parents pauvres, parce que notre Etat est le plus petit. Pourtant, la Tasmanie est bien plus belle que l'Australie. Sauf dans le Sud, ce n'est qu'un désert sans intérêt sur des milliers de kilomètres. Avec des kangourous, des troupeaux de moutons et des gardiens stupides qui tirent sur tout ce qui bouge.

— Ne seriez-vous pas un peu chauvin ? riposta Clémentine, amusée.

— Certainement. Mais vous le deviendrez aussi lorsque vous habiterez ici depuis quelques années. Vous n'avez pas encore découvert les merveilles que recèle la Tasmanie.

Il posa sa main sur la sienne et demanda :

— Savez-vous grimper aux arbres ?

La question la prit tellement au dépourvu qu'elle ne put répondre immédiatement.

— Aux arbres ? J'ai su quand j'étais petite. Pourquoi ?

— Seriez-vous prête à recommencer ?

Devant son regard pétillant de malice, elle ne put refuser.

— Ce n'est pas trop dangereux ?

— Non. Il faudra seulement vous vêtir en conséquence. Mais si vous êtes d'accord, je vous montrerai demain un spectacle que vous ne pourrez plus jamais oublier.

9

Le lendemain, à la demande de Peter, Clémentine se réveilla avant l'aube. Pour ce qu'il désirait lui montrer, il fallait être sur place au lever du soleil. Elle se prépara rapidement et le rejoignit sur la terrasse. Hormis Dina et Bernie, qui avait déjà sellé les chevaux, personne n'était encore debout.

Cette fois, Peter entraîna Clémentine vers le sud. Dans la pénombre de la fin de la nuit, ils franchirent un petit pont enjambant le Styx, puis s'enfoncèrent dans une forêt où les arbres paraissaient si hauts qu'on n'en voyait plus la cime. La piste n'était plus qu'un sentier rocailleux à peine visible. Par chance, la pleine lune et un temps magnifique permettaient d'y voir à peu près. Une fraîcheur pénétrante fit frissonner la jeune femme.

Des cris d'animaux retentissaient, sifflements stridents des perruches, grognements furieux des diables omniprésents, appels de rapaces invisibles qui tournoyaient déjà dans la lumière rose et mauve de l'aube naissante. Des odeurs humides de végétaux en décomposition flottaient autour de Clémentine. Pour l'occasion, elle avait passé un pantalon de cette toile épaisse utilisée par les Américains et qu'ils appelaient « jeans ». L'histoire racontait qu'après avoir conquis l'Ouest, les immigrants avaient taillé la toile de leurs chariots pour s'en faire des vêtements résistants. Clémentine en avait acquis deux auprès des soldats yankees. Ils n'étaient peut-être pas d'une élégance raffinée, mais ils se révélaient bien pratiques pour monter à cheval. Et pour grimper aux arbres.

Le ciel blanchissait lorsqu'ils parvinrent au sommet d'une petite surélévation. Là se dressait un bouquet de hêtres magnifiques, d'une hauteur impressionnante, aux troncs larges.

— Ils sont très anciens, commenta Peter en mettant pied à terre. La plupart dépassent les trente mètres. Mais certains atteignent quarante à quarante-cinq mètres. C'est le cas de Charlemagne.

— Charlemagne ?

— C'est ainsi que j'ai baptisé mon arbre préféré.

Il l'amena devant un hêtre superbe, dont les frondaisons s'élevaient plus haut que celles de ses voisins immédiats. Dans la pénombre sylvestre, Clémentine remarqua une échelle de bois s'élevant le long de son tronc couvert de mousse.

— Vous voulez que je grimpe là-haut ?

Elle leva le nez, mais la lumière était encore trop faible pour distinguer quoi que ce fût.

— Si vous vous en sentez la force. Croyez-moi, le spectacle en vaut la peine. Mais auparavant...

Il sortit un petit flacon de sa poche et le tendit à Clémentine.

— C'est de la citronnelle. Cela éloigne les *mozzies* ! C'est ainsi que l'on appelle les moustiques par ici. Croyez-moi, ils sont plus féroces que ceux de nos forêts européennes.

Peu désireuse de se faire piquer, Clémentine s'exécuta. Peter l'imita, puis déclara :

— Je vais passer devant vous, afin de vous montrer le chemin. Soyez prudente.

Il empoigna l'échelle et se hissa sans effort apparent vers le sommet. En quelques secondes, il disparut dans l'épais feuillage. A son tour, Clémentine s'engagea dans l'arbre. Cela n'avait pas l'air très compliqué à première vue, mais, au bout de quelques échelons, elle fut obligée de souffler. Plus haut, elle distingua une succession de degrés et de passerelles qui semblait mener jusqu'à la cime. L'échelle avait une fâcheuse tendance à se dérober sous ses pieds. Pourtant, cela n'avait pas eu l'air de gêner Peter. Un sursaut d'orgueil la saisit. S'il y parvenait à son âge, elle devait y arriver aussi.

— Tout va bien ?

— Oui, oui ! réussit-elle à articuler.

— Prenez garde ! les passerelles sont rendues glissantes par l'humidité. Tenez-vous aux branches.

Elle empoigna les barreaux avec une sorte de rage. Intérieurement, elle pestait, se demandant ce qu'elle était venue faire dans cet arbre. Surtout qu'il n'y avait certainement rien à voir de là-haut... Parfois, elle pouvait souffler lorsqu'une échelle permettait d'accéder à une passerelle étroite coincée entre les embranchements. Puis d'autres barreaux apparaissaient dans la frondaison épaisse. Peu à peu, les branches s'amenuisèrent. Enfin, une main se tendit vers elle. Elle remarqua alors, juste au-dessus, une plate-forme de bois aménagée dans la plus haute partie de l'arbre. Des garde-fous couraient tout le long. Clémentine prit pied sur le plancher au moment même où le soleil apparaissait à l'orient.

— Juste à temps, s'exclama Peter. Regardez !

Il l'amena devant une large trouée de la frondaison. Clémentine assista alors à un spectacle grandiose, inimaginable. Devant elle s'étalait un océan inconnu, couleur d'émeraude et de malachite, dont les vagues étaient les collines elles-mêmes. Vers l'est, le relief s'abaissait lentement et, depuis la cime de l'arbre gigantesque, on devinait au loin le trajet du Styx. Le soleil levant illuminait le paysage d'une lumière rasante qui étirait des ombres allongées et mouvantes sur la forêt. Des nuées d'oiseaux prirent leur envol au loin, dans un grand froissement d'ailes.

Mais ce n'était pas là le plus surprenant. A peu de distance, vers le sud, se dressaient des arbres phénoménaux, qui paraissaient trois fois plus grands encore que le hêtre au sommet duquel ils se trouvaient.

— C'est incroyable, s'exclama Clémentine, émerveillée. Quels sont ces arbres ?

— Des eucalyptus géants. Voici celui que l'on appelle *Big Tree.* On dit que c'est le plus grand arbre du monde. Il doit mesurer environ cent mètres de haut.

Autour de lui, d'autres colosses dominaient la sylve.

— Se trouvent-ils sur vos terres ?

— Par chance, oui. Cela me permet de les protéger. J'ai interdit qu'on les abatte. Mais certains aimeraient beaucoup le faire. Un arbre de soixante-dix mètres représente environ cent tonnes de bois exploitable. Mes concurrents seraient ravis de pouvoir s'emparer de ma concession. C'est pourquoi j'effectue actuellement des démarches afin d'obtenir la classification de ce site en parc national. Cela me vaut quelques inimitiés de la part des autres exploitants, mais je m'en moque. Hélas, certains jouissent d'une influence néfaste auprès des autorités et font tout pour retarder les choses.

Clémentine ne répondit pas, mais, intérieurement, elle se promit de faire tout ce qui serait en son pouvoir pour aider Peter. Il était impensable que de sombres brutes abattent ces arbres magnifiques pour les transformer en bois de construction. Elle commençait à comprendre pourquoi il aimait tant ce pays surprenant. Autour d'elle, à mesure que la luminosité croissait, elle découvrait d'innombrables merveilles. Quelques jacassements attirèrent son attention sur un petit groupe d'oiseaux au plumage rouge et vert. Des perruches. Peu à peu, d'autres espèces apparurent, comme ces grands papillons dont les ailes multicolores dépassaient quinze centimètres de large. Les branches servaient aussi de refuge à toutes sortes de sauterelles, chenilles bigarrées, araignées, et aux moustiques annoncés. Elle s'expliquait mieux à présent pourquoi il avait tenu à ce qu'elle s'enduisît les mains et le cou de citronnelle. Les insectes venaient bourdonner autour d'eux, puis s'éloignaient sans les agresser, chassés par l'odeur.

— Foutus *mozzies* ! grommela Peter.

Subjuguée par la beauté de la forêt, Clémentine déclara :

— Je dois admettre qu'en grimpant à cette fichue échelle, j'ai pesté contre vous. Mais je n'imaginais pas ce qui m'attendait ici. Je crois que je n'ai jamais contemplé de spectacle plus beau.

— Le sommet de la forêt s'appelle la canopée. C'est le royaume des oiseaux, de la lumière, des petits animaux arboricoles. L'homme n'a pas accès à ce monde fabuleux. Nous restons cloués au sol, et nous n'apercevons que la face inférieure des feuilles. C'est pourquoi j'ai construit cet observatoire. Je m'y réfugie lorsque la fréquentation des hommes me déçoit. Ici, on prend la dimension véritable de la beauté du monde.

Au-dessus de la forêt planait un couple de rapaces.

— Des « aigles audacieux », expliqua Peter. Les éleveurs les chassent en affirmant que ce sont des nuisibles.

— Comment ça ?

— Ils prétendent qu'ils sont capables d'enlever un agneau, mais c'est stupide. Ces oiseaux ne pèsent pas plus lourd qu'un petit mouton. En réalité, les aigles, comme les autres rapaces, dévorent les cadavres des animaux morts. Et ils débarrassent ainsi les fermiers des carcasses. Malheureusement, l'homme ne comprend rien à la nature.

Il suivit le vol majestueux des aigles. Soudain, il sortit de sa poche une paire de jumelles à l'aide desquelles il fixa un grand eucalyptus situé au sud. Puis il les tendit à Clémentine.

— Regardez cet arbre ! C'est un eucalyptus bleu. Son bourgeon est devenu l'emblème de la Tasmanie. Les plus grands peuvent atteindre soixante-dix mètres de haut, et c'est sans doute le cas de celui-ci. Mais regardez tout en haut.

— Je vois quelque chose.

— C'est un nid d'aigle. Ils construisent leur aire en haut de ces arbres. Les parents couvent les œufs chacun leur tour. Mais il n'est pas rare de voir les petits de la portée précédente accompagner leurs parents pour la chasse.

Il se tut un instant, puis ajouta :

— Parfois, je rêve d'être l'un de ces oiseaux. Survoler la canopée, dans la lumière du soleil, respirer les parfums qui montent de la forêt. Le monde doit être encore plus beau vu de là-haut.

Clémentine le regarda discrètement. Les yeux de son compagnon luisaient d'une vie si intense qu'elle sentit une émotion profonde l'envahir, un peu semblable à celle qu'elle avait éprouvée en dansant le tango avec lui. Il lui dévoilait aujourd'hui une autre de ses facettes. Elle comprit alors d'où lui venait ce charme singulier, auquel il était difficile de résister. Peter aimait la vie, sous tous ses aspects. Il admirait la nature, sa beauté infinie. Il tourna vers elle un visage rayonnant, lui prit la main et l'entraîna de l'autre côté de la plate-forme. Vers l'ouest, les rayons solaires découpaient, du nord au sud, une succession de sommets impressionnants, qu'il lui présenta l'un après l'autre.

— Au sud-ouest, voici le mont Anne. Mes terres s'arrêtent à sa limite. Au-delà, elles appartiennent à un Irlandais, Brian Kelly. Plus à droite, les collines que vous voyez abritent le lac Pedder. C'est là que commencent les montagnes sauvages. Au nord-ouest, le mont Wedge et le mont Bowes, avec, au-delà, un autre grand lac de Tasmanie : le lac Gordon. Et au nord, voici le mont Field. Il dépasse les mille quatre cents mètres. Le gouvernement l'a transformé en parc national en 1916. Il est désormais interdit d'y chasser ou d'exploiter sa forêt. C'est pourquoi j'ai bon espoir en ce qui concerne mes arbres.

Il eut un petit sourire et ajouta :

— Cette décision a d'ailleurs beaucoup chagriné mon plus féroce concurrent, le triste Andrew Prescott.

A l'énoncé de ce nom, Clémentine retint une émotion soudaine. Prescott était le patronyme de Richard, le jeune avocat avec qui elle avait eu une courte aventure à Sydney. Peter remarqua aussitôt son trouble.

— Vous le connaissez ?

— Je... je crois qu'on en a déjà parlé devant moi, à Hobart.

— Il rêvait d'acquérir les terres du mont Field. Mais cela lui est impossible à présent. C'est pourquoi il me harcèle pour que je lui cède les miennes.

Il poussa un grognement.

— Mais c'est hors de question.

— Pourquoi ?

— C'est un Anglais.

— Et vous n'aimez pas les Anglais ? Vous êtes pourtant anglais vous-même.

— Mes compatriotes ont fait trop de mal à ce pays. Cet Andrew Prescott n'est pas un véritable forestier. Il abat les arbres sans replanter, puis il installe des troupeaux. Je déteste les éleveurs.

— Eux aussi ? Que vous ont-ils fait ?

— Afin de faire paître leurs satanés moutons et leurs damnés bovins, ils massacrent tout ce qui les gêne.

Il désigna la forêt et les eucalyptus géants.

— Leur rêve serait de raser ces montagnes pour y amener leurs stupides bestiaux. Des individus comme Prescott voudraient bien voir ces arbres abattus à cause de la fortune qu'ils représentent. Pour l'instant, mon entreprise est prospère et me permet de les protéger. Malheureusement...

Il se tut et la regarda. Depuis quelques instants, Clémentine décelait une sorte de gêne dans l'attitude de Peter. Il semblait sur le point de dire quelque chose de difficile. L'émotion de la jeune femme s'amplifia.

— Malheureusement ? l'encouragea-t-elle.

— Tout cela est voué à disparaître le jour où je ne serai plus là.

— Pourquoi ?

— Parce que je n'ai pas d'enfant. A ma mort, ce domaine sera dispersé au gré des acheteurs. Et il ne restera rien de ce que j'aurai construit. Peut-être estimerez-vous que c'est une forme d'orgueil. Pour moi, c'est la volonté de sauver la forêt. Elle ne doit pas tomber entre les mains d'individus aveugles et sans scrupules, uniquement préoccupés par leurs vils intérêts.

Il hésita, puis poursuivit :

— Cela fait quelques années que je cherche une femme avec qui j'aurai envie d'avoir des enfants. Oh, ma vie ne fut pas celle d'un moine, mais aucune de mes compagnes n'était capable de m'offrir ce que je demandais. Et puis vous êtes arrivée, Clémentine. Le soir de la Saint-Sylvestre, nous avons dansé ensemble, et nous avons bavardé. Ce soir-là, je me suis remis à espérer. C'est pourquoi j'ai voulu vous revoir, passer de longs moments avec vous, afin de mieux nous connaître.

Il laissa passer un nouveau silence, reprit sa respiration, et continua :

— Je vais avoir cinquante-trois ans. Vous en avez vingt-cinq. Je sais bien que la logique voudrait que vous choisissiez un nouveau compagnon, et un nouveau père pour votre fille, parmi les hommes de votre âge. C'est dans la nature des choses. Mais je n'ai jamais accordé trop d'importance à mon âge. Dans ma tête, j'ai toujours vingt ans. Et c'est encore plus vrai depuis que je vous connais. Alors, peut-être allez-vous me trouver audacieux, mais je voudrais vous demander de... de m'épouser.

Clémentine aurait voulu parler, répondre, mais aucun mot ne se décidait à franchir ses lèvres. Elle ne savait plus que penser. Quelques semaines plus tôt, elle aurait répondu par la négative, en prenant soin de ne pas le froisser. Le souvenir de William était encore trop présent. Aujourd'hui, tout était différent. Au début de leur relation, elle avait cru qu'il pourrait remplacer son père. Mais cette impression s'était immédiatement estompée. Elle éprouvait pour lui une attirance singulière, qu'elle ne pouvait nier. Plusieurs fois, elle avait eu envie qu'il la prenne dans ses bras pour l'embrasser. Malgré ses cheveux striés de blanc, Peter n'avait rien d'un vieil homme. Le travail et la forêt ne lui avaient pas permis de développer cet embonpoint de bon aloi qu'affectionnaient les hommes nantis, passé la cinquantaine. Au contraire, son activité et son dynamisme lui avaient taillé une silhouette puissante et musclée que lui enviaient probablement des hommes beaucoup plus jeunes. Et puis, elle se sentait bien en sa compagnie. Il émanait de lui un mélange de force indestructible et de sensibilité qui la séduisait plus qu'elle ne l'aurait voulu.

Devant son embarras, il s'empressa d'ajouter :

— Ne le prenez pas mal, Clémentine. Si vous refusez, je ne vous en voudrai pas. Mais j'aimerais que vous réfléchissiez à ma proposition.

— Il me faudrait vivre ici, dit-elle.

— C'est pourquoi je voulais vous montrer la beauté de ce pays.

Clémentine resta un long moment silencieuse, puis elle répondit :

— Votre demande me flatte et m'honore, Peter. Je voudrais seulement que vous me laissiez y réfléchir.

— Bien entendu. Prenez le temps qu'il faudra. Et si votre réponse est négative, tant pis pour moi. J'espère seulement que nous resterons amis.

— Nous resterons amis, Peter. Quelle que soit ma réponse.

Le soir, lorsqu'elle se retrouva seule dans sa chambre, Clémentine ne put fermer l'œil. A la vérité, même si la différence d'âge constituait un obstacle, elle se rendait compte qu'il ne la gênait pas. Peter était bel homme et plein de charme. Lorsqu'il lui avait dit qu'il désirait des enfants, elle avait éprouvé une sensation étrange dans les reins et dans le ventre. Le corps de Peter portait peut-être la griffe des années, mais son regard conservait la flamme de la jeunesse. Ce qu'elle avait lu dans ses yeux s'appelait le désir. Un désir auquel elle avait eu soudain envie de répondre. De toute son âme, de toute sa chair.

L'image de William s'imposa à elle. En acceptant d'épouser Peter, elle trahirait son premier mari... Mais était-ce la vérité ? William avait disparu pour toujours. Alors, devait-elle s'imposer, pour respecter sa mémoire, de rester seule toute sa vie ? Lui-même ne l'aurait pas voulu.

Une autre question se posait : elle devrait également habiter ici, dans cette forêt située à l'écart du monde. Née à Paris, elle avait toujours eu l'habitude du bruit et du mouvement. Ne risquait-elle pas de s'ennuyer ? Là encore, la réponse lui apparut clairement : après ce qu'elle avait vécu dans les tranchées, elle ressentait un besoin viscéral de se rapprocher de la nature, de fuir le monde des hommes. Le travail de Peter l'intéressait. Il avait besoin de quelqu'un pour l'aider à faire fonctionner son entreprise, gérer les tracasseries administratives, comme il avait dit. De plus, dans ces terres sauvages, ses connaissances médicales pourraient se révéler utiles.

Mais il y avait quelque chose de plus profond. Elle n'avait passé qu'une seule journée au domaine des Diables, mais elle s'y sentait déjà chez elle. Cette forêt ressemblait à la Tasmanie telle qu'elle l'avait rêvée au travers des descriptions de William. L'impression qu'elle ressentait était très étrange : elle aimait ce pays autant que si elle y était née. Il avait besoin d'elle, et Peter avait besoin d'elle. Peu à peu, elle sentit naître en elle une sorte d'exaltation. Mary ne serait pas seule. Les petits-enfants de Dina et Bernie avaient le même âge qu'elle.

Et puis, si parfois elle s'ennuyait de la capitale, elle pourrait toujours prendre le train à Maydena. Il ne mettait que cinq heures pour rejoindre Hobart.

Le lendemain matin, après une nuit au cours de laquelle elle n'avait guère dormi, sa décision était prise. Lorsqu'elle retrouva un Peter anxieux, déjà assis à la table du petit déjeuner, elle s'assit près de lui, lui prit la main et déclara :

— Peter, j'ai longuement réfléchi à la proposition que vous m'avez faite hier.

Il eut un sourire embarrassé et répondit :

— Et vous refusez ? Mais ce n'est pas grave, Clémentine. Je le comprends fort bien.

— Vous ne comprenez rien du tout ! Au contraire, je voulais vous dire que j'acceptais.

Il la contempla avec des yeux brillants.

— Vous... vous acceptez de devenir ma femme ?

— Oui !

Elle crut qu'il allait exploser de joie.

10

Clémentine demeura encore quelques jours au domaine des Diables, afin de préparer le mariage. Peter semblait avoir rajeuni de vingt ans. Son enthousiasme était communicatif, et elle se laissa prendre au jeu. Par certains côtés, il lui rappelait William, qui témoignait, lui aussi, d'un intense amour de la vie. Mais, peut-être était-ce dû à la guerre, son premier mari semblait receler une part obscure, une sorte de désespoir. Peter, lui, rayonnait d'une gaieté et d'un appétit de vivre sans ombre. Lorsqu'elle apprit la nouvelle, Dina contempla Clémentine avec un sourire radieux, puis, essuyant ses mains sur son tablier, ne put résister à l'envie de l'embrasser.

Plus tard, Peter lui raconta l'histoire de ce couple singulier.

— A l'époque, je naviguais en mer de Chine. Mon petit ketch était idéal pour le cabotage. J'avais un équipage de marins peu bavards et solides à l'ouvrage. Philippins, Indonésiens et Malais. Je me suis livré à des trafics divers. Je ne connaissais pas toujours la nature de la cargaison que nous transportions, mais il valait mieux ne pas se montrer trop curieux. C'était bien payé, et j'ai pu ainsi amasser une fortune suffisante pour venir m'établir ici. C'est au cours de ces voyages que j'ai croisé Bernie. Ayant besoin de main-d'œuvre, je l'avais engagé. On trouve de tout parmi les marins, même des romantiques. Alors que les autres avaient une femme dans chaque port, ce brave Bernie m'a expliqué qu'il était amoureux. Elle avait seize ans et elle était belle comme le jour. Il l'avait rencontrée dans un bordel de Bangkok, où ses parents l'avaient vendue deux mois plus tôt à Ranouk

Chan, un odieux proxénète. Mon Bernie s'était mis en tête de la libérer. Seulement, il n'était pas de force à lutter seul contre la bande de tueurs de Ranouk Chan. La solution la plus raisonnable consistait à la racheter.

— Je croyais l'esclavage aboli, s'indigna Clémentine.

— Dans ces pays, il a encore de belles années devant lui, croyez-moi. Les paysans sont pauvres, et ils ont de nombreuses bouches à nourrir. Il est fréquent qu'ils vendent leurs filles ou leurs garçons. Les clients sont friands de jeunes enfants.

— Quelle horreur !

— Malheureusement, ces proxénètes sont puissants et souvent protégés par des autorités corrompues. J'ai donc avancé l'argent à Bernie et je suis allé négocier moi-même le rachat de Dina. Seul, il n'avait aucune chance, on l'aurait dépouillé et égorgé. Mais Ranouk Chan se méfiait de moi, à cause de mes relations avec les mafias locales. Il a accepté et Dina a été libérée. Peu de temps après, elle épousait Bernie, car il tenait à faire les choses dans les règles. Il y a plus de vingt ans de ça. Aujourd'hui, il a soixante-six ans, et elle n'en a pas quarante. Mais ils sont toujours aussi amoureux. Ils ont eu quatre enfants, trois garçons et une fille. Les deux premiers se sont mariés à leur tour, et la génération suivante compte déjà trois petits. Ils ont tenu à rester à mon service, et jusqu'à présent, ils ont constitué ma seule famille.

Clémentine laissa passer un silence, puis demanda :

— Qu'avez-vous fait de votre bateau ?

— Je l'ai toujours. Il est ancré dans le port de Hobart. Il ne me sert plus guère que pour la pêche, lorsque j'ai le temps de m'y consacrer.

— J'adore la pêche, Peter. Lorsque j'étais enfant, mon père possédait lui aussi une petite barque. Nous n'allions guère plus loin que Jersey ou Guernesey, mais j'en garde des souvenirs fantastiques.

— Vous allez peut-être me dire que vous savez manœuvrer la voile ?

— Bien sûr !

— Décidément, vous ne cesserez de m'étonner.

Peter la serra contre lui, puis prit son visage entre ses mains.

— Clémentine, dites-moi que tout ça n'est pas un rêve !

Pour toute réponse, elle posa ses lèvres sur sa bouche. Evidemment, ce fut le moment que choisit Bernie pour arriver. Confus, il toussota discrètement. Peter s'écarta de Clémentine, avec l'air de descendre de la lune.

— Que monsieur m'excuse, mais un visiteur est là, qui voudrait parler à monsieur.

Puis il s'en fut. Peter expliqua :

— Bernie et Dina mettent un point d'honneur à m'appeler « Monsieur », comme les domestiques des notables anglais de Hobart. C'est leur manière de me remercier de les avoir aidés.

Il invita Clémentine à le suivre. Devant la terrasse, trois hommes descendaient de cheval. L'un d'eux, vêtu de noir, avait dépassé la soixantaine. De haute taille et d'une maigreur ascétique, il affichait un maintien rigide et hautain. Ses yeux posaient sur le monde un regard inquisiteur et dur. Il sembla immédiatement antipathique à Clémentine. Près de lui se tenaient deux hommes plus jeunes, bâtis en hercules. Peut-être ses hommes de main. Peter s'avança vers eux pour les saluer. Puis il se tourna vers la jeune femme.

— Clémentine, voici Andrew Prescott, l'un des plus importants propriétaires terriens de Hobart.

Elle sursauta, songeant aussitôt à l'avocat de Sydney. Elle se demanda s'il existait une parenté entre les deux hommes. Mais elle ne décela aucune ressemblance. Sans doute s'agissait-il d'une coïncidence. Prescott était un nom assez courant chez les Anglais. Elle répondit brièvement à leur salut. Les deux autres la contemplaient avec une admiration évidente.

— Prescott, je vous présente madame Smith.

— J'ai déjà entendu parler d'elle, répondit-il en inclinant la tête. Vous enseignez le français à Hobart.

Le ton était sec, sans chaleur. Clémentine acquiesça.

— Mon ami Fischer m'a vanté vos qualités, madame.

Cependant, la froideur de son regard démentait l'amabilité de ses propos. Il se tourna vers Peter.

— Mon cher White, je souhaiterais vous parler, en particulier, d'une affaire très importante.

— Vous pouvez tout dire devant madame. Je n'ai rien à lui cacher.

Prescott marqua un instant d'étonnement, puis rétorqua :

— Vous avez toujours été un original, White. Mais ce dont je suis venu vous entretenir ne regarde personne d'autre que vous et moi.

Clémentine prit les devants.

— Je vais vous laisser, Peter.

— Vous pouvez rester, Clémentine. D'ailleurs, vous connaissez déjà la raison de la visite de ce monsieur.

Il se planta devant le vieil homme.

— Si vous venez me faire une nouvelle offre, vous perdez votre temps. Je vous ai déjà répondu : mon exploitation n'est pas à vendre.

L'autre blêmit, puis se reprit.

— Mais qui parle de vendre ? Nous pourrions nous associer. Vous resteriez le maître de ce domaine.

— M'associer avec vous ? Jamais !

Clémentine vit que l'autre commençait à s'énerver. Manifestement, il n'avait pas l'habitude d'être contredit.

— Vous ne pouvez repousser mon offre sans y réfléchir, déclara-t-il d'une voix où perçait la colère. A nous deux, nous représentons plus de cinquante pour cent de la production de bois de toute la Tasmanie. Nous avons tout intérêt à nous entendre.

— *Vous* avez intérêt ! Moi non. Je n'apprécie pas vos méthodes. Vous ne connaissez rien à la forêt. Vous déboisez sans discernement, sans replanter, et dans quelques dizaines d'années, il ne restera rien de votre exploitation.

— Quelle importance ? Dans les montagnes, il reste encore des milliers d'acres à déboiser. Ici, la forêt doit faire place à l'élevage.

— Il y a suffisamment de plaines pour cela dans le nord de l'île. Rien ne vous empêche d'investir là-bas.

— La terre est plus rentable par ici.

— Rentabilité ! Vous n'avez que ce mot à la bouche. Vous n'avez aucun respect pour la terre.

— Et que deviendra votre domaine une fois que vous serez mort ? s'insurgea le vieil homme, irrité.

— Dois-je vous rappeler que vous avez dix ans de plus que moi, Prescott ? Vous avez toutes les chances de partir avant moi.

— C'est exact. Mais à qui reviendra votre exploitation lorsque vous aurez disparu ? Moi, j'ai des enfants. Où sont les vôtres ?

Peter blêmit. Clémentine comprit que Prescott venait de le toucher au défaut de la cuirasse. Dominant sa colère, elle prit sa main dans la sienne et lui sourit. Puis elle s'adressa au vieil homme.

— Peter n'a pas encore d'enfant, monsieur Prescott. Mais nous espérons tous deux en avoir bientôt, car j'ai le plaisir de vous annoncer que nous allons nous marier.

— Vous ? Vous allez épouser White ?

— Bien sûr ! Aussi, vous comprendrez qu'il n'ait aucune envie d'étudier votre proposition. L'exploitation reviendra à nos enfants. N'est-ce pas normal ?

Prescott hocha la tête, abasourdi. Puis il s'inclina.

— Dans ce cas, veuillez accepter mes félicitations. Vous particulièrement, madame, qui avez su si vite vous... installer dans notre pays. Monsieur White en est l'un des plus beaux partis.

C'était une insulte à peine voilée. Peter frémit, mais la main de Clémentine serra la sienne. Prescott s'inclina une dernière fois, puis, sur un signe de tête, ordonna à ses deux compagnons de remonter en selle. D'un coup de talon rageur, il éperonna sa monture, et tous trois disparurent.

Peter prit sa compagne dans ses bras.

— Clémentine, vous venez de faire de moi le plus heureux des hommes. Cela fait des années que ce maudit Prescott me harcèle pour racheter les Diables. En quelques mots, vous avez anéanti le plus puissant de ses arguments. Jamais je ne saurai vous dire combien je vous aime.

Le soir, lorsque Clémentine se retira dans sa chambre, le nom de Prescott revint la hanter. Tandis qu'elle tentait de trouver le sommeil, des souvenirs affluèrent à son esprit.

Lorsqu'elle avait débarqué à Sydney, quelques mois plus tôt, elle avait été contrainte de patienter trois semaines avant que le *Loongana* appareillât pour Hobart. Les liaisons avec la Tasmanie n'étaient pas régulières. D'abord, elle avait dû satisfaire aux formalités d'immigration. Les fonctionnaires avaient fait du zèle, lui posant mille questions embarrassantes et lui faisant subir mille tracasseries. C'est dans ces bureaux qu'elle avait rencontré l'avocat Richard Prescott. Celui-ci venait chercher des documents pour l'un de ses clients. Constatant sa détresse, il avait aussitôt offert de l'aider. Il s'était révélé très efficace. En moins de trois jours, les formalités étaient remplies, et elle était sortie des bureaux nantie de tous ses papiers et avec la certitude de pouvoir gagner la Tasmanie sans encombre.

Bien sûr, pour remercier son bienfaiteur, elle avait accepté une invitation à dîner. Il lui avait avoué le soir même qu'il était tombé amoureux d'elle. Quoique flattée et troublée, car il était bel homme, elle avait rétorqué qu'elle n'avait guère envie de vivre une aventure avec lui. Le souvenir de son mari était encore trop vif. Mais devant les trésors de drôlerie et d'imagination qu'il avait déployés pour la séduire, elle avait accepté de le revoir. Il s'était montré galant, étourdissant, cultivé, plein d'humour, à la fois patient et empressé. Jamais auparavant elle n'avait ressenti avec une telle intensité le désir d'un homme. Elle était pourtant bien décidée à ne pas lui céder, puisqu'elle devait quitter Sydney. Mais elle avait fini par succomber, l'avant-veille de son départ. Elle en conservait le souvenir d'une nuit faite de sensualité, orageuse, passionnée, épuisante. Elle n'avait pas vécu, avec William, un tel débordement d'érotisme, éprouvé un plaisir aussi violent, proche parfois de la douleur, à la limite de la perversité. Elle avait aujourd'hui l'impression d'avoir perdu la tête dans les bras de cet homme, et rougissait intérieurement à l'évocation de certaines scènes où elle s'était comportée comme une femme soumise, entièrement livrée à la volonté de son amant, et heureuse de cette soumission. Cette attitude ne lui ressemblait pas. Elle connaissait pourtant la vie. Son éducation n'avait pas été celle d'une oie blanche, non préparée à la connaissance de l'homme, et ses études s'étaient déroulées dans l'ambiance caractéristique des facultés de médecine, qui autorisait une grande liberté d'esprit et de mœurs. Mais la personnalité de Richard avait exercé sur elle une sorte de fascination contre laquelle elle s'était révélée incapable de lutter.

La veille du départ, il l'avait suppliée de différer son voyage pour rester quelque temps avec lui. Devant son empressement et ses suppliques, elle avait failli annuler. Quelque chose de terriblement puissant la poussait vers lui. Au fond, rien ne l'obligeait à se rendre en Tasmanie, sinon le désir de retrouver la famille de William. Mais celui-ci était mort...

Elle n'avait pas cédé. Richard l'avait accompagnée jusqu'au bateau, le lendemain, lui faisant promettre de revenir si la vie tasmanienne ne lui convenait pas.

Aujourd'hui encore, Clémentine ne parvenait pas à démêler les sentiments qui l'avaient liée à Richard. Elle avait éprouvé une envie violente de rester près de lui, de poursuivre cette aventure tumultueuse et sensuelle qui avait comblé ses sens d'une manière si troublante. Mais était-ce vraiment de l'amour ? Par certains côtés, cette liaison l'inquiétait, parce qu'elle avait eu la sensation de ne plus s'appartenir totalement, comme si le désir qui la poussait vers Richard l'avait dépossédée d'elle-même. Elle en conservait dans le corps un trouble profond qui ne s'était pas encore estompé au bout de plusieurs mois. Au simple énoncé du nom de Prescott, elle avait senti s'éveiller en elle le souvenir de cette nuit passionnée.

Une onde chaleureuse parcourut sa peau et sa chair, faisant naître des désirs douloureux au creux de ses reins, sur ses seins gonflés. Un court instant, elle eut envie de rejoindre Peter. Elle imagina ses mains sur elle, sur son ventre, son souffle dans son cou, sur sa nuque. Elle dut faire un violent effort sur elle-même pour se maîtriser. Peter l'avait respectée depuis leur première rencontre. Il ne comprendrait pas une telle attitude.

Elle ne devait plus jamais penser à cette histoire. Elle n'en parlerait pas à Peter. Elle garderait ce souvenir enfoui au plus profond de sa mémoire.

D'ailleurs, il y avait peu de chances pour qu'elle revît un jour Richard.

11

Un mois plus tard, Clémentine devenait madame White. La fête eut lieu dans la demeure que Peter possédait à Hobart. Cette maison était tenue par un vieux couple, Arthur et Henrietta, qui avaient immédiatement adopté Clémentine.

Bien que l'on fût au début du mois de mai, au cœur de l'automne austral, le temps s'était maintenu au beau. Un chaud soleil illuminait la capitale tasmanienne. Clémentine avait fait confectionner une magnifique robe blanche à Mary, à présent âgée de quinze mois. Elle trottinait partout, et Loona avait fort à faire pour la surveiller.

En ce qui la concernait, la jeune mariée avait suivi les conseils d'Emilie, qui lui avait recommandé une tenue élégante, mais adaptée à l'esprit du pays. Clémentine arborait donc une robe très sage, de couleur vert bronze. Cette teinte mettait en valeur sa chevelure d'un blond roux, qu'elle portait courte de nouveau. Elle avait en effet découvert un coiffeur qui, sur ses indications, avait accepté de couper ses cheveux à la nouvelle mode parisienne.

Peter et Clémentine passèrent tout d'abord devant le maire de Hobart, puis concrétisèrent leur union à l'église de St Patrick Street. Ni l'un ni l'autre n'étaient de fervents catholiques, mais ils savaient ainsi faire plaisir à nombre de leurs amis. Car Hobart multipliait les églises vouées au même dieu, mais dotées d'appellations différentes : évangéliste, baptiste, anglicane, protestante, catholique, méthodiste ou encore adventiste. Ce phénomène était le reflet des origines diverses de ses habitants. Il n'était pas toujours facile de s'y retrouver, même si tout ce monde entretenait des relations plutôt courtoises. A Hobart, il était encore plus mal vu de ne pas avoir de religion que d'appartenir à une confession différente.

Après les formalités administratives et la célébration religieuse, la fête commença par un grand buffet dans le parc de l'auberge que Peter avait louée. Celui-ci, très fier de se montrer avec une femme aussi jeune et aussi belle à son bras, avait voulu que les festivités durassent trois jours. Parmi les invités se trouvaient beaucoup de Français du cercle d'Emilie, avec lesquels Peter entretenait d'excellentes relations. Ils avaient des origines très diverses, et leur parlé multipliait les accents, depuis le ch'timi jusqu'à l'accent chantant d'un couple de Marseillais, en passant par celui, plus rocailleux, d'un Auvergnat. On rencontrait aussi des Bretons, des Normands, des Basques, des gens à l'esprit aventureux, bercés depuis l'enfance par les récits de marins, et nourris d'images d'îles lointaines.

Mais les relations de Peter ne se limitaient pas aux Français. Toute l'Europe était représentée, avec des Hollandais, des Polonais, des Italiens, des Allemands. Et bien sûr des Anglais, parmi lesquels se trouvaient lord Foster, le gouverneur de Tasmanie, et son épouse. C'était un homme de belle allure, très digne. Il avait pour chacun un mot aimable, s'enquérait de la santé de tous, des affaires, soignant ainsi son image, surtout auprès des dames, dont il savait l'influence sur le vote de leur époux. Clémentine constata qu'il appréciait aussi les bons vins, dont il fit une consommation tout à fait digne d'intérêt.

Clémentine avait également invité ses relations de Hobart, les Wilson, les Kleinberg et les Fischer, dont les enfants étaient un peu tristes. Depuis plusieurs mois, ils avaient pris goût aux cours que leur donnait Clémentine, mais celle-ci allait partir pour Maydena et ne serait plus en mesure de les assurer. Elle leur promit de les inviter pendant les vacances scolaires.

— Ne vous avais-je pas dit que la Tasmanie était un beau pays ? glissa tout à coup Emilie à Clémentine, alors qu'elle s'était un peu écartée de la foule pour souffler.

La jeune femme sourit et l'embrassa avec affection.

— Vous êtes rayonnante, ma chère, continua son amie. L'amour vous embellit encore.

Clémentine hocha la tête.

— L'amour... Vous savez, il est encore très... platonique.

Les yeux d'Emilie pétillèrent.

— Parce que vous n'avez pas encore concrétisé ? s'exclama-t-elle, à la fois stupéfaite et amusée.

— Non. J'étais pourtant prête à l'accepter, mais pas une fois Peter n'a proposé de venir me rejoindre la nuit. Parfois, j'en suis venue à me demander si je lui plaisais vraiment. Je n'ai pas osé lui en parler.

Emilie éclata d'un rire joyeux.

— C'est merveilleux. C'est sa manière d'exprimer le respect qu'il a pour vous.

— Vous ne croyez pas que... qu'il m'a épousée uniquement pour que je lui donne un héritier ? A son âge, les choses de l'amour ne l'intéressent peut-être plus.

Emilie éclata d'un rire clair.

— Ma chère, quel que soit leur âge, les hommes sont toujours intéressés par ça. Peter a la chance d'avoir épousé une femme très jeune, il ne va certainement pas passer à côté d'un tel privilège. N'ayez aucune crainte, vous avez tout ce qu'il faut pour rendre un homme heureux.

— Ce n'est pas sûr. Je manque d'expérience dans ce domaine. Avec mon premier mari, la guerre ne nous a pas laissé beaucoup de temps pour apprendre à nous connaître.

— Alors, faites confiance à Peter. Ne voyez dans sa discrétion qu'une preuve de l'amour qu'il vous porte. Je vous avais dit que c'était un véritable gentleman. Et rassurez-vous : la rumeur assure que c'est un amant hors pair. Vous n'aurez qu'à vous laisser faire.

Malgré la bonne humeur d'Emilie, Clémentine ne put s'empêcher d'appréhender la nuit à venir. Elle redoutait que la tendre complicité qui l'avait rapprochée de Peter dès les premiers instants ne se brise sur un échec au lit. Mais il était trop tard pour reculer.

Vers la fin de l'après-midi, alors que le champagne avait grisé la plupart des esprits, Peter, vêtu d'un magnifique costume blanc, monta sur une table pour réclamer le silence.

— Mes amis, dit-il, je voulais vous remercier tous d'être venus si nombreux pour participer à notre bonheur. Je ne saurais dire combien je vous aime. C'est pourquoi je voulais que vous soyez témoins de quelque chose. Comme le veut la coutume, j'ai offert une belle alliance à mon épouse, je l'ai comblée de fleurs. Mais je lui réserve un autre cadeau. Et j'aimerais que vous soyez tous présents lorsque je le lui offrirai. Nous avons tout juste le temps avant le dîner. Suivez-moi !

Intriguée, Clémentine regarda Peter, qui lui adressa un sourire ravi avant de sauter à bas de la table. Il la prit dans ses bras et dit :

— Venez, ma belle épouse ! La voiture nous attend.

On se dirigea vers les automobiles, chariots, chevaux et autres camions qui avaient amené les invités. Quelques instants plus tard, un long cortège se dirigeait vers Sandy Bay, une anse située au sud de Hobart. La route qui la longeait menait jusqu'à Wrest Point, où se dressait un hôtel fréquenté par les riches voyageurs de passage. Son architecture rappelait celle des hôtels normands de Cabourg ou de Deauville, que Clémentine connaissait bien. Peter lui chuchota que ce lieu abritait un cercle de jeu clandestin dans ses sous-sols.

— Les casinos sont interdits en Australie, précisa-t-il. Mais cela n'empêche pas les initiés de flamber en toute impunité.

— Etes-vous joueur vous-même ? demanda Clémentine, soudain inquiète.

— Je le fus à l'époque de mes pérégrinations en Amérique du Sud et en Asie.

Il eut un sourire espiègle.

— J'étais même un peu tricheur. Mais je n'ai plus approché une table de jeu depuis vingt ans. La forêt m'a enseigné la sagesse.

Au creux de la baie s'étiraient des pontons où étaient amarrés une trentaine de voiliers de plaisance. On mit pied à terre et l'on se dirigea vers les digues. Peter prit la main de Clémentine et l'amena vers un magnifique bateau blanc à deux mâts. Il était entièrement repeint, et équipé de voiles neuves. A bord, trois hommes d'origine asiatique attendaient. Les bras musclés, croisés sur des torses puissants, la peau dorée, ils portaient tous trois les cheveux longs et noirs noués par un foulard rouge.

Clémentine se dit qu'ils ressemblaient un peu à des pirates. Très émue, elle chercha le nom du navire. Il resplendissait en lettres dorées sur la proue : *Mary-Clémentine*. Les yeux brillants, elle se tourna vers lui.

— Ce bateau, c'est le vôtre, n'est-ce pas ?

— C'est lui, en effet. Mais son nom ne me paraissait plus adapté. C'est pourquoi je l'ai rebaptisé ainsi. Vous m'avez dit aimer la voile. Alors, je vous l'offre.

Elle ne sentit même pas les larmes qui ruisselaient de ses yeux.

— Il... il est à moi ?

— C'est votre cadeau de mariage.

— Mais c'est trop... je...

Elle ne savait plus quoi dire. Peter lui ouvrit les bras, dans lesquels elle se jeta en sanglotant. Derrière eux, la foule des amis applaudit à tout rompre. Peter lui prit la main et l'entraîna vers la passerelle. Les hommes d'équipage s'inclinèrent pour les saluer.

— Ma chérie, je vous présente Taya, Rego et Baïran. Ils connaissent ce navire depuis le jour où je les ai recrutés à Macao. Ensemble, nous avons sillonné la mer de Chine, de Singapour à Manille, et de Shangaï à Surabaya. Ils m'ont suivi lorsque j'ai décidé de m'installer en Tasmanie.

Il se gratta la barbe avec un sourire malicieux et ajouta :

— Il faut dire que nous n'avions pas laissé que des amis là-bas.

Emerveillée, Clémentine fit quelques pas. Tout avait été remis en état, repeint, verni, les cuivres étincelaient. La cabine de commandement, entièrement refaite elle aussi, sentait le vernis et la colle à bois. Les rideaux blancs ornant les hublots amenèrent un sourire sur les lèvres de Clémentine. Peter avait pensé à tout, même à ce genre de détail. La salle était relativement grande, et tout à fait confortable pour un voyage de plusieurs jours. La jeune femme avait peine à se rendre compte que ce bateau lui appartenait. Elle se blottit contre Peter et murmura :

— On ne m'a jamais fait de cadeau aussi magnifique. Il me tarde de l'essayer.

— Si vous le souhaitez, nous pouvons lever l'ancre dès demain. Je voulais vous proposer de passer notre voyage de noces en mer. C'est à peu près le seul endroit où nous ne risquerons pas d'être dérangés.

— Dès demain ? Mais il nous faut des vivres, de l'eau...

— Tout est prêt, regardez !

Il ouvrit les placards. Ils étaient pleins de victuailles, de bonbonnes, de vêtements. Vivement émue, Clémentine prit la tête de Peter entre ses mains et déposa un baiser infiniment tendre sur sa bouche. Puis elle s'inquiéta :

— Notre mariage doit durer trois jours. Nos invités...

— Oh, ils sont bien capables de continuer sans nous. La tradition n'exige pas la présence des mariés jusqu'à la fin. J'ai très envie de me retrouver seul avec vous, Clémentine.

Le désir qu'elle lut dans ses yeux échauffa soudain les sens de la jeune femme.

— C'est d'accord, souffla-t-elle, nous partons demain.

La fête qui suivit se déroula comme un rêve. Après le dîner, Clémentine et Peter, à la demande de leurs amis, dansèrent une nouvelle fois le tango *Jalousie*. Instantanément, Clémentine retrouva la magie de la danse qui les avait réunis la première fois. Elle aimait sentir sa main ferme sur ses hanches, et son regard brillant commençait à lui faire bouillir le sang dans les veines. Elle avait été sotte de s'inquiéter ; Peter la désirait. Mais il s'était montré assez gentleman pour patienter jusqu'à ce jour exceptionnel. Au fond, il avait peut-être raison. Mais une inquiétude subsistait en elle : et s'ils ne s'entendaient pas au lit ?

Vers le milieu de la nuit, il lui proposa de s'esquiver. Elle acquiesça, heureuse de quitter la foule bruyante. Elle pensa un moment qu'ils allaient retourner chez lui. Et en effet, dans un premier temps, la voiture regagna la maison. Lorsqu'ils en descendirent, Peter lui glissa :

— Allez embrasser votre fille ! Vous n'allez pas la revoir pendant quelques jours.

— Parce que nous n'allons pas dormir ici ?

— Non. Nous passons la nuit sur le bateau.

— Et vous avez pensé à me laisser voir ma fille avant ? Vous êtes un homme délicat, Peter.

Quelques instants plus tard, la voiture se dirigeait vers Sandy Bay.

Un peu inquiète, Clémentine monta à bord du navire, illuminé seulement par quelques fanaux ballottés par les vents froids. Une odeur puissante montait de l'océan dont les vagues clapotaient contre la coque, dans les ténèbres du port. Ils pénétrèrent dans la cabine. Peter dut ressentir son appréhension. Il se montra délicat et attentionné, plaisantant avec légèreté et moquerie sur le comportement du procureur Wilson, qui avait affiché toute la soirée un visage sévère et compassé, à l'inverse de Herbert Fischer qui, lui au moins, s'était amusé sans retenue. Puis il déboucha une bouteille de champagne dont il emplit deux coupes. Clémentine y trempa les lèvres, trop émue pour avaler quoi que ce fût. Peter s'approcha et dit :

— Croyez-moi, Clémentine, je suis aussi troublé que vous. Mais quel homme ne le serait pas à la vue d'une femme aussi belle, en songeant que cette femme est son épouse ?

— Alors, déshabillez-moi, mon beau seigneur !

Elle redouta un instant qu'il ne sût pas s'y prendre avec cette robe un peu compliquée. Mais elle n'était certainement pas la première qu'il dévêtait. En quelques secondes, l'étoffe glissa sur sa peau, dévoilant son corps. Avec la même dextérité, il ôta guêpière et sous-vêtements, bas et culotte, et elle se retrouva entièrement nue, à la fois effrayée et excitée. Puis les mains de Peter se posèrent sur elle, rudes et chaudes.

Bien plus tard, alors qu'un parfum d'algue lui chatouillait les narines, Clémentine songea qu'elle ne s'était jamais sentie aussi bien. Leur complicité ne s'était pas démentie, bien au contraire. Peter connaissait parfaitement le corps de la femme. Avec stupéfaction, elle avait découvert sous ses doigts des caresses qu'elle n'aurait jamais osé soupçonner, des richesses de plaisirs inconnus, que l'on ne pouvait atteindre qu'au prix d'une grande patience et d'une parfaite maîtrise de ses désirs et de ses pulsions. Il l'avait menée ainsi vers des sommets de jouissance proche de l'évanouissement. Il lui semblait que son sexe s'était étendu à son corps tout entier, couvrant sa peau depuis la racine des cheveux, qu'il avait pris plaisir à caresser longuement, jusqu'à la pointe des pieds. Il n'avait laissé en repos aucune partie d'elle-même, comme s'il avait voulu la posséder tout entière, depuis les paumes de ses mains jusqu'aux replis les plus secrets de sa chair. Et elle s'était offerte totalement, jusqu'à basculer dans un semi-délire qui l'avait laissée épuisée, le souffle court, les sens comblés, comme un navire atteint un rivage enfin paisible après la traversée d'un océan tumultueux.

Lorsqu'elle reprit conscience, elle ouvrit les yeux. A la lueur d'une lampe à pétrole qui se balançait doucement au gré des remous, elle vit le regard intense de Peter posé sur elle. Un réflexe de pudeur l'amena à tirer le drap sur sa nudité, mais il arrêta son bras avec douceur.

— De grâce, ne me prive pas de ce spectacle, souffla-t-il.

Elle lui sourit. Elle comprenait à présent pourquoi Emilie affirmait qu'il avait du succès auprès des femmes. S'il les traitait toutes de cette manière... Un sursaut de jalousie la saisit, qu'elle chassa aussitôt. Peter avait le droit d'avoir vécu avant de la rencontrer. Elle n'était pas d'une nature possessive, mais elle se fit la réflexion qu'elle n'accepterait pas désormais qu'une autre vienne lui tourner autour.

— Comment as-tu appris à aimer une femme aussi bien ? demanda-t-elle.

Il hésita, puis répondit :

— En Asie, l'amour est considéré comme un art. Disons que j'ai étudié cet art. Et j'ai découvert des choses étonnantes, notamment que notre prétendue civilisation occidentale aurait beaucoup à apprendre de ces peuples qu'elle a pliés sous sa loi pour leur imposer sa domination et sa culture. Dans certains domaines, ils en savent plus que nous. La vie nous a dotés d'un corps susceptible de nous apporter des trésors sans cesse renouvelés de joie et de plaisir, que nous nous interdisons sous de stupides prétextes de religion ou de bienséance. Et nous nous sommes détournés de notre nature profonde.

Il posa un doigt léger sur la courbe de ses hanches.

— Mais ce plaisir n'est pas à sens unique. La jouissance que l'homme offre à sa bien-aimée, celle-ci peut la lui rendre, de bien des manières.

— Je ne demande pas mieux, mon bien-aimé. Enseigne-moi ce que tu as appris.

— D'accord. Mais... à une condition.

— Laquelle ?

— Je voudrais bien savoir...

Son doigt se déplaça jusqu'à une marque en forme d'étoile qu'elle portait au flanc droit.

— ... d'où te vient cette cicatrice ?

Elle secoua la tête, amusée.

— Celle-ci a été provoquée par un éclat d'obus que j'ai reçu alors que je soignais un blessé, trop près du lieu des combats. Mais ce n'est pas la seule.

Elle se mit sur le ventre et lui montra une estafilade qui zébrait ses reins sur une dizaine de centimètres. Se retournant, elle indiqua également une cicatrice sur l'arrière de sa cuisse gauche.

— Ma parole, aurais-tu bourlingué autant que moi, ma belle épouse ? En as-tu d'autres comme celles-ci ?

— Non, trois, ce n'est déjà pas si mal.

— Alors, je suis plus riche que toi. Regarde !

A la lueur dorée de la lampe, il lui dévoila une demi-douzaine de balafres blanchâtres, de coutures étranges, dont à chaque fois il indiquait l'origine.

— Ça, c'est un coup de couteau reçu à Buenos Aires, ici, un coup de patte d'autruche. Là, et là, des traces de balle...

Soudain, elle éclata d'un rire clair.

— Je trouve que nous avons l'air de deux vieux combattants ! dit-elle.

— Oh, mais le combat n'est pas terminé.

Et il se jeta sur elle.

Le lendemain, il faisait à peine jour lorsque Taya, Rego et Baïran regagnèrent le navire. Constatant discrètement que les deux occupants dormaient encore, ils hissèrent les voiles, selon les instructions de Peter, et quittèrent le port.

Lorsque Clémentine s'éveilla, elle se demanda un court instant où elle se trouvait. Puis le souvenir de la nuit lui revint et un bien-être total l'envahit. Peter dormait encore, la tête posée sur son épaule, sa main abandonnée sur son ventre, diffusant une douce chaleur. Elle le contempla longuement, avec une émotion qu'elle ne cherchait même pas à maîtriser. Seuls ses cheveux trahissaient son âge. Mais Clémentine aurait été bien en peine de s'en souvenir la nuit passée. Il jouissait d'une santé et d'une vitalité étonnantes. Jamais elle n'aurait cru, six mois auparavant, qu'elle aurait pu tomber amoureuse d'un homme de cet âge. Mais cette fois, il n'y avait plus de doute, elle l'aimait. Ce n'était pas seulement dû aux moments éblouissants qu'elle avait vécus ces dernières heures. Il y avait d'autres raisons. Au-delà de sa force réconfortante, de sa connaissance de la femme, Peter était délicat, raffiné, élégant, d'une gentillesse foncière et d'une grande générosité. Ses employés lui vouaient une sorte de vénération. Elle ne connaissait que Bernie, Dina, leurs enfants, et les trois Asiatiques composant l'équipage. Cependant elle avait l'impression qu'ils auraient donné leur vie pour lui. Ses amis l'estimaient, mais aussi le respectaient, et n'hésitaient pas à lui demander conseil. Il émanait de lui une autorité naturelle, qui s'exerçait sans heurt, simplement parce qu'il rassurait.

« Il a toutes les qualités d'un chef », pensa-t-elle.

Mais, comme tout homme, il avait son point faible, un point sur lequel Andrew Prescott avait tenté de jouer : Peter souffrait de ne pas avoir d'enfant. Il suffisait de voir la manière dont il se conduisait avec Mary. Au début, elle avait pensé qu'il la gâtait simplement pour mieux conquérir sa mère. Avec le temps, elle s'était aperçue qu'il n'en était rien. Il s'était attaché à la petite fille parce qu'il avait toujours rêvé d'en avoir une à lui. Lors de ses visites, il restait souvent de longs moments à s'amuser avec elle, se mettant à quatre pattes, et jouant aux marionnettes avec des poupées agitées au bout de son lit de bébé. Mary riait aux éclats. Pour cela aussi, elle l'aimait.

Le souvenir de William, qui ne connaîtrait jamais ces joies-là, revint la hanter un court instant, et quelques larmes perlèrent à ses yeux. Elle les essuya discrètement. Si elle voulait reconstruire sa vie, elle ne devait pas laisser trop de place aux fantômes du passé.

Les trois jours suivants furent merveilleux. A cette époque de l'année, le sud de la Tasmanie était généralement soumis à de violentes tempêtes apportées par les courants d'ouest. Pourtant, cette fois-là, le temps se maintint au beau malgré les vents puissants qui provoquaient des creux de deux mètres. Le navire longea tout d'abord l'estuaire de la Derwent, puis s'engouffra dans le chenal d'Entrecasteaux, à hauteur de Dennes Point, qui marquait la pointe extrême nord de l'île Bruny, une île double longue de près de cent kilomètres, séparée en son milieu par un isthme de cinq kilomètres.

Devant eux s'étirait une côte rocheuse battue par les vents. Par certains côtés, elle ressemblait à l'Irlande, que Clémentine avait visité peu avant la guerre. De lourdes vagues venaient exploser au creux de goulets étroits, faisant jaillir des geysers d'écume blanche. Des embruns chargés de parfums éclaboussaient le visage de la jeune femme qui léchait sur ses lèvres les perles d'eau salée au goût d'algue. La fraîcheur de l'air emplissait ses poumons d'une vie intense. Soudain, elle remarqua le visage grave de son compagnon.

— Qu'y a-t-il ? demanda-t-elle.

— Il fut un temps où cette île double portait le nom de « Lunawannalonna ». C'est là que vivait une tribu d'Aborigènes appelés « Nuenonnes ». Le dernier est mort il y a à peine plus de quarante ans.

— Emilie a déjà évoqué ce sujet devant moi. Mais elle a ajouté qu'il valait mieux l'éviter.

— Et pour cause. La Tasmanie est sans doute l'un des plus beaux endroits au monde, mais elle garde, gravée dans son sol, le souvenir des souffrances d'un peuple que le mien a exterminé.

Il laissa passer un lourd silence et poursuivit :

— Avant l'arrivée des Blancs, les Aborigènes étaient environ six mille. Lorsque les Anglais se sont installés à Hobart, en 1803, ils ont amené des colons et des convicts. Les colons ont fait défricher la forêt par les prisonniers afin d'installer leurs troupeaux et planter leurs cultures. Effrayés, les Aborigènes se sont réfugiés dans la forêt. Mais en 1804, à Bellerive, sur la rive orientale de la Derwent, des colons ont massacré une tribu pacifique qui descendait des collines pour chasser. Les indigènes ont réagi et se sont défendus en abattant les animaux. De violents affrontements s'ensuivirent. Mais les forces étaient trop déséquilibrées. En 1828, le gouverneur a décrété une loi martiale autorisant les colons à tirer à vue sur les Aborigènes. Il en résulta un massacre délibéré et systématique. Les immigrants organisèrent des chasses ignominieuses où ces pauvres gens étaient abattus comme du vulgaire gibier. Les survivants furent déportés ici, sur Bruny, où vivait déjà une tribu. Sept ans plus tard, il n'en restait plus qu'une centaine. On les emmena alors sur l'île Flinders. C'est un caillou désertique situé au nord-est de la Tasmanie. Là, l'un après l'autre, ils moururent lentement des maladies apportées par les Blancs, et rongés par le chagrin.

Il respira profondément et ajouta :

— Cette histoire est une honte pour mon pays. Bien sûr, certains Anglais se sont opposés à ce massacre organisé, mais ils ne furent pas écoutés.

Elle sentait vibrer en lui un vif sentiment de colère. Il poursuivit :

— J'ai eu l'occasion de vivre quelque temps avec les Aborigènes d'Australie. Ce sont des individus remarquables, qui savent vivre en harmonie avec la nature. Ceux de Tasmanie leur ressemblaient probablement beaucoup. Mais on a tout perdu de leur culture. Et la honte ne s'arrête pas là.

Il se tourna vers elle.

— Dans le parc Franklin, à Hobart, il y a deux statues. L'une d'elles est celle du gouverneur John Franklin. L'autre fut érigée en mémoire d'un dénommé William Crowther. En 1869, il était chirurgien à l'hôpital, et membre de la Royal Society. A cette époque, l'un des derniers Aborigènes de pure souche, William Lanne, travaillait sur un baleinier, où il était grandement apprécié pour son courage et son caractère heureux. Malheureusement, au cours d'une campagne de chasse, il fut victime du choléra et mourut. A son enterrement, on dénombra plus de trois cents personnes, aussi bien blanches que noires. Mais les membres de la Royal Society s'intéressaient à son cadavre, et le chirurgien Crowther, aidé d'un complice, n'hésita pas à profaner la tombe de Lanne, dont on ne retrouva jamais le corps. Plus tard, Crowther fut confondu et exclu de l'hôpital. Ce qui ne l'empêcha pas de se reconvertir dans le commerce, d'y faire fortune, et de mener une carrière politique qui lui valut cette statue.

Clémentine secoua la tête, dégoûtée par une telle injustice.

— Mais il y a encore plus ignoble, continua Peter. Si tu vas au musée de Hobart, tu y verras le squelette d'une femme. Elle s'appelait Truganini, et c'était la fille de Mangana, chef de la tribu des Nuenonnes. Ils vivaient ici, sur l'île Bruny. Toute jeune, elle avait assisté au meurtre de sa mère par des marins et au viol de sa sœur par des pêcheurs de phoques. Cela ne l'a pas empêchée de travailler avec le missionnaire Georges Robinson pour la protection de son peuple contre les Européens. Jusqu'au moment où elle s'est rendue compte que le but réel des Anglais était d'anéantir son peuple. Elle fut la dernière survivante des Aborigènes de Tasmanie. Elle est morte en 1876, à Hobart, à l'âge de soixante-quatre ans, au domicile d'une certaine Mrs Dendridge, une brave femme qui l'avait recueillie les deux dernières années de sa vie. Truganini connaissait l'histoire de William Lanne, et redoutait qu'une telle chose lui arrivât. Selon les croyances aborigènes, son corps devait être incinéré et les cendres jetées dans l'océan. Mais on ne tint aucun compte de ses dernières volontés. Là encore, le corps disparut. Pour réapparaître quelques années plus tard au musée, sous forme de squelette. Il y est depuis 1904, et il n'y a aucune raison pour que cela cesse, malgré les protestations élevées par les métis et par quelques idéalistes dont je fais partie. Encore aujourd'hui, dans les vieilles familles, on estime que la disparition des premiers habitants de l'île n'est qu'un incident mineur. Des gens comme Prescott estiment que ce massacre était légitime, et que les Aborigènes ne méritaient pas mieux, puisque, à leurs yeux, ils étaient des êtres inférieurs, incapables de devenir de bons chrétiens. Mes amis et moi considérons au contraire qu'il s'agit d'un crime impardonnable dont le pays portera la honte pour toujours. C'est pourquoi il vaut mieux éviter d'en parler. Tu comprends aussi pourquoi je n'aime pas certains Anglais.

Clémentine soupira :

— Tu sais, je crois que les Français ne se sont pas mieux comportés dans certains pays.

Ils restèrent un long moment silencieux, puis elle demanda :

— Comment sais-tu tout cela ?

— J'entretiens d'excellentes relations avec leurs descendants, les sang-mêlé. Quelques-uns ont fondé un petit village à la limite de mes terres. Ce sont des gens respectables et dignes d'intérêt. Ils connaissent la Tasmanie bien mieux que le plus habile des pisteurs immigrants. C'est par eux que j'ai appris tout ce que je sais sur la forêt. L'un de mes chefs d'équipe est métis. Il s'appelle John Beaver. Tu auras bientôt l'occasion de faire sa connaissance. Truganini était sa grand-tante.

L'île Bruny était un endroit unique. Peter n'avait pas menti en parlant de la beauté de ses paysages. Le soir, après avoir contourné le cap Bruny et son phare, l'un des plus vieux d'Australie, ils jetèrent l'ancre dans Cloudy Bay, un endroit sauvage et désolé, où Clémentine eut la surprise de contempler des phoques et des pingouins de petite taille que l'on appelait des *fairies* parce qu'ils ressemblaient à des lutins affairés.

Le lendemain, alors que le *Mary-Clémentine* entamait la traversée de la baie des Tempêtes, qui devait les amener jusqu'à Port Arthur, la jeune femme vit tout à coup des formes souples bondir hors de l'eau à moins d'une encablure.

— Ce sont des dauphins ! hurla Peter pour dominer le vacarme du vent qui faisait claquer les voiles.

Le navire se rapprocha. Alors, les dauphins se livrèrent à une course effrénée avec lui, bondissant dans les remous provoqués par l'étrave. Ils les accompagnèrent ainsi pendant une bonne partie du trajet, puis disparurent. Un peu plus loin, un spectacle encore plus étonnant attendait Clémentine. Peter lui prit la main et l'amena à la proue.

— Regarde !

A peu de distance venait d'apparaître une masse énorme d'un bleu-noir luisant.

— C'est une baleine bleue, expliqua Peter.

— Elle semble plus grande que le bateau, fit remarquer Clémentine, peu rassurée.

— Elle peut mesurer jusqu'à trente mètres de long. Parfois, elles remontent jusque dans l'estuaire de la Derwent.

Soudain, un geyser jaillit de l'animal.

— Elle souffle ! s'exclama Peter.

— Mais on ne risque rien ?

— Rien du tout. La baleine est un animal pacifique.

Cela ne tranquillisa pas Clémentine pour autant. L'énorme cétacé, peut-être intrigué par la présence du navire, se rapprocha. La jeune femme entrevit un instant un œil immense et curieux, puis l'animal, ayant sans doute jugé qu'il avait épuisé l'intérêt de la chose, s'éloigna lentement.

Le soir, ils firent escale dans la petite anse de Raoul Bay, où ils descendirent à terre. Là, un pêcheur métis leur vendit des ormeaux.

— On les appelle aussi « oreilles de mer », expliqua Peter. Il faut plonger assez profond pour les trouver, et peu de pêcheurs sont capables de les remonter. Leur métier est difficile et dangereux, car les eaux sont froides. C'est pourquoi ces pêcheurs gardent secrètes leurs zones de pêche. Ils possèdent d'ailleurs un permis spécial, qu'ils revendent très cher lorsqu'ils sont trop âgés pour plonger.

— Et il y a peut-être des requins, s'inquiéta Clémentine.

— Non. C'est une légende que les gardiens du bagne entretenaient pour dissuader les prisonniers de s'évader par la mer.

Le soir, ils se réunirent avec les trois marins pour déguster les ormeaux que Peter avait fait griller sur un feu de bois sur la plage.

Enveloppée dans une couverture et serrée contre son mari, Clémentine contempla longuement le coucher de soleil sur la baie des Tempêtes. Des écharpes d'or et d'écarlate s'étiraient, s'effilochaient depuis la lointaine côte orientale de l'île Bruny, qui n'était plus qu'une ligne bleue sur l'horizon, à quarante kilomètres de distance. Des essaims d'oiseaux de mer tournoyaient au-dessus d'eux, parmi lesquels de splendides aigles de mer au ventre blanc. Lorsque Peter proposa de remonter à bord, elle lui demanda de rester sur la plage pour la nuit.

— Mais il fait froid, objecta-t-il.

— Nous avons de bonnes couvertures. Et le temps est si beau.

Bien entendu, il accepta. Et Clémentine passa l'une de ses plus belles nuit d'amour à la belle étoile.

Le lendemain, le navire fit escale à Port Arthur, où se dressaient les restes de l'ancien bagne. Clémentine sentit, autour d'elle, comme une présence maléfique. Dans ce cadre enchanteur, la cruauté humaine avait fait son œuvre, et la terre gardait en son sein l'écho des souffrances passées. Il ne restait plus du bagne que quelques décombres envahis par les mauvaises herbes et balayés par les vents. Peter et Clémentine firent quelques pas lents au milieu des ruines.

— Le bagne a été fermé en 1877. Mais si tu écoutes les hurlements du vent, tu y entendras les cris des condamnés dont les âmes errent encore dans ces lieux maudits. Ceux qui sont venus ici n'avaient pas tous commis des crimes abominables. Il leur suffisait d'avoir volé un pain parce qu'ils avaient faim. A cette époque, les juges en perruque blanche n'hésitaient pas à prononcer des peines injustifiées, parce qu'il fallait de la main-d'œuvre bon marché pour les colonies. Plus de soixante-neuf mille malheureux furent ainsi déportés en Tasmanie, dont treize mille ici, à Port Arthur, où les attendait l'enfer. Les bagnards ne pouvaient même pas profiter de la beauté du site. Ils passaient leur vie enfermés dans des geôles aveugles. Beaucoup d'entre eux sont devenus fous. On dit que sous les fondations reposent les ossements mêlés des victimes de règlements de compte internes, forçats comme gardiens.

— Pourquoi avoir choisi cet endroit ?

— Parce qu'il était presque impossible de s'en échapper. Au nord, la péninsule se resserre en un isthme appelé le goulet de l'Aigle. Là, les gardiens avaient installé une ligne de chiens de garde féroces qui interdisait le passage. Les molosses étaient dressés pour tuer quiconque tenterait de s'évader. A cet endroit, le bras de terre ne mesure que quelques dizaines de mètres de large. Les chiens étaient attachés à distance régulière les uns des autres, de manière que l'on ne puisse pas se glisser entre eux. Le barrage des chiens était doublé par une rangée de fanaux lumineux. Personne n'a jamais pu s'échapper de cet enfer, à part trois hommes qui furent rattrapés et pendus quelques mois plus tard. Par la mer, toute tentative était vouée à l'échec à cause des courants.

Port Arthur abritait encore une prison, où les conditions étaient un peu moins inhumaines que dans les geôles effroyables du bagne. On y enfermait surtout les fauteurs de trouble irlandais et les condamnés de droit commun.

Comme l'avait dit Peter, il flottait sur les lieux une atmosphère pesante, inquiétante, comme si des âmes désespérées erraient encore au cœur des ruines glaciales.

Clémentine ne fut pas fâchée de quitter Port Arthur pour regagner Hobart.

12

Peter et Clémentine ne restèrent que quelques jours à Hobart, le temps pour la jeune femme de mettre ses affaires en ordre, et d'abandonner, avec un peu de nostalgie, son petit bungalow et ses élèves.

L'automne avait repris ses droits. A cause du temps maussade, le retour vers Maydena se fit par le train. Pendant leur absence, Dina et Bernie avaient nettoyé la maison de fond en combles. Une chambre avait été préparée pour Mary et Loona. Quant à Clémentine, elle emménagea dans la chambre de Peter, entièrement refaite et équipée de meubles neufs. La pièce était claire, éclairée par deux bow-windows ouvrant au sud et à l'ouest sur le parc qui descendait en pente douce jusqu'au Styx.

Le lendemain de leur retour, Peter entraîna Clémentine dans les écuries, où attendait un superbe *quarter horse* à la robe brune.

— Il s'appelle Balto. C'est mon cadeau de bienvenue.

— Il est à moi ?

— Je ne sais pas si l'on peut vraiment posséder un cheval. Disons qu'il se produit un apprivoisement réciproque. J'espère que vous vous entendrez bien.

Clémentine s'approcha de l'animal, qui flaira sa main avec circonspection, puis lui donna un léger coup de tête amical.

— Tout va bien, je crois qu'il m'a acceptée.

Elle n'eut en effet aucune difficulté à apprivoiser sa monture. Comme les chiens, qui ne la quittaient pas lorsqu'elle était à la maison, Balto s'attacha très vite à la jeune femme. Elle le soignait elle-même, le bouchonnait après leurs longues courses en forêt.

Une nouvelle vie commença pour Clémentine. Très vite, elle s'intéressa au travail de son mari, qui l'initia à l'exploitation forestière. Malgré le temps pluvieux, la jeune femme tenait à l'accompagner sur les lieux de coupe et à la scierie.

Elle fit ainsi la connaissance des bûcherons de la concession, et des deux hommes qui les dirigeaient. Elle avait déjà eu l'occasion de rencontrer Wilhem van Harburg, pour lequel elle n'éprouvait pas la moindre sympathie. Il avait l'habitude d'aboyer à la moindre occasion pour donner ses ordres, d'engueuler tout un chacun lorsque les choses n'avançaient pas assez vite à son gré. Cependant, il connaissait parfaitement son travail. Peter et lui avaient parfois de vigoureuses prises de bec. Clémentine détestait sa manie de la contempler avec arrogance dès que Peter avait le dos tourné, comme s'il la déshabillait des yeux. Elle faillit en parler à son mari, mais celui-ci lui avait dit qu'il n'était pas facile de recruter des chefs d'équipe capables de s'imposer aux hommes rudes qu'étaient les bûcherons. Et Van Harburg savait se faire respecter.

L'autre chef d'équipe était John Beaver, dont Peter lui avait déjà parlé lorsqu'il avait évoqué Truganini. Beaver semblait être l'antithèse de Van Harburg. Il parlait peu, n'élevait jamais la voix. Pourtant ses hommes, tous des sang-mêlé, au nombre d'une vingtaine, lui obéissaient sans sourciller. Il comptait parmi ses ancêtres un grand-père français, une grand-mère polonaise, et des ascendants tasmaniens. A l'inverse du Hollandais, John Beaver attira immédiatement la sympathie de Clémentine.

La plupart des bûcherons habitaient Maydena avec leur famille. Cependant, durant la semaine, ils logeaient dans des baraquements situés au fond du parc, à quelques centaines de mètres de la maison. Cette disposition leur évitait d'effectuer le trajet tous les jours. Quant aux métis, ils s'étaient regroupés dans un petit village situé au sud du domaine, sur l'autre rive du Styx.

Les bûcherons étaient d'origines diverses. Il y avait quelques Français parmi eux, mais aussi des Allemands, des Hollandais et des Irlandais. Entre eux, ils parlaient un anglais parfois difficile à comprendre, émaillé de mots à la syntaxe fantaisiste. Ainsi, la bière se disait *neck oil* ; un kangourou devenait un *roo*. Dans le souci d'éviter toute fatigue, on écourtait les mots. Merci se raccourcissait en un vague « 'rci » à peine prononçable. De même, on disait « b'jour », au lieu de bonjour. Clémentine eut aussi quelque peine à comprendre ce qu'ils entendaient par *Oz*. En fait, il s'agissait du nom familier donné à l'Australie.

Très vite, Clémentine se rendit compte que son arrivée était considérée avec une certaine circonspection. Les bûcherons ne faisaient preuve d'aucune animosité particulière envers elle. On l'observait discrètement du coin de l'œil, sans lui parler, comme pour la jauger. Un soir, elle s'en ouvrit à Peter.

— Il ne faut pas leur en tenir rigueur, répondit-il. Ils se connaissent tous et ont l'habitude de vivre entre eux. Ils savent que j'ai épousé une femme de la ville, qui, en outre, vient de France, un pays dont ils ignorent tout, même ceux qui sont d'origine française. Alors, ils attendent de voir comment tu vas te comporter avec eux. Il faut préciser qu'ils n'aiment guère les femmes de Hobart, qui les considèrent comme des sauvages. Ce qu'ils sont, d'ailleurs. Ils ont un peu tendance à abuser de la bière et à provoquer des bagarres. Mais, quand on les connaît, on s'aperçoit que ce sont aussi des gens fiers, solides, loyaux, et qui ont une parfaite expérience de la forêt. La plupart travaillent avec moi depuis le début.

Le domaine des Diables vivait presque en autarcie. Le verger fournissait les fruits dont la petite communauté avait besoin : pommes, poires, coings et, en saison, abricots et cerises. Le potager offrait toutes sortes de légumes, tandis que le poulailler abritait poules et canards. Mais on se nourrissait aussi beaucoup des produits de la chasse. Le gibier était abondant.

Chaque jour, il fallait préparer les repas pour les bûcherons, tâche dont s'acquittaient les trois jeunes femmes de la maison. Dina, quant à elle, faisait la cuisine pour Peter et ses proches. Elle cuisait également chaque jour une dizaine de gros pains dans un four à bois prévu à cet effet.

En fin de semaine, Peter et Clémentine se rendaient à Maydena. Le village comptait quatre commerces. Chez le boucher, on trouvait de la viande de bœuf et de mouton, de l'émeu et du kangourou. Le boulanger fournissait la farine nécessaire pour fabriquer le pain au domaine. Il y avait également un épicier et un magasin général. Clémentine adorait flâner parmi les étals de ce magasin, tenu par un vieux couple, Jeff et Millicent O'Connel. On pouvait s'y procurer de tout : du tissu pour tailler des vêtements, des rubans, de la passementerie, de la mercerie, des outils de toutes sortes, des parfums, des chaussures, de la vaisselle et même des jouets. Les lieux ressemblaient à un véritable capharnaüm. Les marchandises étaient exposées sans aucune logique. Pourtant, aussi bien Millicent que Jeff savaient dénicher ce qu'on leur demandait en un temps record. Il flottait dans l'air une symphonie d'odeurs indéfinissables, vieux cuir, cire, naphtaline, bois, graisse à métaux, parfums divers. Quant aux jouets, ils étaient les créations de grand-père Jonas, un petit artisan local qui travaillait le bois et le tissu pour en faire des poupées, des petits soldats, des chariots avec leur attelage de chevaux peints. Chacun d'eux était une petite merveille.

Lorsque Clémentine songeait aux grands magasins parisiens comme le Bon Marché, elle se disait qu'elle était désormais bien loin de la France. Parfois, elle se demandait si tout ce qu'elle avait abandonné là-bas lui manquerait un jour. Mais la réponse était claire : la guerre lui avait arraché ce qu'elle avait de plus cher, et la possibilité de hanter les magasins parisiens, les théâtres ou les caf'conc' ne compenserait jamais ce qu'elle avait perdu. Lorsqu'elle songeait à la France, elle sentait planer sur le pays, comme sur l'Europe entière, les menaces d'un nouveau conflit en gestation. Au plus profond de son cœur, elle souhaitait se tromper, mais elle avait perçu la haine qui continuait de vibrer dans le cœur de tous les hommes de son entourage. Peut-être cette rancune rémanente finirait-elle par s'atténuer avec le temps, mais elle n'y croyait guère. Le brasier ne demandait qu'à se rallumer à la moindre étincelle.

Clémentine s'adapta très rapidement au rythme du domaine des Diables. Elle s'était habituée à entendre, la nuit, les cris bizarres de ces animaux, dont le nom savant était *sarcophile*. Autour de la maison, on croisait aussi souvent des wallabies et des opossums. Ces derniers se révélaient très familiers, voire envahissants. Ils ressemblaient à de petits ours en peluche avec leur museau allongé, leurs petits yeux curieux et étonnés, et leur fourrure variant du brun noir au roux doré. Il était facile de les apprivoiser car ils n'avaient pas peur de l'homme. Mais ils faisaient aussi preuve d'une incroyable effronterie, pénétrant dans la maison pour voler tout ce qui les intéressait. En théorie, ils mangeaient de l'herbe, des feuilles d'acacias, de myrte ou d'eucalyptus. Mais ils ne dédaignaient pas les friandises et les gâteaux préparés par les cuisinières. Bien au contraire. Plusieurs fois par jour, Clémentine entendait Dina hurler pour les chasser. On finissait par s'y habituer.

Pendant la période des amours, ils devenaient en plus très bruyants. Pour communiquer, ils émettaient de longs sifflements aigus, ou poussaient des cris gutturaux, de préférence la nuit. Ils faisaient alors une concurrence effrénée aux diables. Plus tard, on revoyait les femelles trimballant fièrement leur unique petit accroché sur le dos. Ils étaient familiers, voleurs, sans-gêne, curieux comme il n'est pas permis, mais ils attiraient la sympathie. Clémentine songea qu'il eût été plus approprié d'appeler la maison le « domaine des Opossums ».

Plus discret, mais tout aussi étonnant était le lézard à langue bleue. De couleur grise, le dos rayé de bandes foncées, il était doté de pattes ridiculement petites par rapport à son corps. Cependant, il se révélait très utile parce qu'il mangeait les insectes et les vers qui s'attaquaient aux légumes du potager. Et sa langue était réellement d'un bleu intense surprenant.

L'hiver approchant, les tempêtes se déchaînèrent sur la forêt, apportant des pluies torrentielles qui transformaient les pistes en véritables fondrières. Le soir, on se rassemblait autour de la grande cheminée, et l'on dégustait les crêpes préparées par Dina, arrosées d'un cidre de la vallée Huon.

Peter avait rajeuni de vingt ans. Il passait du temps à jouer avec Mary, qui l'adorait. Le soir, elle s'endormait souvent contre lui, après qu'il lui eût donné lui-même son repas, avec une patience digne d'éloges.

Avec les mois de juillet et d'août, les jours commencèrent à rallonger. Au printemps, en septembre, on vit revenir les colporteurs. Originaires des Indes, ils parcouraient les pistes et les routes pour visiter les fermes et les domaines isolés, transportaient leur marchandise dans des ballots plus volumineux qu'eux, retenus au front par une ceinture de cuir. Leur arrivée provoquait toujours une animation joyeuse et réunissait toutes les femmes de la maison. Ils proposaient de tout : du drap et différentes étoffes pour les vêtements, des colifichets, de la dentelle, de la soie, des mouchoirs, des parfums, des rubans de toutes couleurs, et aussi des jouets, moins beaux toutefois que ceux de grand-père Jonas.

Vers le début septembre, profitant du soleil précoce de cette fin d'hiver, Peter amena Clémentine visiter le village métis, Temehonne. Celui-ci se situait sur la rive méridionale du Styx, non loin du lieu où se dressaient les eucalyptus géants. Là vivaient les parents de John Beaver, dont le père était blanc, et la mère métisse. La jeune femme n'avait pas osé dire à son mari qu'elle ne se sentait pas très bien depuis qu'elle s'était levée. Cependant, prétextant un peu de fatigue, elle lui demanda de prendre le cabriolet plutôt que les chevaux, ce qu'il accepta, un peu inquiet.

Ils furent accueillis par le chef du village, Tangano, un vieil homme qui arborait des tatouages rituels sur le corps.

— C'est l'un des rares endroits où les autorités leur permettent de se regrouper, expliqua Peter. Ils doivent lutter pour qu'on ne leur enlève pas leurs enfants.

— Comment ça ?

— En raison de leur ascendance européenne, ils sont considérés comme chrétiens. Mais ceux qui vivent ici, bien qu'ayant reçu baptême et communion, désirent également conserver les coutumes de leurs ancêtres, ce qui n'est pas accepté par les autorités, pour qui tous les métis doivent être intégrés. Il y a une volonté délibérée d'anéantir définitivement la culture aborigène. Aujourd'hui, ils ne sont plus qu'une poignée à perpétuer le souvenir des rites tribaux ancestraux. Lorsqu'ils auront disparu, il ne restera plus rien. Les Aborigènes d'Australie sont confrontés à la même ignominie : pour les empêcher d'élever leurs enfants selon la tradition, on les enlève à leurs parents et on les confie à des familles d'accueil européennes, chargées de les éduquer selon les principes chrétiens[1].

— C'est ignoble.

— Officiellement, leur village est sur mes terres. Cela me permet de les protéger de cette loi imbécile. Ils jouissent d'une paix relative. Je les emploie comme bûcherons, et les autorités ignorent qu'ils respectent encore les rites de leurs ancêtres.

— Pourquoi dis-tu « officiellement » sur tes terres ?

— Parce que je ne crois pas que l'on puisse « posséder » la terre. Elle existait bien avant les hommes, et elle sera toujours là quand ils auront disparu. Nous ne sommes que ses occupants pour la courte durée d'une vie. Les Aborigènes voient les choses différemment. Pour eux, ce sont les hommes qui appartiennent à la terre. C'est pourquoi certains métis, malgré leur ascendance européenne, ne comprennent pas la notion de propriété foncière. Pour eux, on peut posséder des objets, armes, vêtements ou encore une maison, mais pas le sol sur lequel elle est bâtie.

En leur honneur, les villageois organisèrent le soir une fête rituelle. Après un repas de viande de wallaby grillée, les hommes se mirent à danser autour d'un grand feu en frappant le sol de leurs pieds nus. Des musiciens les accompagnaient avec des sortes de tam-tams et d'étranges instruments tout en longueur, qui émettaient des vibrations graves et modulées, et que l'on appelait des *didjeridoos*.

Avec surprise, Clémentine vit son mari se mettre torse nu pour se mêler aux danseurs. Au début, cette participation l'étonna et l'amusa. Peter était un excellent danseur et cette danse rituelle devait le réjouir. Puis sa présence au milieu de ces hommes qui n'avaient pas la même culture lui sembla incongrue. Mais le rituel se poursuivait. Peu à peu, une autre impression envahit Clémentine. Il se dégageait quelque chose de magique de cette danse rythmée et ponctuée de paroles incompréhensibles, prononcées dans une langue indigène sur le point

1. Cette politique odieuse fut pratiquée de 1905 à 1960, en accord avec les doctrines eugénistes en vogue au début du siècle. Un missionnaire allemand, T. J. Bishof, déclaré « protecteur » des Aborigènes, affirmait que « tout métissage mettrait en danger l'avenir de l'Australie ». On estime qu'un enfant sur cinq a ainsi été enlevé à sa famille. De nos jours, nombre d'entre eux tentent de retrouver leurs racines.

de disparaître. Elle se rendit compte alors qu'il s'agissait là d'une tradition remontant à la nuit des temps, qui symbolisait l'harmonie avec la nature. Peter lui avait expliqué que les Aborigènes n'avaient qu'une vague connaissance des croyances chrétiennes, selon lesquelles le monde avait été créé par un dieu omnipotent, qui avait modelé les hommes à son image. Pour eux, le monde existait depuis toujours et ils en faisaient partie au même titre que les animaux et les plantes. Clémentine comprit que cette croyance s'accordait parfaitement à l'esprit de Peter. Et la danse était pour lui un moyen de communiquer directement avec la terre.

Elle resserra la couverture de laine qui la protégeait du froid. Elle avait été élevée selon les principes catholiques, mais elle les avait abandonnés à cause de l'écœurement ressenti au cours de la guerre. Comment croire à un dieu de miséricorde au cœur d'un tel enfer ? Ce soir, elle éprouvait une émotion nouvelle devant cette manifestation insolite. Derrière le martèlement lancinant des pieds sur le sol, il lui semblait percevoir le battement d'un cœur prodigieux, celui de la terre elle-même. Peter lui avait expliqué que les Aborigènes envisageaient le monde comme un rêve. Il n'avait jamais eu de commencement et ne connaîtrait jamais de fin. Il gardait en mémoire tout ce qui avait été, tout ce qui était, et tout ce qui serait. Chaque homme était en relation directe avec ce rêve, auquel il était intimement lié, mais seuls certains initiés, les chamans, étaient capables de communiquer avec ce monde insaisissable. Leurs ancêtres disparus continuaient d'exister et d'agir sous forme de rêves, se matérialisant sous des formes diverses, parfois une plante ou un animal, parfois une manifestation de la nature, pluie, tempête, vent violent.

Lorsque Peter lui avait expliqué ces croyances étranges, elle n'y avait pas compris grand-chose. Pourtant, ce soir, emportée par le rythme singulier de la danse, elle commençait à entrevoir une autre vérité. Rarement elle avait éprouvé une émotion aussi intense. Les odeurs du feu de bois, de la poussière, de la sueur des danseurs, les effluves de la forêt proche, les parfums des fleurs, les fragrances subtiles de la nuit la pénétraient, et elle se sentait en communion totale avec la terre, avec le vent froid qui sifflait dans les branches des arbres géants, avec la chaleur et la lumière mouvante des flammes, avec les étincelles qui s'élevaient dans le ciel nocturne constellé d'étoiles. Une paix extraordinaire était descendue en elle. Elle aimait ce pays. Elle s'y sentait parfaitement bien.

Ses yeux se posèrent sur le visage de Peter. Celui-ci reflétait une sorte d'extase, de plénitude. Elle ressentit alors une intense bouffée d'amour pour lui. Elle comprit ce qui faisait sa force. Il avait su se défaire des principes rigides de son éducation, dont il n'avait gardé que les meilleurs aspects, et il avait abordé le monde avec intelligence, ouvrant son cœur et son âme à des cultures profondément différentes, comme la science de l'amour qu'il avait acquise en Orient, ou cet amour de la terre et de la nature, découvert en Tasmanie. L'air vif qui pénétrait les poumons de Clémentine ne lui avait jamais semblé aussi bon, aussi enivrant. C'était l'essence même de la vie qui entrait en elle. Elle sentit à peine les larmes qui s'étaient mises à couler de ses yeux. Une autre vérité lui apparut alors. Elle comprenait l'esprit de la croyance qui animait les Aborigènes. Le passé n'était qu'un rêve, comme l'avenir. La seule réalité était l'instant présent. Un présent qu'il fallait vivre avec intensité, avec plénitude.

Soudain, une vieille femme s'approcha d'elle. Son visage griffé par les ans semblait parcheminé. Ses yeux gris luisaient aux reflets du feu. Elle prit la main de Clémentine dans la sienne et dit d'une voix rauque :

— L'eau coule de tes yeux. L'esprit de la terre t'est apparu. Il t'a acceptée et s'est ouvert à toi. Désormais, tu appartiens à ce sol. Tu y seras en sécurité.

Puis elle scruta le regard de la jeune femme un peu inquiète, renifla l'air autour d'elle, puis posa la main sur son ventre. Lorsqu'elle la retira, elle déclara :

— Ce sera un fils !

Interloquée, Clémentine ne réagit pas immédiatement. Puis elle comprit tout à coup la cause des nausées qui lui tordaient l'estomac le matin depuis quelques jours. Elle aurait pourtant pu s'en douter : elle avait ressenti les mêmes symptômes avant la naissance de Mary. Une onde de joie l'envahit. Elle allait donner à Peter ce fils qu'il attendait tant.

Mais la vieille femme reprit sa main, regarda en direction de Peter qui dansait toujours. Puis elle ferma les yeux et ajouta :

— Ton esprit est puissant. Il le faudra pour affronter les épreuves qui t'attendent.

— Quelles épreuves ? demanda la jeune femme, soudain angoissée.

— Je vois la mort autour de toi. Tu l'as côtoyée autrefois, et tu crois qu'elle s'est éloignée. Mais elle est toujours là. Une menace pèse sur toi et sur ta famille. Un esprit malfaisant. Lorsqu'il viendra à toi, le monde se dédoublera et tu n'en verras plus qu'un reflet trompeur. Tes ennemis porteront le masque de tes amis, et tes amis s'écarteront de toi.

Clémentine retira sa main brusquement. La vieille métisse ajouta :

— N'oublie jamais : tu appartiens désormais à cette terre. C'est en elle que tu puiseras ta force le moment venu.

Peter et Clémentine passèrent la nuit au village. Lorsqu'ils se retrouvèrent seuls, elle se décida à lui annoncer la grande nouvelle. Elle crut qu'il allait l'étouffer tellement il la serra contre lui. En revanche, elle évita de lui parler de la vieille métisse. Elle refusait de ternir sa joie. Cependant, même si elle aurait voulu croire que la vieille femme n'avait peut-être plus toute sa raison, elle ne pouvait empêcher un malaise obscur de la tarauder.

Le lendemain, tandis que Peter harnachait les chevaux, elle s'arrangea pour apprendre le nom de la vieille métisse. Matthiew Peary, le chef du village, la renseigna :

— Officiellement, elle s'appelle Rose Winkley, dit-il. Mais, pour nous, elle porte le nom aborigène de Moragani. Elle a reçu le don de pénétrer les secrets du Rêve.

Comme ils s'apprêtaient à repartir, un homme apparut dans le village et vint les saluer. C'était un grand gaillard d'une quarantaine d'années, aux cheveux blonds tirant sur le roux.

— Ma chérie, je te présente Brian Kelly, notre voisin, dit Peter. Il possède les terres situées au sud et à l'ouest des Diables.

L'homme s'inclina devant elle. Il émanait de lui une force sauvage que soulignaient ses yeux d'émeraude. Clémentine le trouva bel homme. Il expliqua qu'il était venu recruter de nouveaux bûcherons au village, deux des siens l'ayant quitté.

— Je sais qu'ils sont partis travailler pour Prescott, grommela-t-il, mais ils n'ont pas eu le courage de me l'avouer.

Clémentine frissonna. Une telle haine avait vibré dans la voix de Kelly lorsqu'il avait prononcé le nom de Prescott qu'elle en eut froid dans le dos.

Plus tard, sur le chemin du retour, Peter lui expliqua qu'il entretenait de bonnes relations avec Brian Kelly. Ils avaient en commun l'amour et le respect des arbres et de la nature. Pourtant, un mystère planait sur lui.

— Il a eu quelques problèmes avec la justice il y a quelques années. Une histoire de meurtre jamais élucidée. On dit qu'il aurait tué sa femme, mais on n'a jamais rien pu prouver.

Clémentine ne put en apprendre plus. Soudain, elle fut prise d'une nausée qui l'amena à descendre de voiture pour vomir. Le bébé à venir manifestait clairement sa présence.

13

Afin que Mary ne soit pas défavorisée par rapport au bébé à venir, Peter proposa à Clémentine de l'adopter. Elle accepta. La petite, qui n'avait jamais connu son père, le considérait déjà comme tel. Il serait toujours temps de lui révéler la vérité plus tard.

Dès que la maisonnée fut au courant de la nouvelle, tout le monde fut aux petits soins pour Clémentine. Dina lui préparait des plats destinés à fortifier la maman et l'enfant. On ne lui laissait plus rien faire, et elle dut insister pour pouvoir continuer à s'occuper des comptes de l'exploitation. Cependant, il lui était difficile de rester inactive. Jamais elle ne s'était sentie aussi bien, hormis les désagréables nausées du matin. La perspective d'une nouvelle naissance avait chassé ses cauchemars, et elle dormait désormais d'un sommeil profond et réparateur.

Les bûcherons commençaient à s'habituer à sa présence. Lorsque Peter et Clémentine se rendaient à Maydena en fin de semaine, leurs épouses la contemplaient de loin, sans toutefois oser l'aborder. On savait qu'elle était enceinte mais, dans l'esprit de ces gens simples, elle restait l'épouse du patron, une personne inaccessible venue de la ville.

Pourtant, dans le courant du mois d'octobre, un événement modifia complètement ces relations ambiguës, et transforma la vie de Clémentine.

Depuis le début du mois, une tempête sévissait sur le pays, balayant la forêt de puissantes bourrasques accompagnées d'averses abondantes. Un ciel bas et sombre pesait sur les montagnes.

Les eaux du Styx avaient gonflé, les pistes de terre s'étaient transformées en fondrières, ralentissant le travail d'abattage.

Profitant d'une accalmie, Peter avait décidé de partir quelques jours en compagnie de Beaver pour reconnaître de nouvelles parcelles dans la montagne et se rendre compte des dégâts causés par les ouragans. Van Harburg avait pris le contrôle des deux équipes de bûcherons.

Un vague rayon de soleil tentait de percer la couche nuageuse lorsque, en fin de matinée, un bûcheron affolé arriva en courant à la maison.

— M'dame Clémentine, m'dame Clémentine ! Y'a eu un accident ! Un arbre est tombé sur Mac Pherson. Il est coincé en dessous. Il est peut-être mort.

Saisie par l'angoisse, Clémentine retrouva néanmoins immédiatement ses réflexes de médecin.

— Où est-il ?

— Pas très loin, dans une combe au-dessus de la scierie.

Elle demanda à Bernie de seller Balto et invita le bûcheron, nommé Mertens, à prendre un coffre où elle conservait une pharmacopée ainsi que quelques instruments d'urgence.

Quelques instants plus tard, elle était sur les lieux. Elle constata que Van Harburg et les deux autres hommes demeurés sur place avaient réussi à dégager le blessé. Celui-ci geignait, les traits déformés par la douleur. Une vilaine tache rouge ensanglantait ses vêtements à la hauteur de la cuisse.

— J'ai mal, gémit-il en voyant Clémentine.

Van Harburg apostropha la jeune femme sur un ton autoritaire.

— Il faut l'emmener à New Norfolk, affirma-t-il. Là-bas, il y a un docteur.

Sans lui répondre, Clémentine s'agenouilla près du blessé et toucha son front. Il était brûlant et humide de sueur.

— Je vais vous donner un calmant, dit-elle.

Il ne lui avait fallu qu'un coup d'œil pour se rendre compte que l'artère fémorale avait été touchée. Il fallait exercer un point de compression au plus vite si on voulait le sauver.

— Qu'est-ce que vous faites ? s'inquiéta Van Harburg, furieux qu'elle refusât de l'écouter.

— Je vais soigner cet homme, riposta-t-elle, agacée.

— Parce que vous êtes médecin, peut-être ?

— Exactement, je suis médecin. Alors, taisez-vous et laissez-moi travailler.

L'écartant d'un geste brusque, elle saisit une paire de ciseaux et découpa à gestes précis le pantalon de la victime. La cuisse avait été entaillée par une branche sur une dizaine de centimètres. Un sang écarlate coulait à petits jets réguliers de la blessure. Impressionnés, les bûcherons s'étaient tus. Seul le Hollandais restait en arrière, furieux d'avoir été ainsi rabroué devant ses hommes. A l'aide de linges prélevés dans le coffre, Clémentine exerça un point de compression. S'adressant à Mertens, elle dit :

— Il faut que je lui pose un bandage. Pendant que je le prépare, vous allez appuyer fortement à ma place. Allez-y !

Inquiet, le bûcheron posa les mains sur les compresses qui commençaient à rougir malgré leur épaisseur. Clémentine le vit pâlir.

— Appuyez plus fort ! hurla-t-elle. Il faut empêcher le sang de s'échapper.

Impressionné, il obéit. Quelques instants plus tard, Clémentine avait entouré la cuisse blessée avec un bandage serré.

— A présent, je vais vous faire une piqûre qui va calmer la douleur, dit-elle au blessé. Ensuite, on vous ramènera à la maison. Là-bas, je pourrai nettoyer votre plaie de manière satisfaisante.

— Je vais mourir, hein, m'dame !

— Mais non, vous n'allez pas mourir.

Elle se tourna vers Van Harburg.

— Il faut un brancard pour l'emmener. Allez dans la scierie et voyez ce que vous pouvez trouver.

Le contremaître, toujours furieux, riposta :

— Vous allez le tuer. Je vous ai dit qu'il faut l'emmener à New Norfolk. Là-bas, il y a un vrai docteur.

Hors d'elle, Clémentine se redressa et se planta devant lui.

— Et moi, je vous dis que vous allez la fermer, tout contremaître que vous êtes. Il me faut une civière pour ramener ce blessé, allez la chercher immédiatement ! Quant au docteur, vous en avez un en face de vous. J'ai exercé pendant trois ans sur le front et j'ai guéri des blessures bien pires que celle-ci. Allez, exécution !

Du doigt, elle indiqua la scierie. Van Harburg voulut répliquer mais, subjugué par l'autorité qui se dégageait de la jeune femme, il ne trouva pas ses mots. En proie à une vive colère, il tourna les talons et aboya après les deux autres bûcherons afin qu'ils vinssent l'aider. Quelques instants plus tard, ils revenaient avec un brancard de fortune, fabriqué à l'aide de planches, de cordes et de couvertures.

En arrivant à la maison, Clémentine fit immédiatement dégager la grande table de la cuisine pour la transformer en table d'opération. Ne gardant que Dina auprès d'elle, elle put enfin soigner convenablement la blessure. Après quelques bains cicatrisants, des points de suture et un nouveau bandage pour comprimer l'hémorragie, elle put enfin souffler.

Abruti par une décoction à base d'opium, le blessé ne souffrait presque plus.

— Vous en serez quitte pour une belle cicatrice et quelques jours d'immobilisation, monsieur Mac Pherson, déclara Clémentine. Mais je vais vous garder ici quelques jours, au cas où votre blessure s'infecterait.

Deux jours plus tard, lorsque Peter revint, il trouva son bûcheron confortablement installé sur un fauteuil devant la cheminée. Lorsque Clémentine et Peter le raccompagnèrent à Maydena, à la fin de la semaine, il se sentait beaucoup mieux. Mais la jeune femme lui recommanda encore une dizaine de jours de repos.

— Ne vous inquiétez pas pour votre paye, ajouta-t-elle. Vous avez été blessé au cours de votre travail, elle vous sera versée intégralement.

A partir de ce jour, le comportement des bûcherons et de leurs épouses changea du tout au tout. L'accident de Mac Pherson avait fait le tour du village, et le blessé était devenu une sorte de petit héros. Mais la véritable héroïne était Clémentine. Mac Pherson racontait à l'envi la manière efficace dont elle avait soigné sa blessure, alors qu'il était persuadé de mourir, comment elle avait remis en place le contremaître Van Harburg, qui regnait sur les bûcherons en véritable petit tyran. Depuis ce jour, il avait perdu de sa superbe, mais il n'en était devenu que plus désagréable.

La semaine suivante, Clémentine vit venir vers elle l'épouse de Mac Pherson, Jenny. La jeune femme n'ayant pas accepté d'argent pour ses soins, Jenny avait confectionné des napperons brodés.

Cette intervention inattendue avait réconcilié Clémentine avec son métier de médecin. Le plaisir qu'elle avait pris à soigner la blessure du bûcheron lui avait fait prendre conscience que soulager les autres lui manquait. Aussi prit-elle l'habitude de venir tous les vendredis à Maydena afin de soigner les malades. Le maire, Robert Paltrow, mit deux pièces à sa disposition dans la maison commune. La plus grande fut réservée à la salle d'attente, et la seconde au cabinet de consultation. Compte tenue de sa grossesse, Peter s'inquiéta un peu de cette nouvelle activité, mais il comprit très vite que Clémentine avait besoin d'exercer son métier.

Dès le premier vendredi, une foule se pressa pour la consultation. On venait soigner les petits bobos des enfants, ainsi que de vieilles douleurs auxquelles on n'avait pas le temps de penser. Lorsque Clémentine décelait une affection plus grave, elle dirigeait aussitôt l'intéressé vers les médecins de Hobart, expliquant que, dans son état et avec le matériel dont elle disposait, elle ne pouvait faire face à toutes les maladies.

Un jour, dans le courant du mois de novembre, elle vit arriver Brian Kelly accompagné d'une jeune fille. Elle constata que les femmes qui attendaient se tenaient à l'écart de l'Irlandais. Elle s'en étonna, mais ne dit rien.

— Vous auriez pu venir directement à la maison, dit Clémentine lorsqu'il entra dans le cabinet avec l'adolescente.

— Je ne voulais pas vous déranger. Je savais que vous exerciez ici et je devais venir à Maydena. J'ai profité de l'occasion.

Il se tourna vers l'adolescente.

— Je vous présente ma fille Sarah. Elle se plaint de douleurs dans le ventre.

La jeune fille adressa discrètement un regard de détresse à Clémentine. Celle-ci lui répondit d'un sourire.

— Ce ne doit pas être bien grave. Je vais seulement vous demander de me laisser seule avec elle.

— Pourquoi ? s'étonna-t-il.

— Parce qu'il s'agit vraisemblablement d'un petit problème féminin. Ne vous inquiétez pas, tout ira bien.

Confus, il bafouilla quelque chose d'incompréhensible et sortit du cabinet. Sarah se mit à chuchoter, de peur d'être entendue.

— C'est moi qui ai demandé à vous rencontrer, parce que vous êtes une femme. J'avais peur que papa m'emmène chez le médecin de New Norfolk. C'est un vieux docteur et il me fait peur. Je ne veux pas me mettre toute nue devant lui.

— Je comprends. Alors, que t'arrive-t-il ?

— Eh bien voilà, c'est... enfin, je perds des choses bizarres.

— Nous allons voir ça. Déshabille-toi.

Un rapide examen montra à Clémentine que la petite souffrait d'une infection bénigne provoquant des pertes blanches.

— Ce n'est pas bien grave, rassure-toi. Je vais te prescrire ce qu'il faut. Il faut te purger le sang et prendre quelques lavements désinfectants.

— Des lavements ?

— Internes, oui.

La gamine blêmit.

— Je ne pourrai jamais faire ça à la maison. Mes tantes sont très croyantes, et elles ont peur de tout ce qui touche à... ça.

Clémentine hocha la tête.

— Je vois. Dis-moi, ce genre de maladie ne vient pas seule. N'aurais-tu pas... un petit compagnon de jeu ?

Sarah passa du blanc au rouge en une fraction de seconde.

— Non, non, je vous assure !

Clémentine la prit par les épaules.

— Tu peux tout me dire, je suis médecin, et ce que tu me confieras ne sortira pas de cette pièce.

— Vous ne direz rien à papa ? demanda-t-elle d'un ton angoissé.

— Bien sûr que non.

Sarah hésita, puis confia :

— Alors voilà, j'ai un amoureux. Et... il a voulu me toucher. Je l'ai laissé faire. Mais juste un peu, ajouta-t-elle. Je ne suis pas une mauvaise fille.

— J'en suis convaincue. Je te l'ai dit, tout cela restera entre nous. Ce sera notre secret. Mais, à l'avenir, il faudra interdire à ton amoureux de te toucher. Il n'est pas très bon de laisser les garçons faire ce qu'ils veulent.

— C'est promis.

— Si tu préfères, je peux te prendre chez moi en attendant que tout soit rentré dans l'ordre. Cela évitera ainsi à tes tantes de se poser des questions.

Le sourire que lui adressa la petite séduisit Clémentine. Elle fit rentrer Brian Kelly et lui expliqua la situation.

— Rassurez-vous, ce n'est pas grave. Mais son état nécessite pendant quelques jours des soins que je dois effectuer moi-même. Je la ramènerai avec moi ce soir.

Un peu inquiet, il accepta et quitta les lieux après avoir longuement embrassé sa fille. Quand il sortit, les femmes de la salle d'attente le suivirent d'un regard méfiant. En revanche, elles ne manifestèrent aucune hostilité envers Sarah, qui s'assit dans un coin pour patienter.

Une vieille femme pénétra dans le cabinet. Ce n'était pas la première fois qu'elle venait, et elle se sentait assez en confiance avec Clémentine pour lui faire des confidences.

— Vous devriez vous méfier de cet homme, m'dame Clémentine, dit-elle à voix basse. Ici, on dit qu'il a tué sa femme.

— Je suis au courant. Je crois que la justice l'a innocenté.

— La justice, elle sait pas tout. Mais c't'homme-là, c'est p'têt ben l'diable. Faites bien attention à vous.

14

Intriguée par l'attitude surprenante des villageois vis-à-vis de Brian Kelly, Clémentine tenta adroitement d'en savoir plus auprès de Sarah. Mais celle-ci ne lui apprit pas grand-chose. Elle n'aimait pas les gens de Maydena parce qu'ils détestaient son père.

— Je sais bien ce que ces imbéciles murmurent derrière son dos. Mais c'est faux. Papa est incapable d'avoir fait ça. Il l'aimait vraiment, vous savez. On dit qu'elle était très belle. Moi, je suis sûre que c'est quelqu'un de la ville qui a assassiné ma mère.

Durant son séjour, sa santé s'améliora rapidement. Clémentine l'aida à administrer ses soins, ce qui renforça leur complicité. La jeune femme comprit que Sarah souffrait de l'absence de sa mère, qu'elle n'avait pas beaucoup connue.

— Elle n'était jamais à la maison, dit-elle. Mon père et elle se disputaient souvent. Alors, elle partait et elle revenait très longtemps après, peut-être des mois, je ne sais plus. J'étais trop petite.

Sarah était ravie d'avoir fait la connaissance de Clémentine. Sachant qu'elle était française, elle lui demanda de lui parler de Paris et se montra aussi curieuse que les enfants Wilson, Kleinberg ou Fischer. Mais sa grande passion restait la médecine. Avide de connaissances, elle posa mille questions à la jeune femme pour connaître les noms des médicaments qu'elle utilisait et une foule de détails sur le corps humain. Son enthousiasme séduisit Clémentine. En quelques jours, elle s'attacha à elle.

Huit jours plus tard, les problèmes de santé de la petite étant terminés, son père vint la rechercher. Sur l'invitation de Peter, il resta déjeuner au domaine. Durant le repas, Clémentine l'observa. Bien sûr, cette accusation de commerce diabolique ne tenait pas debout, mais elle devait avoir une origine. Brian Kelly était un bel homme d'une quarantaine d'années. Ses yeux gris-vert reflétaient une intelligence certaine. Des rides marquaient son front, témoignant des responsabilités qui étaient les siennes.

Peter et lui parlèrent de la forêt, du prix du bois, des problèmes de la profession, de la main-d'œuvre. Clémentine n'osa pas lui poser de questions. Mais elle interrogea Peter lorsque le père et la fille furent partis.

— Madame Mac Allistair m'a dit des choses surprenantes sur cet homme. A Maydena, ils semblent croire qu'il aurait conclu un pacte avec le diable. D'où vient cette histoire ?

Peter hocha la tête.

— C'est très compliqué. Je pense qu'on a entretenu une légende à propos de Brian Kelly. Peut-être parce que cela arrangeait certaines personnes. Brian est le neveu de Ned Kelly, un célèbre *bushranger* australien d'origine irlandaise.

— Qu'est-ce qu'un *bushranger* ?

— Un bandit de grand chemin. Ils sont encore nombreux en Australie. Ils attaquent les banques dans les petites villes de l'Outland et s'enfuient avant l'arrivée des autorités. Dans le cas de Ned Kelly, on prétend qu'il redistribuait ce qu'il volait aux pauvres. Une sorte de Robin des Bois. Cela ne l'a pas empêché d'être capturé et pendu en 1880. Mais il avait un frère, qui portait le même prénom que moi, Peter. Il avait épousé une Irlandaise du nom de Maureen. Peter ne fut jamais impliqué dans les affaires de son frère. Lors de la folle équipée de Ned, il fut cependant suffisamment inquiété pour ne plus avoir envie de vivre en Australie. Il est donc venu s'installer ici, et il a acquis la concession située au sud de la mienne. Lorsque je suis arrivé en Tasmanie, en 1900, j'ai fait leur connaissance. C'étaient de braves gens, avec qui j'ai immédiatement entretenu d'excellentes relations. Ils avaient sept enfants. Brian, l'aîné, avait une vingtaine d'années. Les six autres étaient plus jeunes, échelonnés entre quinze ans et un an pour la petite dernière, Deirdre. Ils vivaient du commerce du bois et employaient des métis. La réputation de Ned ne les avait pas suivis jusqu'ici, mais ils étaient irlandais, et descendants de bagnards, deux raisons pour que les Anglais leur battent froid d'emblée. Et puis, je soupçonne Prescott d'avoir, déjà à l'époque, intrigué pour s'emparer de leurs terres. Il a acheté sa concession un an après moi, mais, profitant de ses relations politiques, il a voulu devenir le seul exploitant. Il a échoué, car son caractère et son intransigeance lui ont valu assez d'ennemis au Parlement pour qu'on lui mette des bâtons dans les roues.

« Mais, en 1904, Peter et Mary Kelly furent tués par des bandits qu'on n'a jamais arrêtés. On a retrouvé leurs corps criblés de balles. Le mystère reste entier car, curieusement, la police a étouffé l'affaire. Un bruit a très vite circulé selon lequel les Kelly avaient conservé des liens avec le banditisme, et qu'il s'agissait d'un règlement de comptes entre bandes rivales. Toutefois, la police n'a jamais pu établir de rapprochement entre ce double crime et le passé tumultueux de Ned Kelly. Je suis persuadé quant à moi que toute cette histoire était un tissu de calomnies. J'ai bien connu Peter et Maureen, et je peux affirmer qu'ils étaient d'une honnêteté scrupuleuse. Ils y mettaient même un point d'honneur. Ils demandaient simplement à vivre en paix.

« Cependant, leur mort faisait l'affaire d'Andrew Prescott. En 1904, il était devenu le plus gros propriétaire terrien de l'Ouest. Il a proposé de racheter le territoire des Kelly à bas prix. Mais Brian, qui venait d'avoir vingt-cinq ans, s'est fermement opposé à lui. Déjà à l'époque, c'était un homme fier et volontaire, qui bénéficiait d'une réelle autorité. Il a repris le domaine en main et l'a mené d'une poigne sévère et efficace. Prescott a dû renoncer à ses ambitions.

— Ne crois-tu pas qu'il pourrait être mêlé à la mort des parents Kelly ?

— Je ne crois pas, mais je n'en mettrais pas ma main au feu. De toute façon, il est peu probable que l'on connaisse un jour le fin mot de cette histoire. Un an plus tard, en 1905, Brian Kelly épousa une comédienne australienne de vingt-trois ans, Krissy Kessler. A cette époque, il fréquentait certains cercles de Hobart, où se réunissaient les adversaires politiques de Prescott. Brian est un homme rigide, mais il possède une certaine culture. Ses parents l'avaient envoyé au collège. Il était passionné de théâtre. C'est ainsi qu'il rencontra Krissy Kessler, lors d'une soirée organisée par le gouverneur. C'était une très belle femme. Elle possédait des yeux de gazelle et une voix sensuelle qu'adorait son public. Nombre d'hommes la courtisaient. Pourtant, elle fut séduite par le côté « homme sauvage » de Brian Kelly. Lorsqu'il lui proposa de l'épouser, elle accepta. Kelly était à la tête d'une certaine fortune. Son exploitation était florissante. Leur fille, Sarah, naquit en 1906.

« Hélas, très vite, leur mariage se transforma en fiasco. Krissy n'était pas faite pour vivre dans les forêts tasmaniennes. Elle supportait mal d'avoir abandonné son métier. Aussi, peu après la naissance de Sarah, elle délaissa sa famille pour retourner à Sydney. Elle ambitionnait de partir pour l'Europe où elle voulait faire carrière. Elle espérait devenir la nouvelle Sarah Bernhardt. Malheureusement, elle était loin de posséder le talent de son modèle et aucun producteur ne l'engagea pour une tournée européenne. Elle resta donc à Sydney. Elle revenait régulièrement en Tasmanie pour retrouver sa fille, peut-être parce qu'elle s'ennuyait d'elle. Elle passait alors quelques semaines avec sa famille, puis repartait. Brian, qui était très amoureux d'elle, acceptait ses frasques sans broncher. Inutile de te préciser les rumeurs qui couraient sur elle, sur ses amants supposés ou réels. On m'a même soupçonné un temps d'avoir entretenu une liaison avec elle.

— Et c'était vrai ?

— Totalement faux, au contraire. Cette femme était un cauchemar ambulant, certes très belle, mais capricieuse, imbue d'elle-même, égocentrique, persuadée de posséder un talent immense. Ce en quoi elle se trompait. En 1910, elle essuya un échec retentissant. La pièce qu'elle jouait à Sydney fut une catastrophe. Les critiques, qui ne supportaient plus ses caprices, l'éreintèrent sans aucune pitié. Elle dut renoncer à ses rêves européens. A partir de cette époque, elle n'obtint plus que des rôles secondaires dans des pièces sans intérêt. Alors, elle vint s'installer à Hobart, où elle avait laissé une cour d'admirateurs toujours fascinés par sa beauté. Mais celle-ci commençait à s'altérer. Traumatisée par son échec, Krissy s'était mise à boire. Elle continua de défrayer la chronique pendant quatre ans.

« Le drame eut lieu en novembre 1914 : le corps carbonisé de Krissy fut découvert dans un petit pavillon situé au bord de la mer, dans le sud de Hobart. Un deuxième corps reposait près du sien : celui d'Edward, l'un des fils d'Andrew Prescott. Le pavillon avait été incendié pour masquer le crime, mais les deux victimes avaient été tuées par balles. Les soupçons se portèrent immédiatement sur Brian Kelly. Heureusement, il avait un alibi irréfutable : il avait passé la journée et la nuit à Hobart, en compagnie d'acheteurs venus d'Australie, qui ont témoigné en sa faveur. Il fut donc innocenté, mais la rumeur prétendit ensuite qu'il avait payé des hommes de main pour accomplir le crime à sa place, ce qui ne put jamais être prouvé. Il n'en reste pas moins que le doute demeure. Depuis, la calomnie continue de fonctionner, et Brian Kelly s'est refermé sur lui-même. Il a abandonné les cercles de Hobart, où il ne vient plus que pour traiter ses affaires.

— Et toi, le crois-tu coupable ?

— Je connais Brian depuis vingt ans. C'est un homme droit et honnête qui, comme moi, respecte la nature. A mon avis, il n'a rien à voir avec le meurtre de sa femme. Ce qui veut dire que, depuis plus de six ans, le véritable assassin est toujours en liberté. Et je crains qu'il ne soit jamais démasqué.

15

La discussion qu'elle avait eue avec Peter à propos de Brian Kelly avait marqué Clémentine plus qu'elle ne l'aurait voulu. Elle ne s'expliquait d'ailleurs pas pourquoi elle avait fait preuve d'une telle curiosité envers cet homme qu'elle connaissait à peine. Elle se demanda un moment si elle n'éprouvait pas une certaine attirance pour lui. Mais, si elle le trouvait bel homme, elle se sentait parfaitement bien en compagnie de Peter et ne ressentait aucun besoin d'aller voir ailleurs. De plus, sa grossesse ne l'incitait pas à tenter de séduire les hommes.

Il y avait autre chose. En vérité, elle ne parvenait pas à oublier l'avertissement de Moragani, la vieille métisse.

« Je vois la mort autour de toi. Une menace pèse sur toi et sur ta famille. Tes ennemis porteront le masque de tes amis, et tes amis s'écarteront de toi. »

Sans qu'elle puisse expliquer pourquoi, elle sentait que ce danger inconnu avait un rapport avec Brian Kelly. Mais comment croire que cet homme, que Peter connaissait depuis vingt ans, pouvait représenter une menace ?

Malheureusement, ses vieux démons s'étaient réveillés. Si, dans la journée, ils s'évanouissaient à la chaleur du soleil, ils revenaient la hanter à la nuit tombée, distillant en elle une angoisse sournoise. Ce n'étaient plus les rumeurs de guerre, de sang et de feu, les images de chairs meurtries et de fureur qui la taraudaient comme dans les premiers temps. Lorsqu'elle sombrait dans le sommeil, il lui semblait qu'une ombre malfaisante rôdait au loin, attendant avec patience le moment de semer la mort et la destruction. Elle se réveillait alors, trempée de sueur, le cœur battant la chamade. A Peter qui s'inquiétait, elle répondait que tout cela n'était dû qu'à sa grossesse. Ces cauchemars pénibles l'accompagnèrent pendant les deux mois qui suivirent le séjour de Sarah. Puis ils s'estompèrent et finirent par disparaître.

A partir du quatrième mois, son ventre avait pris de l'ampleur, et elle se jugeait difforme. Lors de sa première grossesse, elle n'avait guère eu le loisir de s'attarder sur ces considérations esthétiques. Il en était autrement aujourd'hui. Elle aurait voulu continuer de plaire à Peter. Mais celui-ci sut trouver les mots pour la rassurer.

— Lorsqu'une femme attend un enfant, dit-il, sa beauté se métamorphose. Elle devient encore plus belle parce qu'elle perpétue la vie, parce qu'elle remplit pleinement le rôle que la nature lui a dévolu. Elle est en totale harmonie avec le monde. C'est un moment privilégié que les hommes ne connaîtront jamais, une plénitude dont ils ne pourront être que les spectateurs.

Et c'était vrai. Jamais Clémentine ne s'était sentie aussi bien. Les nausées des deux premiers mois, ses cauchemars, tout avait disparu, et une force extraordinaire vibrait en elle. Lorsqu'elle y songeait, il lui semblait qu'elle avait toujours vécu au domaine des Diables. Pourtant, à peine plus d'une année s'était écoulée depuis son arrivée en Tasmanie.

Dès le début, elle avait manifesté clairement sa volonté d'accoucher chez elle. Peter avait tenté de faire valoir qu'ils auraient pu s'installer, pour son dernier mois de grossesse, dans la maison de Hobart, elle n'avait pas changé d'opinion.

— S'il doit devenir le maître de ces terres, c'est ici qu'il doit voir le jour, affirma-t-elle.

Peter n'insista pas. Lui-même était heureux de la décision de Clémentine. Et puis, la future mère se portait comme un charme. Il n'y avait donc aucune raison de s'inquiéter.

Avec décembre et le retour des beaux jours, on prépara activement le Jour de l'An. Comme il était hors de question de le fêter à Hobart, Peter invita leurs amis au domaine des Diables. Cette initiative déclencha un beau branle-bas de combat, car il fallut loger tout le monde. Même si la maison était grande, elle se révéla trop petite accueillir une centaine d'invités. On réquisitionna donc le baraquement des bûcherons, qui se virent octroyer plusieurs jours de repos. Il fallait bien ça pour rendre leur logis à peu près présentable.

Ce fut pour Clémentine l'occasion de revoir certains de ses élèves. Les Fischer avaient accepté l'invitation, et ils arrivèrent la veille avec leurs sept enfants. En revanche, Klaus Kleinberg et Martin Wilson l'avaient déclinée. Clémentine s'en étonna un peu, mais Peter lui donna l'explication.

— Ils ne font pas vraiment partie de mes amis. Ils me considèrent comme un original parce que, malgré ma fortune, je vis dans la forêt. De plus, nous ne partageons pas les mêmes opinions politiques, notamment à propos des Aborigènes.

Emilie avait fait le déplacement, accompagnée par son mari. Leur arrivée fut annoncée par un bruit de moteur. Un gros véhicule apparut sur la piste descendant des collines qui séparaient le domaine des Diables de Maydena. Malmenée par les chaos, la voiture brinquebalait et pétaradait, protestant à sa manière contre le mauvais état de la route. Puis elle emprunta l'allée bordée d'arbres menant à la maison. Emilie sortit de l'engin plus morte que vive.

— Je ne suis pas fâchée d'être enfin arrivée, soupira-t-elle en ouvrant les bras à Clémentine.

Ambrose, quant à lui, affichait un sourire ravi.

— J'ai décidé d'abandonner la voiture à cheval pour l'automobile, déclara-t-il fièrement. C'est beaucoup plus rapide !

— Oui ! Plus rapide pour arriver au cimetière ! rectifia Emilie. Il a fallu que monsieur se lance dans le modernisme, à son âge !

— Comment ça, mon âge ? s'indigna Ambrose.

— Regardez-moi ça ! grommela Emilie. Ma robe est complètement froissée, et j'ai l'estomac tout retourné. Si j'avais su, j'aurais pris le train.

— Ma chère, le train ne t'aurait pas amenée jusqu'ici.

— Mais une voiture à cheval l'aurait fait. Où va le monde si on remplace nos braves chevaux par ces engins infernaux ?

— Ecoute, ma chère... tenta de répliquer son mari.

Mais elle leva la main pour signaler qu'elle renonçait à discuter. Tandis qu'Ambrose faisait admirer la nouveauté à Peter, Clémentine invita Emilie à prendre place sur la terrasse.

— Vous n'avez pas l'air d'apprécier les automobiles, dit-elle.

— Oh non ! Elles se multiplient d'une manière inquiétante. Il est vrai qu'elles sont plus rapides que les chevaux et qu'elles rendent de fiers services. Mais elles sentent mauvais, et je crains que l'homme ne se laisse dépasser par ces machines du diable. Avec le temps, elles rouleront de plus en plus vite. Il faudra leur construire des routes adaptées, et l'on défigurera le monde à cause d'elles. Enfin, il paraît qu'on ne peut pas arrêter le progrès, ou ce que les hommes appellent ainsi.

Les invités déjà arrivés se rassemblèrent autour du véhicule, une superbe De Dion Bouton 20/30 HP, couleur bouton d'or, équipée d'une capote noire.

— Sur une bonne route, elle peut monter jusqu'à 80 km/h, commentait Ambrose, tout fier.

Emilie secoua la tête, attendrie.

— Regardez-le. Un vrai gamin. Au début, il n'était pas d'accord pour venir passer le Jour de l'An aux Diables. Il exigeait que nous restions à Hobart. D'autres amis nous avaient invités, et il clamait qu'il était de la plus haute importance d'être présents. Mais je n'ai pas cédé. J'avais trop envie de vous revoir. Et puis, il doit se rendre à Queenstown début janvier pour ses affaires. Je lui ai fait valoir que cela nous rapprocherait. Quant à moi, je repartirai pour Hobart par le train.

— Vous ne l'accompagnerez pas ?

— Je déteste Queenstown ! C'est un pays de mines, où les compagnies se sont crues autorisées à ravager la forêt aux alentours. Ambrose n'y voit, là encore, qu'une simple manifestation du progrès. Il ne reste plus que des montagnes pelées, comme si l'on avait arraché la peau de la terre elle-même.

Elle prit le bras de Clémentine pour l'inviter à faire quelques pas loin de la foule.

— Votre présence me manque, dit-elle. Je regrette nos dîners et nos soirées musicales. Les autres femmes de Hobart sont ennuyeuses à mourir. Il n'y a qu'à vous que je pouvais parler de mes frasques à l'époque du french cancan. Même si elles savent que je suis une ancienne danseuse, elles préfèrent l'oublier, parce que cela n'est pas un métier « convenable ».

— Pourquoi ne resteriez-vous pas quelques jours, au moins jusqu'à ce qu'Ambrose revienne de Queenstown ? Il pourrait vous reprendre au passage.

Bien entendu, Emilie accepta.

Les festivités se déroulèrent dans une ambiance joyeuse. Puis les invités regagnèrent la capitale les uns après les autres. Clémentine put se consacrer entièrement à Emilie, à qui elle fit part des angoisses qu'elle avait éprouvées en début de grossesse.

— C'était absurde. Tout cela ne reposait sur rien. Parfois, j'avais l'impression de devenir folle.

— Rassurez-vous, ma chérie. Cette sensation désagréable n'était probablement due qu'à votre état. Vous craigniez pour votre famille, et c'est bien normal. J'ai rarement vu un couple aussi uni que le vôtre. Vous êtes heureuse, et vous n'avez pas envie que cela cesse. Tout ira mieux lorsque le bébé sera là, ce qui ne saurait plus tarder.

— Il devrait naître fin mars.

Emilie quitta les Diables vers la mi-janvier. Le temps se maintint au beau jusqu'au début février. Puis une série de tempêtes balaya la forêt pluviale, provoquant de violents orages. L'un d'eux s'abattit sur la forêt des eucalyptus géants et décapita *Big Tree*, qui perdit quatre mètres de hauteur. En l'apprenant, Clémentine voulut se rendre sur place afin de constater les dégâts. Malgré sa réticence, Peter attela la voiture à chevaux et l'emmena. Bouleversée, elle vit que la cime du colosse avait disparu, dévorée par un début d'incendie que les pluies torrentielles avaient eu tôt fait d'éteindre. Bien sûr, il restait impressionnant, dominant ses voisins, pourtant gigantesques eux aussi, de plusieurs mètres. Mais, en raison de son âge, il ne croîtrait sans doute plus.

Cet événement frappa Clémentine bien plus qu'elle ne l'aurait pensé. Comme au tout début de sa grossesse, une angoisse irrationnelle revint la hanter. C'était une menace imprécise, qui pesait sur elle, sur Mary, sur Peter, mais aussi sur la Tasmanie. Comme si un démon sournois rôdait autour de l'île pour y semer le malheur.

Parfois, elle se demandait si elle n'aurait pas mieux fait d'écouter Peter en acceptant d'accoucher à Hobart, où elle aurait bénéficié de la compétence d'autres médecins. Mais ses doutes ne duraient jamais. Les démons l'auraient suivie dans la capitale et elle se serait sentie moins en sécurité là-bas qu'au cœur de la forêt. Celle-ci la protégeait. Les cris étranges des diables, qui avaient tant effrayé les premiers colons, lui semblaient aujourd'hui dresser une barrière invisible contre son angoisse. Les petits monstres lui étaient devenus si familiers qu'ils avaient désormais pour elle quelque chose de rassurant.

Au cours du dernier mois, ses cauchemars se firent plus fréquents. Elle eut l'impression qu'ils ne l'avaient jamais quittée durant toute sa grossesse. Elle tenta de s'accrocher aux propos apaisants d'Emilie, qui lui avait assuré que ses craintes s'effaceraient dès que le bébé serait né, mais cette méthode se révéla peu efficace. Elle se disait que la fatigue devait jouer un rôle important dans son état, car elle continuait, malgré les protestations de Peter, d'assumer son rôle de médecin. Dans la mesure du possible, les malades venaient au domaine. Mais, dans le cas de grands blessés, elle devait se déplacer, parfois à Maydena, parfois dans le village des métis. Il lui était impossible de laisser les gens souffrir.

— Je dois le faire, répondait-elle lorsque Peter l'exhortait à se ménager.

Les derniers temps, il lui fut de plus en plus difficile de dormir. Son ventre occupait une telle place qu'elle ne savait plus quelle position adopter. Peter était devenu son esclave et s'en trouvait ravi. Clémentine se surprit à se montrer irritable et capricieuse, ce qui était contraire à sa nature. Lorsqu'elle s'en rendait compte, elle se confondait en excuses, que Peter acceptait d'un sourire.

Un matin, Matthiew Peary, le chef du village métis, arriva, en proie à l'affolement.

— M'dame Clémentine ! m'dame Clémentine !

Peter et elle sortirent immédiatement sur la terrasse.

— Qu'y a-t-il ? s'inquiéta la jeune femme.

— Il faut que vous veniez vite ! La vieille Elisabeth Mac Gregor est tombée sur la tête cette nuit. Elle souffre beaucoup.

Il montra le ventre arrondi de Clémentine.

— Je sais bien que c'est pas facile, à cause du bébé. Mais vous seule pouvez la sauver.

Peter jeta un regard désespéré à sa femme, qui était déjà partie chercher son coffre médical. Il courut derrière elle.

— Es-tu sûre que c'est bien prudent ? demanda-t-il. Il y a trois heures de route difficile pour se rendre au village.

— Si je n'y vais pas, cette femme va mourir. Crois-tu que je pourrais vivre avec ce poids sur la conscience ? Je dois au moins tenter quelque chose.

— Mais le bébé ?

— Il est prévu dans plus de quinze jours. En roulant prudemment, cela devrait aller.

Il comprit qu'il ne parviendrait pas à lui faire entendre raison.

— Je t'accompagne.

Chemin faisant, Clémentine se demanda si elle n'avait pas trop présumé de ses forces. Peter lui avait aménagé un siège confortable à la hâte en amassant des couvertures à l'arrière de la voiture. Mais par moments, de violentes douleurs lui déchiraient les entrailles, dues à de furieux coups de pied du bébé. Manifestement, il n'appréciait pas d'être ainsi ballotté. Peter faisait de son mieux pour éviter les creux, ce qui n'était pas une tâche aisée. Les pluies des dernières semaines avaient raviné la piste, creusant de nombreux nids-de-poule.

Ils parvinrent au village en début d'après-midi. Malheureusement, Clémentine constata que la vieille femme avait subi une hémorragie cérébrale. Elle respirait encore lentement, mais elle avait perdu connaissance, et Clémentine comprit qu'il n'y avait plus rien à faire. Elle secoua la tête en signe d'impuissance. La seule chose qu'elle pût faire consistait à calmer la douleur par une injection de morphine.

La malade décéda à peine deux heures après son arrivée. Lorsque Clémentine sortit de la masure de bois, elle constata qu'une foule importante s'était rassemblée tout autour. Les visages étaient remplis de tristesse. Matthiew baissa les yeux et dit :

— Je suis désolé de vous avoir fait venir, m'dame Clémentine. Mais nous étions désespérés. Nous aimions bien Elisabeth Mac Gregor. Son père était écossais, et sa mère, comme la mienne, était une Nuenonne.

Clémentine inclina la tête, puis s'éloigna de la foule. Peter la suivit. La jeune femme, les yeux embués de larmes, alla s'appuyer sur la voiture et se mit à vomir. Décontenancé, Peter ne sut que faire.

— Nous n'aurions jamais dû venir, grommela-t-il.

Mais il savait que rien n'aurait pu détourner Clémentine de son devoir.

— Si elle avait été plus jeune, dit-elle d'une voix lasse, et si j'avais été sur place plus tôt, j'aurais pu tenter une trépanation, afin d'extraire le sang. Mais c'était trop tard. Beaucoup trop tard.

Soudain, elle saisit son ventre à deux mains.

— Il serait peut-être plus prudent de passer la nuit au village, suggéra Peter, inquiet.

— Non, il vaut mieux que nous rentrions avant la nuit.

— Mais tu souffres !

— Il me donne des coups. J'ai l'habitude.

Après avoir pris congé des villageois affligés, ils quittèrent les lieux et s'engagèrent une nouvelle fois sur la piste. Comme à l'aller, Clémentine s'était installée à l'arrière sur d'épaisses couvertures. Malheureusement, malgré la prudence de Peter, les chaos la secouaient sans ménagement. Elle ne pouvait éviter de pousser des gémissements de souffrance. Des contractions douloureuses se succédaient régulièrement, à intervalles de plus en plus courts.

— Ah non, pas maintenant, murmura-t-elle.

L'angoisse qui la hantait depuis quelques semaines montait inexorablement. Un début de panique s'empara d'elle. Les paroles de la vieille métisse lui revinrent :

« La mort rôde autour de toi... »

Elle eut le sentiment qu'un danger imminent allait les frapper, elle et son bébé. Et soudain, un liquide chaud se mit à couler entre ses cuisses. Elle comprit qu'elle perdait les eaux. Elle se mit à trembler, la respiration haletante. Le vacarme des roues lui taraudait les sens. Un mal inexorable rampait vers elle, qui allait les broyer, elle, Peter et l'enfant à naître.

— Nooon ! hurla-t-elle.

Un sursaut d'orgueil l'envahit. Elle n'allait pas se laisser vaincre aussi facilement. Cela faisait une heure qu'ils étaient partis du village. Il leur faudrait encore au moins une heure pour arriver au domaine. Elle comprit qu'ils n'y parviendraient jamais dans ces conditions. Si elle voulait sauver son bébé, elle devait agir immédiatement.

— Peter ! Arrête la voiture ! cria-t-elle.

Il obéit instantanément et bondit près d'elle.

— Que se passe-t-il ?

— J'ai été trop imprudente, gémit-elle. Je n'aurais pas dû faire ce voyage. Il faut... que le bébé sorte. Tu vas m'aider à le mettre au monde.

Elle le vit blêmir dans la lumière dorée du soleil déclinant.

— Ici ? Mais je n'ai jamais fait ça, répondit-il d'une voix marquée par un début de panique.

Elle respira profondément et dit :

— Je guiderai tes gestes. Tout d'abord, tu vas installer les couvertures sur l'herbe, au bord de la route. Ce sera plus confortable.

Il eut un instant d'hésitation, puis s'exécuta. Ecartant les couvertures trempées par le liquide amniotique, il prépara une couche moelleuse et sèche où elle prit place. Il l'aida ensuite à ôter ses vêtements, avec une maladresse inhabituelle. Devant sa gaucherie, ils finirent par éclater de rire tous les deux — entre deux contractions. Autour d'eux, la forêt bruissait de mille cris, grondements et sifflements d'animaux.

— Que dois-je faire maintenant ? demanda-t-il.

— Pour l'instant, il faut attendre. Tu ne pourras agir que lorsque l'enfant paraîtra. Je te préviens, cela risque de t'impressionner. Il aura la tête pleine de sang, mais ce sera normal.

En elle-même, elle redouta que le bébé se présente par le siège. Elle évita toutefois d'en faire part à Peter ; il était déjà assez affolé comme ça. Il lui prit la main. Impuissant à calmer sa souffrance, il ne disait mot, se contentant de lui éponger le front avec un mouchoir. Parfois, les contractions lui arrachaient des gémissements. Alors, sans s'en rendre compte, elle enfonçait ses ongles dans les paumes de son mari, qui supportait ces griffures en silence.

Pendant la guerre, Clémentine avait déjà eu l'occasion, à plusieurs reprises, d'aider des femmes à mettre leur enfant au monde, et parfois dans des conditions difficiles. Il en était de même pour elle aujourd'hui, à cette différence que les bombes ne tombaient pas autour d'eux.

Parfois, des bouffées d'angoisse revenaient la tarauder. Elle avait alors l'impression que les événements s'étaient enchaînés de manière à la contraindre à quitter la maison pour entreprendre ce voyage dangereux. Au loin éclatait parfois le cri caractéristique d'un diable. Elle devait alors s'accrocher à toute sa raison pour ne pas y entendre le ricanement d'un démon. Puis elle rejetait ces interprétations fantastiques. Les diables n'étaient que des animaux, et il n'y avait rien de maléfique en eux. Ses douleurs étaient naturelles, elles n'étaient pas le fruit d'une entité malfaisante. Elle devait tenir, tenir à tout prix.

Elle redoutait aussi un autre problème. La nuit n'allait pas tarder à tomber. Ils n'auraient alors plus d'autre éclairage que celui des lampes à gaz du cabriolet. Sans compter le froid qui allait les saisir. Avec inquiétude, elle contempla le ciel dont la luminosité baissait régulièrement. Par chance, si la première parturition de Clémentine avait duré plus de vingt-quatre heures, la seconde fut beaucoup plus courte. Inexorablement, les contractions se rapprochèrent. Lorsqu'elles furent à moins d'une minute les unes des autres, Clémentine dit d'une voix rauque :

— Le bébé va arriver. C'est maintenant que tu vas devoir agir. Place-toi entre mes jambes.

A la fois dévoré par l'inquiétude et conscient de participer à quelque chose d'extraordinaire et de merveilleux, Peter obéit. Clémentine poussa, poussa encore, luttant pour accorder sa respiration aux contractions. Et soudain, la tête apparut, puis un petit visage grimaçant glissa hors de la matrice, suivi aussitôt des bras, des jambes, tout ce qu'il fallait pour faire un bébé parfaitement constitué, dégoulinant de sang et de liquide. L'air vif emplit ses poumons ; l'instant d'après, il se mettait à hurler. Vivement ému, Peter le recueillit dans ses mains avec d'infinies précaution. Mais le bébé n'était pas seul ! Une sorte de tuyau à la couleur indéfinissable reliait son ventre à l'intérieur de sa mère.

— Qu'est-ce que c'est que ça ? gémit Peter d'une voix affolée.

Clémentine, traumatisée par la douleur formidable qu'elle venait de subir, ne put lui répondre immédiatement. Elle tendit les mains pour prendre le nouveau-né. Dès que l'enfant fut contre son ventre, les contractions se calmèrent comme par magie. Elle adressa un sourire à Peter, qui s'interrogeait toujours avec angoisse sur l'organe étrange qui reliait la mère et l'enfant.

— C'est le cordon ombilical, expliqua-t-elle. Ce tuyau l'a nourri pendant tout le temps de la grossesse. Tu vas prendre ton couteau et le couper.

— Hein ? Mais tu ne crains pas que ça lui fasse mal ?

— Il ne sentira rien, rassure-toi.

Pas vraiment convaincu, il s'exécuta, séparant définitivement le bébé de sa mère. Quelques instants plus tard, d'autres contractions moins violentes se manifestèrent, qui inquiétèrent de nouveau l'heureux papa.

— Que se passe-t-il ? Tu ne te sens pas bien ?

— Si, au contraire. Tout est normal. Tu vas tirer délicatement sur la partie du cordon qui entre en moi.

Les mains tremblantes, il obéit. Quelques instants plus tard, une masse sanguinolente sortit à son tour. Avant qu'il ne posât la question, elle déclara :

— C'est le placenta. Lui aussi a contribué à former le bébé.

Tout à coup, elle s'aperçut qu'elle n'avait même pas songé à regarder le sexe de l'enfant. Un coup d'œil rapide la renseigna. Elle venait de mettre au monde un magnifique petit garçon. Songeant à la vieille Elisabeth Mac Gregor, elle ajouta :

— Un être part, un autre arrive. C'est la loi de la nature.

Tandis que la nuit tombait lentement, ils restèrent un long moment immobiles et silencieux, reprenant des forces après l'épreuve fantastique qu'ils venaient de traverser. Le bébé s'était endormi contre la poitrine de Clémentine, épuisé lui aussi. Soudain, dans les dernières lueurs du crépuscule, la jeune femme s'aperçut que de grosses larmes roulaient sur les joues de Peter. Elle posa sa main sur la sienne, vivement émue.

— Il a fallu ce concours de circonstances insolite pour que je puisse assister à la naissance de mon fils, dit-il d'une voix marquée par l'émotion. Je ne sais pas comment te le dire, ma bien-aimée, mais je veux te remercier pour m'avoir permis de partager ces moments extraordinaires avec toi. Je crois qu'il n'existe pas de plus beau spectacle au monde. Et je me demande bien pourquoi les hommes en sont systématiquement écartés.

Il la regarda avec une tendresse infinie et ajouta :

— Je t'aime, Clémentine.

— Moi aussi, je t'aime, Peter.

Comme il avait été convenu avant la naissance, le petit garçon reçut le prénom de Paul, qui était celui du père de Clémentine. Mais, parce qu'il avait décidé de naître au milieu des grands arbres, on lui donna un deuxième prénom : Sylvain.

16

Hobart, mars 1923

Deux années s'étaient écoulées. Mary venait d'avoir quatre ans, et le petit Paul deux. Après sa naissance, les sombres pressentiments éprouvés par leur mère s'étaient dissipés. Clémentine avait mis ces mauvaises pensées sur le compte de l'angoisse de l'accouchement.

Elle avait revu Moragani. La vieille métisse avait confirmé ses prédictions inquiétantes : la menace était toujours là, tapie dans l'ombre, et Clémentine devait rester vigilante. La jeune femme s'en était émue, mais, avec le temps, elle avait fini par oublier. Peter se montrait le plus attentionné des maris et le plus adorable des pères. Il ne faisait aucune différence entre Mary et son fils, grâce auquel il avait retrouvé une seconde jeunesse. Lorsqu'il se déplaçait jusqu'à Hobart pour ses affaires, il ne manquait jamais de rapporter des jouets pour les enfants, et des cadeaux pour son épouse : robe, bijoux, foulard, livres.

Car tous deux aimaient la lecture. Par l'intermédiaire du Cercle français d'Emilie, ils commandaient des ouvrages auprès des grands éditeurs parisiens, qu'ils recevaient quelques mois après leur parution. C'est ainsi qu'ils purent découvrir *Suzanne et le Pacifique*, de Jean Giraudoux, et *La Garçonne*, roman insolite et attachant de Victor Marguerite, qui avait fait scandale à Paris lors de sa parution, et qui mit Emilie et Clémentine en joie.

Cependant, si la vie au domaine des Diables se déroulait dans la sérénité, la Tasmanie connaissait des heures sombres. Depuis deux ans, l'activité économique s'était considérablement dégradée. Le prix du bois de construction avait baissé, mais le secteur le plus touché était celui des fruits et des confitures. Plusieurs entreprises avaient dû mettre la clé sous la porte. Avec les restrictions dues à la guerre, l'Angleterre n'achetait plus autant qu'auparavant dans ses anciennes colonies, et les cours s'étaient effondrés. Dans la vallée Huon notamment, au sud de Hobart, la misère commençait à s'installer. Si les gens ne souffraient pas de la famine parce qu'ils pouvaient vivre des produits de leur ferme, les années fastes du début du siècle n'étaient plus qu'un souvenir. Les routes s'étaient couvertes de saisonniers qui recherchaient du travail, ne fût-ce que pour une seule journée. Au domaine des Diables, Clémentine avait agrandi le potager et le verger, dont les fruits et les légumes étaient destinés à la consommation de la maisonnée. Elle s'était mise à la fabrication de confitures et de conserves en prévision des difficiles mois d'hiver. Bien sûr, la fortune de Peter les mettait à l'abri du besoin, mais il ne se passait pas une semaine sans qu'ils voient arriver des malheureux désespérés par la perte de leur travail.

La Tasmanie n'était pas la seule à connaître des difficultés. Une sorte de folie semblait s'être emparée du monde. Au Vatican, le pape recommandait des prières publiques afin d'éviter un retour de la guerre, terminée depuis moins de cinq ans. A Rome, Mussolini faisait arrêter des centaines de militants socialistes. En Allemagne, le mark était victime d'une flambée ahurissante. Courant janvier, le dollar valait 7 500 marks. En février, le cours atteignait 47 500 marks pour un dollar, et l'inflation ne paraissait pas devoir s'arrêter. Dans la Ruhr occupée par les Français et les Belges avaient eu lieu des incidents très graves. Au début du mois de mars, deux soldats français avaient été tués par des ouvriers allemands excédés par l'occupation. Quelques jours plus tard, à Essen, l'état-major français avait décrété la confiscation des véhicules. Des ouvriers des usines Krupp avaient cessé le travail et étaient descendus dans la rue. Là, un officier français avait ordonné de tirer dans la foule, provoquant la mort de treize personnes, et en blessant une trentaine d'autres.

Ces événements sinistres, relatés par la presse australienne, parvenaient avec quelques jours de retard en Tasmanie, mais ils réveillèrent les vieux démons de Clémentine. Ils confirmaient la crainte qu'elle avait eue avant son départ. La paix de 1918 n'avait réglé aucun problème, et la haine était plus que jamais présente en Europe. La jeune femme ne regrettait pas d'avoir fui ce monde en proie à la démence. Jamais elle n'aurait eu le courage d'affronter une nouvelle guerre. Fort heureusement, la Tasmanie était loin de tout.

Cependant, en raison de la crise, Peter devait trouver de nouveaux débouchés pour son bois. Vers la fin mars, il décida de se rendre à Hobart. Le temps s'étant maintenu au beau pendant la seconde quinzaine du mois, Clémentine l'avait accompagné. Elle voulait profiter de l'occasion pour rendre visite à Emilie.

Le lendemain de leur arrivée dans la capitale, Peter s'absenta pour rencontrer des négociateurs venus d'Europe. Restée seule, Clémentine acheva de se préparer et se rendit chez Emilie. Elle tomba sur Robert, le maître d'hôtel anglais, toujours aussi guindé, qui lui expliqua que monsieur et madame étaient partis pour Launceston, chez un cousin de monsieur. Désappointée, Clémentine le remercia et s'en alla, se disant qu'elle aurait dû télégraphier.

N'ayant plus rien à faire jusqu'au soir, elle flâna dans les rues de la capitale. En ce début d'automne, le temps restait doux et ensoleillé. Une lumière dorée baignait les bâtiments de grès rose et ocre. Une foule animée se pressaient le long des artères, dans le vacarme des camions et des automobiles, qui, inexorablement, remplaçaient les lourds chariots tirés par les chevaux. Elle éprouva un grand plaisir à revoir les lieux découverts à son arrivée. Elle retrouva le petit bungalow qu'elle avait habité dans Collins Street. De là, elle descendit ensuite jusqu'à Sandy Bay. Le *Mary-Clémentine* était toujours à quai. Pendant l'hiver, il serait mis au sec sur la grève et vérifié pour l'année prochaine. Depuis deux ans, Peter et elle avaient profité du navire, effectuant des périples le long de la côte orientale, jusqu'à Maria Island et la presqu'île de Freycinet. Une longue expédition les avaient même menés, l'été précédent, jusqu'à Launceston, au nord de l'île.

Soudain, une voix vaguement familière prononça son nom.

— Clémentine ?

Elle se retourna d'un coup et une vive émotion s'empara d'elle. Devant elle se tenait le jeune avocat avec qui elle avait eu une aventure à Sydney, plus de trois ans auparavant. Richard Prescott.

— Clémentine, c'est bien vous ?

Elle acquiesça d'un signe de tête. Malgré le temps écoulé, elle comprit aussitôt que le jeune homme exerçait toujours sur elle une fascination contre laquelle il lui était difficile de lutter. Elle dut faire un violent effort pour adopter une attitude détachée.

— Puis-je me permettre de vous tenir compagnie un moment ? Cela fait si longtemps...

Elle accepta, un peu mal à l'aise. Enthousiaste, il glissa son bras sous le sien.

— Je suis très heureux de vous revoir, Clémentine. Heureux et soulagé. Depuis notre rencontre, j'ai attendu un courrier de votre part. J'espérais que vous ne parviendriez pas à vous adapter à la Tasmanie. Comme il n'y a pas eu de lettre, j'ai pensé que vous aviez retrouvé la famille de votre mari et que vous m'aviez oublié. Mais j'ai craint aussi qu'il ne vous soit arrivé quelque chose. Ce pays est si dangereux. Racontez-moi ! Comment vont toutes choses pour vous ?

Sa bonne humeur et son sourire éveillaient des sentiments troubles dans le cœur de la jeune femme. Elle se détestait de se sentir ainsi soumise à d'inavouables pulsions physiques. Mais elle ne pouvait les ignorer. Elle répondit d'un ton froid :

— Je n'ai pas retrouvé la famille de mon mari.

— Ah ?

— J'ai... je me suis rendue à la mairie. On m'a appris que William Smith n'existait pas.

— C'est étrange.

— Il avait probablement changé de nom. Mais j'en ignore la raison.

— Et vous êtes restée toute seule, ici, à Hobart ? Une ville que vous ne connaissiez pas, où vous n'aviez aucun ami sur qui vous appuyer.

— Je ne suis pas restée longtemps seule, rétorqua-t-elle. Je me suis fait des amis. Et j'ai rencontré un autre homme.

Le visage de Richard s'assombrit. Il fit un effort pour n'en rien laisser paraître, mais Clémentine s'en aperçut aussitôt.

— Nous nous sommes mariés, et nous avons un petit garçon de deux ans.

Elle avait dit cela sur un ton de défi. Un défi qui s'adressait autant à elle-même qu'à lui. Elle ne devait pas céder à ses envies coupables. Alors, autant mettre les choses au point tout de suite. Il eut un pauvre sourire et déclara :

— J'en suis heureux pour vous, Clémentine. Très heureux.

Elle ressentit aussitôt l'écho de la peine qu'elle lui avait causée et s'en voulut. Peut-être n'aurait-elle pas dû se montrer si brutale ? Et d'où lui venait cette sensation de frustration ? Etait-il donc si complexe d'être une femme ? Elle aimait Peter, et elle n'avait aucune envie de le tromper. Alors, pourquoi éprouvait-elle cette irrésistible attirance envers Richard ? Pourquoi les images de leur unique nuit revenaient-elles la hanter, provoquant en elle un sentiment de honte qu'elle ne parvenait pas à étouffer ?

« Qu'il s'en aille ! songea-t-elle. Qu'il s'en aille ! »

Richard resta un instant silencieux, puis demanda :

— Puis-je savoir qui est l'homme qui a le merveilleux privilège de vous tenir dans ses bras ?

— Il s'appelle Peter White.

Cette fois, le visage du jeune homme marqua la stupéfaction.

— Hein ? Mais il est... il a...

— Je sais ce que vous allez me dire : il a le double de mon âge. Mais pourtant, c'est ainsi. Et je suis très heureuse avec lui. Notre petit garçon s'appelle Paul.

Il secoua la tête lentement, plusieurs fois, puis répondit :

— Si vous êtes heureuse, rien d'autre ne compte, Clémentine. Evidemment, un femme aussi belle que vous ne pouvait demeurer longtemps seule. J'aurais tellement aimé.... Mais c'est trop tard. Tant pis pour moi.

Il désigna le *Mary-Clémentine.*

— Vous observiez ce bateau. Il est à vous ?

— Peter me l'a offert en cadeau de mariage.

— Oui, je comprends, murmura-t-il.

Une brusque bouffée de colère envahit Clémentine.

— Vous ne comprenez rien du tout, riposta-t-elle sèchement. Que croyez-vous ? Que j'ai épousé Peter pour sa fortune ? Eh bien détrompez-vous ! Je l'aurais épousé même s'il avait été pauvre. C'est un homme remarquable. Et je l'aime ! Vous entendez ? Je l'aime !

— Pardonnez-moi, Clémentine, je ne voulais surtout pas vous froisser. Ne voyez dans ma réflexion stupide qu'une réaction de dépit et de tristesse. Lorsque je vous ai aperçue, j'ai cru que c'était la providence qui vous avait mise sur mon chemin. J'ai souvent pensé à vous depuis que nous nous sommes rencontrés.

Elle le regarda du coin de l'œil. Il semblait réellement malheureux. Et surtout, elle ne pouvait s'empêcher de le trouver beau. Il se dégageait de lui un charme et une sensualité qui ne pouvaient laisser aucune femme indifférente. Si elle n'avait éprouvé un tel attachement pour Peter, si elle était restée célibataire, elle aurait sans aucun doute succombé. Mais cela, c'était hors de question. Elle ne pouvait supporter l'idée de causer le moindre mal à Peter. Elle déclara :

— Soyez un gentleman, Richard. N'insistez pas.

— Bien, bien ! J'en serai quitte pour faire la tournée des bars ce soir, afin d'essayer de vous oublier. Mais je doute que ce soit possible.

Elle préféra changer de sujet.

— Que faites-vous donc à Hobart ? Vous comptez vous installer ici ?

— Non. Je suis venu plaider la cause d'un de mes clients au tribunal. Mais je ne veux pas vous ennuyer avec ça.

— J'ai une question à vous poser. Un certain Andrew Prescott possède une concession près de celle de mon mari. Avez-vous un lien de parenté avec lui ?

Le sourire de Richard s'effaça d'un coup. Apparemment, elle avait touché un point sensible. Il resta un moment silencieux, puis répondit :

— Andrew Prescott est mon père. Mais nous sommes fâchés. Il vaudrait mieux éviter de lui parler de moi.

— Je vous le promets. D'ailleurs, il y a peu de chances. Peter et moi ne le fréquentons pas.

L'évocation d'Andrew Prescott avait eu pour effet de jeter un froid dans leur conversation. Pendant un court instant, Clémentine avait vu briller un éclat de haine intense dans les yeux de Richard. Elle pensa en parler à Emilie. Mais il valait mieux garder cette rencontre pour elle. Elle n'avait jamais évoqué devant son amie l'aventure qui l'avait liée au jeune avocat avant son arrivée en Tasmanie.

Presque brutalement, Richard prit congé de Clémentine.

— Je vous prie de me pardonner, dit-il. Je dois repartir demain pour Sydney, et j'ai encore mille choses à régler.

Il lui prit les doigts avec galanterie et y déposa un baise-main. Puis il s'éloigna d'un pas rapide. Clémentine le regarda partir, mal à l'aise. C'était comme si, tout à coup, les démons menaçants avaient resurgi. Il s'était certainement passé quelque chose de grave entre le père et le fils Prescott. Mais en quoi cela pouvait-il la concerner ?

17

Le drame frappa vers la fin mai. Depuis un mois, une série de tempêtes s'étaient abattues sur la forêt, annonçant la période hivernale. Avec elles avaient resurgi les cauchemars de Clémentine, pourtant oubliés depuis deux ans. Mais ils se doublaient cette fois d'un terrible pressentiment. La nuit, elle se levait pour vérifier que ses enfants dormaient bien. Au dehors, de violentes bourrasques faisaient ployer les grands arbres. Des grincements sinistres se faisaient entendre, comme si la maison allait se disloquer sous les coups de boutoir de l'ouragan. L'eau s'infiltrait partout, détrempait tout.

Pour l'hémisphère austral, le mois de mai équivalait au mois de novembre de l'hémisphère nord, cette période sinistre où la mort impitoyable rôdait, emportant les feuilles et les gens. Depuis quelques jours, il régnait une atmosphère inquiétante parmi les bûcherons. Certains prétendaient avoir aperçu des formes noires rôdant dans la forêt. Mais, lorsqu'ils tentaient de s'en approcher, elles disparaissaient.

— Ce sont sans doute des saisonniers qui cherchent du travail, déclara Peter.

— Non, patron, répondit un métis. Les saisonniers viennent frapper à la porte. Ce sont des esprits qui errent. Il faut se méfier. Une grande menace pèse sur la forêt.

Mise au courant de cette histoire, Clémentine sentit redoubler son inquiétude.

Ce matin-là, Peter avait décidé de se rendre sur une parcelle afin de marquer les arbres à abattre. Saisie par l'angoisse, Clémentine voulut le retenir. Mais il la rassura :

— Tu ne vas pas croire à ces sornettes ! dit-il. Il n'y a aucun esprit dans la forêt. Mais si ça peut te rassurer, je vais emporter mon fusil.

Il l'embrassa, puis disparut dans le petit matin brumeux en direction de l'écurie.

Il revint deux heures plus tard. Clémentine entendit d'abord le pas lent de son cheval. Elle poussa un soupir de soulagement et sortit sur la terrasse. Au loin, dans le brouillard, la silhouette centaurienne se dessina, ombre grise au milieu des fantômes des arbres gris. En une fraction de seconde, Clémentine comprit que quelque chose n'allait pas. Elle se mit à courir vers lui. Il était presque couché sur l'encolure de sa monture, qui avançait d'un pas mécanique.

— Peter ! hurla la jeune femme.

Son cri attira Bernie, Dina et les autres. Clémentine s'approcha du cheval. Son mari semblait avoir perdu connaissance. Elle se précipita sur lui.

— Peter, réponds-moi !

Ce fut alors qu'elle remarqua la tache écarlate qui marquait sa veste de cuir, dans le dos. On le transporta dans sa chambre. Avec précaution, Clémentine ôta ses vêtements. Mais un rapide coup d'œil la renseigna : les blessures de son mari étaient très graves. Trois balles l'avaient frappé dans le dos et il avait perdu beaucoup de sang. Il était même extraordinaire qu'il ait pu revenir jusqu'à la maison. Lorsqu'il revint à lui, il agrippa la main de Clémentine. Rassemblant ses forces, il déclara :

— Tu avais raison, ma chérie. Je me suis montré imprudent.

— Que s'est-il passé ?

— Je l'ignore. Je n'ai pas senti arriver mon agresseur, et je ne sais pas pourquoi il a tiré sur moi.

— As-tu vu celui qui t'a fait ça ?

— J'ai réussi à me retourner malgré mes blessures, et j'ai aperçu un homme entièrement vêtu de noir. Il épaulait une nouvelle fois pour m'achever, mais j'ai réussi à lever mon fusil et j'ai tiré à mon tour. Je l'ai raté, mais il a pris peur et s'est enfui.

— Connaissais-tu cet homme ?

— Son visage m'est familier ! Je l'ai croisé il y a très longtemps, ici, en Tasmanie. Malheureusement, je ne parviens pas à me souvenir de son nom.

Il se mit à tousser et reprit son souffle avec difficulté. Clémentine ne sentait pas les larmes qui lui brouillaient la vue. Il souffrait d'une hémorragie interne, et elle savait qu'il n'y avait pas grand-chose à faire. Peu à peu, il allait se noyer dans son propre sang.

— Mais pourquoi a-t-il fait ça ? Lui as-tu causé du tort ?

— Non. Je n'ai jamais eu de relation directe avec lui. Je l'ai rencontré chez l'un ou chez l'autre, il y a peut-être vingt ans. Je ne me souviens même pas lui avoir parlé.

— Tu confonds peut-être.

— Je n'oublie jamais un visage. Mais je t'assure que j'ignore pourquoi il a voulu me tuer.

Il se remit à tousser. Clémentine épongea le sang qui ruisselait des lèvres de son mari. La respiration du blessé devenait de plus en plus difficile. L'une des balles avait probablement touché un organe vital. Seule, elle se sentait incapable de tenter d'extraire les balles. Une douleur innommable lui broyait les entrailles, née de sa rage, de son chagrin et de son impuissance. Peter lui prit la main. Son élocution commençait à s'altérer.

— Je suis désolé, ma chérie, mais je crois que je suis arrivé au bout de ma route. Je suis furieux après moi. J'aurais tellement désiré voir grandir mes enfants.

Elle aurait voulu lui mentir, lui dire qu'il allait vivre, mais elle n'avait pas la force de le tromper. Il poursuivit :

— Je veux te remercier pour toute la joie, tout le bonheur que tu m'a apportés. Ce fut trop court, mais ce fut tellement fort. C'est tout cela que j'emporte avec moi.

Sa main se crispa sur celle de Clémentine. Il parvint à maîtriser la quinte de toux qui menaçait et ajouta :

— Je voudrais que tu continues à te battre pour sauvegarder notre domaine. C'est celui de nos enfants. Ne laisse pas les charognards les dépouiller. Protège nos arbres !

Les yeux brouillés par les larmes, elle répondit :

— Je te le promets.

— N'est-ce pas qu'ils sont les plus grands du monde ?

— Oui, mon chéri.
— Et nos enfants sont les plus beaux, n'est-ce pas ?
— Oh oui, ils sont beaux. Et je ne laisserai personne s'emparer de leurs terres. Je t'en fais le serment.

Peter mourut la nuit qui suivit. Clémentine n'avait pu que soulager sa douleur avec de l'opium. Elle ne l'avait pas quitté un seul instant, lui tenant la main. Constatant que sa respiration s'était arrêtée, la jeune femme éclata en sanglots, puis s'effondra sur le corps de son mari. Elle revit le visage de Moragani. La vieille métisse n'avait pas menti. Mais une autre idée la tenaillait. Les deux hommes qu'elle avait épousés, qu'elle avait aimés, avaient tous deux péri de mort violente. Une pensée insidieuse la pénétra, acide, destructrice : peut-être portait-elle malheur...

18

Le surlendemain, l'inspecteur Georges Brady, de la police de Norfolk, et son adjoint se présentèrent au domaine des Diables, la moustache conquérante relevée en pointe, l'œil suspicieux. Ils adressèrent à Clémentine des condoléances de convenance, puis commencèrent à fureter partout comme s'ils se trouvaient sur les lieux du crime même. L'attitude arrogante et suffisante des deux hommes eut tôt fait d'énerver Clémentine, partagée entre la douleur et la colère. Elle n'avait plus qu'une idée : retrouver l'homme en noir et lui faire payer son crime. Malheureusement, elle ne possédait guère d'éléments.

— Vous dites que votre mari a été assassiné, miss White, demanda Brady, un individu petit et râblé, au regard un peu faux.

— On lui a tiré trois balles dans le dos. Il est difficile de croire à un accident, répliqua-t-elle, agacée.

— Evidemment. Connaissiez-vous des ennemis à votre mari ?

— Aucun. Peter était le meilleur des hommes. Il n'avait que des amis.

— Il n'est pas mort immédiatement, m'a-t-on dit. Vous aurait-il confié quelque chose ?

— Il a reconnu son agresseur.

— Voilà qui devrait grandement faciliter l'enquête. Vous a-t-il donné son nom ?

— Hélas, non. Il n'est pas parvenu à s'en souvenir. Il m'a dit l'avoir croisé il y a très longtemps. Je sais seulement que cet individu était vêtu de noir.

— Beaucoup d'hommes portent du noir par ici.

— Je suis désolée de ne pouvoir vous en apprendre plus. Mais vous pourriez peut-être vous rendre sur place afin de chercher des indices.

— Nous connaissons notre métier, miss White, répliqua l'inspecteur d'un ton sec.

— Je n'en doute pas. Que comptez-vous faire ?

— Nous allons mener notre enquête comme il convient, rassurez-vous. Mais dites-moi, c'est bien vous qui allez hériter la fortune de votre mari, n'est-ce pas ?

La colère qui couvait depuis le début explosa.

— En effet. Oseriez-vous insinuer que c'est moi qui ai fait assassiner mon mari ?

L'autre réagit immédiatement, comme s'il n'attendait que cette occasion :

— Votre mari était très riche. Vous auriez très bien pu payer un complice.

— Monsieur, je vous rappelle que je suis veuve et que j'aimais profondément mon mari. Votre attitude est injurieuse. Aussi, je vous demande de sortir immédiatement de cette maison !

— Miss White, nous ne faisons que notre travail ! riposta l'adjoint, un peu embarrassé.

— Eh bien, si c'est là tout ce dont vous êtes capables, vous n'avez rien à faire ici.

— Permettez, madame, reprit l'inspecteur, il y a eu mort d'homme. Nous ne devons négliger aucune piste.

— Et, bien sûr, je fais une coupable idéale. Vous oubliez que mon mari a déclaré avoir rencontré cet homme il y a très longtemps. Or, je ne suis en Tasmanie que depuis trois ans et demi.

— Existe-t-il seulement, cet homme en noir ?

— Bernie et Dina pourront le confirmer. Il en a parlé devant eux.

— Nous allons donc les interroger à ce sujet. En envisageant la possibilité qu'ils puissent également être complices.

— Mais vous êtes fous ! Sachez, messieurs, que je me plaindrai à vos supérieurs de votre comportement.

L'argument ne sembla pas impressionner l'inspecteur, qui la foudroya du regard. Son collègue se montra plus conciliant.

— Il ne faut pas nous en vouloir, miss White. Tant qu'un crime n'a pas été élucidé, toute personne de l'entourage de la victime reste suspecte à nos yeux. Mais n'ayez crainte, l'hypothèse la plus vraisemblable est celle d'un saisonnier qui a tué votre mari pour le dépouiller.

Derrière l'arrogance de Brady, Clémentine décelait une hostilité à peine voilée. Elle se demanda quelle pouvait être son origine. La réponse vint aussitôt.

— On dit que vous employez beaucoup de métis parmi vos bûcherons, reprit le chef.

— C'est exact.

— Et il y a un village non loin de l'endroit où votre mari a été agressé.

— Cela s'est passé à l'opposé du village, rectifia Clémentine. Non loin de la piste du lac Gordon.

— Hum. Cela ne veut rien dire. Il faudra que nous allions interroger ces métis.

— Ils connaissaient mon mari depuis plus de vingt ans, et ils avaient beaucoup de respect et d'estime pour lui, précisa la jeune femme. Peter ne m'a pas parlé d'un métis. Je crois que vous devrez chercher votre coupable ailleurs.

— Ce sera à nous d'en juger, miss White.

Clémentine voulut répliquer, mais comprit que c'était inutile. On lui avait envoyé, volontairement ou non, deux fonctionnaires stupides et sans imagination, pour lesquels n'importe quel métis ferait un assassin désigné. Ces deux caricatures de policiers ne risquaient guère de démasquer le véritable criminel. Elle renonça à discuter avec eux. Retrouver un homme vêtu de noir surgi du passé dépassait leurs compétences, et ils préféraient s'en prendre à des suspects tout désignés.

Lorsque les policiers furent repartis, elle réunit la famille de Bernie et les bûcherons.

— Ecoutez-moi tous, dit-elle. Vous savez que votre patron a été tué par un homme vêtu de noir, un homme qu'il a connu il y a une vingtaine d'années. Or, il semble que la police s'oriente vers de fausses pistes, pour des raisons de facilité. Aussi, je voudrais que vous m'aidiez à retrouver celui qui a commis ce crime. Je veux venger Peter.

Une ovation lui répondit.

— Nous sommes avec vous, m'dame Clémentine !

La réponse lui fit chaud au cœur.

— Je vous remercie. Je voudrais, dans un premier temps, que vous interrogiez les gens de Maydena, pour savoir s'ils n'auraient pas aperçu un homme vêtu de noir rôdant dans les parages. Ici, tout le monde se connaît. Si un étranger est passé par le village ces jours derniers, il est possible qu'on l'ait remarqué.

On acquiesça avec enthousiasme. Néanmoins, Clémentine remarqua l'absence de quelques hommes, parmi lesquels Wilhem Van Harburg.

Quelques jours plus tard, les amis de Peter, prévenus par télégramme, arrivèrent au domaine. Herbert Fischer, le séducteur aux sept enfants, semblait sur le point de pleurer. Les yeux rougis par la peine, il prit Clémentine dans ses bras et la serra avec affection.

— Peter était plus qu'un ami, dit-il. C'était un frère pour moi. Nous avions démarré nos activités en même temps, et nous sommes toujours restés fidèles l'un à l'autre. Il va terriblement me manquer.

Clémentine le remercia. Il y avait quelque chose de semblable chez les deux hommes. Si les Anglais avaient plutôt tendance à maîtriser leurs émotions, Herbert, tout comme Peter, laissait libre cours à ses sentiments et à son amour de la vie.

En revanche, les Kleinberg et les Wilson manifestèrent une tristesse de circonstance. S'ils éprouvaient un chagrin sincère, Clémentine ne parvint pas à le savoir.

Peter fut inhumé sous le plus beau hêtre du parc. Cette journée fut un véritable calvaire pour Clémentine, qui dut faire appel à tout son orgueil pour ne pas s'effondrer. Elle savait que, selon toute logique, Peter partirait avant elle, mais elle espérait bien qu'il aurait assez de temps pour voir grandir ses enfants. Il lui avait apporté tout ce qu'une femme pouvait désirer : la tendresse et la sécurité, la sérénité et l'amour. Il lui avait offert le bouclier de sa force. A présent, elle se retrouvait seule pour faire face aux difficultés qui n'allaient pas tarder à surgir.

Comme si le temps avait voulu se mettre en harmonie avec le désarroi qui la frappait, une tempête épouvantable s'était abattue sur le pays. Des bourrasques violentes bousculèrent les porteurs du cercueil, tandis que des rafales de pluie cinglaient les visages.

Les yeux brouillés, la gorge nouée, elle vit à peine les cordes descendre le cercueil. Peter avait bien raison de dire que la terre ne nous appartenait pas. Il était parti, mais elle était toujours là, qui l'avait accueilli en son sein. Ravalant ses larmes, Clémentine entendit à peine les condoléances qu'on lui adressa. Peu à peu, la foule se dispersa, emportée par le vent et la pluie. Seul un petit groupe de fidèles resta près d'elle, parmi lesquels elle reconnut Emilie. Elle se souvint que son mari, Ambrose, était reparti pour Hobart.

Elle avait réussi à retenir son chagrin. Mais lorsque revenue dans la maison Mary lui demanda : « Il est où, papa ? », elle s'écroula sur l'épaule de son amie.

Le lendemain, elle reçut la visite de Brian Kelly, qui avait tenu à se recueillir sur la tombe de Peter.

— Pardonnez-moi de n'être pas venu hier, dit-il. Mais ma présence n'aurait pas été appréciée par tout le monde. Si vous avez besoin de moi, sachez que je serai là, ainsi que ma famille.

— Je vous en remercie.

Les cauchemars étaient revenus. Si l'atmosphère guerrière en avait presque disparu, elle voyait des ombres lugubres rôder autour de la demeure pour s'attaquer aux enfants. Plusieurs fois par nuit, elle s'éveillait en sursaut et se rendait dans la chambre des petits pour s'assurer que tout allait bien. Alors Emilie, qui ne dormait guère, elle non plus, venait lui tenir compagnie. Clémentine se blottissait dans les bras de son amie comme elle l'aurait fait avec sa mère.

— J'aimerais retourner à l'époque de ma petite enfance, Emilie. Tout me semblait magique alors. Chaque pas que je faisais m'ouvrait un monde infini. Il y avait du soleil, de la lumière, des couleurs. Lorsque mon père me parlait des pays qu'il avait traversés, j'imaginais des paysages grandioses, remplis d'animaux extraordinaires, peuplés de gens fabuleux. La mort n'existait pas. « Qui est cet homme en noir ? gémissait-elle. Pourquoi a-t-il tué

Peter ? Je ne cesse de retourner la question dans ma tête et j'ai l'impression qu'elle va éclater.

Dans les jours qui suivirent, Clémentine n'eut guère le temps de souffler. La scierie ne pouvait s'arrêter de tourner. Van Harburg et Beaver avaient pris les deux équipes en charge. Mais si Beaver faisait preuve de compassion à l'égard de la jeune femme, le Hollandais en revanche affichait une assurance nouvelle et agissait comme s'il était le nouveau patron. Trop lasse encore pour réagir, Clémentine le laissa mener les affaires à sa guise.

En compagnie de John Beaver, elle s'était rendue sur les lieux du crime. Elle avait scruté le sol, les arbres et les fougères géantes jusqu'à s'en user les yeux, dans l'espoir de dénicher un indice. En vain. L'homme en noir n'avait laissé aucune trace de son passage. Et les pluies qui avaient détrempé la terre ne facilitaient pas la tâche.

Une semaine après l'enterrement, les deux policiers repassèrent la voir. Leur enquête n'avait rien donné.

— Nous avons interrogé les métis de Temehonne. Tous avaient des alibis. Et puis, vos domestiques ont confirmé que votre mari a parlé d'un homme en noir. Nous en concluons qu'il s'agit d'un rôdeur, probablement un saisonnier. A cause de la crise qui sévit actuellement en Tasmanie, les crimes se multiplient.

— Mais mon mari m'a dit avoir reconnu son assassin. N'allez-vous pas suivre cette piste ?

— Il a cru le reconnaître, mais il s'est sans doute trompé. Il était gravement blessé.

Clémentine évita de leur dire qu'elle menait sa propre enquête. Malheureusement, celle-ci n'apporta pas non plus de résultat. Au bout de quelques jours, Beaver vint lui faire son rapport.

— Personne n'a rien vu, madame. Ou alors, nous avons une centaine de suspects. Les saisonniers sont nombreux en ce moment, sans compter les colporteurs. Nous avons aussi demandé aux plus anciens s'ils n'auraient pas reconnu un homme venu il y a longtemps dans la région. Mais, là encore, aucune piste.

Dix jours après la mort de Peter, Clémentine prit le train pour Hobart. Elle devait rencontrer Klaus Kleinberg, qui gérait les affaires de Peter, afin de régler les détails de la succession. Loona et les enfants l'accompagnaient. Après ce qui s'était passé, elle ne tenait pas à les laisser derrière elle. C'était la première fois que Mary et Paul prenaient le train. Leur émerveillement permit à Clémentine de ne pas trop penser à sa douleur.

Un grand vide s'était creusé en elle. Il n'y avait plus près d'elle l'ombre rassurante de Peter. En reprenant en main les affaires de la scierie, elle se rendit compte de tout ce qu'il gérait. Et il trouvait encore le temps de consacrer du temps à sa famille. La promesse qu'elle lui avait faite sur son lit de mort ne quittait pas son esprit. Pour lui, pour son souvenir, et surtout pour ses enfants, elle ne baisserait pas les bras.

Elle était sûre que les policiers se trompaient. Il ne s'agissait pas du crime d'un rôdeur. L'homme était venu pour tuer Peter. Mais qui était-il ? Et quel but poursuivait-il ? Le motif du vol était peu probable. Si au moins Peter avait pu lui dire *où* il l'avait rencontré. Sans doute l'avait-il vu plusieurs fois pour s'en souvenir aussi bien. En vingt ans, les visages changeaient.

Klaus Kleinberg reçut Clémentine avec son onctuosité habituelle.

— Sachez, miss White, que je compatis à votre douleur. Peter était pour moi un ami de longue date. Je m'occupais de ses affaires depuis son arrivée en Tasmanie.

Il lui proposa un fauteuil, dans lequel elle prit place.

— Dites-moi, monsieur Kleinberg, avant de mourir, Peter m'a dit qu'il avait reconnu son agresseur. C'était un homme qu'il avait croisé il y a bien longtemps ici, en Tasmanie. Cela éveille-t-il un souvenir en vous ? Un homme entièrement vêtu de noir.

Une fraction de seconde, Clémentine eut l'impression que cette description provoquait une réaction chez l'avocat. Mais peut-être n'était-ce que le fruit de son imagination. Il répondit :

— Je suis au courant. La police est venue m'interroger. Pardonnez-moi, mais elle vous soupçonnait même d'avoir payé un homme de main pour supprimer votre mari. Bien sûr, je leur ai dit que cette théorie était absurde.

— Je vous en remercie. Mais peut-être avez-vous une idée sur l'identité de cet homme en noir ?

— Aucune, hélas. A ma connaissance, Peter n'avait aucun ennemi. Tout au moins pas en Tasmanie. Ses affaires étaient parfaitement claires. Il payait bien ses bûcherons, ses clients le réglaient rubis sur l'ongle. Non, je ne comprends pas, miss White.

Il plongea le nez dans ses dossiers et déclara :

— Je vais vous dresser un inventaire des biens dont vous héritez. Tout d'abord, il y a le domaine des Diables, avec les forêts, la scierie et le barrage. Il faut ajouter à cela la maison de Hobart, le bateau — mais je crois qu'il est déjà à votre nom —, et enfin les comptes en banque.

Après lui avoir fait signer une foule de documents concernant la succession, il toussota, puis demanda :

— Que comptez-vous faire à présent ?

— Je vais continuer la tâche de mon mari, maître Kleinberg.

Il la contempla avec des yeux stupéfaits.

— Voulez-vous dire que... vous comptez vous occuper vous-même de l'exploitation forestière ?

— Exactement.

— Mais ce n'est pas le travail d'une femme !

— Et pourquoi cela ?

— Allons, miss White. Une femme ne peut pas avoir l'autorité suffisante pour diriger ces têtes de brutes que sont les bûcherons. Ce sont des êtres frustes, sans aucune éducation. Jamais ils n'accepteront de vous obéir.

— Il le faudra bien. Mais je n'ai aucune inquiétude à ce sujet. Depuis trois ans, c'est moi qui prépare leur paye. Je les connais tous individuellement. Et puis, j'ai promis à mon mari de poursuivre son œuvre et rien ne m'empêchera de le faire.

Kleinberg eut une moue de désappointement. Il avait senti dès le départ que les choses ne se passeraient pas aussi simplement qu'il l'avait imaginé. Cette Française était une damnée tête de mule. Il n'allait pas être facile de lui faire entendre raison. Il reprit d'un ton plus doux.

— Ce que j'en disais, c'était pour vous éviter une épreuve difficile. J'ai... enfin voilà. On m'a fait une proposition alléchante concernant votre exploitation.

— De la part d'Andrew Prescott, j'imagine ?

— Exactement. Il a appris le malheur qui vous frappe, et il est prêt à vous faire la même offre que celle qu'il a faite à votre mari à l'époque de votre mariage, il y a trois ans.

— Je me disais aussi... les charognards n'ont pas mis longtemps à se manifester.

— Je vous en prie, miss White. C'est une offre plus que généreuse. Depuis trois ans, le cours du bois a beaucoup baissé. Cette solution vous laisserait une fortune très confortable pour vivre tranquillement jusqu'à la fin de vos jours, et élever vos enfants sans difficulté.

— Et abandonner tout ce pour quoi Peter s'est battu toute sa vie ? C'est hors de question.

— Mais enfin...

— Ecoutez-moi bien, maître Kleinberg. J'ai fait la promesse de reprendre la scierie et je le ferai. Tant pis si cela contrarie les vautours qui convoitent cette exploitation. Elle n'est pas à vendre. Et si vous tenez à rester mon homme d'affaires, ne me parlez plus jamais de cette histoire. C'est bien compris ?

Kleinberg avala sa salive pour étouffer sa hargne. Il n'était pas habitué à ce qu'on lui parlât sur ce ton, et surtout pas une femme — française de surcroît. Il détestait cordialement cette fille sortie de Dieu savait où. Elle avait su manœuvrer comme il fallait pour mettre la main sur la fortune du vieux White. Avec ses cheveux coupés courts, elle avait dû éveiller chez ce libertin dépravé des élans d'obscénité. Belle réussite pour cette Jézabel. Il la haïssait. Son parfum, sa peau provoquaient en lui des émotions sournoises qu'il aurait voulu nier, car elles lui rappelaient l'humaine condition, la tentation de la chair. Lui qui se référait si volontiers aux Saintes Ecritures sentait son sang circuler un peu plus vite dans ses veines depuis qu'elle était entrée dans son bureau. Et cette sensation perverse, qu'il aurait voulu nier, traînait ses pensées sur des images impures, des envies inavouables. « L'Eve tentatrice, mère de tous les péchés ! », songea-t-il avec colère, se maudissant lui-même de se sentir si faible, si vulnérable.

Il la fusilla du regard, mais s'entendit répondre d'un ton conciliant.

— Bien entendu, miss White. Je porterai votre réponse à la connaissance de monsieur Prescott.

Clémentine acquiesça. Elle n'avait jamais aimé cet individu infatué et hypocrite, l'image même du riche colon persuadé de se situer au-dessus du commun des mortels.

— C'est bien ! Je compte sur vous pour qu'il ne m'ennuie pas avec cela. Dans le cas contraire, je me verrai contrainte de changer de financier.

Elle lui tourna le dos. Il la raccompagna à la porte de la demeure. Tandis qu'elle s'éloignait dans la ville bouillonnante, il ne put détacher son regard de la robe élégante qui dessinait parfaitement sa silhouette. Une bouffée de sang lui monta au visage. Il claqua la porte avec une violence retenue. Cette petite gourgandine n'avait aucune idée de ce qui l'attendait. Klaus était ennuyé de devoir transmettre une réponse négative à Andrew Prescott. Mais il ne se faisait aucun souci. Privés de leur maître, les bûcherons allaient lui mener la vie dure. Avant quinze jours, cette maudite courtisane aurait compris, et elle viendrait le supplier de lui renouveler son offre.

19

Clémentine passa deux jours chez Emilie. Ce fut pour elle comme une parenthèse, une escale dans la tourmente. Elle se doutait que les difficultés allaient bientôt surgir.

Elle ne se trompait pas. Le lendemain de son retour au domaine des Diables, quatre bûcherons demandèrent à la rencontrer. Elle les reçut aussitôt dans le bureau de Peter. En entrant dans la pièce, que rien n'avait troublée depuis la disparition de son mari, elle prit conscience qu'il était devenu le sien. Elle était seule désormais pour faire face à la responsabilité de l'exploitation. Le fauteuil dans lequel il avait l'habitude de s'asseoir trônait, désespérément vide, dans un angle. Lorsqu'ils restaient bavarder, elle prenait place sur un accoudoir, et il passait son bras autour de sa taille en sirotant un verre de whisky. Elle serra les dents pour maîtriser son émotion, respira profondément, puis s'assit derrière le bureau en hêtre. Les quatre hommes avaient l'air embarrassés.

— Je vous écoute, dit-elle d'un ton froid.

Ils hésitèrent, se consultèrent du regard, puis l'un d'eux se décida.

— Ben voilà, m'dame Clémentine. Nous voudrions partir.

— Partir ? Pourquoi ?

— Ben... on nous a proposé une meilleure situation ailleurs. Alors, il faut bien qu'on pense à nos familles. Ici, nous gagnons cinq livres et demie par mois. Ailleurs, on nous offre six livres et demie.

— Ailleurs, ce ne serait pas chez Andrew Prescott, par hasard ? Et je suppose qu'il a fait la même proposition à tous mes employés. La Tasmanie traverse une crise sans précédent, le travail manque, mais Prescott recrute à tour de bras. Cela ne vous étonne pas ?

Son interlocuteur baissa le nez. Un autre prit le relais.

— Monsieur Reiner, son chef d'équipe, est passé nous voir à Maydena la semaine dernière. Il a dit qu'il avait du travail pour nous, bien payé.

Un troisième renchérit.

— C'est vrai, m'dame Clémentine. Les autres gars se posent la question. Certains pensent à partir, mais ils attendent un peu, à cause de votre deuil.

— Vous n'avez pas eu cette délicatesse...

— M'dame, faut comprendre...

— Je comprends surtout qu'il aurait été plus simple de venir m'en parler avant, sans prendre de décision hâtive.

— Nous n'étions même pas sûrs que vous alliez garder les Diables, rétorqua un autre. C'est vrai, diriger une scierie, pour une femme...

— Bien entendu, vous m'en croyez incapable, n'est-ce pas ?

— Ben...

— Que se passerait-il si je vous annonçais que j'ai vendu les Diables à Prescott ? Tous, vous deviendriez ses employés. Et là, au lieu de vous augmenter, il baisserait vos salaires en invoquant la crise économique. Peu importe que vous soyez d'accord ou pas. Les chômeurs ne manquent pas et il arriverait très vite à remplacer les récalcitrants. Vous auriez bien du mal à retrouver du travail ailleurs.

— Vous avez vendu les Diables ? s'inquiéta l'un des bûcherons.

Clémentine ne répondit pas et réfléchit rapidement. Il était hors de question d'aligner les salaires de ses hommes sur celui proposé par Prescott. En raison de la chute du prix du bois, l'entreprise perdrait de l'argent. Si son concurrent avait décidé de puiser dans ses réserves pour la faire couler, c'était son affaire. Mais elle refusait d'entrer dans son jeu. Et puis, il lui restait peut-être un atout en réserve. Quelques mois avant de mourir, Peter avait pris contact avec de nouveaux acheteurs australiens. Malheureusement, les commandes n'étaient pas encore passées, et si elles ne tombaient pas, elle allait devoir débaucher. En réalité, sans s'en douter, Prescott lui rendait service en la débarrassant de ces quatre-là.

Elle soupira, puis déclara :

— Eh bien messieurs, je vais accepter votre demande. Je ne voudrais pas vous faire perdre une opportunité aussi séduisante. Je vais donc préparer vos soldes de tout compte, et vous irez vous faire embaucher chez qui vous voudrez. J'ajouterais cependant que je déplore votre attitude, car je crois savoir que les bûcherons de Prescott ne sont pas aussi bien payés que vous l'étiez ici. Or, à moins qu'il ait décidé d'augmenter tous ses ouvriers, ce qui m'étonnerait, votre salaire mirobolant risque de susciter là-bas quelques jalousies. Et de ne durer qu'un temps.

Elle les fixa l'un après l'autre dans les yeux, puis explosa :

— Mais enfin, il ne vous est pas venu une seule seconde à l'esprit que Prescott ne cherchait qu'à vous débaucher pour me plonger dans les difficultés ! Son but est de s'emparer des Diables. Vous avez décidé de lui faciliter la tâche, tant pis pour vous. Alors, allez travailler chez lui. Je ne vous retiens pas.

Elle se leva et leur montra la porte.

— Vous connaissez le chemin. Vous repasserez ce soir pour prendre vos payes et vos certificats.

Lorsqu'ils furent sortis, Clémentine reprit place derrière le bureau et se prit la tête dans les mains. D'autres bûcherons risquaient de suivre l'exemple de ceux-là. Mais elle ne pouvait suivre la rémunération qu'il leur proposait sans mettre en danger la survie de l'exploitation. Peter avait réussi à maintenir les salaires malgré la crise, mais les primes versées pendant les années fastes avaient disparu. Cependant, si elle ne faisait aucun geste, elle risquait de voir ses équipes fondre à vue d'œil.

Elle se leva et se rendit devant le large bow-window qui ouvrait sur le parc, dans la direction de l'allée. Des larmes coulèrent sur ses joues. Elle ressentait partout la présence de Peter. Elle éprouvait un sentiment de colère et d'injustice. Elle ne trouvait pas de mot pour qualifier l'acte odieux et lâche de cet inconnu. Malgré son âge, Peter avait encore de nombreuses années devant lui. Il était en parfaite santé, il multipliait les projets, comme celui de créer une fabrique de papier à Hobart. Il avait déjà pris quelques contacts en Australie. Il voulait également que la région des arbres géants soit déclarée parc national, afin de contrer une fois pour toutes les visées de Prescott et des autres requins. Il avait noué dans ce but des relations avec le gouvernement de Hobart. Quelques mois auparavant, ils avaient été reçus tous deux par le gouverneur, lord Foster, qui les avait écoutés avec bienveillance. Bien évidemment, Prescott tentait aujourd'hui de prendre Clémentine de vitesse. Il ne tenait pas à voir aboutir ce projet.

Une pensée effroyable l'envahit tout à coup. Serait-il possible que Prescott fût derrière l'attentat dont Peter avait été victime ? Il pouvait très bien avoir payé un homme de main pour accomplir le crime à sa place. Il savait d'avance que la police mettrait cet assassinat sur le compte d'un rôdeur. Peut-être même avait-il usé de son influence, ce qui expliquerait ce simulacre d'enquête, et l'offre qu'il lui avait faite une semaine à peine après la mort de Peter. Une sueur froide coula dans le dos de la jeune femme. Si cette hypothèse était la bonne, elle n'avait même pas la possibilité d'en parler à la police. Elle devait se défendre seule.

Elle se demanda s'il avait prévu de la tuer, elle aussi, si elle refusait sa proposition. Une angoisse incoercible l'envahit, qui lui tordit l'estomac. Elle n'avait pas peur pour elle, mais elle redoutait le pire pour ses enfants. Elle disparue, ils n'auraient plus aucune famille. Que deviendraient-ils alors ?

Elle respira profondément, puis serra les poings. Elle ne se laisserait pas abattre aussi facilement. Tout d'abord, elle ne sortirait plus qu'avec une arme. Elle fouilla dans le bureau de Peter et y prit son revolver.

Ravalant ses larmes, elle appela Bernie pour lui demander de rassembler les ouvriers, bûcherons et menuisiers, pour le soir même.

A la nuit tombée, une trentaine de personnes s'étaient rassemblées dans la grange attenant à la maison. Dina et Bernie avait préparé du cidre, des crêpes et des noix de *pandani* sautées. Clémentine frappa dans ses mains pour obtenir le silence.

— Mes amis, je vous ai réunis ce soir pour vous faire part de ma décision. Je sais qu'Andrew Prescott a proposé du travail à chacun de vous, avec une augmentation d'une livre par rapport au salaire que vous touchez actuellement. Je vous rappellerai cependant que votre salaire était déjà le plus élevé de toutes les exploitations, car mon mari tenait à vous faire partager les bénéfices de votre travail. C'est ainsi qu'en fin d'année, vous touchiez des primes qui représentaient parfois jusqu'à trois mois de salaire. Ces primes ont disparu depuis deux ans en raison de la crise traversée par la Tasmanie. Mais elles vous seront de nouveau versées si la situation s'améliore. Vous pensiez peut-être aussi qu'après la mort de Peter, je vendrais l'exploitation au plus offrant. Eh bien détrompez-vous. Je reste, et je compte diriger cette exploitation moi-même.

— Vous-même ?

C'était la voix de Van Harburg.

— Parfaitement. Depuis trois ans, j'ai assisté mon mari dans son activité, et je la connais à présent suffisamment pour prendre le relais. C'est d'ailleurs ce qu'il a souhaité sur son lit de mort, et je ne trahirai pas sa volonté. J'ignore si d'autres parmi vous avaient l'intention de quitter les Diables. Qu'ils sachent que je n'ai pas l'intention de baisser pavillon devant Prescott. Je me battrai pour défendre cette entreprise afin qu'elle reste telle que mon mari l'avait créée. Aussi, si certains veulent partir, qu'ils le fassent dès maintenant, sans souci de me ménager à cause de mon deuil. La cicatrice est bien ouverte et sera très longue à refermer. Mais cela ne m'empêchera pas de lutter.

— Vous comptez diriger la scierie vous-même ? s'obstina Van Harburg.

— Et pourquoi non ?

— Parce que vous êtes une femme. Gardez la maison si ça vous chante, mais jamais les gars n'accepteront de servir sous les ordres d'une femme.

— Je vous remercie de votre délicatesse, monsieur Van Harburg. Il me chante en effet de garder la maison, mais il me chante aussi de gérer cette exploitation. Et je le ferai. Si vous n'êtes pas d'accord, je vous rappelle que désormais, je suis la patronne et que vous devez m'obéir. Si cela ne vous convient pas, je ne vous retiens pas.

Le Hollandais la toisa, mais elle soutint son regard sans faiblir et répliqua durement :

— Et je vous prierai de vous montrer respectueux, sinon, je vous flanque à la porte !

— Moi ? Et comment feriez-vous pour diriger les équipes ?

— Je le ferai moi-même si c'est nécessaire ! Et ce ne sera plus votre souci !

Elle s'avança et se planta devant lui, les poings sur les hanches. Le Hollandais voulut répliquer, mais le regard noir qu'elle lui adressa le désarçonna. Par bravade, il tenta d'en soutenir l'éclat, puis finit par baisser les yeux, partagé entre la colère et la confusion. Un silence glacial était tombé sur la grange. Clémentine se tourna alors vers les ouvriers et déclara :

— Ecoutez-moi ! Au mois de mars dernier, Peter a pris des contacts avec de nouveaux acheteurs australiens. Les négociations sont toujours en cours, et elles ont de bonnes chances d'aboutir. Malheureusement, la crise économique m'interdit d'avoir la certitude absolue que les commandes tomberont. Si nous ne les obtenons pas, j'aurai beaucoup de mal à maintenir vos salaires au niveau actuel. Mais j'ai confiance dans le travail que vous fournissez, et qui a séduit les acheteurs de mon mari. J'ai repris contact avec eux, et j'attends leur réponse. Aussi, je vais prendre un pari sur l'avenir. Afin de vous ôter l'envie de rejoindre les rangs des équipes Prescott, j'augmente vos salaires à compter de ce jour pour les passer à six livres. Si les commandes australiennes tombent, vous pourrez également compter sur une prime de fin d'année. A l'inverse, si elles ne tombent pas, nous reviendrons à vos salaires actuels, sachant que je ferai tout pour trouver de nouveaux débouchés. Voilà ce que je voulais vous proposer. Mais j'ai besoin de savoir combien parmi vous sont prêts à me suivre. Je veux que vous preniez votre décision immédiatement. Que ceux qui veulent partir se placent à ma droite. Les autres, à ma gauche.

L'instant suivant, la quasi-totalité des ouvriers vinrent se placer à sa gauche. Seuls deux bûcherons hésitèrent, ainsi que Van Harburg. Puis le contremaître haussa les épaules et vint rejoindre le groupe, aussitôt suivi des deux autres.

Un sourire éclaira le visage de Clémentine.

— Je vous remercie, mes amis. Sachez que je ferai tout pour me montrer digne de votre confiance.

Le lendemain, Clémentine reçut une visite quelque peu inattendue. Devant elle se tenait Herbert Fischer, dégoulinant de pluie. Tandis que Bernie emmenait son cheval vers l'écurie, Clémentine l'invita à entrer.

— Je devais me rendre dans les environs pour affaires. J'ai profité de l'occasion pour venir vous présenter mes hommages.

Un peu surprise, elle se demanda un moment s'il n'était pas venu lui faire la cour. Mais elle changea vite d'avis. Pour la première fois, il ne se répandit pas en compliments. Il lui parla de Hobart, de ses enfants. Mais elle sentait que le sujet de sa visite était ailleurs, et qu'il n'osait pas l'aborder. Enfin il se décida.

— Ce ne doit pas être facile, pour une femme seule, et aussi jeune que vous, de reprendre une telle exploitation.

— Je crois que je saurai me débrouiller, rétorqua-t-elle d'une voix neutre.

— Il n'empêche, il doit être dur de se faire obéir de tous ces bûcherons.

— Je n'ai aucune difficulté avec eux. Si vous me disiez maintenant le vrai but de votre visite, Herbert ? Nous sommes amis, que je sache.

Il rougit, puis avoua :

— C'est vrai... heu... c'est-à-dire...

Un mélange de pitié et de colère envahit Clémentine. Elle avait déjà compris. Mal à l'aise, Herbert poursuivit :

— Enfin voilà : je me demandais si vous n'envisagiez pas de vendre les Diables.

— Seriez-vous intéressé pour racheter ce domaine, Herbert ?

— Non, je... Oh, et puis zut ! Je viens de chez Andrew Prescott. Je suis en affaires avec lui. C'est lui qui m'a demandé de sonder vos intentions.

— Je m'en doutais un peu, vous savez.

Il poussa un grognement, puis déclara :

— Alors, ne lui cédez pas ! C'est un requin. Il espère que vous vous découragerez très vite et que vous finirez pas accepter son offre. Mais moi, j'espère que vous tiendrez bon.

— Dites-vous ça pour m'être agréable, ou le pensez-vous vraiment ?

Il lui prit la main.

— Je ne suis pas un homme très sérieux, Clémentine. J'aime les femmes et je trompe la mienne plus souvent que de raison. Je n'y peux rien, je ne suis pas né fidèle. Sauf sur un point : l'amitié.

Or, Peter était mon ami. Un ami de longue date avec qui j'ai fait de superbes parties de pêche et de magnifiques parties de chasse. C'est lui qui m'a fait comprendre la forêt. Moi, je ne suis qu'un homme d'affaires. Ma vie se résumera à des chiffres, des achats, des ventes, des résultats. Il ne restera rien de tout ça. Peter, lui, était un poète. Il y a bien des années, il m'a fait découvrir la cabane qu'il avait construite au sommet de ce grand arbre, au sud de la rivière. Je suppose qu'il vous l'a montrée, à vous aussi. Ce jour-là, j'ai compris que le monde était bien différent de ce que j'avais imaginé. Peter White était un prince. Pour toutes ces raisons, je ne ferai jamais rien contre sa femme. Prescott m'a demandé de passer vous voir, pour tenter de vous convaincre de vendre. J'ai accepté à contrecœur, parce qu'il est aussi un client. Ma mission est remplie, je vous ai transmis sa demande. Mais je veux que vous sachiez que je suis de votre côté.

— Il ne peut pas m'obliger à vendre. Et je n'en ai pas l'intention.

— Je voudrais que nous restions amis, Clémentine.

— Mais nous le sommes, Herbert.

Wilhem Van Harburg avait espéré que Clémentine se retrouverait devant un obstacle insurmontable en reprenant l'exploitation. Seul Peter déterminait les parcelles à exploiter. Il sélectionnait les arbres en fonction de différents critères qui permettaient d'optimiser les coupes. Puis il donnait ses ordres aux deux chefs d'équipe. Van Harburg s'attendait à ce que Clémentine ne sût pas prendre les bonnes décisions. Or, pendant trois ans, elle avait régulièrement accompagné son mari sur les lieux de coupe. Elle savait reconnaître les arbres parvenus à maturité, éviter les jeunes, éliminer les malades, étudier l'approche de coupe. Lorsqu'elle les emmena, Beaver et lui, sur une nouvelle parcelle, elle ne fut pas longue à leur prouver qu'elle s'était montrée bonne élève. Cependant, si Beaver témoigna de satisfaction, Van Harburg fit grise mine. Cette garce en connaissait désormais plus que lui.

— Vous apprenez vite, remarqua-t-il.

— J'ai été à bonne école. J'espère que vous voilà rassuré, monsieur Van Harburg.

— Ouais, patronne.

Durant les deux mois qui suivirent, Clémentine n'eut guère de temps à elle. Tous les matins, elle devait se lever tôt pour donner les consignes de travail aux bûcherons. Ensuite, elle revenait au bureau pour remplir des tâches administratives, répondre au courrier, établir les fiches de paye, surveiller la production. Certains jours, quel que fût le temps, elle sellait Balto et partait explorer une nouvelle parcelle, le plus souvent en compagnie de Beaver, avec lequel elle s'entendait bien depuis le début. Ces expéditions la menaient souvent assez loin de la maison, parfois à la limite des terres de Brian Kelly.

Un jour de neige, alors qu'elle s'était aventurée à la lisière du domaine des Diables, deux silhouettes équestres se dressèrent devant elle. Brian Kelly et un autre homme, en qui elle reconnut son frère Sean. Tous deux ôtèrent leur chapeau pour la saluer.

— Bonjour, miss White !

— Bonjour, messieurs. Dites-moi, Brian, je voulais vous demander quelque chose.

— Si je peux vous rendre service, miss White, vous savez que vous pouvez compter sur mon aide.

— Il s'agit simplement d'une question que je me pose à propos de votre exploitation. Comment se fait-il que vous ne passiez pas par Maydena pour expédier votre bois à Hobart ?

— Parce qu'il ne passe pas par Hobart. Je le fais parvenir à Lonnavale, une petite ville située à une vingtaine de kilomètres vers le sud-est. De là, il est acheminé jusqu'à Huonville par camions ou par chariots. J'évite ainsi la capitale.

Clémentine n'insista pas. Lorsqu'il avait dit « capitale », elle avait compris qu'il sous-entendait par là « tous les requins qui y sévissent ». Elle repensa à l'histoire que lui avait raconté Emilie. Se pouvait-il que cet homme ait tué sa femme et son amant ? Un amant qui n'était autre que le propre fils d'Andrew Prescott. Ceci expliquait sans doute qu'il préférait éviter d'emprunter la même route. Elle comprenait mieux aussi pourquoi Prescott voulait à toute force s'emparer de sa concession. Il se retrouverait ainsi au contact des terres de Brian Kelly. Et si le vieux chacal avait tué Peter, qui sait ce qu'il serait capable de faire pour s'emparer de la concession Kelly...

20

Quelques jours plus tard, Clémentine était en train de classer des documents lorsque Bernie frappa à la porte du bureau, l'air affolé.

— M'dame, m'dame ! Un groupe de visiteurs s'approche. Je crois que c'est m'sieur Prescott. Ils sont nombreux.

— Il ose venir jusqu'ici, ce vieux charognard ! Prépare-moi le fusil.

— M'dame Clémentine, c'est dangereux, objecta le vieil homme.

— Tu crois peut-être que je vais me laisser impressionner. J'ai traversé trois années de guerre, Bernie, il faut autre chose qu'une poignée de scélérats comme Prescott pour me faire peur.

— Je sais, m'dame Clémentine. Mais je vais chercher mes fils. Il y a aussi vos marins. Ils travaillent dans la grange.

— Qu'ils se tiennent prêts.

Quelques instants plus tard, une douzaine de cavaliers s'arrêtaient devant la terrasse. Andrew Prescott avait réuni les plus costauds de ses gars, sans doute afin de lui faire peur, comme l'avait pressenti Clémentine. Celle-ci se tenait sur le pas de sa porte. Le fusil, chargé à la hâte par Bernie, était posé à l'intérieur, à portée de main, mais invisible pour les cavaliers.

— Bonjour, miss White ! J'ai profité d'une petite tournée d'inspection sur mes terres pour vous rendre une petite visite d'amitié, en voisin.

— Bien sûr. Votre concession se situe au nord de Maydena, c'est-à-dire à plus de douze kilomètres d'ici. Je ne vois vraiment pas quelles terres vous appartenant vous avez pu visiter par ici.

Le vieil homme écarta les bras.

— Voyons, pourquoi cet accueil hostile ? Nous sommes concurrents, c'est entendu, mais nous ne sommes pas ennemis.

— Et vous avez besoin d'amener une douzaine de brutes avec vous pour me rendre une visite d'amitié ? De toute manière, je ne sache pas que nous soyons amis. Qui me prouve que ce n'est pas vous qui avez fait assassiner Peter ? L'homme en noir était peut-être à votre solde. Peter l'a reconnu, sans pouvoir l'identifier. Mais c'est peut-être chez vous qu'il l'a croisé, il y a vingt ans.

Le sourire forcé de Prescott s'effaça d'un coup.

— Miss White, je vous jure sur mon honneur que je n'ai rien à voir dans cette histoire. Peter White était un rude concurrent, c'est vrai, mais je le respectais, tout comme il me respectait. J'admets être dur en affaires, mais jamais je ne m'abaisserais à commettre un crime pour parvenir à mes fins.

La véhémence de Prescott ébranla Clémentine.

— Si j'ai votre parole d'honneur, je vous crois, monsieur Prescott. Cependant, je constate que vous avez envahi mon domaine en force. Si vous comptez m'impressionner, vous faites fausse route. Les Diables ne sont pas à vendre et ne le seront jamais.

Le vieil homme, furieux de voir que son coup de bluff n'obtenait pas les effets espérés, explosa :

— Mais enfin, vous êtes une vraie tête de mule ! La place d'une femme n'est pas à la tête d'une scierie. C'est un travail d'homme, qui demande de la poigne et de l'autorité.

— Ah oui ? Et que croyez-vous qu'il s'est passé en France, lorsque les hommes ont été envoyés dans les tranchées ? Dans certains cas, il ne restait plus que les femmes pour mener les fermes et les entreprises. Malgré la guerre, la vie continuait. Et elles ont prouvé qu'elles étaient aussi capables de diriger que les hommes, monsieur Prescott. Je n'ai aucun problème d'autorité avec mes ouvriers. D'ailleurs, je suis persuadée qu'ils sont mieux traités ici que chez vous, car je prends la peine de les écouter et je rémunère leur travail à sa juste valeur.

— Je les paye selon la loi du marché.

— Sauf quand vous tentez de les débaucher.

Il éluda la remarque.

— Miss White, l'offre que je vous ai faite par deux fois est plus que généreuse, surtout en ces temps difficiles. Vous n'auriez plus à vous soucier de rien jusqu'à la fin de vos jours.

— Je sais. Maître Kleinberg m'a déjà expliqué tout cela.

— La décision du gouvernement d'interdire l'exploitation du mont Field a été une véritable catastrophe pour moi, poursuivit Prescott. C'est pourquoi j'ai besoin de vos terres.

— Je vous ai déjà donné ma réponse. Il serait grossier d'insister.

A ce moment, les compagnons de Clémentine se montrèrent, armés de haches ou de barres à mine. Les trois Malais, Taya, Baïran et Rego, le visage fermé, encadraient Clémentine. Prescott sentit que tous étaient prêts à se faire tuer pour elle.

Une vague de fureur monta en lui, qu'il parvint à étouffer. Jamais on n'avait osé lui résister de cette manière. Passe encore pour White, c'était un homme de valeur. Mais cette fille sortie d'on ne sait où n'avait pas peur de lui. Il avait toujours su imposer sa volonté. Et voilà que cette... courtisane se mêlait de contrarier ses plans. Il aurait eu envie de l'insulter, de la remettre à sa place, celle d'une intrigante qui s'était débrouillée adroitement pour mettre la main sur l'une des plus grandes fortunes du pays. Mais il savait au fond de lui-même que ce n'était même pas cela. Si seul l'argent l'intéressait, elle aurait accepté sa proposition. Elle serait partie vivre à Hobart, ou mieux encore, serait retournée en Europe pour mener une vie dissolue.

Il détestait cette femme. Non seulement parce qu'elle osait se dresser contre lui, mais aussi parce qu'il ne pouvait s'empêcher de l'admirer. Il avait pris ses renseignements. Son entreprise fonctionnait bien malgré la crise économique. Et elle poussait l'arrogance jusqu'à posséder des diplômes de médecine. Plusieurs de ses bûcherons avaient eu recours à ses services depuis trois ans. Elle jouissait même d'une réputation qui éclipsait celle des docteurs de New Norfolk.

A ce moment, Mary, qui avait échappé à la surveillance de Loona, se montra à la porte.

— Que se passe-t-il, maman ? demanda la petite.

— Mary ! Veux-tu rentrer immédiatement !

Mais l'enfant s'était déjà avancée en pleine lumière. Elle fixa un regard interrogatif sur le vieux Prescott qui méditait de nouveaux arguments. Dès qu'il posa les yeux sur Mary, son expression de colère se figea et une pâleur soudaine marqua ses traits. L'instant d'après, il retrouva son expression hargneuse. Loona fit rentrer Mary.

— Qui est cette petite ? demanda-t-il d'un ton rogue.

— Ma fille ! répondit sèchement Clémentine. Et ne vous avisez pas de lui faire du mal.

D'un mouvement brusque, elle se saisit du fusil et le pointa sur le vieil homme.

— Je crois vous avoir demandé de quitter les lieux, monsieur Prescott.

Il leva la main en signe d'apaisement.

— Baissez votre arme, miss White. Je vous l'ai dit, je ne suis pas votre ennemi. Je vais partir. Mais je voudrais que vous réfléchissiez sérieusement à ma proposition, au cas où les difficultés que vous rencontrerez deviendraient trop insurmontables.

— Rien n'est insurmontable. Adieu, monsieur Prescott.

Il hocha la tête en bougonnant, puis fit signe à ses hommes de rebrousser chemin. Lorsqu'ils furent partis, Clémentine poussa un profond soupir et s'adossa à la porte, le cœur battant la chamade. Elle détestait ces moments de tension. Peter lui manquait. Depuis sa disparition, elle se retrouvait dans la situation qu'elle avait vécue après la mort de William. Et cette fois, non seulement il n'y avait plus personne pour la soutenir, mais elle devait protéger toute une communauté. Si elle comptait les femmes et les enfants, plus de deux cents personnes dépendaient d'elle. Elle n'avait donc pas d'alternative : elle devait tenir, lutter, sans jamais céder à la moindre faiblesse.

Jusqu'à présent, elle avait résisté. Mais elle se reprochait de ne plus consacrer assez de temps à ses petits. A peine, le soir, trouvait-elle quelques instants pour assister à leur repas et les mettre au lit. Quelques mois auparavant, elle jouait avec eux dans la journée, les baignait et leur racontait des histoires pour les endormir.

Soudain, elle se rendit compte que tous les siens la contemplaient.

— Eh bien, qu'y a-t-il ? demanda-t-elle un peu brusquement.

Ce fut Bernie qui prit la parole.

— Bravo, madame Clémentine. Vous avez rivé le clou à monsieur Prescott aussi bien que l'aurait fait monsieur Peter. Nous sommes avec vous de tout cœur.

Elle poussa un soupir de soulagement. Elle n'était pas seule.

— Merci, mes amis.

Les jours suivants, elle constata que son coup d'autorité face à Prescott avait marqué les esprits beaucoup plus qu'elle ne l'aurait pensé. Les bûcherons la considéraient avec respect et l'écoutaient avec attention lorsqu'elle transmettait ses ordres. Elle avait prouvé qu'elle connaissait parfaitement les arbres et le métier. Elle les avait défendus victorieusement contre le vieux requin. Le lundi matin suivant, en arrivant de Maydena, certains lui apportèrent des gâteaux, des bouteilles de cidre ou de petits vêtements de laine pour les enfants. Comme elle s'étonnait, l'un d'eux expliqua :

— C'est pour vous remercier, m'dame Clémentine. Nous n'avons pas envie que les Diables soient rachetés par m'sieur Prescott. Même s'il nous payait mieux. Ses gars ne font pas du bon boulot. Ils détruisent la forêt. Et nous, on aime les arbres.

Une seule personne ne partageait pas cet état d'esprit. Wilhem Van Harburg ne cacha pas sa déconvenue à la jeune femme. Un matin où ils se retrouvèrent seuls dans la scierie, il laissa éclater sa colère.

— Pourquoi n'avez-vous pas accepté de vendre ? La place d'une femme n'est pas dans une scierie !

— En quoi cela vous regarde-t-il ? s'insurgea-t-elle. Vous commencez à m'agacer avec la place des femmes. Femme ou pas, n'oubliez jamais que je suis votre patronne, monsieur Van Harburg. Et je vous prierai de me parler sur un ton plus correct.

Il baissa la voix, mais poursuivit néanmoins :

— Il faut me comprendre, m'dame. Ici, personne ne connaît le travail mieux que moi. M'sieur Prescott m'avait dit qu'il me prendrait comme gérant de la scierie s'il parvenait à la racheter.

— Et vous l'avez cru ?

— Je suis le plus qualifié, riposta-t-il.

— Pour l'exploitation de vos parcelles, je ne le nie pas, monsieur Van Harburg. Mais gérer une exploitation forestière ne se limite pas à ça. Il faut tenir la comptabilité, établir les payes, embaucher les bûcherons, surveiller le bon état du matériel, le remplacer au besoin. Je doute que vous soyez capable de faire tout ça. Et Prescott le sait aussi. Jamais il ne vous confierait la responsabilité d'une telle entreprise. Sans doute vous maintiendrait-il à votre poste de chef d'équipe, mais n'en espérez pas plus.

— Et pourquoi me mentirait-il ?

— Pour vous appâter. Il compte sur vous pour semer la perturbation au sein de mes bûcherons, afin que je me décourage et que je lui cède les Diables. Vous feriez mieux d'ouvrir les yeux sur la prétendue générosité de Prescott. C'est un vieux renard. Et je pense, moi, qu'il vous a trompé, vous aussi.

— C'est faux ! rétorqua-t-il.

Il chercha d'autres arguments à lui apposer, mais ne trouva rien. Au fond de lui, il savait qu'elle avait raison. Aussi déclara-t-il d'un ton agressif :

— En tout cas, occupez-vous de gérer la scierie si vous voulez, mais ici, dans la forêt, c'est moi le chef ! C'est un travail d'homme !

Puis, sans attendre de réaction, il tourna les talons et sortit du bâtiment. Clémentine étouffa la bouffée de colère qui l'avait envahie. Elle éprouvait l'envie de chasser ce maudit Van Harburg. Mais elle ne pouvait se le permettre en ce moment. Comme il l'avait dit, il était le plus qualifié. Et il ne serait pas facile de lui trouver un remplaçant. Bien sûr, John Beaver avait toutes les qualités pour diriger l'ensemble des équipes. Mais il était métis, et une partie des bûcherons d'origine européenne n'accepterait pas de travailler sous ses ordres. Elle soupira, puis enfourcha son cheval.

Lorsqu'elle éprouvait des moments de lassitude, elle rendait une visite à *Big Tree*. Depuis la mort de Peter, elle y était retournée plusieurs fois, afin de reprendre des forces à son contact. La base du tronc du géant devait dépasser les cinq mètres de diamètre. Elle posait ses bras sur le bois et laissait son énergie la pénétrer.

Un petit cri attira son attention. A quelques pas, au pied d'une fougère arborescente, se tenait un échidné. L'animal avait la taille d'un gros chat, et la forme générale d'un hérisson, avec un museau allongé en forme de bec. Sa fourrure entremêlait de longs poils bruns et des piquants qui lui composaient comme une cuirasse. Ses yeux noirs posaient sur elle un regard interrogateur. Il était rare d'en voir un en plein jour. En général, ils sortaient de leur tanière à l'aube ou à la nuit tombée. Ses griffes puissantes lui permettaient de détruire fourmilières et termitières. Il capturait ensuite les insectes à l'aide de sa langue gluante. Clémentine remarqua une petite boule de poils accrochées à son ventre. Elle savait que, comme l'ornithorynque, l'échidné était un mammifère ovipare. La femelle pondait un œuf, qu'elle plaçait aussitôt dans sa poche ventrale. Curieusement, elle ne possédait pas de mamelles. Ses petits léchaient le lait qui suintait d'orifices situés sur le ventre de leur mère. L'animal ne semblait pas dangereux, mais il valait mieux se méfier des deux éperons venimeux situés sur ses pattes arrières pour le protéger des prédateurs.

Clémentine respira profondément. Il ne fallait pas que cette forêt magnifique disparaisse pour satisfaire les intérêts de rapaces comme Prescott. Peter avait lutté toute sa vie pour qu'elle continue à vivre. Elle poursuivrait son œuvre. Pour sa mémoire, pour ses enfants, mais aussi pour les générations futures.

21

A la fin septembre 1923, les accords conclus avec les acheteurs australiens par Peter portèrent leurs fruits, et les commandes tant attendues tombèrent, apportant un souffle nouveau à l'entreprise. Mais il fallait exploiter de nouvelles parcelles situées plus haut sur les contreforts du mont Bowes. Clémentine dut acquérir de nouveaux chevaux pour ramener les grumes jusqu'à la scierie.

C'était le début du printemps et, si le temps restait froid, on bénéficiait de périodes de soleil prometteuses. Clémentine décida de se rendre à New Norfolk où se trouvait un marché aux chevaux. Même si leur nombre commençait à régresser à cause du développement des tracteurs et des camions, on rencontrait encore beaucoup de chariots attelés. Et seul le cheval était capable de pénétrer profondément dans les forêts sans abîmer la nature.

Toujours méfiante envers les habitants de New Norfolk, elle se fit accompagner de John Beaver. La crise avait touché la petite ville de plein fouet. Les exportations de bière s'étaient considérablement ralenties, de même que celles des confitures. Plusieurs fabriques avaient fermé, et nombre de fours à houblon n'étaient plus exploités. Dans les rues erraient quantité d'hommes désœuvrés. Certains mendiaient, d'autres hantaient les bars.

Le marché aux chevaux se tenait en limite extérieure de la ville, non loin de l'étang aux cygnes noirs. Clémentine repéra très vite une groupe d'une douzaine de superbes *clydesdales*.

C'étaient des chevaux de trait d'origine écossaise, issus d'un croisement entre des chevaux anglais et flamands. Elégants, puissants sans être massifs, ils possédaient des jambes longues dont les paturons se bottaient de longs poils. De couleur baie, brune ou noire, ils présentaient un masque blanc sur la face, une crinière et une queue noire.

Ainsi que l'expliqua le maquignon, ces chevaux avaient été importés de Grande-Bretagne pour tirer les chariots transportant les fûts de bière. Mais la récession économique avait provoqué la fermeture de plusieurs brasseries, qui avaient dû se séparer de leurs animaux.

— Ils ont un caractère très doux, insista le bonhomme, dont le regard fuyant déplaisait beaucoup à la jeune femme.

Celle-ci, sans répondre, examina les chevaux un à un, palpant les membres, étudiant la dentition. Enfin, elle se tourna vers le maquignon et déclara :

— Je veux quatre chevaux jeunes, âgés de quatre ou cinq ans au maximum.

— J'ai ce qu'il vous faut.

Il écarta aussitôt quatre bêtes du lot et les amena devant la jeune femme.

— Ce sont les meilleurs chevaux du groupe.

— Vous vous moquez de moi, déclara-t-elle.

— Je ne me permettrais pas, m'dame. Regardez s'ils sont beaux.

— Ils sont beaux, mais ils sont trop vieux.

— Je vous assure...

— Taisez-vous ! Ces chevaux vont travailler en forêt et il est impératif que l'on puisse les former. J'ai dit que je voulais des chevaux jeunes. Les incisives du bas de ceux-ci sont totalement nivelées. Ils ont donc plus de huit ans. Je veux des chevaux dont les amandes[1] soient encore visibles.

Le bonhomme tenta de discuter, mais Clémentine l'arrêta d'un geste.

— Dans ce cas, je vais les choisir moi-même.

1. Petite dépression en forme d'amande que l'on rencontre sur les dents des jeunes chevaux. Elles disparaissent avec l'âge en raison de l'usure.

Pénétrant de nouveau dans l'enclos, elle examina attentivement chaque dentition. Le lot présentait trois hongres et une jument répondant aux critères exigés. Un à un, elle les fit sortir de l'enclos. Le maquignon, beau joueur, n'essaya plus de discuter.

— Vous les garderez le temps que nous allions déjeuner. Nous passerons les prendre en début d'après-midi.

Admiratif, John Beaver lui dit :

— Vous semblez bien connaître les chevaux.

— Mon père avait une petite maison en Normandie, où nous passions nos vacances. Nous avions deux chevaux. Il m'a appris à déterminer l'âge d'un cheval à l'état de ses dents.

Clémentine avait repéré, dans un quartier proche du marché aux chevaux, une petite auberge où l'on servait des truites du mont Field. Cependant, lorsqu'elle voulut y pénétrer, elle s'entendit interpeller par le patron.

— Attendez, m'dame. Vous, vous pouvez entrer, mais pas celui-là !

— Et pourquoi ?

— Ici, on ne sert pas les métis.

La jeune femme se sentit encore plus humiliée que si l'homme l'avait insultée personnellement. Déjà plusieurs visages s'étaient tournés vers eux. Beaver posa sa main sur son bras.

— Laissez, madame Clémentine. J'ai l'habitude. Il vaut mieux ne pas les provoquer.

Adressant un regard noir au patron de l'établissement, elle tourna les talons et sortit. Tandis qu'ils marchaient dans les rues, une sombre colère tordait l'estomac de la jeune femme. Il ne suffisait pas à ces salauds d'immigrants d'avoir massacré les Aborigènes, ils ajoutaient la honte du mépris à leur ignominie. Elle aurait aimé posséder la force de vingt hommes pour casser la gueule de ce gros porc ! Beaver la suivait sans mot dire. C'était la première fois qu'ils se retrouvaient ainsi tous les deux, et elle n'avait jamais encore été confrontée à ce problème.

Tout à coup, il lui dit :

— Je connais une autre auberge où l'on peut manger des truites. Nous sommes juste à côté. Là, ils me laisseront entrer.

En effet, personne ne leur fit de difficultés. Une dame fortement charpentée vint prendre leur commande.

Plus tard, tandis qu'ils regagnaient le domaine des Diables, Clémentine comprit pourquoi Peter avait composé deux équipes, l'une d'Européens, l'autre de métis.

— Il ne faut pas vous mettre dans des états pareils pour moi, dit Beaver. Ces hommes sont mauvais, mais ce sont eux-mêmes qu'ils déshonorent. Aujourd'hui, ils se contentent de m'interdire l'entrée de certains établissements. Mais ils ont fait bien pire il n'y a pas si longtemps.

— Mon mari m'en a parlé.

— Monsieur White était un homme bien. Mais ses compatriotes ne le sont pas tous.

Clémentine l'observa discrètement. John Beaver était un individu taillé en hercule, à la peau dorée, dont les traits et la chevelure épaisse et bouclée trahissaient une nette ascendance aborigène. Mais on reconnaissait aussi l'influence européenne. Depuis plusieurs mois qu'elle avait affaire directement à lui, elle s'était rendu compte qu'il avait bénéficié d'une certaine éducation. Il parlait un langage châtié, bien plus correct que le jargon utilisé par les autres bûcherons. Elle lui posa la question.

— Mon père a voulu que je fasse des études, répondit-il. Il estimait que c'était là le meilleur moyen pour les métis de se faire respecter. Lui-même était fils d'un Français et d'une Polonaise venus s'installer en Tasmanie, mais ma mère était la fille qu'une sœur de Truganini avait eue avec un marin. Quand j'étais très jeune, mon père m'a appris lui-même à compter et à écrire. Puis il m'a envoyé à Hobart, au collège. J'ai obtenu plusieurs diplômes techniques. Malheureusement, je n'ai jamais pu les utiliser. Bien que je n'aie qu'un quart d'ascendance aborigène, les employeurs ne voyaient que ma peau sombre. Elle est pourtant claire par rapport à celle des vrais Aborigènes. Au début, j'en ai éprouvé de la colère et je me suis révolté. Alors, des individus dans le genre de ceux que nous avons croisés tout à l'heure me tombaient dessus et me battaient. Oh, bien sûr, je ne suis pas manchot, et j'en ai envoyé quelques-uns au tapis. Mais ces gens-là sont des lâches. Ils n'attaquaient que lorsqu'ils étaient plusieurs. J'ai voulu porter plainte. Mais les policiers ont refusé de m'écouter et m'ont jeté dehors. Pour cette raison, je suis parti vivre dans la forêt, avec d'autres sang-mêlé. Et puis, il y a quelques années, j'ai rencontré monsieur White. Lui n'accordait aucune importance à ma couleur de peau. Il avait besoin d'un chef d'équipe pour diriger quelques bûcherons métis. Il m'a embauché, et je suis resté à son service depuis tout ce temps.

Il se tut un moment, puis reprit d'une voix sourde :

— Pour peupler la Tasmanie, les Anglais ont envoyé des convicts, afin que les colons puissent avoir de la main-d'œuvre bon marché. Ils ont commencé à défricher la forêt pour installer les troupeaux. Mes ancêtres aborigènes ont été chassés de leurs territoires. Ils se sont vengés en abattant les bêtes. Alors, on a autorisé les colons à tuer tous ceux qui s'introduiraient sur leurs terres. Le but des autorités était clair : les Aborigènes gênaient le développement de la colonie, ils devaient donc être éliminés. A cette époque, ils vivaient dans des villages installés dans les forêts, qui leur offraient une protection illusoire. Les Blancs se réunissaient par groupes de vingt ou trente. Ils emmenaient avec eux des molosses spécialement dressés pour tuer. Ils pénétraient dans la forêt, armés de fusils, puis ils lâchaient leurs chiens sur le village qu'ils voulaient attaquer. Lorsque les habitants affolés tentaient de s'enfuir, ils étaient abattus comme du vulgaire gibier. Il n'y avait aucune pitié ; ni les femmes, ni les vieillards, ni les enfants n'étaient épargnés. Leur crime accompli, les colons repartaient, puis se saoulaient à la bière pour fêter leur glorieuse victoire. Les corps de leurs victimes étaient abandonnés à la forêt, où les charognards les dévoraient. La coutume aurait voulu que les cadavres fussent brûlés et les cendres dispersées dans l'océan.

Il laissa passer un long silence, puis ajouta :

— Aujourd'hui, je n'ai même plus de colère envers ces individus. Pour moi, ce ne sont pas des êtres humains. Je sais que parmi les Blancs, les plus dignes souffrent des crimes commis par les plus mauvais d'entre eux. Malheureusement, je crains que la haine stupide causée par la couleur de peau ne soit pas prête à disparaître. Le squelette de ma grand-tante Truganini est toujours exposé au musée de Hobart, sans doute pour longtemps encore. Quel homme blanc supporterait que l'on fît subir une telle ignominie à l'un de ses proches ?

22

La vie avait repris presque normalement au domaine des Diables. Contrairement à ce qu'espérait Andrew Prescott, Clémentine parvenait à gérer l'exploitation, aidée par John Beaver avec lequel elle avait établi des liens de confiance. En revanche, Wilhem Van Harburg devenait chaque jour plus arrogant. Il savait que la scierie ne pouvait se passer de lui et il abusait de la situation. A plusieurs reprises, Clémentine avait failli le renvoyer, mais, outre que cette décision eût plongé l'entreprise dans les difficultés, elle avait l'impression que c'était ce qu'il recherchait.

Elle était retournée voir plusieurs fois l'inspecteur Brady, à New Norfolk, dans l'espoir qu'il ait obtenu de nouvelles informations à propos de « l'homme en noir ». Mais le policier lui avait fait comprendre qu'il avait d'autres chats à fouetter et que, en ce qui le concernait, l'enquête était définitivement close. On finirait peut-être par trouver le rôdeur qui avait commis ce crime, mais on ne pouvait pas mobiliser toutes les polices de la Tasmanie sur cette affaire alors que nombre d'autres restaient, elles aussi, irrésolues.

Clémentine avait renoncé à discuter avec lui. Cependant, n'étant pas décidée à abandonner, elle reprit contact avec le détective Steve Robson.

— J'aimerais que vous enquêtiez sur la mort de mon mari, monsieur Robson.

— Bien sûr, miss White.

Après qu'elle lui eut exposé les faits, il se gratta la tête d'un air ennuyé.

— Je comprends que la police ait bouclé l'affaire. Les indices sont vraiment maigres.

— Donc, vous n'acceptez pas...

— Je n'ai pas dit ça. Mais je crains que les recherches soient longues, et je ne suis pas certain de parvenir à un résultat. Je sais aussi que l'inspecteur Brady ne m'aidera pas. Il déteste les gens de ma profession.

— Je paierai le prix qu'il faut, monsieur Robson. Mais je veux tout faire pour que l'assassin de mon mari expie son crime.

— Je ferai le maximum, miss White.

Vers la fin novembre, elle reçut une lettre de la part de Deborah Kleinberg. Un peu étonnée, elle y découvrit une invitation à un *barbie* qu'elle organisait pour le 31 décembre. Cette invitation l'intrigua et l'ennuya. Elle n'avait guère envie de se distraire depuis la mort de Peter. Et puis, même lorsqu'il était vivant, ils n'avaient jamais entretenu avec les Kleinberg de relations véritablement amicales. Klaus s'occupait des finances du domaine, et c'est lui qui avait eu la charge de résoudre les problèmes liés à la succession, ce dont il s'était acquitté avec son efficacité coutumière. Cependant, Clémentine n'oubliait pas qu'il servait aussi les intérêts d'Andrew Prescott, dont il lui avait transmis la proposition de rachat avec une insistance déplaisante. Quant à Deborah, elle était à la fois suffisante et vulgaire. Elle ne manquait jamais, lorsque l'occasion s'en présentait, de rappeler que Clémentine avait été la préceptrice de ses enfants, ce qui sous-entendait, selon sa vision des choses, qu'elle se situait elle-même dans un rang social supérieur.

Cependant, il eût été délicat de refuser. Aussi rédigea-t-elle une réponse dans laquelle elle remerciait Deborah avec une hypocrisie de circonstance. Elle se consola en pensant que leurs deux filles, Priscilla et Jennifer, seraient présentes, et qu'elle y retrouverait probablement Emilie.

Après avoir fêté Noël au domaine avec la famille de Bernie et Dina, Clémentine se rendit à Hobart avec Loona et les enfants.

Le 31 au soir, le fils Kleinberg, Terence, se présenta chez elle, au volant d'une Cadillac flambant neuve. Il avait à présent une trentaine d'années, mais il était toujours aussi laid.

— Maman m'a demandé de venir vous chercher ! expliqua-t-il en rougissant comme une pivoine.

— C'est fort aimable à elle, et aussi à vous, Terence.

Clémentine se doutait à présent de la raison de l'invitation. Elle se retrouvait libre, et Terence était toujours célibataire. Clémentine savait que Deborah désespérait de parvenir un jour à « caser » son fils. Peut-être espérait-elle un miracle. Mais il n'y avait aucune chance pour que Clémentine succombât au charme de cet adolescent attardé. Ce gros garçon maladroit ne lui inspirait ni sympathie ni compassion. S'il faisait preuve de timidité avec les femmes, en revanche il se montrait cassant et désagréable avec les employés de maison. Malheureusement, il sembla établi dès le début de la soirée qu'il allait lui servir de chevalier servant. En son for intérieur, Clémentine se demanda pourquoi elle avait accepté de participer à ce fichu *barbie*.

La propriété des Kleinberg se dressait dans le quartier de Sandy Bay, où s'implantaient la plupart des demeures de la haute société. Deborah Kleinberg vint accueillir Clémentine avec de grandes démonstrations d'amitié qui sonnaient faux sans qu'elle s'en rendît compte. La maîtresse des lieux restait fidèle à elle-même. Combattant des ans l'irréparable outrage avec la dernière férocité, elle se fardait plus que de raison afin de paraître toujours jeune, ce qui donnait un résultat proche du pathétique. Fort heureusement, ses deux filles, peut-être par réaction, détestaient se maquiller et offraient un visage frais et agréable. C'étaient toutes deux de bonnes natures, aux traits joliment dessinés, qui souriaient facilement et s'étonnaient d'un rien. Priscilla avait aujourd'hui vingt ans et sa cadette dix-huit. Elles avaient toutes deux perdu le léger embonpoint de leur adolescence et attiraient le regard des hommes.

Elles retrouvèrent Clémentine avec une joie non dissimulée, ce qui permit à la jeune femme de se débarrasser en douceur de son encombrant chaperon. Priscilla et Jennifer s'extasièrent sur la longue robe blanche que portait leur invitée. Le choix de cette robe avait causé quelques soucis à Clémentine, qui n'avait pu se résoudre à se faire confectionner une robe noire. Aussi avait-elle opté pour une autre solution, qui consistait à porter du blanc, ainsi que cela se faisait dans l'aristocratie. Ainsi les mauvaises langues de Hobart ne pourraient rien trouver à redire. Cette coutume semblait pourtant inconnue des deux jeunes filles, qui s'inquiétèrent de ne pas la voir habillée de sombre.

— Je croyais que vous deviez porter le deuil pendant au moins une année entière, remarqua Jennifer.

— Le blanc était la couleur du deuil chez les reines de l'ancien temps, expliqua Clémentine. Pour cette raison, on les appelait les reines blanches. C'est une coutume que certaines souveraines observent encore. Mais quelle que soit la couleur que l'on porte, c'est dans le cœur que réside le deuil véritable. C'est une chaise vide en face de soi, un lit désert, un rire que l'on n'entend plus, une chaleur absente, une plaisanterie que l'on garde pour soi parce que le complice avec qui on aurait pu la partager a disparu. C'est une douleur sourde et permanente, dont on sait qu'elle ne s'effacera jamais.

Emues par les paroles de Clémentine, Jennifer et Priscilla lui saisirent spontanément les mains. Jennifer, la plus jeune, posa sa tête contre son épaule.

— Vous aimiez beaucoup votre mari, dit-elle doucement.

— Je te souhaite de connaître avec celui que tu épouseras une vie aussi intense et aussi belle que celle que Peter m'a permis de vivre à ses côtés pendant ces trois années.

Clémentine caressa la tête de la jeune fille et ajouta :

— Mais nous ne sommes pas ici pour évoquer des souvenirs aussi tristes. Je ne veux pas que les gens me voient pleurer.

Peu à peu, le parc se remplissait d'invités. Emilie et Ambrose arrivèrent dans les derniers.

— Nous revenons de Launceston, expliqua Emilie, un peu énervée. Ce grand benêt a tenu à y aller en voiture. Mais cette fichue mécanique est tombée deux fois en panne. Pour finir, nous avons dû la laisser à Oatland, à mi-chemin, et prendre le premier train pour Hobart.

Elle saisit les mains de Clémentine.

— Comment allez-vous, ma chérie ?

— Le travail m'empêche de m'apitoyer sur mon sort et de me poser trop de questions. Mais parfois, j'en viens à me demander si je ne suis pas maudite. Je n'ai pas encore trente ans, et je suis déjà deux fois veuve.

— Ce n'est qu'une coïncidence, Clémentine. Votre premier mari était soldat en temps de guerre. Vous n'avez malheureusement pas été seule dans ce cas à cette époque. Quant à ce pauvre Peter... L'enquête a-t-elle progressé ?

— En aucune manière. La police a d'autres chats à fouetter avec les émeutes qui éclatent çà et là. Les temps sont durs, et il y a eu de nouveaux crimes commis par des rôdeurs. Le lieutenant de police de New Norfolk a classé le dossier. Peut-être suis-je devenue paranoïaque, mais j'ai l'impression qu'il n'a pas apporté tout le zèle nécessaire à cette affaire. Peut-être parce qu'on lui a fait comprendre en haut lieu qu'il n'avait pas intérêt à pousser trop loin ses investigations.

— Comment ça ?

— Andrew Prescott m'a fait de nouvelles propositions. Il escomptait que j'abandonnerais l'exploitation.

— Vous pensez qu'il aurait pu faire assassiner Peter ?

Clémentine baissa la tête et souffla :

— Je ne sais pas. Toute cette histoire est étrange. Mon mari connaissait son agresseur. Il est mort avant de se souvenir de son nom, mais une chose est sûre, ce n'était pas un vagabond. Et sa mort arrangeait bien les affaires de Prescott.

Emilie ne répondit pas immédiatement.

— Je connais bien ce rapace de Prescott, dit-elle enfin. Je le crois capable de pas mal de bassesses. Mais je ne pense pas qu'il pourrait aller jusqu'au crime pour obtenir ce qu'il désire. Et puis, il estimait réellement Peter.

— Alors, si ce n'est pas lui, qui a pu tuer mon mari ? Et pourquoi ?

Elle serra ses mains nerveusement l'une contre l'autre.

— Pendant les mois qui ont suivi, je n'ai pas fermé l'œil de la nuit. J'avais l'impression qu'on allait venir m'assassiner, moi aussi. Je craignais pour mes enfants. Même encore maintenant, je ne me rends plus en forêt toute seule. Je me fais toujours accompagner par deux ou trois de mes bûcherons, munis de fusils. Pourtant, depuis huit mois, il ne s'est rien passé. Aucune trace de ce mystérieux homme en noir.

— C'est peut-être la preuve que la police n'a pas tort, en fait.

Clémentine secoua la tête.

— Je ne peux pas le croire. Il y a autre chose. Mais quoi ?

Emilie la prit affectueusement par les épaules.

— Allez, cessez de penser à tout cela. Nous allons nous trouver un endroit tranquille pour bavarder au milieu de cette foule, nous faire offrir du champagne, des rôtis et des gâteaux, et nous allons en profiter pour dire beaucoup de mal de tous ceux que nous n'aimons pas.

La gentillesse d'Emilie agit comme un baume sur les plaies de Clémentine. La tradition exigeant qu'elle ne dansât pas, la jeune femme put consacrer tout son temps à son amie.

— Les convenances sont une véritable sottise, déclara Emilie. Vous qui dansez si bien...

— Ce soir, je n'en ai aucune envie, objecta Clémentine. Un danseur comme Peter ne peut se remplacer aussi facilement. Tous ceux-là ont l'air d'ours maladroits.

— Soyez indulgente.

Gagnée par la bonne humeur de son amie, Clémentine entra dans son jeu.

— Indulgente ? Regardez donc ce gros lourdaud d'Herbert Fischer.

Elles éclatèrent de rire. Puis Emilie remarqua :

— Tiens, voilà votre ennemi intime.

Andrew Prescott venait d'arriver, suivi de sa tribu.

— Le patriarche Andrew Prescott ! commenta Emilie. Grosse fortune, intransigeant, aussi dur envers lui-même qu'envers ses proches et ses employés. On le déteste, mais on le respecte, car il fait peur. Il connaît par cœur des passages de la Bible, qu'il cite à la moindre provocation. Il est l'image même du gardien des valeurs religieuses et morales. A ses côtés, sa femme, Elisabeth. Elle fut très belle autrefois, et très courtisée. Il court d'ailleurs sur elle des rumeurs singulières. Mais tout cela reste très discret. Aujourd'hui, il ne reste d'elle qu'une femme triste et sans éclat, qui parle peu et ne sourit jamais.

« Derrière, voici leur second fils, Charles. Trente-quatre ans, marié à la petite brunette maigrichonne qui le suit. Ils n'ont pas d'enfant. Charles est bel homme, mais il ne brille pas par son intelligence. A l'inverse de sa mère, il parle beaucoup, à tort et à travers, et accumule les gaffes. Il faut dire que l'alcool n'est pas étranger à ses maladresses. Lorsqu'il n'est pas à jeun, il s'accroche avec son père, qui menace de le déshériter. Mais Charles sait qu'il n'en fera rien parce qu'il est son dernier fils vivant. Ce qui n'est pas tout à fait vrai. Andrew a un autre fils, Richard, qui vit à Sydney.

Le cœur de Clémentine fit un bond. Jamais encore elle n'avait osé évoquer son aventure devant Emilie.

— Pourquoi ce fils n'est-il pas là ?

— On l'ignore. Il y a quelques années, il a quitté Hobart pour l'Australie, après s'être fâché avec son père. Depuis, Andrew ne veut plus entendre parler de lui. Comme s'il l'avait rayé du monde des vivants. J'ai tenté une fois d'en parler avec Elisabeth. Elle m'a fait comprendre que je me montrais trop curieuse, ce qui était sans doute vrai. Mais une chose est sûre, Andrew a réussi à le faire condamner par toute la famille. Pour eux, il n'existe plus.

— C'est étrange.

— C'est la famille Prescott. Ah non, j'oubliais. Il y a encore la dernière, Roselynn. C'est la jolie fille auquel cet idiot de Terence tente de faire sa cour, le pauvre.

— Elle est très belle, en effet.

— Belle, et aussi triste que sa mère. Un ange égaré dans une famille de démons. C'est la seule qui vaille la peine que l'on s'intéresse à elle. Je vais vous la présenter.

Elle s'approchèrent.

— Roselynn, vous avez certainement entendu parler de mon amie Clémentine White.

Une lueur d'intérêt s'éveilla aussitôt dans les yeux de la jeune fille. Puis elle regarda autour d'elle d'un air inquiet.

— Rassurez-vous ! dit Emilie, votre père est en grande conversation avec le procureur Wilson et l'avocat Kleinberg.

Roselynn se détendit. Elle avait de magnifiques yeux verts et une bouche joliment dessinée. Lorsqu'elle souriait, elle devenait véritablement très séduisante.

— Je suis désolée, dit-elle à Clémentine, mais mon père ne m'a pas dit que du bien de vous. Il enrage parce que vous refusez de lui céder. Moi, je vous admire. Jamais je n'aurais le courage de diriger une entreprise aussi importante. D'ailleurs, mon père le refuserait.

— Mais vous serez bientôt majeure. Vous pourrez vous passer de sa permission.

Elle haussa les épaules.

— Pour lui, la majorité légale n'a aucune importance. Il se réfère à la Bible, où les filles doivent obéissance à leur père quel que soit leur âge.

— Rien ne vous oblige à l'accepter.

— Oh, si ! Il me fait peur.

Roselynn plaisait beaucoup à Clémentine. Elle comprit qu'elles pourraient devenir amies. La jeune fille, curieuse, lui posa beaucoup de questions sur la France, la vie qu'on menait dans la capitale. Elle lui confia qu'elle aurait aimé apprendre le français. Hélas, son père s'y opposait. Clémentine sentait bouillonner en elle une vie intense, un désir de découverte. Pourtant, cet enthousiasme naturel était étouffé par un sentiment d'insécurité permanente. Roselynn ne cessait de jeter autour d'elle des regards inquiets, sursautait au moindre bruit. Clémentine en déduisit qu'elle devait redouter les colères de son père. Mais son intuition lui souffla que ce n'était pas la seule raison. Roselynn semblait marquée par une blessure ancienne, comme si elle avait traversé une épreuve grave, qui avait meurtri sa personnalité à jamais. Peut-être souffrait-elle de ne plus voir son frère Richard. Mais elle ne pouvait lui en parler ainsi.

Tout à coup, au milieu d'une phrase, Roselynn s'excusa d'un air confus et s'éclipsa. Interloquée, Clémentine regarda Emilie, qui lui indiqua, d'un signe de tête discret, Andrew Prescott qui venait dans leur direction en compagnie de leur hôtesse. Deborah, tout sourire, s'adressa à Clémentine.

— Ma chère, je voudrais profiter de l'occasion pour vous présenter notre ami Andrew Prescott, qui dirige la plus grande exploitation forestière de Tasmanie.

— Nous nous connaissons déjà, répliqua Clémentine froidement.

L'autre leva les bras au ciel en laissant échapper un gloussement.

— Oh, mais suis-je bête ! Il est vrai que vous êtes voisins.

— En effet.

— Alors, vous devez avoir mille choses à vous dire. Je vais vous laisser.

Et, sans attendre de réponse, elle prit le bras d'Emilie et l'entraîna.

— Ma chère, Ambrose m'a dit que vous reveniez de Launceston...

Prise de court, la pauvre Emilie n'eut pas le temps de réagir et se vit séparée de Clémentine, à qui elle adressa un clin d'œil désolé. Clémentine faillit éclater de rire devant la manœuvre grossière de Deborah. Mais elle s'accordait bien avec le manque d'éducation du personnage. Elle plongea son regard dans celui de Prescott.

— Je comprends à présent la véritable raison de l'invitation de miss Kleinberg. Un moment, j'avais cru qu'elle voulait me pousser dans les bras de son fils. En réalité, elle souhaitait provoquer notre rencontre en terrain neutre.

— C'est une erreur, miss White, répliqua Andrew. Je vous assure que cette rencontre est tout à fait fortuite.

— Monsieur Prescott, ne me prenez pas pour une imbécile, je vous prie. Je suppose que vous allez profiter de cette occasion « fortuite » pour me renouveler votre proposition.

Le vieil homme ne répondit pas immédiatement. Puis il déclara :

— Miss White, permettez-moi de vous dire que je vous admire.

— Merci.

— Je comprends pourquoi Peter White vous avait choisie. Vous êtes au moins aussi obstinée qu'il l'était.

— Je prends cela comme un compliment.

— C'en est un. Et j'ai le regret de constater que vous vous sortez plutôt bien de l'épreuve que vous vous êtes imposée : diriger votre exploitation. Cela n'arrange pas mes affaires, mais je sais reconnaître la valeur d'un adversaire lorsque j'en rencontre un.

— Pourquoi vous entêtez-vous à me considérer comme telle ? Ne trouvez-vous pas que la forêt est assez grande pour plusieurs exploitations ?

— On voit bien que vous êtes une femme, miss White. Vous n'avez pas conscience des enjeux de l'avenir. Seuls les plus forts survivront. Pour rester compétitives, les entreprises devront devenir de plus en plus importantes. Cela s'appelle la concentration horizontale.

— Et vous voulez devenir le seul exploitant forestier de la Tasmanie...

— Vous auriez tout à y gagner. Les conditions que je vous propose...

— Ne m'intéressent pas, le coupa-t-elle. Et je vous saurais gré de ne pas insister, monsieur Prescott. Adieu !

Et, sans attendre de réponse, elle lui tourna le dos. Furieux, il la rattrapa et la saisit par le bras.

— Ecoutez bien, petite péronnelle ! Vous n'avez pas les moyens de lutter contre moi. Sachez que je suis toujours parvenu à mes fins. C'était ce soir la dernière chance que je voulais vous offrir. Vous l'avez repoussée, tant pis pour vous. Nous aurions pu rester en bons termes. A partir d'aujourd'hui, vous n'aurez pas d'adversaire plus acharné que moi.

Un mélange d'inquiétude et de colère envahit Clémentine. Ce vieux tyran possédait assez d'appuis politiques pour lui créer des difficultés. Cependant, s'il cherchait la bagarre, il l'aurait. Lui frappant violemment la main pour le contraindre à la lâcher, elle se tourna brusquement vers lui.

— Alors vous, écoutez-moi bien aussi. Si vous comptez m'impressionner, vous perdez votre temps. Et méfiez-vous que ce ne soit pas moi, en fin de compte, qui rachète votre concession !

— Petite...

— Petite quoi ? Attention à ce que vous allez dire, Prescott ! Un seul mot grossier et j'oublie votre âge pour flanquer la gifle que vous méritez !

Elle crut qu'il allait exploser. Puis, les joues empourprées par la rage, il lui tourna le dos et s'en fut sans la saluer. L'instant d'après, Emilie était près de Clémentine.

— Cette fois, la guerre est déclarée, dit la jeune femme.

— J'ai cru un instant que vous alliez vous battre. Méfie-toi de ce vieux chacal, ma fille, ajouta Emilie en lui prenant la main. Méfie-toi aussi de Wilson, le procureur et de notre hôte, Klaus Kleinberg. Ils sont très liés.

— Je m'en étais déjà aperçue.

Ce fut à l'occasion de ce séjour à Hobart que Clémentine revit Richard. Elle s'était rendue, en compagnie de Loona et des enfants, jusqu'à Sandy Bay pour constater l'état du *Mary-Clémentine.* Chaque année, après le jour de l'An, Peter et elle avaient coutume d'effectuer un voyage autour de la baie des Tempêtes. Cette année, le bateau resterait à quai. Il était chargé de trop de souvenirs. Elle se demanda un instant s'il ne serait pas plus raisonnable de le vendre, mais elle chassa cette idée avec force. Ce navire était le plus beau cadeau que Peter lui avait fait. Il était hors de question de s'en séparer.

Elle allait remonter en ville lorsqu'un homme la héla, du pont d'un voilier à quai. Puis il bondit souplement à terre.

— Richard ?

— En personne. Je suis arrivé hier.

Fièrement, il lui montra son bateau.

— C'est un yacht taillé pour la course. Je suis venu de Sydney avec lui.

— Il est à vous ?

— Eh oui. Une petite merveille que je me suis offert cette année. Les affaires ont été plutôt bonnes.

— J'en suis ravie pour vous.

Il se pencha sur Mary et Paul, qui le contemplaient avec des yeux étonnés.

— Et voilà les enfants ! Ils sont aussi beaux l'un que l'autre. Mais dites-moi, votre mari n'est pas avec vous ? Nous aurions pu organiser une petite course autour de l'île Bruny.

Une douleur soudaine broya le ventre de Clémentine.

— Pas cette année, Richard.

Elle hésita, puis ajouta :

— J'ai perdu mon mari au mois de mai.

Le jeune homme pâlit.

— Pardonnez-moi ! Je l'ignorais totalement.

— Evidemment. Vous ne vivez pas à Hobart.

— Je suis désolé. Vous aviez l'air si heureuse avec lui. Si je peux faire quelque chose pour vous...

Elle lui adressa un sourire contraint.

— Vous êtes gentil, Richard. Mais ce ne sera pas utile.

Il fit quelques pas, joignant ses mains devant sa bouche dans un geste qu'elle lui connaissait déjà.

— Votre histoire me bouleverse, dit-il encore. Et je suppose que mon charmant père en a profité pour proposer de racheter votre domaine.

— C'est exact. Mais il en a été pour ses frais. J'ai décidé de gérer l'exploitation moi-même.

Il la contempla avec stupéfaction.

— Quel courage ! Ecoutez, Clémentine, je dois rester quelques jours à Hobart. Me permettrez-vous de vous rendre visite, en ami ? J'aurais tant de plaisir à vous revoir. Et puis, si vous avez besoin d'un conseil pour vous aider à lutter contre mon père, n'oubliez pas que je suis avocat. Et pour vous, ces conseils seront gracieux, en souvenir de notre amitié.

Elle hésita. Après tout, elle était libre, et il n'y avait rien de mal à recevoir un ami.

— C'est entendu, dit-elle.

23

Clémentine avait donné rendez-vous à Richard au pied des cascades du mont Wellington, près de la brasserie. A cet endroit régnait une fraîcheur humide, imprégnée de parfums aquatiques. Le vieil édifice, datant de 1827, se dressait au pied de la montagne, éclairé par le soleil matinal. Des écharpes de brume traînaient sur les pentes douces, s'accrochant aux grands arbres. Çà et là, on devinait les maisons de bois des ouvriers, entourées par leurs jardinets et potagers. Au loin retentissait le vacarme métallique du tramway.

Clémentine se reprochait d'avoir accepté ce rendez-vous. Peter avait disparu depuis huit mois et la tradition exigeait qu'elle respectât un deuil d'une année. Mais il avait su éveiller sa sensualité, et parfois, elle éprouvait d'impérieuses envies de faire l'amour, de sentir la force d'un homme la pénétrer. C'était une fièvre étrange, qui faisait couler dans ses veines des ondes de plaisir inachevé, des désirs que nul ne pouvait satisfaire. Elle avait conscience que ce qu'elle ressentait pour Richard était lié à ces désirs inassouvis. Ses regards, ses sourires provoquaient en elle une réaction chaleureuse et incontrôlable.

Lorsqu'elle arriva, Richard l'attendait déjà. Il la salua et l'invita à prendre place à la terrasse d'un café qui surplombait les cascades. Elle s'assit, mal à l'aise. Pour tromper son embarras, elle demanda sur un ton mondain :

— Je suis étonnée de ne pas vous avoir rencontré au *barbie* des Kleinberg.

— Cela n'a rien de surprenant. Ils savent que je suis en froid avec mon père. Ils n'ont pas voulu lui déplaire. Et puis, personne ne savait que j'étais à Hobart.

— Pourquoi êtes-vous ici ?

— J'aimerais pouvoir vous répondre que je désirais plus que tout vous rencontrer, mais je mentirais. Vous ne m'aviez guère laissé d'espoir la dernière fois que nous nous sommes vus. En fait, je suis venu chercher des documents pour l'un de mes clients.

Clémentine l'observa. La vie était curieusement faite. Elle n'avait passé qu'une seule nuit, trois ans plus tôt, avec cet homme ; elle l'avait rencontré à Sydney, et il s'avérait être le fils de celui qu'elle considérait comme son ennemi personnel.

— Pardonnez mon indiscrétion, dit-elle, mais pour quelles raisons êtes-vous fâché avec votre père ?

Richard ne répondit pas immédiatement.

— C'est une vieille histoire. Cela remonte à 1914. Cette année-là, j'ai perdu mon frère Edward. Il a été tué en compagnie de sa maîtresse, qui était l'épouse d'un Irlandais, Brian Kelly. Ils furent tués de deux balles chacun, dans un pavillon situé au sud de Hobart. L'assassin a ensuite mis le feu à la maison afin d'effacer les traces de son crime. Sans doute voulait-il faire croire à un accident. Mais c'était une erreur, bien sûr, le feu n'a pas fait disparaître les balles.

— Je suis désolée. Cette affaire semble vous avoir profondément touché.

— J'aimais beaucoup mon frère. Il était un peu plus âgé que moi ; je l'admirais, et nous étions très proches. Je n'ai pas supporté la réaction de mon père devant ce drame. Bien qu'Edward fût mort, mon père lui en voulait. Il lui reprochait, par sa conduite, d'avoir traîné le nom des Prescott dans la boue. « Malheur à celui par qui le scandale arrive ! » disait-il. Cette attitude m'a révolté, et nous nous sommes disputés plusieurs fois à ce sujet. L'atmosphère de la maison était devenue insupportable. Mon père et moi ne cessions de nous quereller. J'étais trop orgueilleux pour céder. Je supportais mal que ma mère prenne sa défense. Aujourd'hui, je ne lui en veux plus, parce que je sais qu'elle tremble devant lui, mais à l'époque, j'ai beaucoup souffert. La demeure me paraissait terriblement vide sans Edward. Alors, un jour, je suis parti. J'ai coupé les ponts avec ma famille.

— Mais depuis, n'avez-vous pas tenté de reprendre contact avec votre mère, ou votre jeune sœur Roselynn ?

Il haussa les épaules.

— Mon père n'a jamais accepté que je refuse de plier devant lui. Il a répandu toutes sortes de calomnies sur mon compte. Auprès de ma famille, auprès de mes amis. Peu à peu, les gens de Hobart m'ont oublié. Seule ma mère m'a un peu aidé financièrement. J'ai traversé des périodes difficiles. Mais mes études d'avocat étaient déjà presque achevées. Je me suis installé à Sydney où j'ai réussi, depuis dix ans, à me faire une place enviable. Je me suis investi à fond dans mon métier, et j'ai plaidé quelques belles affaires qui m'ont permis de gagner de l'argent.

Il marqua un court silence, puis ajouta sur un ton de défi :

— Je ne dois rien à Andrew Prescott. Rien !

Dans sa voix vibrait le reflet d'une haine contenue.

— Vous le détestez à ce point...

— Depuis dix ans, j'ai tout fait pour qu'il entende parler de moi, pour qu'il se rende compte de ma réussite. J'aurais voulu qu'il soit fier de moi, mais il a continué à me rejeter.

Il soupira.

— Vous comprenez pourquoi je n'ai plus envie de les voir, ni lui, ni les autres.

— Même votre mère ?

Il ne répondit pas immédiatement.

— Elle me manque. Mais pas une fois en dix ans elle n'a essayé de reprendre contact avec moi. Pourtant, je lui ai écrit.

Clémentine posa sa main sur la sienne.

— Voulez-vous que je tente de lui parler ?

— Surtout pas. Restez en dehors de cette histoire, Clémentine. Il ne sert à rien de remuer le passé. Aujourd'hui, j'ai refait ma vie.

— Etes-vous marié ?

Il sourit.

— Oh non. Je ne l'ai même jamais été.

— Pourquoi ?

— Je n'ai pas rencontré la femme de ma vie.

Il lui prit les doigts et ajouta :

— La seule avec qui j'aurais aimé la construire était déjà prise lorsque je l'ai retrouvée.

Clémentine retira sa main. Malgré le trouble qui s'était emparé d'elle, elle ne voulait pas céder à son désir. Changeant brusquement de conversation, elle demanda :

— Pensez-vous que Brian Kelly soit coupable ?

Il se renfrogna, puis répondit :

— On n'a jamais rien pu prouver contre lui, mais je ne vois pas qui d'autre aurait pu commettre, ou faire commettre ce crime.

— Brian Kelly est mon voisin et je l'imagine mal tuer quelqu'un.

— Mon métier m'a amené à rencontrer des criminels effrayants, auxquels vous auriez pourtant donné le Bon Dieu sans confession. Dans l'une de mes dernières affaires, j'ai traité le cas d'un brave père de famille. Il avait une femme ravissante, trois beaux enfants, ses voisins l'estimaient. Il participait aux œuvres de sa paroisse et il était toujours le premier à rendre service. C'est du moins ce qu'ont déclaré tous ses amis. Cet homme au-dessus de tout soupçon était représentant de commerce. Régulièrement, il se rendait à Melbourne. Là, son comportement changeait du tout au tout. Il fréquentait les bars et les prostituées, avec lesquelles il se livrait à des pratiques malsaines. Rien de vraiment répréhensible, jusqu'au jour où l'une de ces filles est morte sous ses coups de cravache. Il l'avait battue à mort.

— Quelle horreur !

— Oh, cela ne faisait que commencer. Il est parvenu à faire disparaître le corps en le jetant dans l'océan. Il ne fut retrouvé que plusieurs mois plus tard, pratiquement méconnaissable. Notre homme ne fut pourtant pas inquiété. Mais il avait pris goût à ces jeux sordides et dangereux. Avant qu'on ne réussisse à le soupçonner et l'arrêter, il avait eu le temps de massacrer six pauvres filles, dans des conditions de plus en plus épouvantables. Je vous ferai grâce des détails. Entre ses crimes, il rentrait chez lui, à Sydney, il faisait l'amour à sa jolie épouse, embrassait ses enfants et continuait à aider le prêtre de sa paroisse.

Richard soupira :

— Il a fallu que je prenne la défense de ce monstre pervers. Je n'ai pu lui éviter la pendaison et je ne le regrette pas. Mais je revois encore son visage, et je peux vous assurer qu'il n'avait absolument pas l'air d'un criminel. C'est pourquoi je vous demande de vous méfier de Brian Kelly. Peut-être n'a-t-il rien à voir avec tout cela, mais ne vous fiez pas à son innocence apparente. Car s'il est réellement coupable, je crains qu'on ne puisse jamais rien prouver contre lui.

Ils restèrent un long moment sans parler. Puis Richard lui reprit la main.

— Je dois bientôt repartir pour Sydney, Clémentine. Mais j'aimerais que nous nous revoyions avant mon départ. Je sais que vous en avez envie, vous aussi.

Elle retira sa main comme s'il l'avait brûlée. Elle ne devait pas céder. Elle aurait eu l'impression de trahir Peter.

— Je dois rentrer à présent, dit-elle très vite. Je n'aurais jamais dû accepter de vous revoir. C'est trop tôt.

— Permettez-moi d'insister.

— Richard, soyez un gentleman. Laissez-moi repartir.

Elle se leva et, d'un pas rapide, regagna son cabriolet. Il ne tenta pas de la suivre. Bouleversée, elle s'installa sur le siège et ordonna aux chevaux de démarrer, aussi vite qu'ils le pouvaient. Une bourrasque soudaine la bouscula. Elle resserra sa cape légère sur elle. En ce début d'été, le temps demeurait maussade. Depuis le début de l'après-midi, la température avait largement chuté. Le soleil avait disparu derrière de monstrueux nuages noirs qui bondissaient par-dessus le mont Wellington, poussés par des vents furieux. Des tornades soulevaient des spectres de poussière et de feuilles arrachées.

Clémentine frissonna. Elle aurait dû se montrer plus prévoyante. Elle connaissait pourtant le temps capricieux de la Tasmanie. En vérité, elle n'y avait guère prêté attention, trop accaparée par sa rencontre avec Richard. Elle était furieuse contre elle-même. A plusieurs reprises elle avait failli se jeter dans ses bras. Quel singulier pouvoir exerçait-il sur elle, que même Peter ne possédait pas ?

Au fond, ce n'était peut-être que son corps qui réclamait d'être aimé, cajolé, caressé. Le souvenir de la nuit de folie qu'elle avait partagée avec Richard trois ans auparavant ne cessait de la harceler. Elle s'en voulait. Elle avait l'impression de tromper Peter. Hélas, comme William, il ne reviendrait plus jamais. Alors, son trouble était-il si criminel ? Pourquoi n'aurait-elle plus le droit d'aimer ? Devait-elle, pour respecter les convenances, rester seule jusqu'à la fin de ses jours ?

Elle se demanda si elle aimait Richard. L'attirance irrésistible qu'elle éprouvait pour lui masquait ses sentiments. L'orgueil du jeune avocat vis-à-vis de son père, son désespoir l'avaient émue. Richard avait été chassé par les siens parce qu'il avait osé se dresser contre le vieux Prescott. A cause de cette injustice, elle avait envie de se ranger à ses côtés. Encore une fois, le destin le ramenait vers elle. Peut-être fallait-il y voir un signe...

Une autre partie d'elle-même se révoltait. Le souvenir de Peter ne la quittait pas. Elle n'avait pas envie qu'un autre la touchât. Elle n'était pas encore prête. Lorsqu'elle arriva chez elle, elle fut saisie de frissons. Arthur et Henrietta s'inquiétèrent parce qu'elle n'avait pas bonne mine. Tandis qu'Henrietta lui préparait un thé bouillant, elle prit sa décision. Elle ne reverrait pas Richard. Il ne fallait pas. Elle allait retourner au domaine des Diables le plus tôt possible, et l'oublier définitivement.

Mais le destin en avait décidé autrement...

Le soir même, une fatigue intense la saisit. Ses gestes étaient lourds, maladroits. Le moindre mouvement lui coûtait un effort important. Refusant d'y accorder attention, elle prépara ses malles. Elle redoutait, en restant une journée de plus à Hobart, de céder à son envie de revoir le jeune avocat.

A l'extérieur, une tempête impressionnante s'était abattue sur la capitale. Les grands arbres du jardin pliaient sous les assauts de bourrasques furieuses. Des hurlements incessants se faisaient entendre, s'engouffraient dans la cheminée. Les deux enfants, réfugiés près de Loona, regardaient avec inquiétude par la fenêtre ouverte sur les ténèbres nocturnes.

— Ce sont les chevaux de la nuit ! déclara Mary en roulant des yeux effrayés. Il ne faut pas sortir, ou ils vont nous emporter.

— Il n'y a aucune raison de sortir, ma chérie, répondit Clémentine en la prenant contre elle.

La nuit suivante, elle eut peine à s'endormir. Elle ne s'était sentie bien qu'en retrouvant la chaleur de son lit. Depuis son retour, elle n'avait cessé de grelotter. Les souvenirs de la journée passée ne cessaient de la tarauder. Le visage de Richard la hantait. Au-dehors, l'ouragan se déchaîna de plus belle.

Peu à peu, son vacarme se fondit dans les brumes du sommeil, se métamorphosa en un grondement incessant, celui d'un monstre gigantesque et invisible qui semblait rôder derrière les murs.

Clémentine se réveilla. Elle n'était plus à Hobart, mais sur le front. Autour d'elle, les corps s'écroulaient, frappés à mort par des rafales incessantes. Les balles sifflaient, produisant de curieux sons mats lorsqu'ils pénétraient la chair d'un homme. Il se mettait à hurler, mais aucun son ne sortait de sa bouche. Clémentine avançait d'un pas d'automate au milieu des plaines défoncées, entre des visages lacérés et brûlés.

Soudain, un obus tomba à ses pieds, soulevant une gerbe de terre. Elle tentait alors de sauver un blessé, dont les traits lui apparaissaient avec une netteté surprenante. L'engin s'était planté dans le sol à moins de deux mètres d'elle. Elle crut sa dernière heure venue. Elle ferma les yeux, attendant d'un instant à l'autre le souffle létal de l'explosion, les fragments de métal déchiquetant sa chair. Mais rien ne se produisit. L'obus n'avait pas éclaté. Elle se mit à gémir. Une chaleur étouffante baignait l'air autour d'elle. Elle devait fuir ce monde maudit, partir, tout quitter, s'enfuir, marcher, marcher jusqu'à épuisement de ses forces.

Elle n'eut pas conscience de se lever, de quitter son lit. Une force inconnue, la peur qui la tenaillait, l'impossibilité de se réveiller tout à fait, la poussaient à sortir. Sans s'en rendre compte, elle se retrouva dehors, l'esprit embrumé. Gagnée par une soudaine sensation de froid, elle ne parvint pas pour autant à émerger de son cauchemar. Hagarde, elle marcha droit devant elle, les yeux ouverts, sans rien comprendre. Elle ne parvenait plus à se souvenir qui elle était, ce qu'elle faisait. Des visages d'hommes se superposaient dans sa mémoire, celui d'un homme sage au visage encadré d'une courte barbe blanche. Un autre lui succéda, plus jeune, un uniforme taché de sang. Un troisième homme les remplaça, qui lui hurlait quelque chose qu'elle n'entendait pas.

Puis tout sombra dans le néant.

24

Un visage inconnu était penché sur elle. Petites lunettes rondes, barbiche en pointe, l'œil inquiet, la lèvre mince.

— Il faut vous reposer, dit l'inconnu.

Au stéthoscope qui pendait à son cou, elle comprit qu'il s'agissait d'un médecin. Clémentine regarda autour d'elle. Elle se trouvait dans sa maison de Hobart. Un soleil radieux illuminait la chambre d'une lueur adoucie par les rideaux blancs.

— Vous avez été victime d'une forte fièvre due à un refroidissement, dit le praticien. Nous avons craint le pire. Cela fait trois jours que vous délirez. Mais ce matin, vous allez mieux, la fièvre est tombée.

Elle se sentait poisseuse et faible.

— Mes enfants ?

— Rassurez-vous, ils vont bien. Je vais vous laisser avec votre ami.

— Quel ami ?

Une silhouette s'avança.

— Richard ?

Il s'assit sur une chaise, près du lit et lui prit la main.

— Clémentine. Si vous saviez comme j'ai eu peur.

— Je vais vous laisser, dit le médecin. Je repasserai dans la soirée.

— Merci.

La jeune femme se tourna vers Richard.

— Que m'est-il arrivé ?

— Vous avez sans doute pris froid lors de notre rencontre au pied du mont Wellington. L'air était humide. Le soir, il y a eu une tempête. Vos domestiques vous ont retrouvée errant dans le jardin, sous la pluie, en chemise. Vous prononciez des mots sans suite. Ils ont voulu vous ramener dans votre chambre, mais vous ne les écoutiez pas. Votre front était brûlant. Vous avez fini par vous écrouler. Ils vous ont portée dans la maison et ont fait venir le médecin. Mais vous ne cessiez de répéter mon nom dans votre sommeil. Alors, le lendemain, votre nurse est venue me prévenir. Elle se rappelait l'hôtel où j'étais descendu. J'ai accouru immédiatement. Depuis trois jours, je me suis installé ici afin de veiller sur vous. Henrietta et Arthur m'ont installé dans une chambre d'amis.

— Cela fait trois jours que je délire ainsi...

— Votre fièvre était très élevée et ne voulait pas baisser. Vous nous avez fait très peur, Clémentine.

— Et vous êtes resté près de moi...

— Je ne pouvais pas vous laisser dans cet état.

— Vous êtes très gentil, Richard. Je n'oublierai pas ce que vous avez fait pour moi.

La tempête s'était calmée depuis deux jours, et le beau temps s'était installé en maître sur la capitale. Clémentine apprit cependant que l'ouragan avait provoqué de nombreux dégâts.

— Plusieurs navires ont été projetés sur les quais, commenta Richard. Dans Queens Domain, un grand arbre a été arraché. Il s'est écroulé sur une baraque dont les occupants ont été gravement blessés. A Bellerive, un homme a été tué par la foudre. A Kingston, elle a mis le feu à un quartier populaire. Plusieurs maisons ont été détruites. Le niveau de la Derwent a monté en raison des pluies diluviennes qui se sont abattues sur les montagnes. En plusieurs endroits, des maisons ont été emportées.

— Vous n'avez pas de meilleures nouvelles ?

— Si : votre navire et le mien ont été épargnés. Un coup de chance.

Richard avait pris ses habitudes dans la maison. Il se montrait gai et enjoué. Clémentine souffrait encore d'une très grande fatigue, dont elle avait peine à se remettre. Le jeune homme s'occupait de l'intendance, aidait Arthur et Henrietta à faire les courses. Il assistait cette dernière aux fourneaux.

— La cuisine est l'un de mes passe-temps favoris, dit-il joyeusement.

C'était le seul moment où il ôtait sa chevalière. Clémentine admirait ce bijou, qui représentait un cobra enroulé, dont les yeux étaient de minuscules rubis. Elle ne savait plus que penser. Elle se souvenait vaguement qu'elle avait envisagé de repartir pour le domaine des Diables. Aujourd'hui, elle n'avait plus guère envie de quitter Richard. Elle aimait qu'il fût là, qu'il s'occupât d'elle avec tant d'attentions.

— Mais... votre travail ? lui demanda-t-elle.

— Oh, je suis venu chercher des documents. Je les ai déjà, mais je pourrai dire qu'ils furent difficiles à obtenir.

Il passait plusieurs heures par jour avec les enfants, qui ne juraient que par lui. Le soir, il dormait dans la chambre d'amis. Clémentine était sous le charme. Malgré sa fatigue, elle ressentait plus que jamais l'étrange attirance qu'il exerçait sur elle. Elle savait qu'un jour ou l'autre, elle finirait par succomber.

Cependant, lorsqu'elle fut entièrement remise, Richard n'eut plus de raison de rester chez elle.

— Je vais devoir retourner à Sydney, déclara-t-il un soir, tandis qu'ils prenaient leur repas tous les deux en tête-à-tête, comme ils en avaient pris l'habitude.

La jeune femme ne répondit pas immédiatement. Elle savait que ce jour finirait par arriver. Elle l'avait espéré et redouté. Elle n'avait aucune envie pour l'instant de s'afficher avec Richard. Bien qu'elle s'en défendît, elle redoutait les réactions de ses connaissances à Hobart, farouches gardiennes de la morale. Pour elles, il eût été indécent de ne pas observer une année de deuil. Or, Peter était mort depuis moins de neuf mois.

Clémentine chérissait sa mémoire, mais il était parti pour toujours. Alors, quelle différence cela ferait-il ?

Depuis huit jours qu'il dormait dans la chambre d'amis afin de veiller sur elle, le désir n'avait cessé de harceler Clémentine. Il se dégageait de Richard quelque chose qui la subjuguait. Un parfum, un regard, des attitudes, sa peau peut-être... Il ne pouvait ignorer l'effet qu'il produisait sur elle. Pourtant, pas une fois au cours de ces huit jours il n'avait eu de comportement compromettant. Et sans doute était-ce pour cette raison que le désir de la jeune femme n'avait cessé de croître.

Vers la fin de la soirée, lorsqu'il se leva pour regagner sa chambre, elle vint à lui et noua ses bras autour de son cou. En elle se livrait un combat farouche, la sensation délicieuse et culpabilisante de transgresser un interdit, qui excitait encore plus ses envies. Les lèvres de Clémentine se posèrent sur celles de Richard. Un désir incontrôlable s'empara d'elle.

Quelques instants plus tard, elle l'entraînait dans la chambre d'amis. Lui refuser l'accès de sa propre chambre, où planait encore l'ombre de Peter, était pour elle une manière de ne pas céder tout à fait à sa folie.

Richard n'avait pas la délicatesse de son mari. Peut-être parce qu'il avait attendu ce moment avec impatience, il lui arracha ses vêtements plutôt qu'il ne la déshabilla, avec une sorte de rage, de sauvagerie à laquelle elle se surprit à répondre elle-même. Ils tombèrent sur le lit pour une étreinte farouche, où chacun sembla vouloir faire payer à l'autre la dépendance à laquelle il le soumettait. Comme si elle ne s'appartenait plus, elle avait envie qu'il lui fasse tout ce que son imagination lui inspirerait, sans aucune retenue. Elle aurait voulu se lover en lui, le mordre, le dévorer, pièce par pièce, afin qu'il lui appartienne et qu'elle lui appartienne. Ils firent l'amour plusieurs fois, comme s'ils ne pouvaient se rassasier l'un de l'autre, jusqu'à ce que le souffle leur manquât, jusqu'au bord de l'évanouissement. Leur joute intime les laissa au matin épuisés, vidés de toute énergie.

Un rayon de soleil vint chatouiller le nez de Clémentine. Elle se réveilla la première, lourde de fatigue, imprégnée de leurs parfums mêlés d'odeurs musquées. Un sursaut de lucidité la fit rougir devant l'impudeur totale qui avait présidé à leurs rapports. Une sorte de honte un peu tardive l'envahit, qui la mit mal à l'aise. Elle s'était livrée à des ébats semblables avec Peter, mais il se glissait toujours dans leurs étreintes une tendresse qui avait été totalement absente de sa relation avec Richard. Elle avait plutôt eu l'impression d'un rapport de force et d'une volonté incompréhensible de se fondre l'un à l'autre.

Richard avait prolongé son séjour à Hobart. Manifestement, il ne tenait pas à rentrer tout de suite à Sydney. Elle ne songeait pas à s'en plaindre. Elle-même avait temporairement renoncé à retourner au domaine des Diables, où sa présence aurait pourtant été souhaitable. Van Harburg avait dû reprendre l'ascendant sur les bûcherons et exercer sa tyrannie. Dans ses moments de lucidité, elle se traitait de folle. Elle avait la responsabilité de plusieurs dizaines de personnes, et elle passait son temps à faire l'amour avec son amant, alors même que son veuvage n'était pas encore achevé. Elle se contemplait parfois dans la psyché de sa chambre et s'interrogeait.

— Es-tu bien sûre de ce que tu fais ? murmurait-elle à voix basse.

Mais il suffisait que la voix de Richard l'appelât pour qu'elle oubliât ses belles résolutions. Parfois, elle avait l'impression de se conduire comme une chienne attendant le bon plaisir de son maître. Elle se haïssait d'éprouver ce sentiment dégradant, mais elle ne pouvait se passer de ses caresses rudes, de ses morsures, de cette sensation de n'être plus qu'un jouet docile entre ses mains.

Peu désireux d'être vus ensemble, ils se donnaient toujours rendez-vous à la périphérie de la ville. Richard l'emmenait alors visiter des lieux éloignés, où personne ne les connaissait. Parfois, ils partaient pour plusieurs jours, laissant les enfants sous la responsabilité de Loona, en compagnie d'Arthur et d'Henrietta.

Leur relation n'était pas de tout repos. Parfois, de violentes disputes éclataient entre eux. A l'inverse de Peter, Richard considérait le monde avec un cynisme difficile à accepter. Pour lui, il n'était qu'une jungle où seuls les plus forts devaient survivre. Clémentine, que son métier avait formé à respecter la vie et la misère humaine, ne pouvait tolérer cette immoralité. Lors de ces sévères affrontements, elle éprouvait l'envie de le quitter, de repartir immédiatement pour le domaine des Diables. Mais ces fâcheries ne duraient jamais longtemps, car Richard manifestait également une grande générosité, non seulement envers elle, mais aussi envers les autres. Elle finit par comprendre que cette brutalité n'était qu'une façade, une manière d'exorciser la solitude qu'il supportait depuis dix ans. Elle se dit qu'il avait dû être très dur pour lui de se retrouver seul après avoir vécu au sein d'une famille nombreuse. Elle se rendit compte aussi qu'il s'en voulait de n'avoir pas réussi à éblouir son père par sa réussite sans faille. Car il s'était taillé une solide réputation à Sydney. On lui confiait des dossiers de plus en plus compliqués, et il s'en tirait très bien. Il aimait lui raconter ses affaires les plus épineuses. Parfois, elle avait l'impression qu'il s'attribuait toujours le beau rôle, mais il racontait si bien qu'elle n'avait aucune envie de mettre sa parole en doute.

Le détective Steve Robson repassa la voir courant janvier. Malheureusement, les renseignements qu'il avait réussi à collecter étaient peu nombreux.

— Comme je le craignais, cette enquête est très délicate, miss White. J'ai entrepris de contacter toutes les personnes avec lesquelles votre mari a pu être en relation, même de loin, depuis son arrivée en Tasmanie. Pour l'instant, cela n'a rien donné, mais je ne désespère pas.

L'aventure de Clémentine avec Richard dura ainsi un mois d'été où se succédèrent des journées magnifiques entrecoupées d'averses, et des tempêtes qui balayaient la côte avec une violence inouïe. On dénombra plusieurs morts, victimes de noyades, d'orages, d'incendies allumés par la foudre, de chutes d'arbres ou de toits emportés. Ce début de l'année 1924 semblait voué aux extrêmes, à l'image de la passion qui unissait les deux amants.

S'ils se disputaient régulièrement, ils passaient des nuits toujours aussi tourmentées et épuisantes. Lorsqu'ils s'étaient chamaillés, Richard, qui le plus souvent avait tort, manifestait de très jolis repentirs. Il couvrait Clémentine de fleurs, l'emmenait pour une excursion de plusieurs jours, la comblait de cadeaux, de joyaux. Tour à tour esclave martyrisée et princesse adulée, elle ne savait plus où elle en était. Elle aurait voulu le garder pour toujours près d'elle.

Pourtant un matin, il lui annonça qu'il devait regagner Sydney.

— J'ai attendu jusqu'au dernier moment. A présent, il faut vraiment que je parte. Mais je te promets de revenir aussitôt que je pourrai.

Elle n'osa l'accompagner au bateau, de peur de croiser une connaissance. Le lendemain matin, à l'aube, il quitta la maison. Clémentine se retrouva seule. Pendant la journée qui suivit son départ, elle erra dans la demeure, désorientée. Une faiblesse incompréhensible s'était emparée d'elle, comme si elle était devenue incapable de se reprendre en main. Depuis un mois, Richard avait pris l'habitude d'organiser leur vie. Cela avait été comme une parenthèse, une sorte de folie. Elle avait fui sa propre vie pour se perdre dans celle de son amant. Elle s'était éloignée de ses enfants, auxquels elle n'avait presque plus consacré de temps depuis son arrivée. Un effroyable sentiment de culpabilité s'empara d'elle. De même, elle avait négligé son entreprise. Bien sûr, celle-ci tournait sans difficulté depuis que les commandes australiennes étaient tombées. Mais elle aurait dû se trouver au domaine des Diables pour superviser les travaux. Au lieu de cela, elle s'était livrée à Richard en oubliant ses responsabilités.

Il était temps qu'elle réagît.

25

Avant de retourner au domaine des Diables, Clémentine rendit visite à Emilie, qu'elle se reprochait d'avoir trop négligée depuis un mois. Celle-ci lui avait adressé un mot deux jours auparavant, lui demandant de passer la voir pour une affaire d'importance.

— J'ai été malade, dit-elle pour expliquer sa négligence.

Il lui en coûtait de mentir ainsi à son amie, mais elle ne voulait pas évoquer sa liaison avec Richard. Cependant, Emilie ne fut pas dupe.

— Il semble que vous ayez trouvé un bon médecin, dit-elle avec un sourire de connivence.

— Oui, répondit Clémentine, mal à l'aise.

— Tout de même, dit-elle doucement, depuis plus d'un mois que vous êtes à Hobart, vous n'êtes pas venue me voir une seule fois.

— Pardonnez-moi ! Je... il m'est arrivé quelque chose. Mais je n'ai pas envie d'en parler.

Emilie n'insista pas et changea de sujet.

— Vous m'expliquerez tout cela lorsque vous y verrez plus clair. En attendant, je voudrais vous présenter quelqu'un. Il s'appelle Amos Jefferson. Je pense qu'il devrait vous intéresser. C'est un jeune ingénieur spécialisé dans le papier. Désireux de s'installer à Hobart puisque son épouse est originaire de Tasmanie, il est venu demander conseil à Ambrose afin de trouver un partenaire pour fonder une fabrique. Evidemment, mon idiot de mari l'a présenté à Andrew Prescott, avec qui il est en affaires.

Ce vieil imbécile a répondu qu'il n'était pas intéressé. J'ai pensé aussitôt à vous. Cependant, je crois qu'il serait plus judicieux de ne pas mettre Ambrose au courant. S'il l'apprenait, il avertirait Prescott, qui serait fichu de changer d'avis rien que pour vous mettre des bâtons dans les roues.

— C'est une excellente nouvelle, Emilie ! Peter avait le projet de créer une usine de papier ici, à Hobart. Il avait pris contact avec lord Foster à ce sujet. Celui-ci y était favorable, et il était prêt à nous aider à trouver un lieu. Malheureusement, ajouta-t-elle tristement, Peter a été tué avant de pouvoir mener ce projet à bien.

— Alors, il faut que vous rencontriez Amos Jefferson. Cependant, il vaudrait mieux éviter de le faire ici. Je n'ai pas une grande confiance dans mon majordome.

Rendez-vous fut donc pris pour le lendemain chez Clémentine, qui retarda son départ de deux jours. Dans la matinée, un jeune couple se présenta en compagnie d'Emilie. L'homme avait une trentaine d'années. Vêtu d'un costume sans grande élégance, il serrait gauchement son chapeau dans les mains. Son visage orné d'une fine moustache inspirait la sympathie. Son sourire était franc, marqué par une certaine réserve. A ses côtés se tenait une femme plutôt petite, effacée, au sourire timide, mais chaleureux. Clémentine les invita à entrer.

— La Tasmanie est l'endroit idéal pour installer une fabrique de papier, expliqua Jefferson. On y coupe beaucoup de bois destiné à la construction et à la fabrication de meubles. Beaucoup d'arbres de petite taille sont sacrifiés afin de permettre le prélèvement des grands. La fabrique de papier peut récupérer tout ce bois perdu et ainsi rentabiliser au mieux votre exploitation.

Clémentine ne pouvait qu'acquiescer. Peter se basait sur les mêmes arguments. Constatant qu'il avait éveillé son intérêt, Amos entra dans une série de détails concernant les machines, les locaux nécessaires. Il luisait dans ses yeux et ceux de sa femme un enthousiasme communicatif. Visiblement, le jeune ingénieur avait travaillé avec passion sur son projet. Il proposait des méthodes modernes, apportait des clients potentiels installés à Sydney et à Melbourne, des imprimeurs spécialisés dans les journaux ou l'édition. Deux d'entre eux venaient de reprendre les entreprises familiales. Il les avait connus à l'université de Sydney.

— Et le vieux Prescott n'a pas été intéressé par votre projet ? demanda Clémentine.

— Non. Il m'a répondu qu'une telle usine ne conviendrait pas à la Tasmanie, qui d'après lui est plutôt une terre d'élevage.

— Je sais. Il détruit la forêt pour y mettre des animaux. C'est une vision complètement dépassée, qui avait cours il y a un siècle. Ce monsieur n'aime pas les arbres.

— J'ai cru le comprendre, en effet. Mais une fabrique de papier ne fait pas de tort à une forêt, bien au contraire. Elle permet de l'embellir en éliminant les arbres les plus faibles.

L'ingénieur lui présenta un dossier dans lequel il avait consigné tous les éléments : surface des locaux, description des machines, nombre d'ouvriers et qualification de chacun, quantité de matière première, transport, étude de production, prix de revient et de vente, bénéfice escompté. Il avait même envisagé, en cas de succès, plusieurs possibilités d'extension. Clémentine connaissait assez bien le marché du bois pour comprendre que ce projet était solide.

— Vous êtes aussi un excellent gestionnaire, dit-elle.

Il rougit, puis se tourna vers sa femme.

— En vérité, c'est Elisa qui s'est occupée de la partie financière. Elle a fait des études de gestion. Hélas, les entreprises dans lesquelles elle a posé sa candidature à Sydney ne lui ont proposé que des emplois de secrétaire. On ne veut pas confier de responsabilités à une femme. C'est pourquoi nous avons décidé de nous lancer dans la création d'une fabrique de papier.

La jeune femme prit la parole.

— Malheureusement, nous ne sommes pas assez riches pour réaliser seuls un projet aussi ambitieux. Nos parents sont prêts à nous aider, mais cela ne suffit pas. Nous avons donc pris contact avec monsieur Richmond, qui est en relation avec le père d'Amos, afin de lui demander conseil.

— Votre projet me semble intéressant, répondit Clémentine. Cependant, avant de prendre une décision, je dois faire une étude financière sérieuse. Je ne veux surtout pas en parler à mon homme d'affaires, Klaus Kleinberg, qui est un ami de Prescott. Il pourrait vendre la mèche. Je vais retourner chez moi, au domaine des Diables. Je dispose là-bas de tous les éléments pour vous donner une réponse rapide. Si vous êtes disponibles, j'aimerais vous y inviter, afin de vous montrer la forêt.

Bien entendu, ils acceptèrent.

Le lendemain, Clémentine reprit le train avec Loona et les enfants, en direction de Maydena. Prévenu par télégramme, Bernie était venu les attendre à l'arrivée du train. Clémentine constata que l'on était en train d'installer une pompe à essence près de la gare.

— Les automobiles se font chaque jour plus nombreuses, déclara Bernie. Je ne les aime pas, elles sentent mauvais.

— Moi, je trouve qu'elles sentent bon, rétorqua Mary.

Le petit Paul, qui ne comprenait pas tout, approuva. Tout ce que disait sa grande sœur ne pouvait qu'être vrai. Clémentine éclata de rire.

— Ils aiment la ville, expliqua-t-elle.

— Oh oui ! renchérit la petite fille. Il y a beaucoup de monde. Ça bouge partout. Et puis, il y a le zoo, le cirque, le cinématographe...

Ils partirent sur une description enthousiaste de Hobart. Clémentine songea que ce serait peut-être une bonne idée d'acheter sa propre automobile. Elle possédait un certificat d'aptitude à la conduite, passé cinq ans plus tôt en France. Elle avait appris très jeune avec la voiture de son père. Pendant la guerre, il lui était arrivé plusieurs fois de conduire des camions. Les chauffeurs manquaient.

Dès son arrivée, elle se rendit sur la tombe de Peter. Son aventure avec Richard avait provoqué en elle un remords qui la taraudait sans cesse. Elle se reprochait d'avoir pris un tel plaisir entre les bras de son amant et d'avoir négligé sa tâche.

— Pardonne-moi ! murmura-t-elle.

Des larmes brûlantes ruisselèrent sur ses joues.

— Tu me manques tellement, Peter. Pourquoi m'as-tu quittée ainsi ? Tu aurais dû m'écouter, ne pas partir seul en forêt. Tu serais encore là, et jamais je n'aurais cédé à Richard. Je ne sais même pas si je suis amoureuse de lui.

Des parfums de fleurs fanées montaient du sol. Dina avait continué de fleurir la tombe. Mais elle-même n'avait pas déposé de gerbe depuis son départ, peu après Noël.

— Je ne sais pas ce que je dois faire.

Inconsciemment, elle espérait qu'il lui adresserait un signe. Mais il ne se passa rien. Peter était parti pour toujours. Il n'était pas là. Seul son corps inerte gisait sous la terre. Mais son esprit s'en était allé. Elle ne croyait ni au paradis ni à l'enfer. Selon ce que lui avait dit son père, après la mort, l'âme se mêlait à la nature et poursuivait sa vie sur un autre plan.

Elle comprit qu'elle devait trouver seule la réponse à ses questions.

Le surlendemain, elle accueillit le jeune couple. Elisa avait le même âge qu'elle, trente ans. Son mari, âgé de trente-deux ans, avait terminé ses études depuis quelques années. Il avait travaillé dans deux fabriques australiennes où il s'était familiarisé avec de nouvelles machines performantes. Mais Elisa, dont les parents habitaient à Kingston, au sud de Hobart, s'ennuyait en Australie. Aussi avait-il accepté l'idée de s'installer en Tasmanie.

Clémentine avait eu le temps d'étudier la situation financière. Depuis son arrivée, elle n'avait pas touché au capital qu'elle avait hérité de ses parents et qu'elle avait placé en banque. Cette réserve constituait pour elle une sécurité. C'était suffisant pour financer le projet, en complément de ce que le couple pouvait apporter. Evidemment, elle prenait un risque, mais n'était-ce pas le propre d'un chef d'entreprise ? Le projet lui paraissait prometteur.

— Nous serons associés à parts égales, déclara-t-elle en glissant sous leurs yeux l'étude qu'elle avait réalisée avant leur arrivée. Il faudra nous rendre à Sydney pour négocier des marchés avec vos clients, sachant qu'ils ne pourront être honorés que dans plusieurs mois.

— Ils sont déjà prévenus, répondit Amos. Et ils sont prêts à patienter le temps qu'il faudra. Mais il faut aussi acheter les machines et les faire venir, trouver un local.

— Pour cela, je vais en parler au gouverneur, lord Foster. Le projet l'intéressait.

Une énergie nouvelle s'était emparée de Clémentine. Depuis la mort de Peter, elle n'avait fait qu'assurer la continuité de son entreprise. Mais elle ne se serait jamais lancée d'elle-même dans la création d'une fabrique de papier. Elle était persuadée qu'elle n'avait pas rencontré les Jefferson pour rien. Leur association allait lui permettre de poursuivre l'œuvre de son mari.

Elle allait repartir dès que possible pour Hobart, afin de rencontrer lord Foster. Elle avait remarqué qu'il éprouvait un petit faible pour elle, malgré son grand âge. Il l'aiderait certainement à trouver un emplacement pour la fabrique. Ensuite, elle se rendrait à Sydney. Amos et elle devaient commander les machines et prendre contact avec leurs futurs clients. Mais ce n'était pas la seule motivation de ce voyage.

Sydney était aussi la ville où vivait Richard.

26

Dès son retour à Hobart, Clémentine prit immédiatement rendez-vous avec lord Foster. Celui-ci n'avait pas oublié leur précédente rencontre. Il la reçut, en compagnie du couple Jefferson, dans le palais du gouvernement.

— Madame, si je peux vous être utile, soyez assurée de mon aide. Peter White était pour moi un ami et un homme de grande valeur.

Trois jours plus tard, grâce à son appui, Clémentine achetait les locaux désaffectés d'une ancienne confiturerie, situés à la périphérie nord de la ville Puis elle prit contact avec un architecte auquel elle confia les plans de réfection des bâtiments établis par Amos Jefferson.

Tous trois s'embarquèrent ensuite sur un navire à destination de Sydney.

Cela faisait plus de quatre ans que Clémentine n'était pas revenue. Elle gardait le souvenir d'une ville gigantesque, dressée de part et d'autre d'un estuaire encore plus vaste que celui de la Derwent, et tout aussi magnifique. Les habitants de Sydney prétendaient que leur ville était le plus beau port du monde. Clémentine n'était pas loin de partager leur avis. Mais l'estuaire de la Derwent n'avait rien à lui envier.

La ville avait pris naissance en 1788, à partir de l'anse naturelle de Sydney Cove, avec l'installation de huit cents bagnards encadrés par deux cents soldats. Tout comme Hobart, née seize ans plus tard, la ville n'avait compté tout d'abord que des tentes. Puis, très rapidement, des baraquements les avaient remplacées. Là encore, le gouverneur Macquarrie, au début du dix-neuvième siècle, avait initié l'essor de la cité. De magnifiques demeures et de grands bâtiments administratifs avaient surgi de terre.

Dès son arrivée, Clémentine remarqua, à l'extrémité occidentale de Sydney Cove, l'ébauche d'un nouveau pont, qui allait relier la rive sud et la rive nord. L'édifice promettait d'être impressionnant.

— On dit qu'au milieu, il fera plus de cent trente mètres de haut, commenta Amos avec un brin de fierté[1].

La ville s'étendait de part et d'autre de l'estuaire de la Parramatta, un fleuve qui descendait des Montagnes Bleues, situées à une soixantaine de kilomètres à l'ouest.

Le port amenait directement au cœur de la ville. A l'ouest de la baie se dressait un promontoire appelé les Rochers. En cet endroit avaient été construites les premières maisons abritant les marins, les convicts et les prostituées. Plus tard, on avait démoli le quartier pour y bâtir des maisons bourgeoises de style géorgien. Au début du vingtième siècle, une grave épidémie de choléra avait amené une destruction partielle des lieux. Les travaux entrepris pour la construction de Harbour Bridge avaient provoqué de nouvelles démolitions, et le quartier semblait avoir été soumis à un bombardement.

D'ailleurs, la ville entière semblait en travaux. On construisait partout. Les camions et les automobiles avaient quasiment remplacé les voitures à chevaux. On croisait encore quelques calèches, mais les transports étaient en majorité assurés par des tramways dont les lignes électriques s'étiraient au-dessus des artères en un réseau complexe ressemblant à une toile d'araignée géante.

Clémentine fut chaleureusement accueillie par les parents d'Amos Jefferson, qui habitaient non loin de Shakespeare Place, près du Parlement. Monsieur Jefferson père s'étonna un peu de rencontrer une femme chef d'entreprise. Mais, lorsqu'elle lui dit qu'elle était également médecin, son étonnement ne connut plus de bornes.

1. Ce pont, baptisé Harbour Bridge, sera achevé en 1932.

— Ainsi va le monde, dit-il en conclusion. Après tout, pourquoi une femme ne pourrait-elle pas diriger une entreprise ?

Dès le lendemain de leur arrivée, Amos prit contact avec ses anciens condisciples. Les négociations, déjà entamées avant son départ, furent rapidement conclues. En compagnie du couple, Clémentine visita les grandes imprimeries où étaient fabriqués les journaux et les livres de Sydney. Puis ils passèrent commande des machines destinées à la fabrication du papier. Elles devaient être livrées six mois plus tard à Hobart.

Le soir, dans sa chambre, Clémentine ne cessait de se poser des questions. Son exploitation forestière résistait vaillamment à la crise économique. Pourquoi éprouvait-elle le besoin de se lancer dans une aventure aussi audacieuse ? Elle risquait de le regretter amèrement. L'achat du terrain, le projet de construction de la fabrique et l'acquisition des machines, avaient englouti une bonne partie de ses réserves. Et si cette entreprise se révélait être un fiasco ? Souvent, elle ressortait son étude financière, la comparait avec celle d'Amos. Bien sûr, les premières commandes permettraient de démarrer. Mais elles ne seraient pas suffisantes pour faire vivre complètement la société. Il faudrait rapidement trouver de nouveaux débouchés. Elle refusait pourtant d'envisager l'échec. Dans les années à venir, le monde consommerait de plus en plus de papier.

Depuis son arrivée, elle n'avait guère eu le temps de penser à Richard. Elle rêvait de lui rendre une visite surprise. Il était sans doute loin de s'attendre à la rencontrer ici. Un matin, elle expliqua à Elisa et Amos qu'elle désirait voir un ami, un homme qui l'avait aidée lors de son arrivée en Australie, quatre ans plus tôt.

Elle n'avait pas oublié l'endroit où Richard avait son bureau. Un taxi l'y amena en fin d'après-midi. Un temps gris et maussade s'appesantissait sur la ville tentaculaire. Espérant le trouver sur place, Clémentine se présenta à la réception. Une secrétaire lui répondit.

— Monsieur Prescott n'est pas là. Il avait un rendez-vous à l'extérieur ce matin. Mais il doit être rentré chez lui à présent.

Elle accepta de lui donner l'adresse. Quelques instants plus tard, Clémentine parvenait devant une vieille maison géorgienne du quartier ouest des Rochers, sur les pentes de la colline de l'Observatoire. De là, on jouissait d'une vue magnifique sur la baie. Mais le temps couvert et la pluie qui se mit à tomber ne permirent pas à Clémentine d'en profiter.

Elle sortit du taxi, se risqua sous l'averse et courut jusqu'à la porte d'entrée. Une femme d'un certain âge lui ouvrit.

— Vous désirez ?

— Monsieur Prescott est-il là ?

— Monsieur n'est pas là, mais il ne devrait pas tarder.

— Je suis une amie de Hobart. Il ne sait pas que je suis à Sydney. Je voudrais lui faire la surprise.

— Je peux vous faire patienter dans le salon, madame.

La pièce n'était pas très grande, meublée d'une manière moderne, selon cette mode venue d'Allemagne inspirée par l'école du Bauhaus, qui mettait en valeur l'utilisation des formes fondamentales. Apparemment, Richard avait résolument tourné le dos au style hérité du dix-neuvième siècle. C'était peut-être une manière de se révolter contre le conservatisme de son père. Le fauteuil sur lequel elle avait pris place n'était pas confortable. Mais elle ne s'en souciait guère. Vivement émue, elle songeait à la réaction de Richard lorsqu'il la verrait. Elle était sûre qu'il se réjouirait de sa présence.

Une demi-heure plus tard, elle avait changé d'avis.

La pluie n'avait pas cessé quand le jeune homme entra, pestant contre les éléments. Clémentine faillit éclater de rire devant sa véhémence. Elle se leva pour l'accueillir. Soudain, elle entendit une voix de femme faire écho à ses récriminations.

— Ce n'est rien, mon chéri, disait la voix. Nous allons demander à Margareth de nous préparer un bon bain chaud.

Une onde glacée parcourut Clémentine. Elle douta de ce qu'elle venait d'entendre. Richard et la femme, encore dans le couloir, ne l'avaient pas vue. Elle eut soudain l'envie de fuir très loin, de disparaître, de n'être jamais venue à Sydney, de n'avoir jamais rencontré Richard. Puis la colère prit le dessus. Son aventure avec lui, tous ces moments de passion intense, tout cela n'avait été qu'un leurre ! Elle était furieuse contre elle-même autant que contre lui. Livide, elle entendit la voix de la domestique dire :

— Monsieur, il y a là une personne de Hobart qui est venue vous rendre visite. Elle attend dans le salon.

Richard entra. Reconnaissant Clémentine, il pâlit. Derrière lui suivait une jeune femme d'une trentaine d'années. Clémentine lui trouva l'air vulgaire avec son rouge à lèvres outré et son maquillage appuyé. Elle hésita entre s'enfuir sans même les saluer ou laisser éclater sa colère. Elle opta pour la deuxième solution. Elle avait la sensation d'être humiliée. Simultanément, elle se reprocha de s'être elle-même jetée dans cette situation. Mais comment aurait-elle pu deviner ?

— Je vois que tu n'as pas été long à me remplacer, dit-elle d'une voix glaciale.

Puis elle s'adressa à la fille.

— J'ignore depuis combien de temps vous le connaissez, dit-elle, mais il y a un mois, il était au lit avec moi, en Tasmanie.

Pétrifié, Richard ne savait plus comment réagir. Elle marcha sur lui et le gifla à toute volée. Il porta la main à sa joue. Clémentine explosa.

— Cela t'amusait sans doute de m'humilier ainsi ! J'ai été assez stupide pour t'accorder ma confiance, pour ne pas respecter mon veuvage. Peter valait cent fois, mille fois mieux que toi. Et j'ai déshonoré son souvenir à cause d'un sale individu comme toi.

— Mais... que fais-tu à Sydney ?

— Tu ne t'attendais pas à me voir, n'est-ce pas ? Je voulais te faire la surprise. Je ne suis qu'une pauvre gourde.

— Pourquoi ne m'as-tu pas prévenu avant ?

— Je ne pouvais pas deviner que tu avais quelqu'un d'autre ! Je pensais que tu serais heureux de me voir.

— Clémentine, ce n'est pas ce que tu crois.

A présent, il avait l'air affolé.

— Comment ça ? intervint la jeune femme.

— Si, mais... je ne savais pas, je...

La fille éclata de colère à son tour.

— Ne t'empêtre pas dans des explications stériles, pauvre imbécile !

Elle marcha sur lui, le gifla à son tour, puis sortit, sous les yeux éberlués de la domestique qui n'y comprenait plus rien.

— Patricia ! Reviens !

Mais il était trop tard, la dénommée Patricia était déjà sortie. Clémentine quitta la pièce, attrapa son manteau et déclara :

— Je crois que j'ai eu une mauvaise idée de venir, on dirait Mais je trouve que cette jeune femme a plus de bon sens que moi. Bien entendu, il est inutile de chercher à me revoir !

Sans attendre de réponse, elle sortit de la demeure, l'esprit en déroute. Elle aurait voulu le frapper, lui flanquer des coups de pied, nier tout ce qui s'était passé entre eux Une lourde barre lui pesait sur l'estomac. Sa colère était dirigée aussi contre elle-même. Elle s'était montrée aveugle, elle n'avait pas su comprendre qu'il n'avait cherché qu'à s'amuser avec elle.

Sur le trottoir d'en face, Patricia marchait d'un pas rapide, guettant un taxi. Un instant, Clémentine eut envie de la rattraper, de bavarder avec elle. Elles avaient été trompées toutes les deux. Mais cela n'aurait servi à rien. Elles auraient parlé de ce sinistre personnage. Elle décida qu'il ne le méritait pas et se dirigea vers le centre-ville à pied, ignorant le crachin qui avait remplacé l'averse. Tout était gris, poisseux et sale. La ville semblait fondre en elle-même, l'estuaire avait disparu, dilué dans la grisaille. Des odeurs d'humidité pénétraient ses narines, mêlées à des senteurs d'essence, des relents de chien mouillé, de fleurs écrasées, de nourriture émanant des cuisines des maisons. La gifle avait fait tomber sa colère.

Soudain, un bruit de course retentit derrière elle. Richard. Haletant, il s'arrêta devant elle.

— Clémentine, tu ne peux pas partir comme ça.

— Laisse-moi tranquille !

— Pas question ! Cette fille, c'était une histoire sans importance.

— Ah oui ? Elle serait sans doute heureuse de l'entendre. Je suppose que tu lui diras la même chose quand tu retourneras la voir.

— Mais non ! Ecoute-moi !

— Non !

A ce moment, un taxi passa. Clémentine le héla et y monta. Richard tenta de la retenir. Elle le repoussa brutalement. La voiture démarra. Le jeune homme courut un moment à ses côtés, mais Clémentine refusa de le voir. Cet imbécile l'avait bafouée. Elle ne le lui pardonnerait jamais. Jamais !

Elle n'avait aucune envie de rentrer chez les parents d'Amos, aucune envie d'affronter des interrogations au sujet de sa mine défaite. Le taxi la déposa au cœur de la ville. Elle avait besoin de marcher pour s'éclaircir les idées. Errant sans but dans les rues de Sydney, elle tomba tout à coup devant un magasin flambant neuf qui vendait des automobiles. En vitrine trônaient plusieurs véhicules. Une magnifique voiture vert foncé attira son attention. Ses chromes étincelaient sous les projecteurs. Sa longueur dépassait sans doute largement les quatre mètres. Elle regarda la marque : Vauxhall, modèle OD 23/60. Clémentine n'hésita qu'un court instant. A plusieurs reprises, elle avait eu envie d'acheter une voiture. Depuis qu'une pompe avait été installée à Maydena, elle se disait que ce serait un moyen rapide pour se rendre à Hobart. Elle ne serait plus tributaire des trains de voyageurs rares et incroyablement lents qui desservaient la ligne. Elle entra. Un vendeur s'avança, tout sourire.

— Madame désire un renseignement ?

— Je voudrais savoir le prix de la voiture verte.

L'homme ne devait pas être habitué à voir une femme seule entrer dans son magasin.

— La voiture verte ?

— La Vauxhall. Je crois qu'elle s'appelle ainsi.

— Oh mais bien sûr, madame. Si madame veut bien se donner la peine.

Le sourire toujours au beau fixe, l'homme l'amena près de la voiture.

— Madame a un goût très sûr. C'est le tout nouveau modèle de la marque Vauxhall. Savez-vous que cette automobile est la voiture de série la plus rapide jamais fabriquée ? Elle peut atteindre 115 kilomètres à l'heure. Sa puissance est de soixante chevaux à 2 000 tours/minutes, et...

— Pardonnez-moi, monsieur, je voudrais savoir le prix, avant toute chose.

Le sourire retomba, comme si elle venait de proférer une incongruité.

— Le prix ? Ah... Eh bien, elle vaut neuf cent vingt-cinq livres.

— Très bien. Puis-je l'essayer ?

— Mais certainement. Je suppose que vous possédez une licence de conduite.

— Bien sûr.

Ils prirent place. Le vendeur manœuvra une manette. Le moteur toussota cinq ou six fois, puis se mit à ronronner avec une belle régularité. Clémentine eut un sourire amusé. Elle était beaucoup moins bruyante que celle d'Ambrose.

— L'allumage se fait par magnéto, expliqua le vendeur. Le démarreur entraîne le vilebrequin, puis le moteur se met en route.

Clémentine n'avait plus conduit depuis la guerre. Les véhicules qu'elle pilotait alors n'étaient que de grossiers camions qui avaient une fâcheuse tendance à tomber en panne plus souvent qu'à leur tour. Il était alors indispensable d'être accompagné d'un mécanicien. La souplesse et le confort de la Vauxhall l'étonnèrent. Le moteur était puissant et silencieux.

— Quatre litres de cylindrée ! précisa le vendeur.

Pour Clémentine, tous ces chiffres étaient un peu du charabia, mais elle se promit de se renseigner. Ils firent un tour en ville, descendirent jusqu'à Cookie Bay, revinrent par la gare. Après quelques fausses manœuvres dues au manque d'habitude, Clémentine s'adapta très vite à la voiture.

— On dirait qu'elle a été faite pour vous, jubila le vendeur.

C'était bien l'avis de la jeune femme. Le prix était important, mais en deçà du budget qu'elle avait prévu. Et puis, un chef d'entreprise se devait aujourd'hui de posséder sa propre automobile. Elle se sentait comme une enfant à l'approche de Noël. Elle imaginait déjà les promenades qu'elle ferait avec les enfants.

— Combien de temps faut-il pour avoir ce même modèle ?

— Cette voiture est disponible, madame. Elle est arrivée il y a seulement deux jours de Grande-Bretagne.

— Alors, je la prends.

Trois jours plus tard, la Vauxhall était chargée, avec un luxe de précaution, sur le navire à destination de Hobart, sous les yeux inquiets de sa nouvelle propriétaire. A ses côtés, Amos et Elisa n'étaient pas moins anxieux qu'elle. Clémentine était satisfaite de son acquisition. Elle lui évitait de trop penser à la sensation d'échec qu'elle éprouvait depuis sa rupture avec Richard.

27

Hobart, avril 1924

Depuis son retour dans la capitale tasmane, Clémentine n'avait plus qu'une envie : retourner près de ses enfants. Mais il lui fallait d'abord se préoccuper des travaux de l'usine. Avant l'arrivée des machines, les locaux de l'ancienne confiturerie devaient être nettoyés, les bureaux aménagés, la distribution d'eau et le circuit électrique entièrement refaits. Avec le temps, Clémentine avait appris à négocier âprement les prix qu'on lui proposait. Les sommes apportées par les Jefferson et elle-même devaient suffire à démarrer l'entreprise sans avoir besoin de faire appel aux banques, dont elle se méfiait comme de la peste. Dans son esprit, elles ne devaient servir qu'à encaisser les traites des clients.

Il fallut aussi trouver un logement pour les Jefferson. Une fois encore, grâce aux relations d'Emilie, ils purent très vite emménager dans une maison datant du début du siècle, dans le quartier désormais très prisé de Sandy Bay.

Lorsque les travaux des locaux furent bien avancés, Clémentine envisagea de regagner le domaine des Diables. Le dimanche précédant son départ, elle accompagna Amos et Elisa à Kingston, chez leurs parents. En fin d'après-midi, elle revint vers Hobart par la route qui longeait l'estuaire. C'était une piste étroite où l'on croisait peu de véhicules, et d'où l'on jouissait d'une vue magnifique sur l'embouchure de la Derwent. Clémentine ne se lassait pas de conduire sa voiture. Elle avait fait quelques envieux. Ambrose avait voulu l'essayer. Après quelques kilomètres, il avait déclaré à Emilie qu'il allait changer la sienne.

— Je me suis laissé posséder comme un débutant ! Comment ai-je pu acheter un tel tas de ferraille alors qu'il existe des bijoux comme celui-ci ?

Emilie n'avait pas caché son admiration, avec toutefois quelques réserves.

— Alors, vous aussi, vous abandonnez nos bons vieux chevaux ?

— Il faut bien accepter le progrès, Emilie, avait répondu Clémentine. Et puis, il me faudra moins longtemps pour venir de Maydena. A peine trois heures de route.

Tandis qu'elle roulait à faible allure, de nombreux souvenirs revenaient dans l'esprit de la jeune femme. Plusieurs fois, Richard l'avait amenée sur cette côte peu fréquentée. Elle gardait en mémoire des étreintes sauvages dans les buissons qui surplombaient l'estuaire. Mais des souvenirs plus anciens s'y mêlaient. Elle avait aussi suivi cette route avec Peter, blottie contre lui sur la banquette du cabriolet. Elle entendait encore l'écho de sa voix évoquant ses projets, lui parlant des enfants.

Soudain, son attention fut attirée par le comportement d'une silhouette perchée au bord de la falaise qui longeait la côte. Inquiète, elle arrêta la voiture et descendit. Prudemment, elle s'approcha.

— Restez où vous êtes ! s'exclama une voix de femme.

— Roselynn ?

Elle venait de reconnaître la fille d'Andrew Prescott. La sœur de Richard. Elle se tenait en équilibre à l'extrême bord de la falaise, qui surplombait les rochers de plus de vingt mètres.

— Mais que voulez-vous faire ? demanda Clémentine, gagnée par l'angoisse.

Roselynn éclata en sanglots.

— Je veux mourir. N'avancez plus ou je saute !

Clémentine s'arrêta. Elle regarda autour d'elle. Il n'y avait personne. Mais peut-être était-ce préférable. Elle avait déjà eu affaire à des soldats suicidaires pendant la guerre. Certains d'entre eux se sentaient tellement diminués après la perte d'un membre ou de leur visage par brûlure qu'ils voulaient en finir avec la vie. Plusieurs fois elle avait réussi à leur éviter le pire.

Roselynn Prescott avait certainement une bonne raison de vouloir mettre fin à ses jours. Mais elle n'en avait pas vraiment envie. Dans le cas contraire, elle aurait déjà sauté dans le vide. Clémentine s'assit sur l'herbe, sans quitter la jeune fille des yeux.

— Je ne veux pas que vous mourriez, Roselynn, dit-elle doucement. Si vous sautez, je garderai pour toujours cette image terrible dans l'esprit. Et je sais que vous ne voulez pas m'infliger une telle souffrance.

Roselynn éclata en sanglots. Clémentine sut qu'elle avait presque gagné la partie. Mais il lui fallait attendre que la jeune fille renonçât d'elle-même à son sinistre projet.

— Ce n'est jamais une bonne solution de mourir, continua-t-elle sur le même ton. D'autant plus que vous n'êtes pas sûre de vous tuer. Cette falaise n'est pas à pic. Vous allez rebondir plusieurs fois avant de vous écraser sur les rochers. Mais vous pouvez aussi être projetée dans l'eau, entraînée par les courants. Vous ne mourrez pas sur le coup. Vous risquez d'agoniser pendant plusieurs heures, les membres brisés, accrochée à la paroi, ou bien de finir noyée.

— Taisez-vous !

— Je suis médecin, Roselynn. Savez-vous ce qu'est la noyade ? L'eau va pénétrer vos poumons, inexorablement. Votre instinct de survie vous ordonnera de réagir et vous inspirerez. C'est toujours de l'eau qui entrera en vous. Alors, vous vous débattrez, vous étoufferez, étoufferez pendant une éternité avant de sombrer dans le coma. Vous aurez l'impression que vos poumons vont éclater. Mais il n'y aura rien à faire.

— Pourquoi me dites-vous tout ça ? hurla Roselynn en sanglotant.

— Pour vous éviter de faire une chose horrible. La vie est trop belle pour que vous la perdiez. Si vous me disiez plutôt pourquoi vous voulez en finir... Je pourrais peut-être vous aider.

— Personne ne peut m'aider.

— Expliquez-moi quand même.

La jeune fille hésita, puis se décida à parler.

— C'est à cause de mon père. Il veut m'obliger à épouser Terence Kleinberg.

— Terence Kleinberg ?

— Je le déteste. Il est laid et méchant. Mais son père et le mien ont des affaires communes. Ils veulent allier leurs familles.

— Quel âge avez-vous ?

— Je viens juste d'avoir vingt et un ans.

— Eh bien, vous êtes majeure. Pourquoi ne refusez-vous pas ?

— On voit que vous ne connaissez pas mon père. Il se moque bien de la loi. La seule qui compte à ses yeux est celle de la Bible, qui ordonne aux filles d'obéir à leur père.

— Cela ne change rien. Tout Andrew Prescott qu'il est, ni lui ni la Bible ne peuvent aller contre la loi. Il vous suffit de dire non.

— Je l'ai fait, mais il m'a battue et enfermée. Il a dit que je ne sortirais qu'après avoir accepté de me plier à sa volonté.

Clémentine explosa.

— Mais pour qui se prend-il, ce vieil imbécile ? C'est pour ça que vous voulez vous tuer ?

— J'ai réussi à m'enfuir de la maison. Mais je ne sais pas où aller. Je ne veux pas retourner là-bas. Il va encore me battre.

Clémentine la contempla. La jeune fille était terrifiée. Elle préférait se détruire plutôt que d'affronter les foudres de son père. Clémentine comprenait soudain pourquoi Richard avait quitté la maison. Il lui avait fallu du courage pour s'opposer à un tel tyran.

— Vous n'êtes pas obligée de retourner chez lui.

— Mais où irais-je ?

Clémentine réfléchit un court instant. Sa décision fut vite prise. Roselynn avait besoin qu'on la protège et qu'on l'écoute. Mais il ne se trouverait personne dans son entourage pour le faire.

— En attendant de trouver une solution, vous pouvez toujours venir chez moi.

— Pourquoi vous occuperiez-vous de moi ? demanda-t-elle, méfiante.

— Pour éviter de vous voir sauter stupidement dans le vide. Allez, venez me rejoindre. Nous allons parler.

Roselynn hésita, puis redescendit doucement vers Clémentine, les yeux emplis de terreur et de larmes. Clémentine lui tendit la main, puis l'amena vers la voiture.

— Vous n'allez pas me ramener chez moi, n'est-ce pas ? dit soudain la jeune fille.

— Certainement pas. Montez dans la voiture. Nous allons rentrer.

Une demi-heure plus tard, elles étaient revenues dans le salon de la demeure de Hobart. Roselynn regardait autour d'elle, apeurée. C'était la première fois qu'elle se trouvait dans une demeure étrangère sans ses parents. Clémentine étouffa la colère qui l'envahissait. Comment pouvait-on réduire un être humain à un tel état de soumission ? Sa rancœur contre Andrew Prescott ne s'en trouva pas diminuée.

Elle observa la jeune fille. Avec ses longs cheveux bruns, elle possédait un joli visage, aux traits doux et réguliers, mais déformés par l'angoisse. Ses yeux perpétuellement en alerte lui conféraient l'allure d'un petit animal traqué. De même, à en juger par sa maigreur quasi squelettique, elle ne devait pas manger tous les jours à sa faim.

Afin de lui redonner goût à la vie, Clémentine demanda à Henrietta de lui préparer un bon repas. Le vieux couple fut surpris de voir arriver la propre fille d'Andrew Prescott, mais Clémentine leur expliqua la situation.

— Personne ne doit savoir qu'elle est ici, conclut-elle.

Roselynn dévora de bon appétit. Très vite, ses joues pâles reprirent un peu de couleur. Cependant, il fallait trouver une solution. Après le repas, elles prirent place dans le salon pour bavarder.

— Il faudrait que vous parliez à votre père, déclara Clémentine. Il doit comprendre qu'il ne peut pas vous obliger à épouser quelqu'un contre votre gré. Nous ne sommes plus au Moyen Age.

Aussitôt, Roselynn se mit à trembler.

— Je ne veux pas retourner là-bas !

La terreur qu'elle lut dans ses yeux dissuada Clémentine d'insister.

— Mais alors, que comptez-vous faire ?

La jeune fille fondit en larmes.

— Je ne sais pas. Je ne sais pas...

Embarrassée, Clémentine comprit que le mal était encore plus profond qu'elle ne l'aurait imaginé. A sa place, elle aurait réagi depuis belle lurette, aurait envoyé promener son père et serait partie en claquant la porte. Puis elle se dit que jamais elle n'avait été confrontée à une telle situation. Elle avait eu les parents les plus gentils du monde, qui l'avaient élevée dans un esprit d'indépendance. Roselynn n'avait pas eu cette chance extraordinaire. Toute sa vie, elle avait subi l'autoritarisme d'un père tyrannique. Comme développer une personnalité combative dans ces conditions ? Seul Richard y était parvenu. Mais il restait marqué. Combien de fois avait-elle noté chez lui des sursauts de haine, apparemment injustifiés, dès que l'on tentait de lui imposer quelque chose ?

Bien sûr, il était hors de question de jeter la jeune fille à la rue après l'avoir recueillie. Mais que faire d'elle ?

— N'avez-vous pas de la famille, une tante ou un oncle qui pourrait vous loger le temps que vous trouviez une solution ?

— Il n'y a pas de solution, sanglota Roselynn. Je n'ai personne.

— Ecoutez, je pars demain pour Maydena. Je m'ennuie de mes enfants. Mais vous pouvez rester ici autant qu'il vous plaira.

Roselynn lui jeta un regard éperdu. Soudain, elle se jeta à ses pieds.

— S'il vous plaît, emmenez-moi avec vous ! Ne me laissez pas seule ici !

— Il y a Arthur et Henrietta. Ils s'occuperont de vous.

— Je voudrais rester avec vous. Vous êtes si forte...

Roselynn avait posé sa tête sur les genoux de Clémentine. A vingt et un ans, la jeune fille se comportait comme une enfant qui implore du secours. Embarrassée, Clémentine ne savait plus quelle attitude adopter. Elle connaissait à peine Roselynn. Mais celle-ci, sans lui demander son avis, avait remis sa vie entre ses mains. Clémentine soupira. Prescott n'avait jamais permis à sa fille de prendre la moindre initiative. Alors, livrée à elle-même sur un coup d'audace, elle se sentait perdue. Si Clémentine refusait de la prendre en charge, Roselynn se sentirait doublement abandonnée, et plus rien ne l'empêcherait de se détruire. La jeune femme n'avait pas le choix.

— Eh bien, c'est d'accord, dit-elle. Vous allez venir avec moi au domaine des Diables.

Roselynn leva vers elle des yeux pleins d'espoir.

— Oh merci !

Puis elle ajouta, embarrassée :

— Mais je n'ai rien. Ni vêtements, ni argent...

— Aucune importance. Nous faisons à peu près la même taille. Je vous prêterai des affaires. Quant à l'argent, ne vous faites aucun souci pour ça. Il n'y a qu'un problème. Votre père doit déjà vous rechercher.

— Non, pas avant demain. Il est parti avec ma mère pour Launceston. J'ai profité de leur absence pour m'enfuir.

— Alors, vous allez leur écrire une petite lettre, que nous posterons demain de Hobart, juste avant de partir. Il faut éviter que votre mère s'inquiète.

— Je ferai ce que vous me direz.

Le lendemain, dès l'aube, la Vauxhall quittait Hobart, emmenant Clémentine et Roselynn vers les montagnes.

28

L'arrivée au domaine des Diables fut triomphale. Après plusieurs semaines d'absence, Clémentine put enfin serrer ses enfants contre elle. On s'extasia devant la voiture, devant ses chromes rutilants.

— Elle est à nous, vraiment à nous ? ne cessait de demander Mary, émerveillée.

Depuis qu'elle avait vu la voiture d'Ambrose, elle rêvait d'en posséder une identique. Ces machines qui roulaient sans être tirées par des chevaux constituaient pour elle un mystère. Mais celle-ci était bien plus belle que celle des Richmond. Elle en était très fière, et, à cinq ans, elle n'aurait pas vu d'un mauvais œil de pouvoir la piloter elle-même. Clémentine dut faire plusieurs fois le tour du parc avec les enfants enthousiastes sur les genoux. Les petits n'auraient cédé leur place pour rien au monde.

Ils s'étonnèrent aussi de la présence de Roselynn.

— Elle va vivre quelque temps avec nous, répondit leur mère. Il faudra être très gentil avec elle.

Mais les enfants ne demandaient pas mieux. Ils la trouvaient très jolie.

Le soir, Clémentine réunit toute la maisonnée pour la présenter.

— Roselynn est la fille d'Andrew Prescott, dit-elle. Son père veut marier sa fille avec un homme qu'elle déteste. C'est pourquoi je l'ai accueillie. Nous allons lui venir en aide. Personne ne doit savoir qu'elle est ici. Elle restera le temps qu'il faut pour trouver une solution. J'ai confiance en vous et en la plupart de nos bûcherons, mais nous devons nous méfier. Je suis persuadée que Van Harburg serait très heureux de porter l'information à Prescott. Il doit donc ignorer sa présence. Cela ne devrait pas être trop difficile. Les bûcherons viennent rarement ici, sauf au moment de la paye hebdomadaire.

La famille réserva un accueil chaleureux à la jeune fille. Tandis que Clémentine l'installait dans une chambre d'amis, les enfants ne cessaient de tourner autour de la nouvelle venue pour lui faire visiter les lieux et la harceler de questions.

Clémentine était heureuse de se retrouver chez elle. Les enfants lui avaient terriblement manqué. La maison elle-même, sans doute parce qu'elle était marquée par la présence de Peter, lui apportait du réconfort. Depuis son retour d'Australie, elle avait souffert de sa rupture avec Richard. Elle gardait le sentiment d'une trahison impardonnable. L'attachement passionnel qu'elle avait éprouvé pour lui l'avait aveuglée. Elle lui avait accordé une telle confiance qu'elle n'avait pas songé une seule seconde qu'il pût la tromper. Elle lui en voulait, mais elle s'en voulait encore plus de s'être montrée aussi stupide. Il lui fallait oublier cette histoire au plus vite.

Pourtant, la nuit, le souvenir des moments intenses partagés avec lui la hantait. Elle s'endormait en rêvant des mains de Richard sur elle, de ses doigts s'insinuant dans les replis les plus intimes de son corps, en des caresses qui devenaient des brûlures. Elle se haïssait de ressentir encore ces ondes de plaisir équivoque au creux des reins, mais elle ne pouvait lutter contre sa nature profonde. Peter lui avait révélé la sensualité, et Richard avait récolté les fruits de cette troublante éducation.

Pendant son absence, l'exploitation avait continué de tourner sans difficulté majeure. Cependant, si le travail avait été accompli suivant les directives qu'elle avait laissées avant son départ, Van Harburg, comme elle le craignait, avait profité de son absence pour se conduire comme s'il était le patron. Très vite, de nouveaux conflits l'opposèrent à Clémentine. Par principe, il se dressait contre ses décisions. Plusieurs fois, elle songea à se séparer de lui, mais ce n'était pas le moment.

— Cet imbécile sait très bien que je ne peux pas me passer de lui, confia-t-elle à Roselynn. Il est le seul capable de diriger les bûcherons de Maydena. John Beaver serait à même de les commander tous, mais c'est un métis. A cause de leurs stupides préjugés, je ne peux le placer à la tête d'une équipe de blancs. Que puis-je faire pour me débarrasser de ce fichu Hollandais ?

— Personne n'est irremplaçable, Clémentine. N'y a-t-il pas parmi les autres bûcherons quelqu'un qui pourrait prendre sa place ?

— J'y ai déjà songé. Ils connaissent bien leur travail, mais aucun d'eux ne saurait diriger une équipe. Il faut un homme à poigne, capable de se faire respecter et obéir.

Roselynn resta un moment silencieuse.

— Ce que je ne comprends pas, c'est pourquoi mon père n'a pas essayé de le débaucher. Vous m'avez pourtant dit qu'il avait offert de meilleurs salaires à vos bûcherons.

— C'est vrai. Mais je ne serais pas étonnée qu'il paye Van Harburg pour qu'il reste en poste, afin d'entretenir une mauvaise ambiance dans l'équipe. Je me doute qu'il n'a pas renoncé à son projet de s'emparer des Diables.

— Oh, pour ça, vous pouvez lui faire confiance. Il a horreur qu'on lui résiste.

— Eh bien, il en sera pour ses frais.

Avec le mois de mai, l'automne était revenu, avec son cortège de tempêtes. Une succession d'ouragans s'était abattue sur le pays, ployant les grands arbres, rendant difficile le travail des bûcherons. Clémentine avait repris ses consultations du vendredi à Maydena. Avec la Vauxhall, il ne lui fallait pas beaucoup de temps pour se rendre au village.

Roselynn était restée aux Diables. Elle s'occupait des enfants en compagnie de Loona. C'était la première fois qu'elle avait l'occasion de partager la vie d'une métisse. Son père refusait d'avoir chez lui des domestiques de couleur. Les deux filles ne furent pas longues à devenir amies. Roselynn fut surprise d'apprendre que Loona avait des ancêtres anglais.

Le soir, après avoir couché les enfants, Clémentine et elle se retrouvaient près de la cheminée. Elles y faisaient griller des noix de *pandani* et écoutaient le vent en devisant. Peu à peu, Roselynn reprenait goût à la vie. Cependant, elle gardait son regard de chien battu. Régulièrement, elle jetait des coups d'œil inquiets autour d'elle. Clémentine la rassurait.

— Je suis ridicule, s'excusait la jeune fille avec un sourire forcé, j'ai parfois l'impression que mon père va surgir d'un instant à l'autre.

— Quand bien même, vous êtes majeure. Il ne peut pas vous obliger à faire ce qu'il a décidé.

— Il doit me faire rechercher.

— C'est sûr. Mais vous n'avez aucun compte à lui rendre. Même s'il vient ici, vous ne serez pas obligée de le suivre.

— Et si c'est la police ?

— Cela ne changera rien. Vous êtes libre de vivre où vous le souhaitez.

— Mais que vais-je devenir ? Je ne peux pas vivre éternellement à vos crochets.

— Vous pourriez travailler.

— Travailler ?

— C'est par le travail qu'une femme acquiert son indépendance. Elle gagne sa vie et n'a plus de comptes à rendre à personne, ni père, ni mari.

Les yeux de Roselynn se mirent à briller.

— Je n'y avais jamais songé. Dans mon milieu, les femmes ne travaillent pas. Elles viennent au monde pour faire des enfants et les élever.

— Eh bien c'est faux ! Une femme a autant le droit qu'un homme de mener l'existence qu'elle désire.

Roselynn nourrissait une grande admiration pour Clémentine. Celle-ci dirigeait son entreprise avec fermeté et rigueur tout en restant attentive aux soucis des gens qui travaillaient pour elle. Les bûcherons lui vouaient une grande confiance parce qu'elle connaissait désormais la forêt aussi bien qu'eux. Et elle conduisait elle-même son automobile, activité que Roselynn considérait comme exclusivement masculine. La jeune fille eut un petit sourire.

— Mon père dit que vous êtes un mauvais exemple pour les femmes. Mais moi, je pense le contraire.

Clémentine s'était attachée à Roselynn. Cette dernière avait tendance à rester repliée sur elle-même. Elle se livrait peu, parlait rarement de sa famille. Clémentine n'osait pas lui poser de question. A son comportement, elle devinait qu'elle avait dû traverser des moments difficiles. Ainsi, Roselynn n'était guère à l'aise en présence des hommes. Elle n'osait les regarder en face. Clémentine se demanda si cette attitude était due à la tyrannie de son père, ou à autre chose. Elle hésita à lui parler de son frère, Richard. Puis elle renonça. Elle gardait de leur relation une sensation d'échec qu'elle préférait oublier. D'ailleurs, pas une fois Roselynn ne fit allusion à lui. La seule personne dont elle s'ennuyait était sa mère. Mais, à mots couverts, elle confia qu'elle lui reprochait de ne pas avoir eu le courage de s'opposer à son père.

— Parfois, j'ai l'impression qu'il la méprise, dit-elle. Il est vrai qu'il éprouve ce sentiment envers toutes les femmes.

Ce fut vers le milieu du mois de mai qu'éclata la tempête dont les conséquences allaient une nouvelle fois bouleverser la vie de Clémentine. Si la matinée avait été ensoleillée, dès le début de l'après-midi, d'énormes nuages noirs envahirent le ciel, accourant depuis les hautes montagnes de l'ouest. En quelques instants, la luminosité baissa à tel point qu'il fallut allumer l'électricité. Un ouragan d'une violence inouïe se leva, hurlant à travers les grands arbres du parc. Effrayés par le vacarme, les deux enfants s'étaient réfugiés près de leur mère avec Loona et Roselynn.

Au milieu de l'après-midi, Beaver revint à la tête des deux équipes. Clémentine sortit sur la terrasse pour les accueillir. Hurlant pour se faire entendre, Beaver déclara :

— Nous ne pouvons pas continuer à travailler dans ces conditions, madame. L'ouragan est trop puissant.

— Dans ce cas, abritez-vous dans les baraquements ! Mais où est Van Harburg ? Je ne le vois pas.

— Il n'est pas venu ce matin. C'est moi qui ai donné le travail aux gars.

— Et vous n'avez pas rencontré de difficultés de la part de ceux de Maydena ? s'étonna-t-elle.

— Aucune, madame. Ils sont en colère contre leur contremaître. Et puis, ils tiennent trop à leur travail pour faire des histoires.

— C'est bien. Qu'ils prennent du repos.

Après s'être assurée que les bûcherons s'étaient tous abrités, Clémentine regagna la maison. Pendant ce temps, bravant les éléments, Bernie et ses enfants avaient couru d'un endroit à l'autre pour poser les volets et fermer toutes les portes afin d'éviter que les bourrasques ne s'engouffrassent à l'intérieur. Le petit Paul, voyant l'agitation des grands, ne cessait de pleurer. Il ressentait l'anxiété de sa mère, qui scrutait le ciel déchaîné. De sinistres craquements résonnaient de tous côtés, comme si la maison allait se disloquer. Guère plus rassurée que son petit frère, Mary ne lâchait pas la main de Clémentine.

— Dis, maman, la maison ne va pas s'écrouler ?

— Non, ma chérie. Elle est très solide. Nous ne craignons rien.

Elle aurait voulu que ce fût vrai. Mais, depuis son arrivée en Tasmanie, elle n'avait jamais affronté de tempête aussi violente. Le repas du soir se déroula dans une atmosphère d'apocalypse. A l'extérieur, des lueurs aveuglantes déchiraient parfois les ténèbres liquides, tandis que de féroces coups de boutoir tentaient de défoncer la porte d'entrée et faisaient vibrer les fenêtres. Clémentine avait pris ses petits contre elle. Roselynn, qui prenait courageusement sur elle pour ne pas montrer sa panique, restait recroquevillée, silencieuse, dans un fauteuil. Dans la cheminée, le vent rabattait parfois la fumée vers l'intérieur, attisant les flammes affolées.

La tempête dura ainsi toute la nuit. Personne n'avait le courage de regagner sa chambre. Devant la fureur des éléments, on préférait rester ensemble, afin de se rassurer. Seuls Bernie et Dina étaient allés se coucher. Ils avaient affronté bien pire autrefois. Leurs enfants et leurs belles-filles étaient restés éveillés.

Clémentine se croyait revenue au plus fort des combats. Dans son esprit recru de fatigue, les hurlements du vent se confondaient avec les sifflements des bombes, les roulements de tonnerre avec les explosions. Les enfants, puis Roselynn s'étaient endormis. Loona s'était écroulée à même le tapis. Les uns après les autres, les enfants de Bernie et Dina étaient partis à leur tour.

Au petit matin, Clémentine s'éveilla en sursaut. La tempête avait à peine faibli. Des vents démentiels grondaient toujours au dehors. Se levant sans faire de bruit, elle se dirigea à tâtons vers l'interrupteur, que quelqu'un avait dû éteindre. Mais celui-ci ne fonctionnait plus. Elle n'y voyait goutte, et manqua plusieurs fois de se cogner aux meubles. Elle essaya un autre interrupteur, toujours sans succès. Elle pesta. Le disjoncteur avait dû sauter. Gagnant la cuisine à l'aveuglette, elle trouva le tiroir où l'on rangeait les bougies. Elle en alluma une, puis se dirigea vers le compteur, situé dans l'entrée. Elle le fit jouer plusieurs fois sans succès. La panne ne venait donc pas du disjoncteur. Elle comprit que la maison n'était donc plus alimentée en électricité. Cette nouvelle l'inquiéta. Peter avait pris soin de faire enterrer les câbles afin de les protéger et de ne pas défigurer la forêt. Clémentine en conclut que la panne ne pouvait venir que de la centrale. L'instant d'après, une idée terrible lui vint à l'esprit : peut-être le barrage avait-il été touché ?

Avec le temps, elle avait fini par oublier l'impression de malaise ressentie la première fois qu'elle l'avait vu. Mais il était toujours là, retenant une formidable masse d'eau que les pluies diluviennes des derniers jours avaient dû gonfler. Et s'il se rompait ? Elle imagina les tonnes d'eaux furieuses se déversant dans la vallée, emportant la scierie, puis roulant en flots dévastateurs vers la maison.

Gagnée par l'angoisse, elle courut réveiller Bernie.

— Vite, il faut aller voir le barrage ! Il n'y a plus d'électricité.

Affolé, le vieil homme s'habilla à la hâte, secouant au passage l'un de ses fils pour qu'il les accompagnât. Engoncés dans d'épaisses capes de pluie, ils se rendirent aux écuries pour y seller des chevaux. Peu après, Clémentine, suivie de ses compagnons, remontait le cours du Styx, dont le débit s'était accru de manière alarmante. Luttant contre les bourrasques qui tentaient de les désarçonner, ils parvinrent à la scierie, où ils découvrirent John Beaver, hanté par les mêmes craintes que Clémentine. Il était aussitôt venu à pied avec deux autres bûcherons. Comme la maison et les baraquements, la scierie était, elle aussi, privée de courant.

— Tout est en ordre ici, hurla Beaver pour se faire entendre. C'est plus haut qu'il s'est passé quelque chose.

Une onde glaciale qui ne devait rien aux éléments parcourut le dos de Clémentine. Remontant le long du torrent furieux, ils se dirigèrent vers le barrage. La progression était difficile. En raison de la luminosité réduite, ils devaient se méfier des pièges du chemin. Plusieurs arbres et de nombreuses fougères arborescentes avaient été arrachés par de violentes rafales. Une odeur d'ozone flottait dans l'air saturé d'humidité. La cape de Clémentine lui collait au corps. Elle n'avait plus rien de sec. Les pluies torrentielles lui détrempaient les cheveux, l'eau froide lui coulait dans les yeux, brouillant sa vision. Elle aurait voulu aller plus vite, mais la piste s'était transformée en fondrière.

Enfin, au prix de mille efforts, ils parvinrent au barrage. A l'extrémité du canal de dérivation s'érigeait la petite centrale qui fournissait le domaine des Diables en électricité. C'était une installation moderne, qui fonctionnait un peu comme un moulin à eau. Les eaux du torrent entraînaient des turbines alimentant des alternateurs. Lorsque le débit baissait, en été, les réserves du lac compensaient cette diminution. A l'inverse, lorsque le flux augmentait, il était possible de dériver une partie des eaux afin de ne pas endommager la centrale.

John Beaver inspecta l'édifice. Il eut tôt fait de localiser la panne, provoquée par un court-circuit.

— Rien de bien grave, s'exclama-t-il. Il faudra revoir ça plus tard, mais il s'agit probablement d'un problème de surcharge.

Clémentine l'observa avec une certaine admiration.

— Vous connaissez le fonctionnement de cette centrale ? demanda-t-elle.

— C'est moi qui ait aidé monsieur White à installer ce barrage, il y a quelques années. En vérité, il m'a engagé dans ce but. Lorsque le travail a été terminé, il m'a proposé de rester en tant que chef d'équipe. A cause de ma couleur de peau, je ne trouvais pas de travail ailleurs. J'ai accepté.

— Et Peter a gagné un homme précieux.

Il la remercia d'un signe de tête. Cependant, l'inquiétude de Clémentine n'avait pas diminué pour autant. Son attention restait fixée sur le barrage lui-même. Soudain, elle remarqua, au pied de l'édifice, un écoulement d'eau qui ne devait rien ni au canal de déversement ni aux pluies diluviennes. Il n'était pas très important, mais il semblait provenir de la base même du barrage. Sans son obstination, elle ne l'aurait même pas remarqué.

— Et ça, dit-elle, est-ce que c'est normal ?

John Beaver s'avança, intrigué.

— Non, madame ! dit-il d'une voix tout à coup anxieuse. On dirait qu'il y a une fissure dans le barrage.

D'un pas rapide, il gravit le chemin menant vers le haut de l'édifice. Clémentine le suivit, rongée par l'angoisse. Lorsqu'elle le rejoignit, elle constata que le lac, long de plusieurs centaines de mètres, atteignait un niveau alarmant.

— L'eau va bientôt submerger le barrage ! s'écria-t-elle.

— N'ayez crainte, madame, répondit John Beaver. Le canal de déversement est suffisant pour évacuer le trop-plein. Le niveau est haut, mais il faudrait qu'il pleuve ainsi pendant plus d'un mois pour qu'il atteigne le haut du barrage. Ce n'est pas ça qui m'inquiète.

— Alors quoi ?

Il l'invita à franchir une passerelle qui traversait le canal de déversement. Un flot impétueux s'engouffrait dans ce dernier, rendant toute conversation pratiquement impossible. Bientôt, ils se retrouvèrent sur le barrage lui-même.

— Vous êtes sûr que ça ne va pas céder ? hurla Clémentine.

— Pas encore. Ce barrage a été construit par « enrochement ». C'est-à-dire qu'on a barré le cours du torrent avec des tonnes de roches. Puis on a recouvert la face interne avec une couche imperméable elle-même surfacée avec du ciment. Ce genre de barrage est tout à fait fiable. Cependant, il arrive qu'avec le temps, la masse rocheuse se tasse sous l'effet de la pression de l'eau, lors de pluies abondantes comme c'est le cas actuellement. Pourtant, j'ai tout vérifié hier. Il n'y avait rien d'anormal. Je ne comprends pas.

— Cela a pu se produire dans la nuit, suggéra Clémentine.

Beaver fit la moue sans répondre. Soudain, il s'écria :

— Là, regardez !

Il désignait, en contrebas du côté du lac, une large fissure dans la surface cimentée. Il s'accroupit pour mieux voir.

— Elle n'y était pas hier, s'exclama-t-il.

Après l'avoir examinée avec attention, il se releva et déclara :

— Il semble que l'édifice ait subi un tassement important. Cela arrive parfois avec ce genre de barrage. Malheureusement, le revêtement étanche est fendu. A présent, l'eau s'infiltre dans l'épaisseur du barrage et le mine. Les roches qui le composent ne sont pas imperméables.

— Mon dieu ! Que va-t-il arriver ?

— Si nous ne faisons rien, il va être rongé de l'intérieur et il finira par céder. Alors, l'eau s'engouffrera dans le vallon, elle balaiera la scierie sur son passage, puis elle poursuivra sa course jusqu'à la maison et au-delà. Tout disparaîtra.

— Que pouvons-nous faire ?

— Le consolider en basculant de l'argile à l'endroit de la fissure. Il y en a par ici. Cela devrait permettre de tenir jusqu'à ce que les pluies cessent. Ensuite, il faudra vider le barrage et refaire le revêtement interne.

Il hocha la tête et ajouta :

— Nous devons agir vite, madame. Il faut mobiliser tout le monde. En espérant que ce sera suffisant.

Clémentine sut immédiatement ce qu'elle avait à faire. Poussant son cheval au galop, elle revint en trombe au domaine. En premier lieu, elle se rendit aux baraquements des bûcherons, auxquels elle expliqua la situation. Ils comprirent que la scierie était en danger. Si elle disparaissait, ils perdraient leur travail, ce qui n'était guère souhaitable compte tenu de la crise actuelle. En quelques instants, ils furent prêts. On chargea sur un chariot tous les outils et récipients possibles, ainsi que les quelques brouettes dont disposait la maison. Mais, en comptant Bernie et ses enfants, on atteignait à peine une quarantaine de personnes. Compte tenu de la hauteur du barrage, la masse à déplacer était telle qu'il aurait fallu au moins deux fois plus de monde. Si au moins cet imbécile de Van Harburg avait été là...

Clémentine décida alors de demander de l'aide au village métis de Temehonne. Par chance, la pluie cessa de tomber alors qu'elle quittait le domaine en direction du sud. Elle voulut y voir un signe encourageant. A la vérité, ils avaient eu de la chance. Si Clémentine ne s'était pas rendu compte que l'électricité avait été coupée, elle ne serait pas allée sur place, et la fissure du barrage se serait très vite aggravée. Le flot plus important du torrent aurait été mis sur le compte des pluies, et il se serait peut-être écoulé deux jours avant que quelqu'un ne remonte jusqu'au barrage. A ce moment-là, il aurait été trop tard.

A Temehonne, une bonne partie des habitants acceptèrent de la suivre. Une heure plus tard, elle revenait avec un renfort d'une soixantaine de personnes. John Beaver avait déjà mis tout le monde au travail. On avait amené deux chariots tirés par les puissants *clydesdales*. Ils ne cessaient de faire l'aller et retour depuis l'endroit où l'on prélevait l'argile jusqu'à la fissure.

L'arrivée des nouveaux venus fut saluée avec des vivats. On se mit au travail avec fébrilité. Mais l'écoulement inquiétant ne cessait d'augmenter en contrebas. De temps à autre, Beaver allait vérifier et revenait en secouant la tête. L'eau avait déjà commencé son inexorable travail de sape.

— Il faudrait que nous soyons plus nombreux, confia-t-il à Clémentine. Avec deux chariots, je crains que nous n'y arrivions pas. Ça ne va pas assez vite.

Une angoisse terrible s'empara de Clémentine. Et si le barrage cédait ? Elle devait mettre ses enfants à l'abri, prévenir Loona, Dina et Roselynn pour qu'elles se réfugient avec les petits sur les collines. Les yeux brouillés par des larmes d'impuissance, elle reprit sa monture et revint à la maison. Pénétrant en trombe dans la demeure, elle s'écria :

— Loona, Roselynn ! Habillez les enfants. Il faut partir. Le barrage risque de se rompre.

— Ce n'est pas possible, madame ! répondit Dina. Monsieur le vérifiait régulièrement.

— Il a subi un tassement. Il ne va pas céder tout de suite, mais nous ne parvenons pas à colmater la brèche. Prends tout ce que tu peux et va te réfugier sur les hauteurs.

Dès qu'elle fut certaine que les enfants étaient en sécurité, Clémentine s'apprêta à rejoindre le barrage. Ce fut alors qu'une certaine agitation attira son attention sur la piste de Temehonne. Un nouveau groupe arrivait, dirigé par Brian Kelly. Elle se porta à sa rencontre.

— Un habitant du village est venu me prévenir que vous aviez des ennuis. Alors, nous voilà.

Clémentine eut envie de lui sauter au cou. Il amenait trois chariots et une trentaine d'hommes. Avec un tel renfort, elle était sûre qu'ils parviendraient à consolider le barrage.

On travailla jusqu'à la nuit tombée. Mais, grâce aux troupes fraîches, le travail avança plus rapidement. Enfin, alors que l'on œuvrait déjà à la lueur des torches, Clémentine constata que l'écoulement commençait à se tarir. Elle remonta en courant jusqu'en haut et s'écria d'une voix essoufflée :

— Nous avons réussi ! Le barrage est sauvé !

29

Le lendemain, lorsque Wilhem Van Harburg revint au domaine, une mauvaise surprise l'attendait. Clémentine s'était rendue directement à la scierie où les deux chefs d'équipe réunissaient leurs hommes le matin. Le Hollandais s'étonna de la voir, puis s'inquiéta. Tout le monde avait les yeux fixés sur lui.

— Eh bien, que se passe-t-il ici ? demanda-t-il d'une voix rauque.

De toute évidence, il avait passé la nuit à fumer et à boire. Clémentine l'apostropha :

— Où étiez-vous hier ?

— J'avais à faire !

Rendue furieuse par l'arrogance de la réponse, la jeune femme explosa :

— Je ne vous paie pas pour ne rien faire ! Vous auriez dû être ici, avec les autres.

— Mes affaires personnelles ne vous regardent pas.

— Eh bien, vous allez avoir tout le temps de vous en occuper, riposta Clémentine. Je vous flanque à la porte !

Il éclata d'un rire méprisant.

— Moi, à la porte ? Et comment croyez-vous faire sans moi ?

Il désigna John Beaver.

— Aucun Blanc n'acceptera de travailler sous les ordres de ce métèque.

— Gardez vos réflexions imbéciles pour vous, monsieur Van Harburg. De toute façon, ce n'est plus votre problème. Vous pouvez toujours aller vous faire embaucher chez Prescott.

Elle lui tendit une enveloppe.
— Voici votre solde de tout compte et votre certificat. A présent, je ne veux plus vous voir rôder par ici.
— Parce que vous pensez que vous allez vous en tirer comme ça ?
Il s'adressa aux bûcherons.
— Vous entendez ça, vous autres ? Elle me fiche dehors, après vingt ans de présence aux Diables. Alors prenez garde, parce que bientôt, ce sera votre tour.
— Tu nous emmerdes, Wilhem ! grommela un vieil homme du nom de Robert Donnehue. Tu ferais mieux de partir. Les gars ne t'aiment pas.
Piqué au vif, le Hollandais marcha sur lui.
— Toi, peut-être ! Mais il y en a plusieurs ici à qui j'ai prêté de l'argent. Il va falloir qu'ils me remboursent avant que je m'en aille.
Clémentine remarqua aussitôt, parmi les bûcherons blancs, quelques visages embarrassés. Van Harburg poursuivit, sûr de son fait :
— Je crois que la police n'aimerait pas apprendre que certains d'entre vous jouent clandestinement.
Clémentine sentait la colère monter d'instant en instant. Elle n'ignorait pas qu'il existait des tripots clandestins aux alentours de Maydena et de New Norfolk. Mais le gouvernement australien interdisait les salles de jeu. Il n'était pas étonnant que des parties illégales s'organisassent. Bien entendu, Van Harburg avait trouvé ce moyen pour exercer une pression sur les ouvriers qu'il voulait garder à sa botte. Il éclata de rire.
— N'oubliez pas qu'une dette de jeu est sacrée !
Clémentine marcha sur lui et le gifla à toute volée.
— Ecoutez bien, Wilhem Van Harburg ! Je suis déjà au courant de l'existence de ces salles de jeux clandestines et je m'en moque. Mes ouvriers sont libres de faire ce qu'ils veulent de ce qu'ils gagnent. Quant à moi, j'ai horreur des maîtres-chanteurs. Alors, déguerpissez !
Il aurait voulu répondre, mais l'autorité qui se dégageait de la jeune femme ne souffrait aucune réplique. Il recula, manqua de tomber sur un tas de planches, puis tourna les talons et s'en fut en maugréant. Les ouvriers poussèrent de grands cris de joie. Ils

avaient redouté un instant que Clémentine ne prît ombrage de cette histoire de jeux, mais, contrairement à ce qu'espérait le Hollandais, elle n'y accordait aucune importance.

— Bravo, m'dame Clémentine, dit le vieux Donnehue. Bon débarras.

Elle leva les bras pour ramener le silence.

— Merci mes amis. Je tiens à vous dire que c'est grâce à vous que nous avons pu sauver l'exploitation. Vous recevrez tous une prime exceptionnelle de trois livres pour le travail que vous avez fourni hier. De même, j'organise à la fin de la semaine une petite fête pour remercier tous ceux qui nous ont apporté leur aide. Vous y serez les bienvenus avec vos familles.

Une nouvelle ovation répondit à l'annonce.

— Mais il n'en reste pas moins un problème. Avec le départ de Van Harburg, l'équipe de Maydena n'a plus de chef. Or, il me faut quelqu'un pour la diriger. Je ne peux pas assumer cette tâche moi-même. Aussi, je voudrais que vous choisissiez parmi vous celui qui vous semblera le plus qualifié pour ce travail.

L'équipe de Maydena, composée uniquement de Blancs d'origine européenne, comportait une douzaine de bûcherons. Ceux-ci se regardèrent, avec des moues ennuyées. Personne ne se sentait véritablement capable de prendre la place. Deux ou trois hommes firent mine de s'avancer, mais ils furent découragés par les regards des autres. Enfin, le vieux Donnehue prit la parole :

— M'dame Clémentine, ici, il n'y en a qu'un qui soit capable d'être notre chef. C'est John Beaver. Van Harburg pense qu'aucun d'entre nous n'acceptera de travailler sous ses ordres. Il a tort. Moi, ça ne me dérange pas. C'est un type bien, et je lui fais confiance. Je préfère un métis qui connaît son affaire plutôt qu'un Blanc incapable.

— Vous accepteriez donc de faire partie de l'équipe de John Beaver ?

— Oui, m'dame. Lui, au moins, il ne gueule pas à tout bout de champ. Et puis, c'est lui qui a construit le barrage. Hier, il savait ce qu'il fallait faire. Sans lui, on pouvait dire adieu à la scierie. Alors, moi, je marche avec lui.

Clémentine sourit. Il y eut quelques conversations entre les autres ouvriers. Puis l'un d'eux s'avança.

— Le vieux Donnehue a raison, m'dame. C'est Beaver le meilleur. Et au fond, on s'en fout qu'il soit métis. Alors, si vous le nommez chef d'équipe pour nous tous, on le suivra.

Clémentine écarta les bras en signe d'acquiescement.

— Eh bien, il ne me reste plus qu'à approuver votre choix. Je précise qu'il me fait très plaisir. Monsieur Beaver, vous assurerez donc la direction des deux équipes.

Le week-end suivant, une foule nombreuse était rassemblée dans le parc. Entre les gens de Maydena et ceux de Temehonne, cela faisait plus de trois cents personnes, auxquelles il fallait rajouter Brian Kelly et ses bûcherons, eux aussi conviés à la fête. Les femmes étaient venues à l'avance pour donner un coup de main à la préparation. Des joueurs de violon et d'accordéon avaient improvisé un petit orchestre. Les enfants s'en donnaient à cœur joie. Sur des braseros grillaient des côtes de mouton et de bœuf, des pièces de wallaby, ainsi que deux énormes cuisses d'émeu. Cidre et bière coulaient à flots, et il y aurait certainement quelques migraines le soir.

Clémentine songea avec nostalgie que c'était la première fête qu'elle organisait aux Diables depuis la disparition de Peter. Elle aperçut Brian qui venait dans sa direction, en compagnie de Sarah. La jeune fille avait à présent dix-sept ans. Clémentine l'avait revue plusieurs fois depuis qu'elle l'avait soignée. Elle arrivait sans prévenir, à cheval, afin de bavarder avec Clémentine de son métier de médecin, qu'elle ne désespérait pas d'exercer un jour. Mais, s'il admettait qu'elle allât à l'école, son père ne voyait pas d'un très bon œil qu'elle suivît des études. Un jour, Sarah lui avait confié ses craintes.

— J'ai déjà eu du mal à lui faire accepter de me mettre en pension à Hobart pour passer mon baccalauréat. Pour suivre des études de médecine, il faudrait aller à Sydney ou à Melbourne. C'est trop pour lui. C'est comme ça que maman est partie.

— Ne te fais pas trop de souci. Les choses doivent se faire par étapes. Si tu obtiens ton baccalauréat dans de bonnes conditions, il ne pourra pas te refuser de suivre la voie que tu auras choisie, parce qu'il sera fier de toi.

— Oh, vous ne le connaissez pas... Il n'est pas irlandais pour rien. Il n'y a pas plus têtu.

Son chapeau à la main, Brian Kelly la salua. Clémentine lui sourit.

— J'ai à peine eu l'occasion de vous remercier pour l'aide que vous nous avez apportée. Sans vous, je ne sais pas si nous aurions réussi à colmater cette brèche.

— Ce n'est rien, miss White. Je suis très heureux que nous ayons pu vous rendre ce service.

Il semblait un peu embarrassé. Elle se souvint des paroles de Sarah, qui affirmait que son père était un véritable sauvage. La petite n'avait pas tort. Malgré l'ambiance joyeuse, il ne paraissait pas avoir l'esprit à s'amuser. Lorsque Sarah se fut éloignée, elle lui demanda, moqueuse :

— Avez-vous toujours l'air aussi sérieux, monsieur Kelly ?

Il la regarda, surpris par sa question, puis répondit par un sourire. Clémentine trouva qu'il avait des yeux bleus magnifiques, mis en valeur par sa peau mate et sa chevelure épaisse, d'un blond tirant sur le roux.

— Oh non. La vérité, c'est que... je ne suis pas très à l'aise avec les femmes. J'ai même beaucoup de mal avec ma propre fille.

— Sarah est adorable. Elle vient me voir de temps en temps. Elle est passionnée par la médecine.

— Je sais. Elle s'est mise en tête de suivre vos traces.

— Estimeriez-vous que je lui donne un mauvais exemple ?

Il toussota, gêné. Visiblement, les conversations mondaines le déconcertaient. Enfin, il répondit :

— Je ne sais pas. J'ai toujours été élevé dans le respect des traditions, où la femme est le cœur, l'âme d'une famille, un havre de paix pour ses enfants, un soutien solide pour son mari.

— Et bien sûr, une femme médecin ne peut pas être le cœur d'une famille.

— Ce n'est pas ce que je voulais dire. C'est un métier qui exige beaucoup de temps, qui contraint à beaucoup de sacrifices. Et... pardonnez-moi, mais je pense que la place d'une femme est près de son mari.

— Donc, elle devrait sacrifier un métier qu'elle aime dans le but de rester disponible pour les siens.

Son demi-sourire s'effaça. Il répliqua un peu sèchement :

— La vie exige sans cesse des sacrifices, miss White. Agir autrement revient à faire preuve d'égoïsme.

— C'est vrai, monsieur Kelly, rétorqua Clémentine, mais j'ai souvent constaté que les femmes faisaient beaucoup plus de sacrifices que les hommes. N'avez-vous donc pas d'autre ambition pour votre propre fille que de lui trouver un mari et de lui voir faire des petits-enfants ?

— Y a-t-il quelque chose de plus important ?

— Faire ce qu'elle aime vraiment. Ce n'est pas exclusivement réservé aux hommes, et ce n'est pas incompatible avec une vie de famille.

Il fit une moue sceptique. Elle comprit qu'elle commençait à l'agacer. Mais son attitude intransigeante l'énervait également.

— Sarah est ma fille, miss White. Ce n'est pas à vous de juger de cela.

— Certes non, c'est à elle.

— Et un peu à moi, ne croyez-vous pas ?

Elle soupira, puis répondit par un sourire. Elle n'avait aucune raison de le provoquer. Chacun avait le droit de penser ce qu'il voulait. De plus, elle sentait bien que cette intransigeance venait de sa relation tragique avec son épouse défunte. Sans doute n'avait-il pas envie de voir Sarah partir comme sa mère.

— Pardonnez-moi, dit-elle. Je ne voudrais pas que notre conversation devienne un stupide sujet de fâcherie. Mais je ressens chez votre fille une vraie passion pour la médecine, servie par une grande intelligence et une intuition profonde. Je crois qu'elle serait pleinement heureuse dans cette voie. Je me proposais simplement de l'aider. Mais nous avons bien le temps de reparler de tout cela.

Il hocha la tête. Elle comprit que lui non plus n'avait aucune envie de se disputer. Ils restèrent un moment silencieux, puis il déclara :

— La mère de Sarah était, elle aussi, une femme libre. Je suppose que l'on vous a parlé d'elle.

— Oui.

— Je l'ai rencontrée à Hobart, à une époque où je fréquentais les milieux artistiques de la ville. Après la mort de mes parents, j'avais besoin de me changer les idées et de rencontrer des interlocuteurs pour mon exploitation forestière. Je passais une semaine par mois dans la capitale. Krissy était venue donner une série de représentations. Des pièces de Shakespeare, je me souviens. Après les représentations, nous allions dans des restaurants, des cabarets, en compagnie de la troupe, des critiques, des journalistes. Nous passions des nuits entières à boire et à refaire le monde. A nous battre aussi, parfois, lorsque nous n'étions pas d'accord. Krissy était la reine de ces nuits folles. Tous mes amis l'admiraient, et ils faisaient tout pour la séduire. Je crois que je suis tombé amoureux d'elle la première fois que je l'ai vue. Jamais je n'aurais osé espérer qu'elle me remarque. Et pourtant, ce fut ce qui se produisit. Comme je ne parlais pas beaucoup, elle engagea la conversation. J'étais fasciné par sa beauté, sa grâce, son aisance. Elle était gaie, enjouée, séduisante. Je n'ai jamais compris pourquoi elle s'est intéressée à moi. Mais... nous nous sommes aimés. Je crois que j'ai fait beaucoup d'envieux à cette époque.

« Un jour, un critique l'a éreintée dans son article. Elle en a été profondément affectée. Je ne savais comment la consoler. Les représentations étaient terminées ; elle devait retourner à Sydney, mais elle n'en avait aucune envie. Je lui ai proposé de venir chez moi. Je voulais lui montrer ma maison et la beauté de la forêt tasmanienne. Elle est restée plusieurs semaines. C'est là que je lui ai demandé de m'épouser. Un moment de folie, sans doute. Mais elle a accepté. Nous nous sommes mariés et nous avons connu plusieurs mois de bonheur. Je n'avais pas l'intention de lui interdire d'exercer son métier, même si je ressentais un peu de jalousie lorsque le regard des autres hommes se posait sur elle. Je l'aimais libre et je souhaitais qu'elle le restât. Au début, tout s'est bien passé. Elle avait été engagée dans une troupe de Hobart, où elle tenait toujours les rôles-titres. Je la rejoignais aussi souvent que mes activités le permettaient. Mais ce n'était pas une vie. La plupart du temps, nous étions séparés. Sarah est née à cette époque-là, en 1907. Krissy n'a pas vraiment supporté de se retrouver enceinte. Elle se trouvait laide. Et surtout, elle ne pouvait plus jouer la comédie. De jeunes actrices avaient repris ses rôles. Elle avait l'impression de se faire peu à peu détrôner. L'admiration des hommes s'adressait à d'autres.

« Notre fille fut nommée Sarah en hommage à la grande actrice Sarah Bernhardt, que Krissy admirait plus que tout. Peu après la naissance, ma femme a quitté la troupe de Hobart et elle est repartie pour Sydney. Je n'ai pas pu la retenir. Elle m'a juré qu'elle reviendrait régulièrement. J'ai compris qu'elle souffrait et je l'ai laissée partir. Que pouvais-je faire d'autre ?

Il observa un nouveau silence, que Clémentine respecta.

— Elle a retrouvé sa place au sein du théâtre australien. Oh, elle revenait de temps en temps pour s'occuper de sa fille. Mais je sentais bien que la passion qui nous avait réunis s'était refroidie. Nous avions de fréquentes disputes. Je voulais qu'elle soit plus présente à la maison. Je lui faisais valoir qu'elle avait une famille, une petite fille. Elle acceptait de rester un peu, puis elle repartait. C'était plus fort qu'elle. Elle était déchirée entre son métier et sa vie personnelle. Elle m'aimait encore, je pense. Parfois, nous partagions des moments merveilleux, et je croyais que tout pouvait recommencer. J'aurais pu supporter cette vie, parce que je l'aimais profondément.

« Mais un jour, les critiques se sont montrés très durs envers elle. On supportait de plus en plus mal ses caprices de vedette. Elle se comparait à Sarah Bernhardt, mais les journalistes estimaient qu'elle n'en serait jamais qu'une pâle copie. Elle ne l'a pas supporté. Elle a giflé l'un d'eux au cours d'une réception, à Sydney. Le lendemain, les journaux se déchaînaient contre elle. Cette cabale ruina sa carrière. Elle se disputa avec tout le monde, et surtout avec le directeur de sa troupe, qui la renvoya en lui disant qu'elle était finie. C'était monstrueux. Elle avait à peine trente ans. Elle est revenue en Tasmanie, profondément marquée par cet échec. Elle a repris sa place dans la troupe de la capitale. Mais elle s'est mise à boire. Son jeu s'en ressentait, et le public s'en est aperçu. Peu à peu elle s'est vue écartée des rôles principaux. J'ai essayé de la faire revenir à la maison, afin qu'elle arrête de se réfugier dans l'alcool. Je voulais la protéger contre elle-même. Mais il n'y avait rien à faire. Elle me rejetait. Tout comme elle rejetait sa fille. D'ailleurs, Sarah n'a presque aucun souvenir de sa mère.

Il soupira.

— Il est impossible de sauver quelqu'un qui a décidé de se noyer, et qui replonge la tête sous l'eau dès qu'on a le dos tourné. Pourtant je l'aimais encore. Elle était tellement fragile, tellement pathétique. Si elle n'avait pas été aussi orgueilleuse, peut-être aurais-je réussi à la tirer de cette mauvaise passe. Mais elle s'accrochait à son rêve de gloire comme un naufragé à sa bouée. Elle a pris plusieurs amants. Le dernier en date fut l'un des fils Prescott, Edward. Vous connaissez la suite. On a tenté de m'accuser du meurtre. Je fus très vite innocenté, et pour cause. Malheureusement, encore aujourd'hui, certaines personnes croient que j'ai payé quelqu'un pour faire assassiner ma femme. Bien entendu, c'est faux. Mais cela signifie aussi que le véritable assassin n'a jamais été démasqué. Depuis cette époque, j'ai rompu mes relations avec les gens de Hobart. Car mes anciens amis se sont tous détournés de moi. J'ai consacré ma vie à ma famille et surtout à ma fille. Vous comprenez à présent pourquoi je serais inquiet de la voir partir pour Sydney.

— Je comprends, Brian, dit doucement Clémentine. Mais la médecine n'a rien à voir avec la comédie. Dites-vous que vous ne pourrez pas toujours la retenir dans la forêt si elle préfère la ville. Ce serait une attitude égoïste de votre part, ne pensez-vous pas ?

— Sarah est tout ce qui me reste de sa mère. Krissy devait lui ressembler au même âge, aussi gaie, aussi pleine d'enthousiasme et de projets.

— J'ai l'impression qu'elle a hérité de vous son esprit posé et réfléchi. Elle mérite que vous lui accordiez votre confiance. Elle vous aime. Et puis, rassurez-vous : si on peut défaire un mariage par un divorce, rien ne peut défaire le lien qui attache un enfant à son père ou sa mère.

Il hocha la tête.

— Oui. Vous avez peut-être raison.

Il lui adressa un sourire plein de chaleur.

— Cela m'a fait du bien de vous parler. Je crois que c'est la première fois que je raconte cette histoire à quelqu'un. J'ignore pourquoi, mais je me sens en confiance avec vous.

— Peut-être parce que je suis médecin, justement.

Soudain, il désigna la piste de danse.

— Dites-moi, j'ai l'impression que mon jeune frère Sean s'est trouvé une cavalière.

Clémentine avait déjà remarqué que Sean et Roselynn passaient le plus clair de leur temps ensemble. Cependant, afin

d'éviter tout malentendu pendant la fête, Clémentine avait suggéré à la jeune fille de ne pas révéler son origine.
— Qui est cette jeune fille ? demanda Brian.
— Une amie de Hobart. Elle est venue pour s'occuper des enfants et me tenir compagnie.
— Je suis heureux qu'ils se plaisent. Mon pauvre frère n'a pas souvent l'occasion de rencontrer de jeune fille aussi jolie.

A la tombée de la nuit, lorsque la foule commença à partir, John Beaver vint trouver Clémentine, le visage inquiet.
— Pardonnez-moi, miss White, mais plusieurs personnes m'ont assuré avoir vu Wilhem Van Harburg.
— Van Harburg ? Quel culot !
— Il aura sans doute entendu parler de cette fête. Je l'ai cherché, mais il y avait tellement de monde, je ne l'ai pas trouvé. J'ai préféré vous avertir.
— Vous avez bien fait, John.
— Il ne faudrait pas qu'il tente de se venger de son renvoi, ajouta-t-il. Par précaution, je vais prendre deux gars pour aller vérifier les abords de la scierie et du barrage.

Deux heures plus tard, Beaver revenait, le visage plus serein. La nuit était tombée depuis longtemps et la plupart des convives étaient partis.
— Nous n'avons rien vu d'anormal, madame, déclara-t-il.
Cependant, Clémentine éprouva quelques difficultés à s'endormir cette nuit-là.

30

Le lendemain, Clémentine retrouva une Roselynn métamorphosée. La jeune fille ne tarissait pas d'éloges enthousiastes sur Sean Kelly.

— Jamais je n'avais ressenti cela pour personne, dit-elle. C'est comme si j'étais portée vers lui. Nous n'avons pas cessé de parler. Nous avons tellement de choses à partager.

— Lui avez-vous dit qui vous étiez ?

— Je n'ai pas osé. Je sais qu'il existe un lourd contentieux entre nos deux familles, et je n'ai pas envie de nous voir tenir le rôle de Roméo et Juliette. Je veux vivre.

— Voilà un projet qui me réjouit.

— J'ai envie de le revoir, pour savoir s'il ressent les mêmes choses que moi. Et je crois... que cela me donnera la force d'affronter mon père.

Deux semaines plus tard, profitant d'une période de douceur de la fin de l'automne, ce fut Brian Kelly qui invita Clémentine. Bien entendu, Roselynn fut de la partie, avec les enfants et Loona. John Beaver et deux bûcherons métis les accompagnèrent afin d'assurer leur protection. Peter avait été tué un an auparavant, mais Clémentine redoutait toujours de voir surgir le mystérieux homme en noir.

Le territoire de la famille Kelly s'étendait au sud-ouest du domaine des Diables, depuis les contreforts du mont Anne, qui culminait à 1425 mètres, jusqu'à la vallée du Weld, une rivière qui prenait sa source au mont Mueller, au même endroit que le

Styx. Cependant, à la différence de ce dernier qui rejoignait la Derwent, elle terminait sa course plus au sud, à Huonville. C'était cette particularité qui permettait aux Kelly d'acheminer leur bois par cette voie et ainsi d'éviter la capitale. La piste qui menait au domaine des Irlandais était malaisée, et Clémentine préféra ne pas y aventurer son automobile. Ce fut donc en voiture à cheval que l'on fit le voyage. Il fallut presque deux heures pour arriver sur place.

La maison avait été bâtie par les parents de Brian, Peter et Maureen, dans les années 1880, au moment où ils étaient venus s'installer en Tasmanie. C'était une bâtisse solide, construite en bois, sans réelle architecture. A mesure que la famille s'agrandissait, on avait rajouté des pièces pour les enfants, puis pour les couples nouvellement formés. Le terrain ne manquait pas, et les arbres fournissaient le bois de construction. Cela donnait une demeure insolite, de bric et de broc, à laquelle on avait même adjoint une petite chapelle, avec un christ sculpté par Peter Kelly lui-même.

— Les Irlandais sont de fervents catholiques, expliqua Brian lorsqu'il fit visiter les lieux à Clémentine.

Elle fit ainsi la connaissance de la famille. On pouvait même parler de clan tant ils étaient nombreux. A quarante-cinq ans, Brian tenait le rôle de chef, un statut que personne ne songeait à lui contester. Son frère Norman, de six ans son cadet, avait été tué pendant la Grande Guerre. Puis venait Ruppert, un colosse aux épaules herculéennes, qui avait douze ans de moins que Brian. Sa femme, Mildred, lui avait donné quatre enfants. Clara, vingt-neuf ans, avait épousé un Français, Valentin. Enfin venaient Sean, vingt-sept ans, et Deirdre, vingt-cinq ans, encore célibataires.

Clémentine retrouva également Sarah, qui ne la quitta pas d'une semelle. La venue de la jeune femme constituait un événement pour les filles de la maison. Par Sarah et Brian, on la connaissait déjà un peu. Clémentine se vit harcelée de questions sur son pays, sur la Ville lumière, sur cette guerre à laquelle on savait qu'elle avait participé. Elle répondit de bonne grâce, amusée par leur enthousiasme et leur curiosité. Elle sentit, de la part de ces femmes qui n'avaient presque jamais quitté leur coin de forêt, une admiration inconditionnelle. Comment avait-elle trouvé la force d'entreprendre un tel voyage, seule avec sa petite fille, après ce qu'elle avait vécu ? Pourquoi était-elle venue en Tasmanie ? Comment une femme pouvait-elle diriger une entreprise ? Pourquoi fonder une fabrique de papier ? Car les Kelly savaient tout d'elle.

— Cette usine va permettre de créer des emplois, expliqua Clémentine. C'est pourquoi le gouverneur Foster a facilité son implantation. Depuis deux à trois ans, beaucoup d'ouvriers ont perdu leur travail, et ceux qui restent ont des salaires moins élevés qu'en Australie. Alors, ils quittent l'île, les uns après les autres.

La journée fut une réussite. La cuisine irlandaise n'étant guère réputée, Valentin, le mari de Clara, avait une fois pour toutes décidé de former ces dames à la cuisine française. De même, il avait initié la famille au bon vin, qu'il faisait venir d'Australie et du nord de la Tasmanie.

Pendant le repas, on parla aussi beaucoup des arbres et du métier de forestier. A plusieurs reprises, Brian évoqua les méthodes d'Andrew Prescott et le manque de respect avec lequel il traitait la forêt. Les Kelly en revanche travaillaient de la même manière que Peter et faisaient en sorte que la forêt se renouvelle.

— Si on laisse faire ce vieil imbécile, déclara Brian, il n'y aura bientôt plus de forêts en Tasmanie. C'est pourquoi il faut vous méfier de lui, Clémentine.

La haine qui transparaissait dans sa voix n'incita pas Roselynn à révéler son identité.

Sean et Roselynn purent flirter tranquillement. Au retour, la jeune fille confia à Clémentine qu'elle était vraiment amoureuse. Cependant, cette fois encore, elle n'avait pu se résoudre à avouer son origine au jeune homme. Mais un autre élément l'inquiétait.

— Etes-vous certaine que je n'ai pas besoin de la permission de mon père pour me marier ?

— Tout à fait. Je vous l'ai dit, vous êtes majeure. Vous n'avez de comptes à rendre à personne.

— Sean a promis de venir me voir chez vous. Je suis sûre qu'il va me demander de devenir sa femme.

— Je vous le souhaite, Roselynn. En attendant, vous pouvez rester le temps qu'il vous plaira chez moi.

Cependant, il était dit que tout ne serait pas si simple. Fin mai, alors qu'un temps maussade menaçait, Bernie entra en trombe dans le bureau de Clémentine.

— Madame, madame ! Un groupe de cavaliers s'approche.

Inquiète, elle se rendit sur la terrasse.

— Andrew Prescott ! J'ignore la raison pour laquelle vous êtes ici, mais sachez que vous n'êtes pas le bienvenu. Et si vous venez me faire une autre proposition, ma décision est toujours la même !

Comme la fois précédente, le vieil homme était entouré d'un groupe de cavaliers solidement armés.

— Il suffit, madame ! s'écria-t-il. Je ne suis pas venu vous racheter votre terre. Le temps finira bien par vous faire comprendre que vous n'avez rien à faire ici. Je suis là pour une autre raison.

— Laquelle ?

— Je sais que c'est vous qui avez enlevé ma fille !

— Enlevé ?

— Elle est ici, madame. Je suis venu la chercher, car sa place est dans sa famille.

Clémentine jugea inutile de nier. Si ce vieux singe cherchait la bagarre, il allait l'avoir.

— Eh bien oui, elle est ici. Mais elle y est de son plein gré, et elle y restera tant que tel sera son bon plaisir, monsieur Prescott.

Il explosa de fureur.

— Silence, arrogante femelle ! Savez-vous bien à qui vous parlez ?

Clémentine saisit son fusil et le pointa sur Prescott. Les cavaliers dégainèrent leurs armes.

— Silence vous-même, vieil imbécile ! Où donc vous croyez-vous ? Vous avez peut-être l'habitude de vous faire obéir chez vous, mais ici, vous êtes sur mes terres. Alors, déguerpissez au plus vite, car, aussi vrai que je m'appelle Clémentine White, je n'hésiterai pas à vous abattre comme un chien !

Elle crut qu'il allait étouffer de fureur tant son visage était rouge.

— Petite insolente ! J'exige que ma fille revienne avec moi. Et immédiatement !

— Et que ferez-vous si elle refuse ? Vous allez la tuer, puis me tuer, ainsi que tous les gens qui vivent ici ? Sachez ceci, monsieur Prescott : pendant la guerre, j'ai affronté bien autre chose qu'une vingtaine de crétins armés de carabines. Alors, si vous comptez me faire peur, vous vous faites des illusions !

Lentement, les trois marins et les fils de Bernie vinrent prendre position à ses côtés. Un silence de mort s'installa. Soudain, Roselynn apparut aux côtés de Clémentine.

— Pardonnez-moi, mais je crois qu'il vaut mieux que je le suive. Il est tellement orgueilleux qu'il serait capable de déclencher une bataille simplement pour avoir raison.

— Vous n'êtes pas obligée, Roselynn. En agissant comme il le fait, il se dresse contre la loi. Ne l'oubliez jamais. Il n'a plus aucun droit sur vous.

Elle acquiesça, puis ajouta :

— Je vais devoir faire appel à tout mon courage. Je sais à présent que je ne suis pas seule. Vous êtes là. Et puis surtout, il y a Sean. Je crois que pour lui, je trouverai la force de me battre. Mais il vaut mieux que ça se passe là-bas.

Clémentine la regarda longuement, puis déclara :

— Faites comme vous le désirez, Roselynn. Mais si vous avez besoin de revenir vous abriter ici, la maison vous sera toujours ouverte.

Roselynn se jeta dans ses bras en pleurant, puis essuya fièrement ses larmes avant de s'avancer vers Prescott, qu'elle fixa d'un regard noir.

— Je vais vous suivre, père. Mais avant, je veux vous dire ceci : ne croyez pas que vous pourrez m'imposer votre volonté. Jamais je n'épouserai Terence Kleinberg.

Le vieil homme ricana.

— Je vois que cette maudite femelle vous a fourré des idées d'indépendance dans la tête, ma fille. Eh bien nous verrons cela quand nous serons à la maison.

— Je vous préviens, père, si vous osez lever la main sur moi, je porte plainte, et vous serez contraint de vous expliquer devant les juges.

Prescott faillit s'étrangler de colère.

— Il ferait beau voir que ma propre fille me traduise en justice !

— Si vous ne jurez pas immédiatement sur l'honneur que vous ne me frapperez pas, je refuse de vous suivre.

Le visage de Prescott vira au violet. Clémentine le regarda avec inquiétude. Ce vieil idiot courait droit à la crise d'apoplexie. Aussitôt, la médecine reprit le dessus et, donnant son fusil à Bernie, elle s'avança vers Prescott et lui parla doucement :

— Vous êtes complètement stupide de vous mettre dans des états pareils. Savez-vous que vous risquez un accident cérébral, et que vous pouvez mourir subitement ? Croyez-vous que ce serait un signe d'intelligence ?

Il aurait voulu répondre d'une manière cinglante, mais renonça, car il avait à présent peine à respirer. Le souffle court, il se laissa glisser à bas de son cheval et desserra maladroitement son col. Clémentine et Roselynn l'entourèrent, sous le regard déconcerté des autres cavaliers.

— Comment vous sentez-vous ? demanda Clémentine.

Il la repoussa et fit quelques pas incertains.

— Laissez-moi tranquille, éructa-t-il. Si je meurs, ce sera de sa faute, ajouta-t-il en désignant Roselynn.

— Cessez donc de dire des âneries ! rétorqua Clémentine. Vous n'avez pas besoin d'elle pour vous mettre en colère. Vous ne supportez pas qu'on vous résiste, c'est tout. Mais il y aurait peut-être une autre solution.

Il se tourna brusquement vers elle, comme prêt à la mordre. Elle ignora son agressivité et insista :

— Si vous preniez la peine d'écouter les autres, si vous teniez compte de leurs avis, de leurs désirs, tout deviendrait plus facile. Au lieu de ça, vous imposez votre volonté et vous vous conduisez comme un tyran.

— Moi, un tyran ? Avez-vous seulement une idée du courage et de la ténacité qu'il m'a fallu pour bâtir ma fortune ? Car c'est moi qui l'ai construite. Seul. C'est pourquoi j'estime avoir le droit de diriger mon entreprise et ma famille comme je l'entends.

— Au détriment du bonheur de votre fille ?

— Une fille doit obéir à son père. C'est la loi du Seigneur. Et ne venez pas me parler des lois humaines derrière lesquelles vous vous abritez. A mes yeux, elles n'ont aucune valeur.

— Pourtant, vous serez bien obligé d'en tenir compte. Et arrêtez de vous échauffer ! s'écria-t-elle d'une voix forte. Vous feriez mieux de vous calmer avant de reprendre la route.

Titubant, il revint s'appuyer contre son cheval. Pétrifiés, ses hommes ne savaient plus comment réagir. Clémentine lui prit le poignet d'un geste autoritaire. Il tenta de se dégager, mais elle ne céda pas ; il finit par se laisser faire. Le pouls battait vite et irrégulièrement.

— Je ne peux pas vous laisser repartir comme ça, dit-elle d'un ton péremptoire. Vous allez rentrer vous reposer quelques instants.

— Non !

— Oh si ! Je suppose que vous n'avez pas vraiment envie de mourir.

Il répondit d'un nouveau grognement. Elle ajouta :

— Repartir maintenant équivaudrait à un suicide. Or, je crois savoir que le suicide est condamné par Dieu, n'est-ce pas ?

Il la regarda avec des yeux mauvais et souffla d'une voix rauque :

— Vous croyez triompher, n'est-ce pas ? Vous vous dites que ce vieux crétin de Prescott est à votre merci parce qu'il connaît un moment de faiblesse ? Mais ne vous y fiez pas. Je serai plus fort que vous.

Elle lui prit le bras.

— Arrêtez de dire des bêtises et suivez-moi.

Il voulut se dégager, mais il n'avait plus assez de forces.

— Cessez de faire l'idiot ! gronda Clémentine. Je vais vous soigner.

Enfin dompté, il la suivit.

Quelques instants plus tard, il était installé devant une infusion. Roselynn, inquiète, tenait la main de son père. Clémentine demanda à Dina de servir quelques bouteilles de cidre aux cavaliers embarrassés, à présent installés sur la terrasse. Ils étaient venus en ennemis et on les recevait en amis. Ils n'y comprenaient plus rien.

Andrew Prescott reprenait difficilement son souffle.

— Allez, buvez ça, cela va vous remettre d'aplomb, ordonna Clémentine.

Après avoir bu sa potion, en rouspétant pour la forme, il éprouva un soulagement. Le sang qui battait à ses tempes se calma. Clémentine lui prit la main. Le pouls était redevenu régulier. Ce vieux ronchon était solide, pensa la jeune femme.

— Vous voyez, il vaut mieux discuter sans s'énerver, dit-elle.

Sans la regarder directement, il grommela :

— Je suppose que je dois vous remercier.

— Rien ne vous y oblige.

Il hocha la tête, puis se leva, toujours en maugréant.

— C'est bien, grogna-t-il. Je vous promets que je ne frapperai pas ma fille.

Il se dirigea vers la porte. Au moment de la franchir, il se retourna et déclara, sur un ton à peine aimable :

— Je vous remercie de m'avoir soigné, madame.

Il hésita un court instant, puis ajouta :

— Cela m'ennuie de vous dire ça, pourtant je crois que j'aurais aimé avoir une fille comme vous. Nous nous serions sûrement battus, mais nous aurions aussi fait des choses grandioses ensemble. Il est dommage que nous soyons adversaires.

Clémentine lui adressa un demi-sourire.

— Alors, que le meilleur gagne ! dit-elle pour rentrer dans son jeu.

Prescott rejoignit son cheval. Roselynn, qui avait pris le temps de préparer une petite malle, grimpa derrière l'un des cavalicrs.

— Une dernière chose, demanda Clémentine. C'est Van Harburg qui vous a prévenu, n'est-ce pas ?

— C'est exact. Cet imbécile avait repéré ma fille lors de votre petite fête, mais il ne se rappelait plus qui elle était. Cela lui est revenu hier. Il m'a aussitôt contacté.

— C'est bien. Vous pouvez repartir. Mais si Roselynn choisit de revenir vivre ici, vous ne pourrez rien faire.

— C'est ce que nous verrons ! grommela-t-il à voix basse.

Puis il tourna bride et donna le signal du départ.

Quelques jours plus tard, Sean se présenta au domaine.

— Elle est partie, lui répondit Clémentine, embarrassée.

— Partie ?

— Oui, c'était inévitable. Mais rassurez-vous, elle n'est pas partie à cause de vous.

— M'a-t-elle laissé une lettre, ou quelque chose ?

— Hélas non. Cela s'est fait très vite. Elle a eu... un grave problème familial et elle a dû rentrer à Hobart de toute urgence. Je pense qu'elle vous écrira de là-bas dès que cela ira mieux.

— Je peux lui écrire moi-même. Vous devez avoir son adresse.

Clémentine ne répondit pas immédiatement. Elle ne pouvait avouer la vérité au jeune homme.

— Je ne peux pas vous la donner. Non seulement votre lettre ne lui serait sans doute jamais remise, mais elle ne ferait qu'envenimer la situation.

— Pourquoi ?

— Voyez-vous, Roselynn appartient à une famille très particulière. Son père est un véritable tyran. C'est pour cela qu'elle est venue se réfugier chez moi. Mais il est venu la rechercher. Elle a préféré rentrer avec lui afin de mettre les choses au point une fois pour toutes.

— Je pourrais l'aider...

— Je crois qu'il vaut mieux la laisser agir seule. Une intervention de votre part risquerait de tout compromettre. Mais faites-lui confiance. C'est grâce à l'amour que vous lui portez qu'elle trouvera la force de se battre. Et sachez que je ferai tout mon possible pour vous apporter mon soutien à tous deux.

Cependant, dès que Sean fut reparti, une vive inquiétude envahit Clémentine. Comment la frêle et douce Roselynn trouverait-elle le courage de s'opposer à un père aussi despotique ?

31

Quoiqu'elle ait essayé de ne pas laisser transparaître ses sentiments devant Sean, le départ brusque de Roselynn avait bouleversé Clémentine. Elle ne pouvait s'empêcher de penser qu'elle avait failli à la protéger.

Peu de temps après, elle effectua un court voyage à Hobart afin d'apporter son aide à Amos et Elisa Jefferson. Les travaux de la fabrique de papier avançaient dans de bonnes conditions. Pour le moment, Amos n'avait d'autres soucis que de les surveiller. Les machines ne devaient arriver que dans trois mois. Le jeune couple respirait le bonheur. Tous deux avaient le goût du travail bien fait, et la fabrique était devenue le but de leur vie, auquel ils consacraient tous leurs efforts. Ils se complétaient admirablement. Amos s'occupait du domaine technique tandis qu'Elisa prenait la gestion en charge. Clémentine passa avec eux une excellente soirée qui lui changea un peu les idées.

Elle se rendit également chez Emilie, qui lui reprocha de se faire rare.

— J'ai des nouvelles de Roselynn, précisa son amie. Elle a tenu tête à son père. Je l'ai appris par ma cuisinière, qui est amie avec celle des Prescott. Il paraît qu'il règne là-bas une ambiance épouvantable, à tel point qu'elle songe à quitter la maison.

— Roselynn ?

— Non, la cuisinière ! Le père Prescott ne décolère pas. Il a interdit à sa fille de sortir

— C'est monstrueux ! Il n'a pas le droit, ce vieux singe ! s'emporta Clémentine.

— Oh, mais la petite résiste. Elle se rebelle sans cesse, et il semblerait que la mère, Elisabeth, se range de son côté.

Clémentine éclata de rire.

— Etrange retournement de situation. J'espère qu'elles lui mènent la vie dure.

— Certainement, mais ce n'est pas une solution pour cette pauvre Roselynn. J'ai peur que tout cela se termine par un drame. Ce Prescott est vraiment un vieux fou.

— Et vous ne savez pas tout !

En quelques mots, Clémentine la mit au courant de la liaison de Roselynn avec Sean.

— L'un des frères Kelly ? s'écria-t-elle. Elle ne pouvait pas trouver pire pour mettre son père en colère. S'il l'apprend, il est capable de la tuer. Il faut faire quelque chose pour elle. Elle doit quitter la maison des Prescott.

— Mais comment ? Je me vois mal me présenter chez eux pour proposer de l'emmener avec moi après ce qui s'est passé.

Emilie acquiesça.

— Il vaut mieux que vous n'interveniez plus directement, en effet. Je vais tâcher d'agir de mon côté.

Au moment où elle s'apprêtait à repartir pour le domaine des Diables, elle reçut un télégramme de Steve Robson l'avertissant que, pour les besoins de l'enquête, il devait partir pour Sydney. L'information l'étonna, mais il ne donnait aucune explication

Tandis qu'elle roulait en direction de Maydena, elle repensa à Roselynn. Elle espérait qu'Emilie pourrait faire quelque chose. Elle lui faisait confiance. Cependant, un autre problème restait en suspens. On ignorait quelle serait la réaction de Sean lorsqu'il apprendrait qui était Roselynn. S'il l'aimait vraiment, il ne s'arrêterait pas à cela. Mais il y avait aussi Brian, qui haïssait les Prescott. Clémentine poussa un profond soupir. Il ne serait pas facile de faire entendre raison à cet entêté d'Irlandais.

— Comme si tu n'avais pas déjà assez de soucis, ma pauvre fille ! murmura-t-elle pour elle-même.

Elle ne croyait pas si bien dire. Dès son retour aux Diables, John Beaver vint la trouver.

— Pardonnez-moi de vous déranger, madame, mais plusieurs bûcherons ont aperçu un petit groupe d'inconnus en armes dans la forêt, montés sur des chevaux.

Elle pensa aussitôt à l'homme en noir qui avait tué Peter.

— Que font-ils ?

— Je suis allé leur demander. Ce sont des chasseurs australiens. Ils estiment qu'ils ont le droit de chasser où bon leur semble en Tasmanie. Je leur ai dit qu'ils étaient sur des terres privées où travaillaient des bûcherons. Ils m'ont répondu avec grossièreté. L'un d'eux a même fait mine de me tirer dessus, mais les autres l'ont retenu.

Le sang de Clémentine ne fit qu'un tour.

— Mais où se croient-ils, ces crétins ? Où sont-ils ?

— Certainement plus sur nos terres, madame. Je les ai vus partir vers le sud, en direction de la concession de monsieur Kelly.

— Alors, il faut le prévenir. Ces abrutis sont capables de blesser quelqu'un.

Clémentine enfila une chaude cape doublée de fourrure et des gants, saisit son fusil et se rendit aux écuries pour seller Balto. Par précaution, elle emporta son coffre de premiers secours. Un peu plus tard, Beaver et elle empruntaient la piste du sud qui menait jusqu'au domaine des Kelly.

Après une période de pluies abondantes, le soleil brillait de nouveau, mais la température avait considérablement chuté. Les sommets s'étaient couverts d'une neige épaisse. Des trouées de lumière perçaient les hautes voûtes des fougères arborescentes. Par endroits, des plaques de neige peu épaisses annonçaient un hiver précoce.

Deux heures plus tard, Brian les accueillit, un peu étonné. Clémentine lui expliqua en quelques mots ce qui se passait. D'un coup, il devint pâle.

— Dieu tout-puissant ! Des chasseurs australiens ?

— C'est ce qu'ils m'ont dit, confirma Beaver.

— Combien étaient-ils ?

— J'en ai vu six.

— Ont-ils dit ce qu'ils étaient venus chasser ?

— Non ! Des wallabies, sans doute. J'ai remarqué que leurs chevaux transportaient de la bière et des vivres pour plusieurs jours. Ils vont probablement aller assez loin.

Brian blêmit.

— Pourquoi des *Ockers* viendraient-ils jusqu'ici pour chasser ? L'Australie regorge de kangourous.

— Aucune loi ne leur interdit de venir en Tasmanie, rétorqua Clémentine. Et s'ils vont dans les hautes montagnes, ils ne nous gêneront pas.

Elle ne comprenait pas pourquoi Brian semblait en proie à une vive agitation. Il fit quelques pas nerveux, puis revint vers Clémentine et Beaver.

— Je vous remercie de m'avoir prévenu. Je vais surveiller ces individus.

Une inquiétude soudaine s'empara de la jeune femme. Elle comprit que, pour une raison qu'elle ignorait, il allait se mettre en travers du chemin des Australiens.

— Qu'allez-vous faire ?

— Surveiller ces types.

— Mais pourquoi ? Ce ne sont que des chasseurs ! Il y en a d'autres par ici.

Il revint vers elle.

— Ecoutez, il vaut mieux que vous ne vous occupiez pas de ça. Je dois régler cette affaire moi-même.

Elle comprit alors que ces Australiens étaient là pour une raison précise, et que Brian la connaissait. Mais il ne voulait pas en parler. Elle songea aussitôt à la mort de Peter. Elle rétorqua :

— Parce que vous pensez que vous allez pouvoir affronter six hommes armés jusqu'aux dents à vous tout seul ?

— Sean va m'accompagner.

— Dans ce cas, je vais avec vous.

— Moi aussi ! ajouta Beaver.

— Non ! C'est une affaire personnelle ! répliqua sèchement Brian.

— Brian, j'ai perdu mon mari à cause d'un rôdeur. J'ignore encore pourquoi il a été tué. Mais si ces prétendus chasseurs ont un rapport avec l'homme qui a tué Peter, j'estime avoir le droit de m'en mêler. Vous ne m'empêcherez pas de vous suivre.

A deux contre six, vous n'avez aucune chance si ces individus se montrent agressifs.

— Ils n'ont aucun rapport avec cet assassin.

— Alors pourquoi cette anxiété ? Qu'y a-t-il dans la montagne pour que vous risquiez ainsi votre vie ?

Il écarta les bras, sembla sur le point d'exploser, puis se retint.

— Brian ! insista-t-elle, je n'ai pas oublié l'aide que vous m'avez apportée il y a peu de temps. Pourquoi refusez-vous la mienne ? Sommes-nous devenus ennemis ?

Il se radoucit.

— Non, bien sûr. Mais je ne veux pas que vous me suiviez parce que cela peut se révéler dangereux.

— Et vous croyez que ça me fait peur ?

Il soupira :

— Hélas non !

— J'ai amené mon coffre de médecine. J'ai l'impression qu'il ne sera pas inutile. Si au moins vous me disiez ce qui se passe...

— Décidément, vous êtes encore plus têtue qu'une Irlandaise, miss White. Eh bien soit. Vous allez venir avec moi. Mais je vous préviens, ce ne sera pas une expédition de tout repos, et elle risque de durer plusieurs jours.

— Où allons-nous ?

— Dans la haute montagne.

— Vous savez donc pourquoi ces hommes sont ici !

— C'est exact.

Il hésita puis précisa :

— Ils viennent chasser le tigre de Tasmanie.

— Le tigre de Tasmanie ? Mais je croyais qu'il n'en restait plus, à part les trois ou quatre spécimens du zoo de Hobart.

— C'est vrai, il n'en reste plus, grommela Brian.

— Alors pourquoi s'en inquiéter ? Ils reviendront bredouilles, c'est tout.

— Hélas, je n'en suis pas si sûr. Il ne reste probablement plus aucun loup tigré, parce que des crétins les ont exterminés au siècle dernier, soi-disant pour protéger leurs troupeaux. Jusqu'en 1910, l'Etat rachetait encore quelques livres la peau d'un animal abattu. Et la Tasmanie a perdu le plus beau de ses animaux. Mais personne ne connaît parfaitement les forêts profondes de l'Ouest. S'il y a une chance — une seule — de retrouver un tigre vivant, je ne veux pas qu'elle soit gâchée par quelques imbéciles dont l'intelligence se limite à tirer sur tout ce qui bouge ! Voilà pourquoi je veux les surveiller.

— Et comment allez-vous vous y prendre ? Vous ignorez où ils se rendent.

— Oh si, je le sais. Il y a quelque temps, des forestiers ont répandu une rumeur selon laquelle ils auraient repéré un petit groupe de loups tigrés au sud du lac Pedder, dans les environs du mont Orion. C'est là que je vais.

— Que nous allons ! rectifia-t-elle.

Il tenta une dernière fois de la raisonner.

— Vous ne vous rendez pas compte, Clémentine. Ce n'est pas une expédition pour une femme.

— Et pourquoi donc ? s'insurgea-t-elle.

— Parce qu'il n'existe aucune piste. D'ailleurs, nous n'emmènerons pas les chevaux.

— Mais les Australiens en possèdent. Ils vont nous distancer.

— Pas dans la montagne forestière. Des chevaux nous ralentiraient, car ils ne peuvent passer partout. Il n'existe aucune piste. A vol d'oiseau, le mont Orion est à moins de quarante kilomètres. Mais il faut trois à quatre jours pour y arriver. Nous allons devoir dormir à la belle étoile, enroulés dans des couvertures, sous la pluie, la neige et le vent. Là-haut, il n'y a rien. Pour John, cela ne pose pas de problème, bien sûr, mais pour vous...

— J'ai déjà affronté des conditions bien plus difficiles, Brian. Je ne crains ni le froid ni la pluie. Il vous suffit de me fournir ce qu'il faut. Et n'allez pas imaginer que je vais me plaindre à la première difficulté.

— Oh, je m'en doute. Vous êtes une coriace.

Il baissa les bras, au propre comme au figuré, et soupira :

— Je vois qu'il est inutile d'essayer de vous faire entendre raison. Dans ce cas, je vais emporter une toile de tente, pour que vous ayez un minimum de confort. Il vaudrait mieux aussi envoyer quelqu'un prévenir les vôtres que vous resterez absente quelque temps.

— Je m'en charge ! déclara Ruppert.

— Nous partons immédiatement, ajouta Brian. Il ne faut pas laisser ces imbéciles prendre trop d'avance.

32

Une heure plus tard, après avoir fait le plein de vivres, ils se mirent en route. Quittant le domaine Kelly, ils suivirent la vallée d'un petit affluent du Weld en direction du sud-ouest. La progression n'était guère aisée car, comme l'avait annoncé Brian, il n'existait aucune piste.

Ce n'était pas la première fois que Clémentine affrontait la forêt dans ces conditions. A plusieurs reprises, Peter et elle avaient participé à des expéditions dans les montagnes sauvages de l'Ouest tasmanien. Elle avait ainsi parcouru les rives du lac Gordon, du lac St Clair, la région centrale que l'on appelait les « murs de Jérusalem ». Peter lui avait aussi fait découvrir la forêt pluviale du mont Field, en compagnie de son gardien, Bill Belcher. Cet homme, au caractère toujours égal, avait la réputation de connaître le parc comme sa poche, et la légende affirmait qu'il était capable de retrouver son chemin dans le plus épais des brouillards. Clémentine ignorait si c'était vrai, mais elle avait appris de lui quelques méthodes pour se repérer, en observant les pierres et les arbres. A cette occasion, elle avait également rencontré Gustav Weindorfer. Cet Autrichien vivait au milieu de la forêt en compagnie de sa femme, Kathe. La demeure de ce passionné de nature était réputée pour servir de refuge aux animaux blessés. En 1912, il avait visité la région du mont Field et il en était tombé amoureux. Il s'était ensuite battu pour la préserver des éleveurs, et c'était grâce à lui qu'elle avait été déclarée réserve naturelle en 1916.

Au nord-ouest se dressaient les masses impressionnantes des monts Anne et Elisa, noyés dans les brumes. On les devinait au travers des rares trouées végétales. Les arbres étaient si hauts que le sol était en permanence plongé dans une pénombre crépusculaire accentuée par le temps lourd et bas. En ces lieux, la forêt n'avait pas encore été exploitée. Elle offrait une grande variété d'essences qui, avec le temps, étaient devenues familières à Clémentine. Désormais, elle savait reconnaître chacune par son nom, connaissait la forme des feuilles, et les utilisations que l'on faisait du bois. L'incroyable richesse de cette sylve sauvage ne cessait de l'étonner. Autour d'elle, les eucalyptus bleus côtoyaient les pins céleris, les acacias *blackwood*, les myrtes, ainsi qu'un arbre appelé *leatherwood,* dont les feuilles rappelaient la couleur du cuir. Les abeilles étaient friandes du nectar des fleurs de cet arbre, dont elles fabriquaient un miel réputé jusqu'en Angleterre.

Au niveau inférieur croissaient les fougères arborescentes, les *pandani* chevelus et quantité d'arbustes qui dressaient parfois devant les voyageurs des fourrés impénétrables. Là s'épanouissaient des fleurs innombrables, comme les orchidées, véritables reines des sous-bois. Elles disputaient le territoire à des champignons de toutes les couleurs, pourpres, roses, jaunes, ou striés de rayures sombres, qui investissaient les troncs des géants morts, dont les immenses carcasses barraient parfois le chemin.

Tout autour retentissaient des cris d'animaux, les grognements des diables et des opossums, les sifflements et jacassements des perroquets, les coassements de crapauds. La plupart du temps, ces créatures demeuraient invisibles. Tout au plus apercevait-on de temps à autre le reflet d'une ombre furtive qui s'évanouissait dans la pénombre glauque aussitôt qu'apparue. Des nuées mouvantes rampaient entre les troncs gigantesques, occultant la vue à quelques dizaines de mètres. Il était facile de se perdre dans cette immensité angoissante. Seul le torrent tumultueux, gonflé par les pluies récentes, permettait de se maintenir dans la bonne direction.

Par moments, Clémentine se demandait si elle n'avait pas présumé de ses forces. Chaque pas lui coûtait un effort, et le froid vif lui coupait la respiration par moments. Plus on s'élevait et plus la neige devenait abondante, accentuant encore les difficultés du terrain. Mais son orgueil lui interdisait de faiblir. Ce que les trois hommes faisaient, une femme était capable de l'accomplir. Brian, poussé par une sorte de rage, leur imposait un train infernal. Il ne cessait de scruter le sol, à la recherche des preuves du passage des Australiens. Tout à coup, il s'arrêta, étudia le sol, et déclara d'un air triomphal :

— Je ne m'étais pas trompé. Ils sont passés par ici. Regardez !

Il désignait, au milieu d'un cercle de pierres, les traces fraîches d'un feu de camp. Les braises étaient encore chaudes. Autour restaient incrustées des empreintes de pas et de sabots.

— Les imbéciles ! grommela-t-il. Ils n'ont même pas pris la peine d'éteindre leur feu. En période de sécheresse, ils auraient pu déclencher un incendie.

Il s'empressa de jeter de l'eau sur les cendres afin de les rendre tout à fait inoffensives. Clémentine savait que, dans certains endroits, le sol était fait de tourbe. Si l'on ne prenait pas la peine de s'assurer que le feu était bien éteint, il pouvait se propager dans le sol et couver ainsi pendant des mois avant de resurgir au grand jour.

— Il faut vraiment être australien pour abandonner ainsi des braises derrière soi, grommela Sean.

— Ils n'ont pas plus d'une journée d'avance sur nous, déclara Beaver après avoir étudié les marques de sabots. Leurs montures les ralentissent. Avec la neige, il sera plus facile de les suivre.

Brian observa le ciel dont la luminosité commençait à décliner.

— Ce soir, nous passerons la nuit au lac Jodd.

C'était un petit plan d'eau élevé, qui s'étirait sur cinq kilomètres au creux d'un vallon étroit surplombé par les monts Anne et Elisa, dont les cimes étaient entièrement blanches. Ils n'eurent que le temps d'allumer un feu avant que l'ombre des montagnes ne plongeât les rives du lac dans les ténèbres. Si la pluie les avait épargnés, un froid vif et pénétrant leurs mordait les membres. On mit à rôtir des morceaux de wallaby emportés le matin même. Brian fit chauffer de l'eau dans une petite bouilloire pour préparer du café.

— Avez-vous déjà goûté au thé de sassafras ? lui demanda Clémentine.

L'Irlandais s'étonna.

— Non.

Le sassafras est un grand arbre au tronc souvent couvert de lichen. Son bois est clair, mais parfois, au cœur, il devient noir à cause des champignons. Pour cette raison, il est très recherché pour la fabrication des meubles et des boiseries. Mais il possède une autre qualité.

— Les feuilles de sassafras sont très parfumées, expliqua Clémentine.

Lorsque l'eau commença à bouillir, elle sortit de sa sacoche des petites feuilles dentelées d'un vert foncé, cueillies dans la journée. Elle les brisa, puis les jeta dans la bouilloire. Lorsque le « thé » fut infusé, elle en versa un gobelet à chacun. Le goût se situait à mi-chemin entre la vanille et la cannelle.

— C'est excellent ! déclara Sean.

Brian éclata de rire.

— Vous êtes étonnante, Clémentine. Vous êtes arrivée en Tasmanie depuis seulement quatre ans, et vous en connaissez des secrets que j'ignore, alors que je suis presque né sur place.

— Oh, je n'ai aucun mérite. C'est une recette de Peter.

Elle se tut pour masquer son émotion. Elle gardait en mémoire la première fois qu'il lui avait fait découvrir la saveur singulière de ce « thé », à l'occasion d'une escapade en forêt, aux premiers temps de leur mariage. Elle aurait tellement aimé qu'il fût là ce soir, au cœur de cette forêt qu'il lui avait appris à aimer. Par pudeur, les autres respectèrent son silence.

Un peu plus tard, Sean fit quelques pas avec elle pour lui demander des nouvelles de Roselynn. Elle lui expliqua ce qu'elle savait.

— Elle est en révolte contre son père, dit-elle. Il veut la faire céder, mais elle tient bon.

— Mais je peux peut-être faire quelque chose...

— Surtout pas. Faites-lui confiance. Je pense qu'il finira par baisser pavillon. Elle a désormais le soutien de sa mère.

Soudain, ils se rendirent compte qu'ils n'étaient plus seuls. Autour d'eux, des dizaines de paires d'yeux luisaient dans la nuit. Des grondements agressifs se firent entendre.

— Des diables ! s'écria Brian. Ils sont attirés par la viande !

Clémentine et Sean revinrent vers le foyer. Beaver et Brian avaient déjà saisi des branches enflammées pour éloigner les intrus. Les sarcophiles s'écartèrent en grognant de plus belle, mais revinrent très vite à la charge.

— Nous ne pouvons même pas les chasser à coups de fusil, grommela Brian. Le bruit risquerait d'alerter les Australiens. Ils ne doivent pas être très loin.

— Jetons-leur un peu de viande, proposa Clémentine. Cela les calmera.

Ils lancèrent les restes du wallaby aux petits carnassiers. Il s'ensuivit des batailles furieuses et une recrudescence de grognements pour la possession des reliefs. Ensuite, jugeant sans doute que le campement avait épuisé tout intérêt, les diables s'éloignèrent. Cependant, par précaution, Brian décida que les trois hommes assureraient des tours de garde.

Au moment où Clémentine allait gagner le confort relatif de sa tente, Brian l'arrêta d'un geste.

— Ne bougez surtout pas.

Inquiète, elle s'immobilisa. L'instant d'après, il dégaina son poignard et le lança sur elle. Il vint se ficher à quelques centimètres du pied droit de la jeune femme. Stupéfaite, elle allait lui dire son fait lorsqu'elle remarqua, dans la lueur du feu de camp, quelque chose de noir qui s'agitait en tous sens à ses pieds.

— Un serpent-tigre ! précisa Brian. D'ordinaire, il ne s'attaque pas à l'homme, mais celui-ci a dû être attiré par la viande. Il faut vous méfier de ces saloperies. Leur venin est l'un des plus dangereux au monde. Il provoque la mort en quelques instants.

— Je sais, il y en a chez moi. Mais je n'avais pas vu celui-ci. Merci.

Rétrospectivement, une onde de frayeur coula le long du dos de Clémentine. Elle ne se coucha qu'après avoir méticuleusement vérifié sa couverture.

Le lendemain, suivre le torrent vers l'amont se révéla de plus en plus difficile. Le cours d'eau était entrecoupé de cascades et de sauts infranchissables. Il fallait alors contourner l'obstacle à travers la sylve épaisse et ténébreuse, où se dressaient des obstacles imprévisibles comme les arbres rampants, fourrés inextricables et épineux dont les troncs pouvaient atteindre un diamètre d'une vingtaine de centimètres.

Avec l'altitude, la forêt se modifia. Les eucalyptus géants et les myrtes cédèrent la place à des eucalyptus filandreux, des pins « crayon » et des pins Huon, qui pouvaient atteindre eux aussi une hauteur de cent mètres, avec un tronc qui, à la base, dépassait souvent les trois mètres de diamètre. Ils pouvaient vivre deux mille ans, mais Brian montra à Clémentine un tronc vénérable et tordu.

— Selon des savants que j'ai accompagnés il y a quelques années, celui-ci aurait plus de cinq mille ans. Et pourtant, il pousse toujours.

La forêt réservait d'autres surprises, pas toujours agréables, comme « l'herbe à lames ». C'était une sorte de buisson aux feuilles longues et coupantes comme des lames de rasoir, qu'il valait mieux ne pas approcher de trop près.

A plusieurs indices — traces de sabots, mégots de cigarettes, débris divers, flacons de bière, foyers récents — ils savaient qu'ils restaient sur la bonne piste Les chasseurs australiens ne brillaient ni par leur discrétion ni par leur respect de la nature. Mais Brian se montrait de plus en plus inquiet.

— Cela se confirme, grogna-t-il. Ils se dirigent vers le mont Orion.

Vers le milieu de l'après-midi, ils atteignirent les rives du lac Pedder. Celui-ci, l'un des plus grands de Tasmanie, constituait, avec le lac Gordon, comme une double petite mer intérieure qui s'étirait sur plus de soixante kilomètres en direction du nord-ouest. Des îles montagneuses se dressaient au loin, comme des sentinelles noyées dans les brumes automnales. Un soleil jaune pâle avait succédé au ciel gris et bas de la veille, illuminant les eaux profondes du lac sur une distance telle qu'on n'en distinguait pas les rives opposées. Mais le froid s'était encore renforcé et un vent violent soufflait en rafale, courbant les cimes des arbres géants. Un air vif et embaumé d'odeurs de sassafras, de résine et d'eucalyptus pénétrait les poumons. Clémentine resserra sa lourde cape de laine. Dans ce décor grandiose et sauvage, elle avait l'impression d'avoir quitté la civilisation rassurante pour s'aventurer dans un pays ignoré issu des premiers temps du monde. Ses enfants et sa maison lui manquaient, mais elle n'aurait pas voulu être ailleurs.

Une piste étroite longeait les rives du lac. Brian, de plus en plus inquiet, parlait peu. Le soir, ils établirent le bivouac sur les rives du lac, près d'une cabane en bois construite une trentaine d'années auparavant par des forestiers.

— Elle est encore utilisée comme refuge, commenta Brian. Mais les Australiens ne sont pas venus jusqu'ici, ajouta-t-il en constatant que la cheminée grossière n'avait pas accueilli de feu depuis belle lurette.

En raison des rafales glaciales qui descendaient des sommets, chacun fut heureux de profiter du confort rustique de la masure, qui comprenait une table, des tabourets et même des lits rudimentaires.

Dans la nuit, Clémentine fut réveillée par un bruit singulier, fait de bruits de roches remuées et de grognements mêlés. Inquiète, elle passa sa cape et sortit. Sa montre indiquait trois heures du matin. Des parfums aquatiques montaient des eaux agitées par le vent. Exceptionnellement, le ciel était totalement dépourvu de nuages, emportés par les vents violents de la veille. Les constellations australes s'étiraient dans toutes les directions jusqu'à l'horizon. La pleine lune illuminait les eaux du lac de reflets d'argent. Çà et là, des traînes nuageuses rampaient sur les pentes des montagnes, s'accrochant silencieusement au faîte des arbres. Sous cette lumière irréelle, le panorama du lac Pedder enneigé semblait encore plus mystérieux.

Clémentine aperçut Brian qui observait quelque chose, au loin. Elle le rejoignit.

— D'où vient ce bruit ? demanda-t-elle, vaguement inquiète.

— Ça, c'est un wombat qui creuse une galerie. Cette bestiole est un sacré terrassier. Ses terriers mesurent plus de vingt mètres. De nos jours, le wombat ne pèse qu'une quarantaine de kilos, mais un naturaliste a retrouvé des ossements qui prouvent que ses ancêtres devaient peser plus de cent kilos. Si on pouvait les apprivoiser pour creuser les fondations de nos maisons, nous gagnerions du temps !

Clémentine sourit. Elle contempla le profil de Brian. Elle ne put s'empêcher de le trouver attirant. Elle comprenait pourquoi une comédienne adulée comme Krissy Kessler avait pu tomber amoureuse de lui. Il dégageait, comme Peter, quelque chose de rassurant. Il semblait complètement à sa place dans cet univers sauvage et indompté, dont il connaissait tous les secrets — sauf le thé de sassafras. Ainsi, il savait où se trouvaient les délicieuses baies des neiges, que l'on ne rencontrait qu'en Tasmanie. Il en avait cueilli pendant la journée et ils s'en étaient régalés le soir venu.

Mais d'où pouvaient venir les rumeurs inquiétantes qui circulaient sur lui ? A Maydena, les femmes des bûcherons l'évitaient les rares fois où il venait. A Clémentine qui s'étonnait, certaines avaient répondu avec la plus grande conviction qu'il était le Diable. Bien sûr, le mystère de la mort de sa femme n'avait jamais été élucidé, et certains encore le croyaient coupable, mais cela ne suffisait pas à justifier cette croyance aberrante. Brûlant d'en savoir plus, elle décida de lui poser directement la question.

— Etes-vous réellement le Diable, Brian ?

Il la regarda avec stupéfaction.

— Pourquoi me demandez-vous ça ?

— C'est la réputation que vous taillent les femmes de Maydena. Je connais les soupçons qui pèsent encore sur vous et auxquels je n'accorde pas foi, mais cela me semble insuffisant pour expliquer cette peur qu'elles éprouvent envers vous.

Il eut un vague sourire.

— Et vous-même, vous n'avez pas peur de moi ?

— Pas du tout.

Il laissa passer un silence, puis commença un étrange récit.

— Je sais d'où vient cette peur. Pour bien comprendre, il faut que je vous raconte l'histoire de mon oncle, Ned Kelly. Il est né en 1854 dans le nord du comté de Victoria. A cette époque, on avait déjà commencé à coloniser l'Australie, mais les terres étaient partagées entre les grands propriétaires terriens anglais et les petits exploitants, sur lesquels pesaient de très lourdes taxes. La police et les collecteurs d'impôts les harcelaient à tel point que des révoltes éclataient assez souvent. Parmi les plus pauvres se trouvaient les Irlandais, qui étaient souvent les descendants d'opposants au régime britannique, que l'on avait déportés en Australie. Ned Kelly était de ceux-là. A l'âge de dix ans, il volait déjà des chevaux dans les ranches. Il était recherché par la police pour de nombreux larcins. Mais il connaissait si bien le *bush* qu'il était impossible de le retrouver. A cette époque, il n'avait encore rien commis de très grave. Mais en 1877, il tira sur un commissaire de police qui tentait de l'arrêter, le blessant à la main. Bien que l'autre ne fût pas mort, il jura de le faire pendre. Ned s'enfuit dans le *bush* avec l'un de ses frères et deux amis. La police le traquait sans relâche. En 1878, il abattit trois policiers qui le poursuivaient.

« A partir de ce moment, il devint un *bushranger*, c'est-à-dire un bandit de la brousse. Ces *bushrangers* étaient nombreux depuis la ruée vers l'or. Leurs victimes étaient les voyageurs isolés, les diligences. Mais Ned Kelly ne se contenta pas de cela. Avec sa petite bande, il s'en prit directement aux villes. Il les isolait en coupant les fils du télégraphe, puis attaquait la banque. Avant que les autorités pussent réagir, il s'était évanoui dans le *bush*, où il était impossible de le suivre. La police avait mis sa tête à prix, mais Ned bénéficiait de la bienveillance des gens modestes, car il leur redistribuait ce qu'il volait.

— C'était une sorte de Robin des Bois !

— En quelque sorte. Très vite, son histoire prit la dimension d'une légende. Aux yeux des pauvres, il s'opposait aux autorités bourgeoises qui les exploitaient, il combattait l'oppression et l'injustice. Il s'était confectionné une armure qui arrêtait les balles, et une sorte de heaume de chevalier. Malheureusement, cette aventure ne dura guère, car il fut trahi par un comparse de passage. En juin 1880, il se trouvait non loin de la petite ville de Glenrowan, située le long de la voie de chemin de fer. Là, il apprit qu'un train de policiers se dirigeait vers lui pour le capturer. Au lieu de fuir, il démasqua celui qui les avait dénoncés, et l'exécuta. Puis, avec ses trois complices, il s'empara de la ville dont il enferma tous les habitants dans la taverne. Ils démontèrent ensuite la voie pour faire dérailler le train. Mais l'oncle Ned n'était pas un assassin sanguinaire. Il punissait les traîtres et abattait les policiers, mais il n'avait pas l'intention de tuer ses otages. L'un d'eux parvint à le convaincre de le libérer. Ned accepta. Aussitôt libre, l'autre courut le long de la voie pour arrêter le convoi. Il évita ainsi le déraillement et la police arriva en force. Ned et ses trois compagnons se réfugièrent alors dans la taverne dont ils avaient libéré les prisonniers. Au terme d'une terrible fusillade, la police mit le feu à l'auberge. Ned, protégé par sa célèbre armure, tenta de sortir. Mais il ne put aller très loin. Il fut blessé et capturé. Quant à son frère et ses deux amis, ils refusèrent de se rendre et périrent brûlés vifs dans l'incendie.

— Quelle horreur ! Mais je ne vois pas le rapport avec cette histoire de diable.

— Attendez ! En octobre 1880, un juge de Melbourne nommé Barry condamna Ned Kelly à la pendaison. On dit qu'au moment où il prononça la sentence, mon oncle se leva et clama d'une voix ferme : « Je te donne rendez-vous là-haut ! » Ned Kelly fut exécuté le 11 novembre 1880. Quinze jours plus tard, le juge Barry mourait étouffé. Cette mort stupéfia tout le monde et renforça la légende qui entourait mon oncle. J'ignore s'il s'agit d'une coïncidence ou d'autre chose, mais très vite la rumeur se répandit selon laquelle les Kelly avaient commerce avec le Diable. Mon père, Peter, le frère aîné de Ned, n'avait pas pris part à ses activités. Il fut inquiété par la police, mais on ne put rien prouver contre lui. Cependant, en raison de la mauvaise réputation que les autorités faisaient à la famille Kelly, il préféra s'exiler en Tasmanie. Avec la petite fortune qu'il avait amassée en tant que chercheur d'or, il acheta une concession. Il engagea des bûcherons irlandais et métis, car il refusait d'engager des Anglais. Ce fut alors qu'il se heurta à Andrew Prescott. Celui-ci avait entrepris de racheter toutes les petites concessions en exerçant des pressions sur leurs propriétaires. Mon père n'était pas du genre à se laisser intimider. Pas plus que Peter White. Ils résistèrent victorieusement et Prescott dut renoncer. Mais en 1904, mes parents furent assassinés. Ce fut à ce moment que resurgit l'histoire de Ned Kelly et de la mort du juge Barry. Des bruits coururent, qui mettaient en doute l'honnêteté de mes parents. On laissa entendre qu'ils avaient été assassinés par d'anciens complices. Je soupçonne fortement Prescott d'être à l'origine de ces maudites rumeurs, mais elles suscitèrent chez les habitants de la région un sentiment de méfiance envers nous. Avec les années, il s'était estompé, mais il a resurgi en 1914, lorsque ma femme fut tuée et que l'on m'accusa. Aujourd'hui, cette sinistre réputation me colle encore à la peau.

Il se tourna vers elle et ajouta d'une voix où vibrait une colère contenue :

— Pourtant, je vous jure sur la tête de Sarah que je n'ai rien à voir avec ce crime. Mais, à cause de la stupidité complice de la police, les véritables criminels courent toujours.

Le lendemain, le beau temps de la nuit n'était plus qu'un souvenir. Un vent froid et puissant avait ramené des cohortes de nuages sombres. Ils quittèrent les rives du lac Pedder en suivant le cours du fleuve Huon en direction du mont Orion. D'après Brian, les Australiens n'avaient plus que deux ou trois heures d'avance sur eux. La forêt avait retrouvé ses droits. Avec le ciel bas, et malgré la neige, la luminosité au niveau du sol équivalait à celle d'un crépuscule par temps de pluie. On n'y voyait pas à plus de cinquante mètres.

Soudain, Brian attira l'attention de Clémentine sur le plus étrange animal que l'on puisse imaginer. En silence, il l'invita à le suivre à l'abri d'un surplomb rocheux qui dominait un torrent se jetant dans le Huon. Au creux du cours d'eau évoluait une forme sombre. De loin, on distinguait une fourrure d'un brun foncé. La bête nageait nonchalamment entre deux eaux. Ce fut alors que Clémentine remarqua son bec plat et arrondi. Elle possédait quatre pattes palmées. On eût dit un improbable croisement entre un canard et une loutre.

— Un ornithorynque ! commenta Brian. La plus extraordinaire créature de cette île. Il pond des œufs, mais allaite ses petits car la femelle porte des mamelles. Et pour couronner le tout, comme l'échidné, il possède un éperon venimeux sur les pattes. Il paraît que lorsque les explorateurs ont envoyé le premier spécimen à la cour d'Angleterre, on a cru à une supercherie.

Dans l'après-midi, ils parvinrent enfin au pied du mont Orion, qui dressait sa masse imposante au centre d'une chaîne montagneuse qui barrait l'horizon au sud-ouest. Ce fut à cet endroit qu'ils repérèrent enfin les six Australiens. Ceux-ci avaient déjà établi leur campement pour la nuit. Les observant de loin à l'aide de jumelles, Brian déclara :

— Il faut les empêcher de passer de l'autre côté !

— Pourquoi ? s'étonna Clémentine.

Il hésita, puis répondit :

— Si nous parvenons à les faire fuir, je vous montrerai.

33

— Comment comptez-vous vous y prendre ? demanda Clémentine.

— Nous allons attendre qu'ils aient bu leur bière. Vu la quantité de flacons retrouvés sur leur campement précédent, ils doivent être saouls tous les soirs. Nous agirons à ce moment-là. Sean ira détacher leurs chevaux et les emmènera. Sans leurs montures, ils seront déjà plus vulnérables. Ensuite... je leur réserve une autre surprise.

— Pourquoi faites-vous tout ça ?

— Pour préserver la forêt de ces imbéciles.

Elle hocha la tête. Elle avait compris ce qu'il cherchait à dissimuler.

— La rumeur était fondée, dit-elle. Il reste encore quelques loups tigrés de l'autre côté du mont Orion, n'est-ce pas ?

Il resta un moment silencieux, puis acquiesça.

— Quand je suis arrivé ici avec mes parents, en 1886, les autorités avaient déclaré la guerre aux thylacines, sous prétexte qu'ils s'attaquaient aux moutons. Mais on ne s'est pas contenté de les repousser vers les montagnes forestières de l'Ouest. Leurs peaux étaient mises à prix et les chasseurs de tout poil s'en sont donné à cœur joie. Quand j'étais gamin, mon père m'emmenait souvent dans la forêt pendant plusieurs jours. C'est lui qui m'en a enseigné les secrets. A cette époque, il existait encore plusieurs meutes. Avec le temps, elles furent exterminées par des individus uniquement motivés par l'appât du gain, car depuis longtemps le loup tigré n'était plus dangereux pour les éleveurs. Quand le gouvernement, au début du siècle, cessa de verser des primes, on continua de les tuer pour le plaisir. Et ils finirent par disparaître totalement. Cela ne découragea pas pour autant les chasseurs, qui poursuivirent leurs traques imbéciles dans l'espoir de ramener la peau d'un animal devenu légendaire. Pendant longtemps, j'ai cru moi aussi qu'il n'existait plus de thylacines sauvages. Mais je me trompais.

« Depuis mon enfance, j'ai gardé l'habitude de partir régulièrement en forêt pendant plusieurs jours. C'est une manière pour moi de garder le contact avec mon père. J'ai l'impression qu'il marche à mes côtés. Un jour, il y a cinq ans, mon attention fut attirée par des gémissements dans un fourré. Je me suis approché, et là, j'ai découvert une femelle thylacine blessée par une balle. J'étais tellement stupéfait que je me suis demandé pendant un moment s'il ne s'agissait pas d'un chien. Mais la présence des bandes tigrées sur son dos ne laissait planer aucun doute. Ses pattes en sang prouvaient qu'elle avait parcouru une longue distance. A l'époque, on avait signalé la présence d'une bande du côté du mont Picton, qui est situé vers l'est, à une cinquantaine de kilomètres d'ici à vol d'oiseau. Cette pauvre bête était mal en point. J'ai décidé de la soigner. Lorsque je me suis avancé vers elle, elle n'a même pas cherché à se défendre. Puis elle a dû comprendre que je voulais l'aider, car elle s'est laissé faire. J'ai réussi à extraire la balle, qui n'était pas enfoncée profondément. Ensuite, j'ai chassé pour elle. Je partageais mes repas avec elle. Je l'avais baptisée Ventre-Blanc, parce que son pelage ventral était très clair. Peu à peu, elle s'est rétablie. C'est alors que j'ai vu arriver d'autres loups tigrés. Ils avaient dû sentir la présence de la femelle, et ils s'étaient rassemblés silencieusement près de mon campement. Au bout de deux ou trois jours, ils se sont approchés de moi, attirés sans doute par la viande que je faisais cuire. Il a fallu que je chasse plus. Contrairement aux diables qui guettent le moment propice pour vous voler votre repas, ils attendaient patiemment que j'aie décidé de leur donner à manger. Lorsque j'ai estimé que Ventre-blanc était guérie, je suis reparti. Depuis cette époque, je reviens régulièrement par ici. A chaque fois, ils sortent de leur cachette pour venir me voir. Ventre-blanc est familière avec moi. Les autres restent à distance, sauf les jeunes qui n'hésitent pas à se laisser caresser. La dernière fois que je suis venu, il y a deux ans, ils étaient une douzaine. Mais si on laisse ces crétins de chasseurs les tuer, il n'en restera aucun. Voilà pourquoi il faut les arrêter.

— C'est une belle histoire, Brian. Vous pouvez compter sur moi. Que dois-je faire ?

— Pour l'instant, attendre qu'ils aient fini de boire.

Il ne fallut guère de temps aux Australiens pour s'imbiber de bière. Postés à une centaine de mètres en surplomb, Clémentine et ses compagnons entendaient leurs chants paillards troubler la nuit forestière. Puis les voix s'éraillèrent, se firent plus pâteuses pour finalement s'éteindre dans des borborygmes.

— Je crois qu'ils sont mûrs ! dit Sean en rigolant. Ils ne s'apercevront même pas que leurs chevaux auront disparu.

— Sois tout de même prudent, lui conseilla son frère. Tu les ramèneras à la maison. Nous déclarerons à la police les avoir trouvés errant dans la forêt. Ainsi, nous ne pourrons pas être accusés de vol.

— Il y a sept chevaux. Cela va faire beaucoup pour moi seul.

— J'irai avec toi, déclara Beaver.

Quelques instants plus tard, ils se fondaient dans la nuit. Un peu inquiète, Clémentine tenta de distinguer quelque chose Mais le feu de camp des chasseurs avait perdu de son intensité. Elle n'entendit que quelques vagues grognements de chevaux, puis plus rien. Pas un des chasseurs ne se réveilla de son sommeil alcoolisé.

— Ils ont réussi, jubila Brian. A moi, maintenant !

— Qu'allez-vous faire ?

— Détruire leurs vivres. Lors de mes expéditions en forêt, j'emporte toujours un peu de pétrole. Avec les pluies des derniers jours, il n'y a pas de risque que le feu se propage.

Il sortit un flacon contenant le liquide nauséabond et ajouta :

— Attendez-moi ici sans bouger. Je ne serai pas long.

— Faites attention !

Elle le vit disparaître au milieu des fougères géantes. Quelques instants plus tard, une flamme haute et claire s'élevait au milieu du campement des Australiens. Clémentine n'avait même pas entrevu Brian. Quelques secondes après, il se tenait près d'elle, un peu essoufflé, mais ravi. Dans le camp adverse, c'était la panique. L'état des chasseurs ne leur permettait pas de réagir efficacement. Des éclats de voix retentissaient. Ils s'accusaient mutuellement d'avoir mis le feu par accident. Puis l'un d'eux s'aperçut que les chevaux avaient disparu.

— Ne craignez-vous pas qu'ils puissent suivre les traces des chevaux ? demanda Clémentine.

— Ne vous faites aucun souci. Sean connaît son affaire. Il les fera marcher dans le torrent afin d'effacer les traces. Quant à nous, nous allons nous poster un peu plus haut, de manière à pouvoir les surveiller.

— Et les arrêter au cas où ils s'obstineraient à vouloir chasser les loups.

— J'espère que nous n'aurons pas à le faire.

En silence, ils gravirent les pentes du mont Orion sur quelques centaines de mètres, puis s'enroulèrent dans leurs couvertures. Malgré le froid vif, Clémentine s'endormit comme une masse.

Le lendemain, elle fut réveillée peu avant l'aube par Brian, qui avait veillé une partie de la nuit. Il lui tendit les jumelles. Malgré les écharpes de brume qui rampaient, accrochées aux pentes douces de la montagne, on apercevait le camp des Australiens, en contrebas.

— Je crois qu'ils vont abandonner, déclara Brian, amusé. Tout à l'heure, j'en ai vu trois se battre. Ils n'ont pas arrêté de s'engueuler de toute la nuit.

En effet, dans les objectifs, Clémentine voyait les petites silhouettes s'agiter en tous sens, courir à la recherche des chevaux, les appeler sans succès. D'autres flanquaient des coups de pied rageurs dans ce qui restait de leurs vivres calcinés. Apparemment, il n'y avait pas grand-chose à sauver. De temps à autre, deux d'entre eux se bousculaient, et une courte bagarre s'ensuivait. Un gros bonhomme semblait indiquer la direction du nord, montrant des traces sur le sol.

— Ils pensent sans doute avoir été victimes de voleurs de chevaux, dit Brian. Ils vont tenter de les retrouver. Mais on peut faire confiance à mon frère et à Beaver. Ils ne sont pas près d'y arriver.

Son hypothèse se confirma très vite. Après avoir plié leurs couvertures et rangé leurs fusils, les chasseurs partirent vers le nord. Clémentine poussa un soupir de soulagement. Ils attendirent qu'ils soient hors de vue, puis ils se mirent en route à leur tour. Brian voulait vérifier que la meute était toujours là. A cette altitude, la hauteur des arbres était moins importante et ils étaient plus clairsemés. Peu à peu, ils laissèrent la place à une étendue de bruyère et d'herbe épaisse de couleur jaune, agrippée à un sol rocailleux et couverte d'une fine couche de neige gelée.

— Le lac se situe à deux kilomètres au sud du mont Orion.

Cette montagne faisait partie d'une chaîne appelée les « collines d'Arthur », qui marquait la séparation des eaux entre le bassin du fleuve Huon à l'est et celui du Davey à l'ouest. Depuis le sommet, on distinguait, au-delà d'un moutonnement de collines forestières, l'étendue sauvage du lac Pedder. Au sud-ouest, le panorama se révéla dans toute sa splendeur. Les vents étaient si violents qu'il était difficile de se tenir debout. En revanche, ils avaient balayé le ciel des masses nuageuses sombres qui pesaient sur le pays la veille, et un soleil éblouissant inondait les montagnes. Seules subsistaient quelques nuées basses qui rampaient au ras des collines.

— Ce pays est extraordinaire, cria Clémentine pour se faire entendre. En quelques heures, on peut passer d'un temps épouvantable à un soleil magnifique.

— Ce soleil est un miracle en cette saison, répondit Brian. Il est très rare de découvrir cette région en pleine lumière. Il y pleut onze mois sur douze.

Un peu hors d'haleine en raison de la puissance des bourrasques, Clémentine, émerveillée, contempla le paysage grandiose, où les rayons solaires faisaient naître des contrastes de couleurs incomparables, alternant le blanc immaculé de la neige avec une symphonie de verts, de bruns, de jaunes et de roux née de la forêt au relief tourmenté. Nulle part on ne remarquait la trace d'une quelconque présence humaine.

— Le monde devait être ainsi au commencement, dit-elle.

— C'est pourquoi il faut empêcher les imbéciles de le détruire, ajouta Brian. Venez.

Il l'entraîna vers le sud en suivant un petit torrent qui dévalait les pentes du mont Orion. Très vite, la forêt reprit ses droits, et ils retrouvèrent les eucalyptus, les sassafras et les myrtes, ainsi que quelques pins crayons qui dressaient leurs silhouettes décharnées sur le bord du cours d'eau. Il leur fallut presque la matinée pour parvenir au lac Oberon. Ils durent contourner un gros massif rocheux pour enfin déboucher sur les rives d'un plan d'eau qui ne devait pas mesurer plus d'un kilomètre de diamètre. Une cascade tombait du sommet avec vacarme, faisant naître une brume nimbée d'arcs-en-ciel. Après avoir posé leurs sacs à dos, ils firent quelques pas sur la rive déserte, faite de sable, de gravillons, et encombrée de rochers couverts de mousse. Un froid humide baignait les lieux. Les arbres abritaient toujours quantité d'oiseaux, corneilles, perroquets et cacatoès aux couleurs vives, ainsi que des rapaces de petite taille. Le lac créait une trouée lumineuse au creux de la sylve et la lumière du soleil inondait les eaux bleues d'ocelles étincelantes.

Brian scruta les lieux avec inquiétude. Il avait réussi à arrêter les chasseurs australiens, mais d'autres avaient pu venir les visiter auparavant. Cela faisait deux ans qu'il n'était pas venu.

— Nous allons allumer un feu et griller une cuisse de wallaby, déclara-t-il. Cela va les faire venir.

Ils préparèrent un petit foyer, mirent la viande à rôtir. Mais, au bout d'une heure, rien ne s'était passé. Le cuissot cuit à point n'avait pas attiré autre chose que quelques diables effrontés. Brian ne parlait pas, et Clémentine n'osait briser le silence. L'observant à la dérobée, elle constata que ses yeux luisaient. Vivement émue, elle lui posa la main sur le bras.

— Ils ont peut-être changé de territoire, avança-t-elle.

— C'est possible. J'espère que c'est ça.

Soudain, il se leva.

— Il faut que j'en aie le cœur net.

Nerveusement, il se dirigea vers les arbres.

— Si des chasseurs les ont tués, ils n'ont certainement pas emporté les carcasses. Ils les ont dépecés ici, et les squelettes doivent bien être quelque part.

Rageusement, il explora les lieux pendant plusieurs heures, accompagné par une Clémentine désolée et impuissante. Tout à coup, elle remarqua un tas d'ossements. Il les examina, puis secoua la tête.

— Ce ne sont pas des os de thylacine. Ils sont trop petits.

Ils poursuivirent leur quête jusqu'au crépuscule. Sans résultat.

— Il n'y a rien. Pas la moindre trace de cadavre. Il y a plusieurs restes de rongeurs, mais ce peut être l'œuvre des diables ou de chats-tigres, grommela-t-il.

Embarrassée et triste, Clémentine ne savait plus que lui dire. Elle avait l'impression qu'il avait perdu des amis.

— Ils ont dû se réfugier ailleurs, suggéra-t-elle. Peut-être ont-ils senti qu'une menace planait sur eux.

— Ce doit être ça. Il le faut. D'habitude, il ne faut pas une heure à Ventre-Blanc pour s'approcher de moi.

Epuisés par le voyage qu'ils venaient d'accomplir, ils passèrent la nuit sur place. A plusieurs reprises, Clémentine surprit Brian à épier les sous-bois, à la recherche d'une silhouette familière. Mais il ne se produisit rien.

Au matin, après avoir avalé un café à peine buvable, ils se décidèrent à prendre le chemin du retour. Brian parlait peu. Clémentine sentait bouillonner en lui un mélange de colère et de tristesse. Elle aurait voulu le consoler, mais elle ne savait comment s'y prendre. Ces loups disparus, c'était comme un rêve qui s'évanouissait. Désormais, ils avaient définitivement rejoint la légende.

Le lendemain après-midi, ils retrouvèrent les Australiens sur les rives du Huon, qui remontait au lac Pedder. La colère de Brian ne l'avait pas quitté. C'était à cause d'individus de cette espèce que les loups tigrés n'existaient plus. Mais les chasseurs n'étaient pas de bonne humeur non plus. Ils apostrophèrent Clémentine et son compagnon sur un ton rien moins qu'aimable.

— Salut !

— Salut, répondit Brian d'un ton froid.

— Vous n'auriez pas vus des chevaux, par hasard ? demanda le gros qui semblait être le chef.

— Non.

— On nous a volé les nôtres.

— Désolé pour vous.

— D'où venez-vous ? demanda un individu au visage de fouine.

— Du lac Oberon, sur l'autre versant du mont Orion.

— Il paraît qu'il resterait encore des loups par là-bas.

L'inquiétude envahit Clémentine. Brian s'énervait. Elle aurait voulu lui dire de partir, mais elle sentait qu'il avait envie d'en découdre. Et le fait qu'ils soient six et lui seul n'avait pas l'air de l'embarrasser.

— Nous n'en avons pas vu. Il n'y a plus rien là-bas.

— Pourtant, des forestiers affirment qu'il reste encore des loups de ce côté.

Clémentine intervint.

— Nous connaissons cette histoire ! Mais il ne faut pas trop y attacher d'importance. Les forestiers racontent n'importe quoi pour se rendre intéressants. Nous avons passé deux jours sur l'autre versant. Non seulement nous n'avons rien vu, mais il n'y a avait aucune trace d'une quelconque présence de thylacine.

— C'est un peu de votre faute ! explosa soudain Brian. C'est grâce à des individus dans votre genre qu'ils ont disparu.

Un grand gars, qui avait l'air d'une tête brûlée, réagit immédiatement.

— Et ça ne te plaît pas ?

— Non, ça ne me plaît pas !

— Brian ! Allons-nous-en ! intervint Clémentine.

Mais il en fallait plus pour arrêter un Irlandais décidé à se bagarrer.

— Qui me dit que c'est pas toi qui as volé nos chevaux ? déclara le grand en s'avançant d'un air menaçant.

La jeune femme voulut arranger les choses.

— Si tel était le cas, ils seraient avec nous. Allez Brian, venez !

— Laissez-moi tranquille !

L'instant d'après, il fonçait sur le grand type. Une bataille féroce les opposa. L'autre était un peu plus grand que lui, mais Brian savait se battre. Les autres chasseurs s'esclaffèrent, apparemment persuadés que leur champion n'allait faire qu'une bouchée de son adversaire. Clémentine soupira. Les hommes étaient décidément de fieffés imbéciles. Elle hésita à repartir seule, mais elle ne pouvait se résoudre à le laisser aux prises avec les cinq autres. Ceux-ci comprirent très vite que leur copain n'aurait pas le dessus. Après avoir encaissé quelques coups bien ajustés, le grand costaud s'écroula, le nez en sang. Trois des chasseurs se précipitèrent sur Brian. Il cueillit le premier d'un superbe uppercut, mais les deux autres n'étaient pas des demi-portions. Cette fois, il avait affaire à forte partie. Quand Clémentine vit que les deux derniers, au lieu d'arrêter leurs camarades, se rangeaient à leurs côtés, elle saisit son fusil et tira un coup en l'air. Puis elle le pointa sur les combattants.

— Bon, ça suffit, maintenant ! Ecartez-vous !

— Vous, mêlez-vous de ce qui vous regarde ! cracha l'un des Australiens en se précipitant sur son arme.

L'instant d'après, une balle faisait jaillir les pierres à ses pieds.

— J'ai dit : ça suffit ! répéta Clémentine d'une voix forte. Tout le monde se calme ou je n'hésiterai pas à tirer sur le premier qui bouge. Brian, écartez-vous !

Subjugué par le ton autoritaire de la jeune femme, il obéit. Etonnés, les autres reculèrent. Brian essuya tant bien que mal son visage tuméfié. Clémentine faillit éclater de rire devant sa mine déconfite, mais se retint.

— A présent, nous allons repartir et cet incident sera oublié. Messieurs, nous espérons que vous retrouverez vos chevaux.

Ils grommelèrent pour la forme, puis relevèrent leur compagnon groggy.

Tournant le dos aux chasseurs, Clémentine et Brian s'éloignèrent. Ils n'avaient pas fait plus de cinquante mètres lorsqu'un coup de feu éclata. Brian poussa un cri et s'écroula.

34

Clémentine se retourna. Les Australiens étaient déjà en train de maîtriser le grand excité. Dès qu'il avait recouvré ses esprits, il avait pris son fusil et tiré, furieux d'avoir été vaincu. La jeune femme s'agenouilla près de Brian. La balle l'avait touché à l'épaule. Fort heureusement, elle s'était enfoncée dans les chairs sans briser les os. Grimaçant de douleur, il parvint à se relever.

— Espèce de gros malin ! s'emporta-t-elle. Aviez-vous besoin de les provoquer ainsi ?

Trois chasseurs arrivaient en courant. Elle se tourna vers eux.

— Et vous, vous pouvez être fiers de vous, n'est-ce pas ? Il faut bien que vous soyez des hommes pour vous conduire aussi stupidement.

— Nous sommes désolés, m'dame. Ce crétin de Morgan n'a pas digéré que votre mari lui démolisse le portrait.

— Ce n'est pas mon mari ! Ce monsieur est seulement un ami qui me faisait découvrir la montagne. Quant à vous, dit-elle à Brian, vous allez ôter votre chemise pour que j'examine ça.

Son ton péremptoire stupéfia les Australiens. L'un d'eux dit à voix basse :

— Bon sang, ça c'est une femme !

Maté lui aussi, Brian se laissa faire. Clémentine sortit son petit coffre.

— Qu'est-ce que c'est que ça ? demanda l'un des hommes.

— Une boîte de premiers soins. Je suis médecin. A présent, pourriez-vous aller me chercher de l'eau fraîche dans la rivière ?

— Bien sûr, m'dame.

Ils se précipitèrent vers leur campement. A gestes précautionneux, Clémentine adossa Brian contre un arbre.

— La balle n'est pas enfoncée très profondément. Vous avez eu de la chance. Ce crétin aurait pu vous tuer.

Il fit la grimace.

— Je suis un imbécile, n'est-ce pas ?

— Seulement une foutue tête de lard d'Irlandais ! J'en ai soigné quelques-uns pendant la guerre. A présent, il va falloir assumer les conséquences de vos actes. Je n'ai pas de morphine. Vous allez donc avaler une grande rasade de whisky pour atténuer la douleur.

— D'accord !

Un peu plus tard, sous le regard subjugué des autres, Clémentine avait extrait la balle et posé un bandage à Brian. Par orgueil, il n'avait pas lâché un cri devant les Australiens. Mais il transpirait à grosses gouttes.

— J'ai fait ce que j'ai pu, dit Clémentine. Il faut espérer que vous n'aurez aucune infection.

Morgan, le grand escogriffe, s'approcha, le chapeau à la main, mal à l'aise. Il baissa les yeux, puis s'excusa.

— Faut pas m'en vouloir, m'sieur ! J'ai vu rouge. C'est la première fois qu'un type me fout sur le carreau aussi vite. Vous avez une droite redoutable.

— Elle n'est pas prête de resservir.

— Dites, vous n'allez pas porter plainte ?

Brian le regarda dans les yeux, puis répondit :

— À une condition : que vous ne reveniez plus chasser par ici. De toute façon, il n'y a plus rien. Le loup tigré est sans doute définitivement éteint. Et je le regrette, parce qu'ici, dans ces montagnes, il ne gênait plus personne.

— Ouais, m'sieur, vous avez peut-être raison. On reviendra plus, c'est promis.

Un peu plus tard, Clémentine et Brian se remirent en route. La jeune femme soutenait son compagnon. Concentré sur la route à suivre, celui-ci serrait les mâchoires pour ne pas gémir. Sa plaie le faisait souffrir. Le froid persistant et la neige fine qui s'était mise à tomber ne facilitaient pas leur progression. Parfois, il trébuchait sur une branche morte. Clémentine se rendit compte qu'il tremblait.

— Vous avez froid, dit-elle.

— Ce n'est rien, grommela-t-il d'une voix rauque. Tout ceci est de ma faute. Je me suis conduit comme un crétin.

— Oh, vous aviez des excuses. Vous étiez très déçu et furieux de ne pas avoir retrouvé vos loups. Et la colère est mauvaise conseillère.

Il ne répondit pas. Chaque parole était une souffrance. Ils continuèrent leur marche difficile au cœur des flocons. Les mains de Brian étaient gelées. Clémentine avait craint que la plaie ne s'infectât. Mais un mal plus sournois le guettait : l'hypothermie. Son corps, affaibli par la blessure, ne parvenait plus à se réchauffer. Elle comprit qu'ils ne parviendraient pas à regagner le domaine Kelly comme ça. Il leur fallait trouver un abri.

— La petite maison du lac Pedder, dit-elle tout haut.

Brian acquiesça d'un signe de tête. Elle le força à accélérer le pas. Ils devaient y arriver avant la nuit. Enfin, au prix de mille souffrances, ils atteignirent la vieille baraque au crépuscule. On n'y voyait déjà presque plus rien. Epuisée, Clémentine ne prit pourtant pas le temps de souffler. Tandis que Brian se rencognait sur une chaise, toujours grelottant, elle entassa des bûches dans la cheminée et alluma le feu. Par chance, ils en avaient laissé une bonne provision lors de leur précédent passage. Le foyer ne tarda pas à diffuser une chaleur bienfaisante. La jeune femme mit de l'eau à bouillir, prépara un lit avec les couvertures puis déclara :

— A présent, vous allez vous déshabiller.

— Hein ?

— Vous êtes atteint d'hypothermie. Je vais vous frictionner avec de l'alcool. Il faut vous réchauffer.

— C'est quoi, l'hypo... thermie ?

— Cela veut dire que la température de votre corps a baissé. Si on ne fait rien, vous risquez de mourir. Allez, enlevez-moi tout ça !

Sans attendre de réponse, elle le força à se dévêtir. Dompté, il se laissa faire. Elle imbiba ensuite un linge de whisky et lui frotta vigoureusement le dos. Puis elle l'enveloppa dans les couvertures et le coucha le plus près possible de la cheminée.

Un peu plus tard, elle lui fit avaler un thé brûlant. Au-dehors, le blizzard s'était déchaîné. Le vent hurlait, refoulant parfois la fumée à l'intérieur de la maison. Les murs de rondins craquaient comme s'ils étaient sur le point de se disloquer. Recrue de fatigue, Clémentine continua néanmoins de veiller Brian. La pièce unique n'était éclairée que par les flammes de la cheminée. Son compagnon dormait d'un sommeil agité, sans cesser de trembler. Inquiète, elle passa la main sur son front. Il restait glacé. Elle comprit qu'il ne parviendrait jamais à se réchauffer seul. Il n'y avait qu'une solution : lui communiquer sa propre chaleur. Elle ôta ses vêtements et se glissa contre lui sous les couvertures. Brian se réveilla, surpris.

— Mais... que faites-vous ? demanda-t-il d'une voix rauque.

— Oh, n'allez pas vous imaginer n'importe quoi ! Je vais vous réchauffer. Cela s'appelle l'échange de chaleur animale. Dormez à présent.

Elle l'enveloppa de ses bras, collant son corps contre le sien. Il se laissa faire, réconforté. Peu à peu, les tremblements s'atténuèrent, puis disparurent. Bercée par le souffle régulier de son compagnon, Clémentine finit par s'endormir à son tour.

Le lendemain, elle s'éveilla avant lui. Rassurée, elle constata que l'hypothermie avait disparu. Elle se leva et s'habilla à la hâte pour préparer le café. Quelques instants plus tard, l'odeur réveilla Brian. Il regarda Clémentine et déclara :

— Je me sens mieux ce matin. Mais j'ai toujours mal à l'épaule.

— C'est le prix à payer pour votre réaction idiote d'hier.

— Ouais. Merci de m'avoir soigné. Sans vous...

— N'en parlons plus, répondit-elle d'un ton rogue.

Clémentine ne se sentait pas de très bonne humeur. Bien sûr, elle ne s'était glissée dans sa couche que pour lui apporter sa chaleur animale, comme elle avait dit. Mais ce contact équivoque avait réveillé chez elle des envies qu'elle ne pouvait décemment lui avouer. Il but en silence, sans cesser de l'observer. Enfin, il demanda :

— Pardonnez-moi, peut-être ai-je rêvé, mais j'ai eu l'impression que vous avez dormi avec moi cette nuit.

— Contre vous, plus exactement. Vous aviez froid et c'était le seul moyen de vous réchauffer. N'y voyez surtout aucune autre signification.

Le visage de Brian s'éclaira d'un sourire.

— Alors, je dois vous remercier pour ce que vous avez fait pour moi.

— Ce n'est rien.

Mal à l'aise, elle se leva et commença à ranger. Pour se donner une contenance, elle déclara sans le regarder :

— Je n'ai fait ça que parce que vous étiez malade. Et d'ailleurs, je ne suis pas prête à vous le pardonner.

Il vint à elle et lui prit les mains.

— Je ne sais que vous dire, Clémentine. Vous vous êtes mise nue pour me donner votre chaleur. Je sens encore votre odeur sur ma peau.

— Taisez-vous ! J'aurais fait ça pour n'importe qui ! Je suis médecin, ne l'oubliez pas.

— N'importe qui ? Même le gros sanglier qui m'a tiré dessus ?

— Brian, ne parlons plus de ça.

Mais les belles intentions sont une chose, et le désir en est une autre. Lorsqu'il posa ses mains autour de sa taille, elle ne chercha pas à se dégager. L'instant d'après, la bouche de Brian se posa sur la sienne, étouffant ses faibles protestations. Quelques minutes plus tard, ils avaient regagné le lit rustique et les couvertures. Autour d'eux flottait une agréable odeur de café et de feu de bois.

Ainsi Clémentine devint-elle la maîtresse de Brian Kelly.

Ils ne rentrèrent au domaine Kelly que le surlendemain. John Beaver, Sean et les autres commençaient à s'inquiéter. Le métis songeait à partir à leur recherche lorsqu'on les vit apparaître au bord du torrent. Toute la maisonnée se précipita à leur rencontre.

— Que s'est-il passé ? s'inquiéta Beaver.

Clémentine leur expliqua l'accrochage avec les Australiens.

— C'est une vraie tête de mule, précisa-t-elle. Sans cette dispute stérile, il n'y aurait pas eu d'incident.

— Et... les loups tigrés ? Les avez-vous vus ?

Clémentine eut un léger sourire. Beaver lui aussi avait compris.

— Malheureusement non, répondit-elle. Nous sommes restés une journée et une nuit. Aucune trace de thylacines. Ils ont peut-être changé de territoire, mais il est plus probable qu'ils ont été tués par d'autres chasseurs. Les hommes sont si stupides.

— Alors, nous avons mené cette expédition pour protéger des fantômes, conclut-il. Avec une superbe blessure en prime.

— A ce propos, j'aimerais que vous retourniez aux Diables pour dire que je ne serai pas là avant un ou deux jours. Je dois rester près de Brian pour le soigner.

— Bien, madame.

Dans l'après-midi, Beaver repartit pour le domaine des Diables. Clémentine resta une nuit supplémentaire. Officiellement, elle devait vérifier que la blessure cicatrisait bien. En réalité, elle désirait demeurer encore un peu près de Brian.

Le soir, tandis qu'il racontait leur équipée à ses frères et sœurs, elle le contempla, attendrie. En dehors du lien charnel qui était né entre eux, cette expédition les avait beaucoup rapprochés. Par certains aspects, Brian lui rappelait Peter. Il y avait en lui le même courage, la même révolte, qui les amenaient à lutter contre l'hypocrisie et la lâcheté. Le désespoir qu'il avait manifesté en constatant la disparition de ses loups l'avaient profondément émue. Elle n'oubliait pas son regard brillant tandis qu'il les recherchait, quêtant le moindre indice jusqu'à s'en user les yeux.

Elle connaissait désormais l'origine de son abord méfiant et sauvage. Il n'avait probablement aucune responsabilité dans la mort de sa femme, pour qui il avait éprouvé un amour passionné. C'est pourquoi il ne pouvait supporter les soupçons qui pesaient encore sur lui. Clémentine songeait qu'elle aurait sans doute réagi de la même manière si elle avait été victime d'une telle injustice.

Clémentine resta deux jours au domaine Kelly. On lui avait préparé une chambre d'amis, dans laquelle elle dormit seule. Curieusement, par un accord tacite, ni Brian ni elle n'avait envie de dévoiler la relation qu'ils avaient partagée dans la vieille cabane. Aussi se contenta-t-elle, pendant ces deux jours, de veiller sur lui comme l'aurait fait n'importe quel médecin. Tout au plus échangèrent-ils quelques discrètes pressions de mains lorsqu'ils étaient seuls.

Au matin du troisième jour, Clémentine déclara :

— Il faut que je rentre chez moi, Brian. Je commence à m'ennuyer de mes enfants.

Il lui prit les mains.

— C'est bien normal, dit-il doucement. Mais... promettez-moi de revenir. J'aimerais que nous nous voyions plus souvent.

Elle hésita, puis acquiesça.

Une semaine à peine plus tard, sous le prétexte d'une partie de chasse au wallaby, ils se retrouvèrent dans la petite cabane du lac Pedder. Ce jour-là, les kangourous et autres gibiers n'eurent guère de souci à se faire. Ni Brian ni Clémentine ne songeaient à utiliser leur arme.

Ainsi passa l'hiver. Clémentine avait trouvé un nouvel équilibre. L'amour que lui offrait Brian n'avait aucun rapport avec la passion dévastatrice de Richard. S'il manquait un peu d'imagination au regard de ce qu'elle avait connu auparavant, il lui apportait la tendresse et la sérénité. Ils passaient de nombreuses heures à bavarder. Tous deux aimaient la forêt, les animaux, les enfants. Leurs préoccupations également étaient proches, car l'un comme l'autre avait la charge d'une petite communauté. Clémentine comprit qu'il souffrait encore de la perte de Krissy, dont le fantôme, malgré les dix années écoulées, hantait encore ses nuits. Elle n'en éprouvait ni jalousie ni frustration. Elle-même songeait très souvent à Peter. Elle appréciait beaucoup de pouvoir en parler librement avec Brian, puisque tous deux avaient connu la même douleur.

En revanche, il faisait parfois preuve d'intransigeance sur certains sujets. Ainsi, sur le plan religieux, de fréquentes discussions les opposaient. En tant qu'Irlandais, Brian restait profondément attaché à la religion catholique. Il ne comprenait pas le scepticisme de Clémentine, tentait de la convaincre, mais se heurtait à un mur. La jeune femme n'était aucunement influençable et détestait qu'on lui imposât un point de vue. Aussi, il leur arrivait de se fâcher. Et leur caractère entier et frondeur provoquait de vigoureux affrontements. Mais cela ne durait jamais longtemps, car ils détestaient encore plus, l'un comme l'autre, se faire de la peine. Leurs orages étaient toujours suivis de chaudes réconciliations.

Clémentine n'avait pas non plus oublié le rêve de Sarah, et elle commença à préparer Brian à l'idée que sa fille pourrait aller suivre des études de médecine en Australie.

— C'est ce que j'ai fait moi-même, dit-elle. J'étais interne. Et pourtant, je m'en suis sortie, tu vois. Sarah est une fille sérieuse. Tu peux lui faire confiance.

— J'y réfléchirai.

C'était une manière de couper court à la conversation, mais Clémentine revenait régulièrement à la charge. Il n'osait la contredire.

Clémentine ne s'interrogeait pas sur les sentiments qui la liaient à Brian. Cela n'avait rien à voir avec l'amour partagé avec Peter. Malgré le temps écoulé, elle ne pouvait l'oublier et son absence se faisait encore durement ressentir. En vérité, cette liaison avec Brian, calme et sans histoire, lui permettait de ne pas se sentir seule. Elle savait que, quelque part, quelqu'un pensait à elle, et cela lui suffisait.

De temps à autre, elle effectuait un voyage jusqu'à Hobart avec la Vauxhall, afin de surveiller l'avancement des travaux de l'usine. Elle retrouvait alors Amos et Elisa, plus heureux que jamais. Tout se déroulait normalement. Amos travaillait au recrutement d'ouvriers spécialisés, ce qui ne s'avérait pas facile. Devant le manque de main-d'œuvre, le jeune ingénieur avait décidé de former quelques ouvriers.

Avec le retour du printemps revint la saison des *barbies*. Au mois de septembre 1924, Clémentine reçut une invitation de la part d'Emilie.

35

Clémentine se réjouissait de revoir Emilie. Pourtant, lorsqu'elle se présenta chez elle le jour du *barbie*, son amie l'accueillit avec un visage grave.

— Il faut que je vous parle, Clémentine.

— Vous m'inquiétez. Que se passe-t-il ?

— Quelque chose de stupide, mais dont vous devez être informée.

Emilie l'entraîna dans une petite pièce dont elle referma la porte. Elles prirent place dans des fauteuils.

— On peut dire que vous avez l'art de provoquer de petites révolutions, ma chère. Ces derniers jours, j'ai eu la surprise d'apprendre que plusieurs personnes avaient décliné mon invitation en apprenant que vous seriez présente.

— Mais pourquoi ?

— *On* m'a répondu qu'*on* ne tenait plus à entretenir des relations avec une personne qui avait pris pour amant un homme sur qui pèsent de terribles soupçons, c'est-à-dire Brian Kelly.

Clémentine était abasourdie.

— Comment a-t-on pu savoir que j'avais une liaison avec lui ?

— Un groupe de chasseurs vous a vue en sa compagnie dans la montagne.

— Des chasseurs ? Mais c'étaient des Australiens ! Et ils ont manqué de tuer Brian. Qu'ont-ils à voir avec les gens d'ici ?

— Ces Australiens sont acoquinés avec Andrew Prescott. Des partenaires de chasse et des relations d'affaires, à ce que j'ai cru comprendre. Au retour, ils ont raconté qu'on avait volé leurs chevaux et qu'ils se sont accrochés avec un grand escogriffe d'Irlandais qui voyageait avec une femme. La description qu'ils ont donné de cette femme n'a laissé planer aucun doute quant à son identité.

Une vive colère s'empara de Clémentine.

— Eh bien, les mauvaises langues vont vite en besogne. A cette époque, je n'étais même pas encore sa maîtresse. Je suppose que ce « on », c'est Andrew Prescott ?

— Soutenu par sa petite cour habituelle, les Kleinberg et les Wilson. Seuls Herbert Fischer et son épouse Constance ont bravé les foudres du patriarche en acceptant de venir. Mais les autres travaillent activement à ternir votre réputation. Prescott ne vous a pas pardonné d'avoir recueilli sa fille. D'autant plus que Roselynn lui tient tête depuis cet épisode. Il la garde enfermée avec interdiction de voir quiconque.

— Il se croit encore au Moyen Age, ce vieil imbécile ! Et en quoi ma liaison avec Brian le concerne-t-elle ?

— En aucune manière, mais ces gens-là se croient autorisés à donner des leçons de morale à tout le monde. J'ai tout entendu sur vous. Les langues de vipère s'en sont donné à cœur joie. En tête, cette chère Deborah, qui a bavé son fiel avec jubilation.

Avec malice, Emilie imita la voix aigrelette de l'épouse Kleinberg :

— « Ma chère, on ne pouvait attendre autre chose d'une femme comme elle. Déjà, c'est une Française. Pas étonnant que cette dévergondée entretienne des relations avec un homme de si mauvaise réputation ! Et un Irlandais, de surcroît ! D'ailleurs, on peut se demander depuis quand date leur relation coupable. Je ne serais pas autrement étonnée qu'elle ait commencé bien avant la mort de ce pauvre Peter White, qui devait porter des cornes à en décrocher les lustres. »

— La punaise ! s'écria Clémentine.

— Attendez, ce n'est pas fini. On s'interroge aussi sur la mort de votre premier mari.

Cette fois, elle imita la voix doucereuse d'Eleonore Wilson :

— « Un mari prétendument tué au cours de la guerre. Allez savoir ! Quant à cette histoire de barrage, ne s'agirait-il pas d'une escroquerie à l'assurance ? Car ce ne sont pas les scrupules qui étouffent cette créature ! » Ma chère, voilà ce que l'on m'a donné comme raison pour éviter de vous rencontrer. Il est bien évident dans ces conditions que ces dames ne pouvaient se commettre en compagnie d'une femme aussi douteuse que vous. J'ai bien tenté de prendre votre défense, mais on m'a fait comprendre que notre amitié n'était pas considérée d'un bon œil, et qu'il serait bon que je rompe discrètement toute relation avec vous.

— Et que comptez-vous faire ? demanda Clémentine, anxieuse.

Emilie posa un doigt sur ses lèvres et répondit avec gouaille :

— Moi, je les emmerde.

Puis elle éclata d'un rire clair, ravie d'avoir proféré un gros mot, comme au temps du french cancan. Devant le ton joyeux d'Emilie, la colère de Clémentine s'évanouit. Au fond, cette conjuration stupide ne méritait pas qu'elle y accordât de l'importance.

— En bref, conclut-elle, je ne suis pas en odeur de sainteté dans la bonne société de Hobart.

— Oh, ne croyez pas ça ! Lord Foster, le gouverneur, a eu vent de cette cabale, et il a pris votre défense. Cela n'a rien d'étonnant : c'est un adversaire politique de Prescott. Vous n'avez donc rien à craindre.

Emilie laissa passer un silence, puis ajouta, le visage de nouveau sérieux :

— Mais tout n'est pas aussi simple. Rien ne m'étonne de la part de Prescott. En revanche, je me suis sérieusement disputée avec Ambrose à votre sujet.

— Ambrose ? Que me reproche-t-il ?

— La même chose que les autres : votre liaison avec Brian Kelly. Et là, je ne comprends plus. Je le connais depuis longtemps : d'ordinaire, il n'accorde aucune importance à la vie privée de ses amis. Devant cette position stupide, je me suis fâchée. En général, il baisse très vite pavillon. Mais cette fois, il m'a tenu tête. Et c'est cela que je ne comprends pas. Cette colère contre vous était injustifiée. Je lui ai dit que ni lui ni personne ne m'empêcherait de vous conserver mon amitié. Il est parti se coucher sans même m'embrasser. Quand j'y pense, j'ai l'impression qu'il avait peur.

— Peur de quoi ?

— Je l'ignore. Mais ce n'est pas la première fois que j'observe cette réaction de la part de certaines personnes lorsque l'on parle de Brian Kelly. Pour elles, il serait le Diable en personne qu'elles ne se comporteraient pas autrement.

— C'est stupide. Brian n'a rien d'un monstre, au contraire. C'est un homme charmant et cultivé. Son seul tort est de compter un *bushranger* parmi ses ascendants. Mais ses propres parents n'ont jamais été mêlés à cette histoire. La justice ne les a jamais inquiétés. Seule l'attitude des Australiens les a incités à venir s'installer en Tasmanie.

— Peter et Maureen Kelly ont tout de même péri dans d'étranges circonstances. Personne ne sait ce qui s'est passé. Une rumeur prétend qu'ils ont été assassinés par d'anciens complices. Mais une autre affirme que Brian, qui avait vingt-cinq ans à l'époque, pourrait être mêlé à ce crime.

— C'est monstrueux ! Brian adorait ses parents. Lui-même soupçonne Andrew Prescott.

— Ce qui explique leur haine.

Emilie soupira :

— Malheureusement, je crains que l'on ne sache jamais le fin mot de l'histoire. Pas plus qu'on ne saura la vérité concernant la mort de Krissy Kessler. Dans ces conditions, il est facile de convaincre la bonne société de Hobart qu'il est préférable d'éviter un homme dont les proches meurent aussi facilement.

— Il aurait plutôt besoin d'être soutenu.

— S'il est innocent...

— Il *est* innocent, Emilie.

— Je fais confiance à votre intuition, ma chérie. Mais à propos, pourquoi étiez-vous en forêt avec lui ?

Clémentine hésita. Emilie était capable de garder un secret. Elle décida de lui dire la vérité.

— Malheureusement, nous n'avons rien trouvé, conclut-elle. Il semble que le loup tigré ait vraiment disparu. Par la faute d'imbéciles dans le genre de ces Australiens. Comme nous revenions du mont Orion, nous sommes tombés sur eux. Brian était furieux. Il s'est battu. J'ai dû intervenir pour calmer tout le monde. Au moment où nous sommes partis, l'un de ces crétins lui a courageusement tiré dans le dos.

Elle soupira et ajouta :

— La blessure n'était pas grave, mais il a souffert d'hypothermie. Alors, nous avons trouvé refuge dans une cabane de bûcherons, tout près du lac Pedder. Là, j'ai fait ce qu'il fallait pour le réchauffer. Et... c'est ainsi que cela a commencé.

Les yeux d'Emilie se mirent à briller de gourmandise.

— Quelle histoire ! Et... vous l'aimez ?

— Je ne sais pas. Je me sens bien en sa compagnie. Peter ne reviendra jamais. Je ne vais pas vivre comme une nonne le reste de ma vie. Je suis encore jeune.

Elle hésita, puis demanda :

— Mais vous, Emilie, cette liaison vous choque-t-elle ?

— Pas le moins du monde. Si Brian Kelly n'a aucune responsabilité dans les crimes dont on le soupçonne, il doit se sentir bien seul, lui aussi.

— Je le crois innocent, Emilie. Cependant, je n'oublie pas que j'ai provoqué une dispute entre Ambrose et vous. Je ne voudrais pas gâcher votre fête en le contrariant par ma présence. Je préfère ne pas rester.

— Et moi, je tiens au contraire à ce que vous soyez parmi nous. Vous êtes mon amie, et vous n'allez pas nous priver de votre présence à cause de quelques imbéciles prétentieux et inquisiteurs. Herbert, Constance et les autres se réjouissent de vous revoir. Quant à Ambrose, il a intérêt à se tenir tranquille.

Le lendemain, Clémentine ne se leva pas de bonne heure. La fête d'Emilie s'était achevée fort tard. Elle avait pu constater que les autres invités n'accordaient aucune importance aux rumeurs qui couraient sur elle. Certains même s'en amusaient beaucoup, car personne n'était dupe quant à l'origine de cette menée. Seul Ambrose lui avait battu froid, mais discrètement, car il ne désirait pas se disputer avec sa femme.

Deux jours plus tard, Amos et Elisa rendirent visite à Clémentine.

— Nous avons reçu un télégramme, miss White. Les machines arrivent à Hobart dans une semaine.

Clémentine poussa un soupir de soulagement. Cette affaire-là au moins tournait rondement. Les constructeurs avaient respecté leurs délais. Bientôt, la fabrique de papier pourrait être inaugurée.

Au début de l'après-midi, un second télégramme l'avertit que le procureur Wilson lui demandait de passer de toute urgence à son cabinet. Intriguée, elle s'y rendit immédiatement. Martin Wilson l'accueillit sans dissimuler son hostilité.

— J'ai quelques questions à vous poser, miss White.

— Je vous écoute.

— Est-il exact que vous ayez engagé un détective privé du nom de Steve Robson ?

— C'est la vérité ! Je lui ai demandé d'enquêter sur la mort de mon mari.

— Effectivement, il semble que l'on meure beaucoup dans votre entourage, miss White.

Cette réflexion odieuse et injuste irrita Clémentine qui rétorqua d'une voix blanche :

— Vous rendez-vous compte de vos propos, monsieur le procureur ? J'ai eu la douleur de perdre mon premier mari qui est mort en héros pendant la guerre. Il y a un an, mon second mari a été assassiné, et vous ne trouvez rien de plus intelligent à me dire que l'on meurt beaucoup dans mon entourage. Mais quel genre d'homme êtes-vous ?

— J'ai dit cela parce que c'est la vérité, miss White. Et je vous prierai de rester correcte ! N'oubliez pas à qui vous parlez !

Clémentine explosa :

— Correcte ? Commencez donc par l'être vous-même !

— Laissez-moi parler ! Steve Robson a été retrouvé mort.

La nouvelle pétrifia Clémentine, dont la colère chuta aussitôt.

— Mort ?

Abasourdie, Clémentine ne répondit pas immédiatement. Les traits un peu ingrats du petit détective lui revinrent, et une boule lourde lui pesa sur l'estomac.

— Pensez-vous qu'il ait été tué parce qu'il enquêtait sur la mort de mon mari ?

— C'est possible, madame. C'est pourquoi, désormais, je vous demanderai de nous laisser mener notre propre enquête sans prendre d'initiative contestable. Notre police connaît son travail et elle le fait bien.

La colère de Clémentine, un instant ébranlée, reprit le dessus.

— Eh bien, permettez-moi d'en douter. Pour la mort de Peter White, je n'ai pas vu grand monde au domaine des Diables. Votre police si efficace a conclu hâtivement au crime d'un rôdeur, sans trop se poser de questions. Et voilà que le détective que j'avais chargé d'enquêter sur ce crime est tué à son tour. Il y a tout de même de quoi se poser des questions, vous ne pensez pas ?

— Exactement, miss White. On peut se poser des questions, surtout lorsque l'on sait que vous êtes devenue la maîtresse de Brian Kelly.

Outrée par la remarque insidieuse, Clémentine répliqua sèchement :

— Je ne vois pas le rapport avec la mort de mon mari !

— Lorsque l'on couche avec le Diable, il faut s'attendre à tout, madame. Brian Kelly vous a peut-être séduite dans l'espoir, à terme, de s'emparer de votre exploitation.

— Mais vous êtes ignoble ! s'insurgea-t-elle.

— Prenez-le sur un autre ton, je vous prie ! Voyez-vous, cette liaison m'ouvre des horizons insoupçonnés. Pourquoi ne pas imaginer qu'elle dure depuis bien plus longtemps qu'on ne le suppose ? Dans ce cas, le décès de Peter White n'est peut-être pas le fait d'un rôdeur. Les morts violentes ne sont pas une nouveauté dans l'entourage de Brian Kelly. Ce qui n'a rien d'étonnant quand on connaît ses origines.

Clémentine voulut répliquer, mais s'abstint. Wilson cherchait de toute évidence à la pousser à bout afin qu'elle se montrât injurieuse. Mais elle refusait de tomber dans son piège. Elle prit une profonde inspiration et le fixa droit dans les yeux sans répondre. Le procureur, décontenancé par sa maîtrise, laissa passer un silence et poursuivit :

— Le passé de ce Brian Kelly parle de lui-même. On n'a jamais rien pu prouver contre lui, mais je ne désespère pas de le coincer. Quant à vous, il vaudrait mieux que vous n'ayez rien à voir dans tout ça.

Clémentine étouffa un nouvel accès de fureur. D'ailleurs, le raisonnement de Wilson ne tenait pas debout. Elle riposta d'un air narquois :

— Monsieur le procureur, cessez ce petit jeu ridicule. Vous savez pertinemment que je suis innocente, et votre attitude est insultante. L'affaire de mon mari a été classée en moins de trois mois après que l'on a conclu au crime d'un rôdeur. Pensez-vous que si j'étais coupable, j'aurais engagé monsieur Robson pour rechercher l'assassin de Peter ? J'aurais au contraire été très satisfaite de cette conclusion.

Wilson voulut réagir, mais ne trouva aucun argument à lui opposer. Clémentine poussa son avantage.

— Prenez garde. J'ai bien compris que votre manœuvre inadmissible était destinée à me faire perdre mes moyens. Je sais aussi que vous êtes un ami proche d'Andrew Prescott, qui désire à toute force s'emparer de mes terres.

— Madame, je ne vous permets pas...

— Je me passe de votre permission, monsieur le procureur, le coupa-t-elle. Le clan Prescott commence à me sortir par les yeux. Mais méfiez-vous, parce que je dispose moi aussi de certains appuis. Je n'hésiterai pas à m'en servir le cas échéant, en faisant connaître vos méthodes.

— Vous n'êtes qu'une intrigante ! cracha-t-il, furieux de n'avoir pu l'impressionner.

— Brisons là, monsieur Wilson. Dites-moi plutôt comment est mort ce pauvre homme.

Remâchant sa colère, il ne répondit pas tout de suite. Puis il se complut à dire :

— Il est mort brûlé vif dans sa voiture, non loin du port de Sydney.

Clémentine pâlit. Elle laissa passer un silence avant de répondre.

— Il s'agit peut-être d'un accident, dit-elle d'une voix blanche.

— L'enquête a démontré le contraire. Il a été assommé et enchaîné à son siège. Puis son assassin a mis le feu au véhicule.

Wilson prenait un malin plaisir à insister sur l'aspect sordide de l'affaire. Clémentine respira profondément pour maîtriser son émotion. Le procureur insista :

— Vous saviez pourquoi il était à Sydney, n'est-ce pas ?

— Non. Il m'a seulement envoyé un télégramme il y a quelques jours pour m'informer que l'enquête sur la mort de mon mari exigeait qu'il se rendît là-bas. Je n'en sais pas plus.

Elle soupira :

— Je suis très attristée par la mort de ce pauvre homme. Je ne le connaissais pas beaucoup, mais je me sens un peu responsable de ce qui lui est arrivé. Avait-il de la famille ?

— Sa mère. Il était célibataire.

— Je sais bien que cela ne compensera pas la perte de son fils, mais je vais aider cette femme. Et je compte sur votre diligence pour mener à bien cette enquête et pour rouvrir le dossier de Peter White. Car ce nouveau meurtre prouve qu'il n'a pas été tué par un rôdeur.

— C'est à moi d'en juger, miss White.

Clémentine renonça à répliquer. Elle sortit bouleversée du bureau de Martin Wilson. Quoi qu'en ait dit le procureur, la mort de Steve Robson confirmait que celle de Peter n'était qu'un seul aspect d'une affaire très grave, pour laquelle on n'hésitait pas à tuer. Steve Robson avait probablement découvert un élément essentiel. Mais lequel ? Et pourquoi s'était-il rendu à Sydney ?

Quand elle arriva chez elle, une voiture était garée devant l'entrée. Un homme se tenait à côté. Stupéfaite, elle reconnut Richard Prescott.

36

Cela faisait plusieurs mois qu'elle ne l'avait pas revu. A cause de ce qui s'était passé à Sydney, elle aurait voulu n'éprouver aucune émotion. Mais un désir incontrôlable monta en elle, comme chaque fois qu'elle se trouvait devant lui. Il s'y mêlait aussi un sentiment d'inquiétude. Elle ne pouvait chasser de son esprit l'annonce de la mort de Steve Robson, tué à Sydney. Une idée effroyable s'empara d'elle. Et si Richard était lié à ce crime... C'était improbable : Sydney comptait plusieurs dizaines de milliers d'habitants. Mais la coïncidence était troublante. Elle s'avança vers lui, mal à l'aise.

— Bonjour ! dit-elle d'un ton qu'elle s'efforça de garder neutre.

— Bonjour, Clémentine !

Il lui adressa un sourire irrésistible. Elle resta de marbre.

— Si tu es venu pour faire la paix et renouer avec moi, tu perds ton temps, déclara-t-elle.

Le sourire s'effaça.

— Mais enfin, tu n'as pas reçu mes lettres ?

— Quelles lettres ?

— Celles où je t'expliquais ce qui s'était passé. Je t'en ai envoyé plusieurs. Tu n'as jamais répondu. Par malheur, j'étais coincé en Australie par mon travail. Je ne pouvais même pas venir me justifier.

Steve Robson avait été tué trois jours plus tôt. Clémentine demanda :

— Quand es-tu arrivé ?

— Cela fait plus d'une semaine. Je suis déjà passé chez toi, mais tu n'étais pas là.

Elle poussa un soupir de soulagement. Richard ne pouvait donc pas être l'assassin de Robson et il n'y avait aucun rapport entre eux. Le jeune homme lui prit les mains.

— Je suis revenu de Sydney pour te parler. J'aurais voulu le faire avant, mais ce n'était pas possible. Et puis, tu n'avais même pas répondu.

— Je n'ai reçu aucune lettre, rétorqua-t-elle.

Il secoua la tête.

— Tout est perturbé, à cause de la crise économique. Si tu les avais reçues, tu aurais compris.

— Compris quoi ?

— Laisse-moi entrer, Clémentine. C'est très important.

Elle hésita un instant, puis acquiesça.

Ils prirent place dans le salon.

— Je t'écoute.

Il joignit ses mains devant sa bouche, dans ce geste familier qu'elle lui connaissait, puis déclara :

— La dernière fois que nous nous sommes vus, tu m'as trouvé en compagnie d'une jeune femme. Si tu veux savoir si elle était ma maîtresse, je te répondrai oui.

Elle eut une moue de mépris.

— Ainsi, tu avoues.

— Bien sûr, j'avoue ! Mais je peux t'expliquer pourquoi. Lorsque nous sommes retrouvés à Hobart, juste après le Jour de l'An, j'avais déjà une aventure avec Patricia, à laquelle ni elle ni moi n'accordions d'importance. C'était une sorte de camaraderie amoureuse. Jamais je n'ai pensé l'épouser, et c'était vrai aussi pour elle. Cette relation nous convenait à tous les deux. J'étais célibataire, et bien décidé à profiter de la vie. Est-ce un tort ?

— Tu l'as tout de même trompée avec moi.

— Je ne savais pas que j'allais te retrouver et tomber amoureux de toi. Bien que notre relation ne fût pas sérieuse, je n'avais jamais trompé Patricia auparavant. Mais après ce que nous avons vécu tous les deux, j'étais décidé à rompre avec elle.

— Ne te moque pas de moi, s'il te plaît ! Quand je t'ai rejoint à Sydney, cela faisait plus d'un mois que tu étais reparti. Il t'a fallu tout ce temps pour rompre ?

— Cela aussi s'explique facilement. Patricia vit à Melbourne. Le jour où tu es arrivée, je venais d'aller la chercher à la gare. Je comptais lui annoncer que tout était fini entre nous, mais je voulais le faire avec ménagement. Je n'avais pas de raison de lui faire du mal. Tu peux comprendre ça, n'est-ce pas ?

— Peut-être !

— Là-dessus, tu es arrivée sans prévenir et tu as déclenché un drame. Patricia est partie en claquant la porte et n'a plus jamais voulu me revoir. Quant à toi, j'ai tenté de te rattraper pour t'expliquer, mais tu as refusé de m'écouter. Tu as sauté dans un taxi et tu as disparu. Je t'ai cherchée dans tous les hôtels de la ville, mais je ne t'ai pas trouvée.

Clémentine se souvint qu'elle avait logé chez les parents d'Amos. Ses recherches étaient effectivement vouées à l'échec.

— J'étais désespéré, soupira-t-il. J'ai pensé que tu étais repartie pour Hobart. Je comptais t'y rejoindre pour t'expliquer tout ça, mais une affaire très importante m'est tombée dessus. Je me suis retrouvé bloqué en Australie. Alors, je t'ai envoyé plusieurs lettres qui sont restées sans réponse.

Décontenancée, Clémentine ne répondit pas immédiatement. Puis elle demanda d'un ton rogue :

— Pourquoi devrais-je croire à cette histoire ?

— Personne ne t'oblige à y croire, mais c'est la vérité. Je sais bien que les apparences sont contre moi, Clémentine, mais je te jure sur ce que j'ai de plus cher que je ne te mens pas. Et tu ne sais pas tout. Je ne voulais pas te le demander avant d'avoir clarifié la situation avec Patricia. Mais, après avoir rompu, je voulais revenir en Tasmanie pour te proposer de m'épouser.

— T'épouser ?

— Bien sûr !

Il se leva et la prit dans ses bras. Bouleversée, elle se laissa faire. Il lui murmura :

— La dernière fois, tu ne m'as pas laissé le temps de te dire que je t'aimais.

Mal à l'aise, elle se dégagea doucement.

— Je suis désolée, Richard. Ce n'est pas possible.

Il insista :

— Mais pourquoi ?

— Parce que... parce que j'aime un autre homme. Voilà pourquoi.

Au fond, elle n'en était pas très sûre. Mais elle ne voulait pas recommencer une nouvelle aventure avec Richard tout en ayant une liaison avec Brian. Son honnêteté foncière se hérissait à cette idée. Le jeune avocat blêmit.

— Alors, ce qu'on m'a raconté était donc vrai.

— Qu'est-ce qu'on t'a raconté ?

— Que tu étais la maîtresse de Brian Kelly.

— C'est exact.

Une fraction de seconde, une lueur de haine étincela dans son regard, puis s'estompa.

— Ce n'est pas possible, Clémentine ! Pas toi !

Il avait soudain l'air si malheureux qu'elle faillit se jeter dans ses bras. Mais elle parvint à se contenir. En cédant à son envie, elle eût trahi Brian. Et cela, elle ne pouvait l'accepter. Un peu brutalement, elle répliqua :

— Et pourquoi non ? Je suis libre et je ne t'autorise pas à me juger.

Une nouvelle fois, la lueur de haine passa dans ses yeux. Mais il se calma et recula.

— Pardonne-moi ! dit-il d'une voix sombre. Je ne pensais pas que tu me remplacerais si vite. C'est sans doute ma faute. J'aurais dû te parler de Patricia avant. Ce malentendu me coûte cher. Mais j'aurais préféré que ce soit un autre que Brian Kelly.

— Pourquoi ? Qu'as-tu contre lui ?

Il la regarda longuement puis répondit :

— Accepterais-tu de faire une promenade en ma compagnie demain ? Je voudrais te montrer quelque chose.

Clémentine hésita.

— Je ne sais pas. Peut-être.

— S'il te plaît, Clémentine. Je te promets de ne pas t'ennuyer.

— C'est bon. Passe me chercher en début d'après-midi.

Le lendemain, Richard se présenta alors qu'elle avait à peine fini de déjeuner. Clémentine ne savait si elle devait se réjouir ou s'inquiéter. Sa chair, ses sens la portaient vers le jeune homme, espérant, désirant sa présence, son souffle, ses caresses. Depuis la veille, elle n'avait cessé de songer à lui. Mais dans le même temps, une voix lui hurlait de ne pas céder à sa passion, à cette envie irrésistible qui l'aspirait vers lui. Par honnêteté, par prudence aussi. Il lui semblait deviner qu'elle ne sortirait pas indemne de la promenade à laquelle il l'avait conviée. Alors, pourquoi avait-elle accepté de le suivre ?

Tandis qu'Henrietta faisait patienter le jeune homme, elle prit le temps de se préparer. Elle passa la dernière robe qu'elle s'était fait confectionner pour le printemps. De couleur prune, elle s'inspirait d'un modèle parisien. Un chapeau cloche de la même couleur la complétait. Richard la contempla avec admiration. Puis il se pencha sur elle et lui glissa à l'oreille :

— Tu as le goût des supplices raffinés, Clémentine. Tu n'as jamais été aussi belle, et je n'ai même pas l'autorisation de te prendre dans mes bras. Aurais-tu juré ma mort ?

Elle répondit d'un sourire, tout en humant discrètement l'odeur subtile et troublante de son haleine. Elle dut prendre une profonde inspiration pour retrouver son emprise sur elle-même.

— Allons-y ! dit-il en lui proposant galamment son bras.

En raison du temps incertain, il n'avait pas décapoté sa voiture, ce qui arrangeait Clémentine. Elle n'avait pas très envie qu'on les vît ensemble. Tout en roulant, elle culpabilisait. Même si elle n'avait aucune intention de tromper Brian, elle n'aurait jamais dû se trouver dans cette voiture.

Contournant le quartier de Sandy Bay, l'automobile fila vers le sud en direction de Kingston. Puis elle obliqua sur la gauche et emprunta la route côtière. La jeune femme constata avec étonnement que Richard l'emmenait vers l'endroit où elle avait empêché Roselynn de se jeter de la falaise. Elle se demanda s'il était au courant de cet incident. Pourtant, d'après ce qu'il disait, il n'avait plus aucun contact avec sa famille.

Provenant de l'ouest, de puissantes rafales balayaient la côte, faisant naître de tumultueuses franges d'écume à la crête des hautes vagues. Sur l'autre rive de l'estuaire de la Derwent, on apercevait la presqu'île de Lauderdale, avec le crochet de la baie des Opossums, et loin vers le sud, la pointe extrême nord de Dennes Point, sur l'île Bruny. Par moment, perçant les trouées de nuages, un soleil timide éclaboussait le panorama grandiose de taches de lumière, qui se déplaçaient ou s'estompaient selon les caprices des vents.

La voiture dépassa le lieu où Roselynn avait failli mourir, puis s'engagea dans un chemin menant vers une sorte de dépression au creux de laquelle se dévoila, à quelques centaines de mètres, une petite propriété située entre la route et la mer. Un moment, Clémentine redouta qu'il lui fît découvrir une nouvelle acquisition. Peut-être avait-il acheté une maison où il allait lui proposer de vivre avec lui. Elle n'avait pas oublié sa demande en mariage. Mais, au détour d'un bosquet de pins, elle changea d'avis. Devant elle se dressait une demeure en ruines, détruite par un incendie bien longtemps auparavant. Le toit avait disparu et il ne restait plus que des murs calcinés. La porte d'entrée et les fenêtres ouvraient sur le vide, envahies par une végétation exubérante. Un peu inquiète, Clémentine descendit de voiture. Elle savait où elle se trouvait, et elle comprenait pourquoi Roselynn avait voulu se suicider près de cet endroit.

— C'est là que ton frère a été tué, n'est-ce pas ?

Richard ne répondit pas immédiatement. Clémentine sentit qu'il éprouvait une violente émotion. Tout à coup, il lui prit la main et l'invita à pénétrer dans les murs. Malgré les années écoulées, il restait encore çà et là des traces de feu, des poutres brûlées presque décomposées, recouvertes de lichens et de champignons, des murs noircis. Le vent rageur sifflait entre les pans effondrés. Une bourrasque soudaine déséquilibra la jeune femme qui dut s'accrocher au bras de son compagnon. Un profond malaise la saisit ; elle imagina la maison en proie aux flammes, et deux amants criblés de balles gisant sur le sol, peut-être à l'endroit où elle se tenait. Etaient-ils seulement morts lorsque l'incendie avait dévoré la demeure... Elle eut l'impression qu'il subsistait dans les lieux une odeur de bois calciné. Mais ce n'était sans doute qu'une illusion. Elle frissonna.

— Cette maison appartenait à notre mère, dit Richard d'une voix sourde. Lorsque nous étions plus jeunes, Edward m'amenait ici pour m'apprendre à pêcher. Un petit chemin descendait le long de la falaise. Il y avait une barque avec des casiers à homards. Edward avait quatre ans de plus que moi. Il m'appelait « le mioche ». Je l'admirais beaucoup. J'avais l'impression qu'il savait tout. Plus tard, c'est ici que nous amenions nos conquêtes. Enfin... surtout lui. Moi, j'étais trop jeune. Et puis un jour, il a rencontré Krissy Kessler. A cette époque, elle avait quitté Brian Kelly. D'après ce qu'Edward m'a expliqué, elle avait demandé à son mari d'abandonner sa vie de sauvage pour venir s'installer à Hobart. Il a refusé. Devant son obstination, elle a voulu reprendre sa fille, mais il s'y est violemment opposé. Il lui a même interdit de la revoir. Selon Edward, il aurait même été jusqu'à la frapper. Alors, par désespoir, elle s'est mise à boire. Mon frère a tout fait pour l'en empêcher. Il a réussi, mais il lui a fallu du temps. Il lui a fait comprendre qu'elle devait intenter un procès à son mari. L'avocat qu'ils ont rencontré leur a dit que Kelly n'avait pas le droit de garder sa fille ainsi. Devant un tribunal, il avait peu de chances de gagner. Alors, Krissy a repris goût à la vie et elle a attaqué son mari en justice. C'est alors que le drame est survenu. En novembre 1914, Edward et Krissy furent tués par balles. Puis on a mis le feu à la maison pour essayer de camoufler le crime en accident, ce qui était complètement idiot : la police a retrouvé les balles dans les corps.

— L'assassin s'est sans doute affolé, suggéra Clémentine.

— C'est probable. Malheureusement, il court toujours, gronda Richard. Mais il est tout de même étrange que Krissy et Edward aient été assassinés peu après avoir déclenché la procédure destinée à ramener Sarah près de sa mère. On n'a jamais rien pu prouver contre Brian Kelly, cependant, tu ne m'enlèveras pas de l'idée qu'il est responsable de ce double meurtre. Son alibi ne m'a jamais convaincu : il connaissait parfaitement ceux qui le lui ont fourni. C'étaient des négociants australiens avec lesquels il était en relation depuis plusieurs années.

— Tu penses qu'il pourrait s'agir d'un faux témoignage ?

— Comment le savoir ? Pour moi, c'est une possibilité troublante. Pour la justice de Hobart, cela a suffi à l'innocenter. Le doute subsiste, mais Brian Kelly est toujours libre. Je pense qu'il n'était plus amoureux de sa femme, mais il ne supportait pas l'idée de perdre sa fille.

Il fit quelques pas nerveux.

— Tu crois peut-être que je te dis tout ça parce que je suis jaloux. C'est vrai en partie. Je suis jaloux de tout autre homme qui a le privilège de poser la main sur ta peau.

Devant l'allusion précise, Clémentine frémit. Richard poursuivit :

— Mais dans le cas de Brian Kelly, ce n'est pas la jalousie qui me fait parler. Je voulais seulement t'avertir. D'ailleurs, si tu lui parles de ce procès, il te répondra sans doute qu'il ne voit pas de quoi tu veux parler. Tu penses bien qu'il ne va pas se vanter de cela.

Clémentine ne répondit pas. Effectivement, Brian ne lui avait jamais parlé de ce procès. Il s'était contenté de lui dire que Krissy s'était mise à boire. Alors, était-il possible qu'il lui ait menti ? Avait-il réellement tué — ou fait tuer — sa femme et son amant ?

Peu après, une pluie violente se mit à tomber. Bouleversée, Clémentine demanda à Richard de la ramener chez elle. Une heure plus tard, ils étaient de retour. Richard gara son véhicule devant le portail. Pendant un long moment, ils écoutèrent en silence la pluie torrentielle qui s'écrasait sur la capote de la voiture. Enfin, Clémentine déclara :

— Ne m'en veux pas, mais je voudrais rester seule. Je dois réfléchir à tout cela.

Il n'insista pas.

— Je vais partir, dit-il doucement. Mais sache que je n'ai pas voulu te faire de mal, simplement te prévenir sur la personnalité de ton amant. Je ne peux rien te dire de plus, c'est à toi de faire ton choix. Tu connais à présent la profondeur de mes sentiments. Je ne chercherai pas à te revoir. Je serai seulement là si tu as besoin de moi.

Clémentine descendit du véhicule. Il démarra aussitôt. Bientôt, la voiture disparut sous la pluie battante. La jeune femme sentit à peine la cape protectrice qu'Arthur vint poser sur ses épaules avant de l'inviter à rentrer.

Le lendemain avait lieu la réception des machines destinées à la fabrique de papier. Amos était déjà sur le port avec sa femme, deux heures avant le débarquement des lourds engins arrivés la veille. Tandis que les grosses grues manœuvraient les containers, le jeune ingénieur surveillait les opérations avec fébrilité, redoutant de voir les câbles se rompre. Fort heureusement, aucun incident ne fut à déplorer. Les caisses chargées sur des camions furent transportées jusqu'à la fabrique.

Huit jours plus tard, les machines avaient été assemblées. Amos les avait essayées.

— Tout est en ordre, dit-il à Clémentine avec jubilation. Nous sommes prêts à travailler.

L'inauguration eut lieu trois jours plus tard. Outre les Richmond et quelques amis, Clémentine et les Jefferson accueillirent lord Foster, auquel Amos expliqua le fonctionnement des différents appareils avec un luxe de détails.

— La première opération consiste à réduire le bois en fibres, Excellence. Ce qui est réalisé à l'aide de ces énormes broyeuses. Ensuite, nous débarrassons les particules obtenues des éléments indésirables par dissolution dans un milieu aqueux contenant des réactifs chimiques comme le sulfate ou le bisulfite. C'est la fonction de ces vaisseaux verticaux que l'on appelle les « lessiveurs ». Le traitement dure quelques heures, puis le liquide résiduaire est évacué et il ne reste qu'une pâte de cellulose qui va devenir du papier. Cette pâte, diluée à quelques grammes par litre, passe ensuite dans la machine à papier proprement dite. Après différentes opérations de mise en forme et de séchage, nous obtenons des rouleaux de papier de deux mètres de large que nous expédions à nos clients.

— Quel bois utilisez-vous ? demanda le gouverneur.

— Essentiellement l'eucalyptus, Excellence. Mais d'autres arbres font également l'affaire, comme les pins et les hêtres.

— Mais ne craignez-vous pas que cette exploitation importante de bois ne détruise notre belle forêt ?

— Au contraire, Excellence. Elle permettra de l'entretenir en éliminant les sujets fragiles et en favorisant le développement d'arbres de qualité.

Clémentine intervint.

— Si tel n'avait pas été le cas, Excellence, jamais je n'aurais accepté de m'associer à ce projet. Vous connaissez ma politique à ce sujet.

— C'est vrai, ma chère. Et je vois là un superbe instrument de travail qui va offrir plusieurs emplois.

— Quarante-trois pour commencer. Mais, selon les résultats, nous envisageons des développements ultérieurs.

Plus tard, le gouverneur prit Clémentine à part.

— Ma chère amie, je ne peux que vous féliciter. J'ai l'impression que vous allez faire des envieux parmi vos concurrents. Ils doivent se mordre les doigts de n'avoir pas su écouter ce jeune ingénieur. Mais tant pis pour eux. Vous avez toute ma sympathie et mon soutien.

— Merci, Excellence.

Dès le lendemain, Clémentine regagna le domaine des Diables. Avec le retour du printemps, le travail ne manquait pas. La fabrique de papier ne devait pas faire oublier l'exploitation forestière. Au contraire, les deux activités se complétaient. Il fallait réparer ce que les intempéries avaient endommagé, et honorer les commandes australiennes. John Beaver avait repris en main les deux équipes, qui fonctionnaient sans histoire. Les travaux de réfection du barrage venaient de commencer et elle dut se rendre plusieurs fois sur place pour surveiller leur avancement.

Mary et le petit Paul exigeaient aussi sa présence. Ils estimaient qu'elle ne leur avait pas accordé assez de temps ces derniers mois et elle ne pouvait que leur donner raison.

Toutes ces tâches lui avaient occupé l'esprit, et elle n'avait guère eu le loisir de penser à sa dernière rencontre avec Richard. Cependant, ses dernières révélations revenaient régulièrement la hanter. Elle avait refusé par deux fois les invitations de Brian, prétextant un surcroît de travail. Sa présence lui manquait, mais le doute insidieux avait fait son chemin en elle et elle appréhendait le moment où elle devrait le revoir. Se pouvait-il qu'il lui ait menti ? Bien sûr, elle devait aussi envisager la possibilité que Richard lui ait raconté des mensonges pour la détourner de Brian. Mais qui, hormis l'Irlandais, aurait eu intérêt à supprimer Krissy Kessler et Edward Prescott ?

Courant octobre, alors que le printemps avait apporté un renouveau de douceur, elle reçut une lettre de Roselynn. Celle-ci lui expliquait qu'elle avait fini par dévoiler sa véritable identité à Sean. Fuyant la maison de son père, elle avait trouvé refuge chez Herbert et Constance Fischer. Au cours d'un voyage à New Norfolk, elle avait pu revoir le jeune homme. Contrairement à ce qu'elle redoutait, les sentiments de Sean n'avaient pas été affectés par cette révélation. Peut-être même s'étaient-ils renforcés. Il lui avait dit qu'il se moquait de son origine, et qu'il désirait plus que tout l'épouser. Mais les choses n'étaient pas si simples. Car Sean avait avoué la vérité à son frère. Depuis, celui-ci ne décolérait pas. Il refusait que son frère épousât une Prescott. Roselynn terminait sa lettre en demandant à Clémentine d'intercéder auprès de Brian pour qu'il revienne à de meilleurs sentiments.

Clémentine décida donc de rendre une visite au domaine Kelly.

37

L'accueil qui lui fut réservé ne fut pas celui auquel elle s'attendait. Brian était furieux contre Sean, mais aussi contre elle-même.

— Tu savais que cette fille était une Prescott, et tu l'as introduite ici ! s'exclama-t-il.

Douchée par son attaque, Clémentine réagit immédiatement.

— En quoi cela te gêne-t-il ? Je l'avais recueillie chez moi parce qu'elle s'était révoltée contre son père.

— Tu m'avais caché que c'était une Prescott ! insista-t-il en martelant ses mots.

— Et alors ?

— Et alors, les Prescott ne valent pas plus cher les uns que les autres.

— Roselynn n'a rien à voir avec son père, et ton frère l'aime.

Il explosa :

— Je ne veux pas en entendre parler. Tant que je serai le chef de cette famille, aucun Prescott n'en fera partie.

Clémentine vit Sean pâlir. Visiblement, il faisait un grand effort sur lui-même pour ne pas bondir sur son frère. Mais, comme l'avait dit Brian, il était le chef de famille, et chacun lui obéissait. En revanche, Clémentine n'avait jamais plié devant personne et ce n'était pas aujourd'hui qu'elle allait commencer.

— Tu es complètement stupide, mon pauvre Brian. Cette fille subit la tyrannie de son père. Malgré cela, parce qu'elle est une Prescott, tu es prêt à sacrifier le bonheur de ton frère à ton orgueil.

Brian lui jeta un regard noir. Personne jamais n'avait osé lui dire qu'il était stupide. Clémentine soutint son regard. A court d'arguments, il rétorqua :

— Tu ne sais pas ce que sont les Prescott !

La haine qui vibrait dans sa voix était presque palpable. Il se tourna vers son frère.

— Ecoute-moi bien, Sean ! Je sais que je ne peux pas le prouver, mais je suis sûr que c'est Andrew Prescott qui a tué nos parents. Et tu voudrais épouser sa fille ?

Furieux, Sean s'écria :

— Tu n'es sûr de rien. Personne ne sait qui a tué nos parents. Peut-être la police a-t-elle dit la vérité : ils ont été tués par des rôdeurs. De toute façon, Roselynn était un bébé à l'époque. Oserais-tu prétendre qu'elle a un rapport avec leur assassinat ?

Clémentine ne dit mot. La réaction de Brian lui semblait excessive. Ses parents étaient morts depuis une vingtaine d'années. Rien jamais n'avait permis de soupçonner Andrew Prescott, et, hormis le désir de s'emparer de leur concession, rien n'aurait justifié qu'il les ait assassinés. En revanche, en ce qui concernait le meurtre de Krissy Kessler, Brian avait, lui, une bonne raison de la tuer avec son amant, puisqu'elle voulait reprendre sa fille. Clémentine faillit lui avouer ce qu'elle avait appris, mais elle s'abstint. Il ne servirait à rien d'évoquer une période aussi sombre. Cependant, l'intolérance de Brian la révoltait. Elle remonta en selle.

— Je reviendrai lorsque tu seras rendu à de meilleurs sentiments, déclara-t-elle. D'ici là, Roselynn et Sean pourront toujours se rencontrer chez moi s'ils le désirent.

— C'est une trahison ! s'exclama-t-il. Tu n'as pas le droit !

— Ils sont majeurs tous les deux. Tu n'as aucun droit de leur interdire quoi que ce soit. Lorsque tu raisonnes ainsi, tu ressembles à Andrew Prescott lui-même.

C'était la pire des insultes qu'elle pouvait lui adresser. Il se figea, puis répliqua sèchement.

— Si tu le prends comme ça, nous n'avons plus rien à nous dire, Clémentine. Les Prescott sont nos ennemis et jamais je n'accepterai que l'une d'entre eux s'allie à notre famille.

— Eh bien, d'accord ! Tu n'es qu'un ours mal léché. Et je suis d'accord avec toi : nous n'avons plus rien à nous dire.

Hors de lui, Sean laissa éclater sa colère. Clémentine crut un instant que les deux frères allaient en venir aux mains. Mais l'ascendant de l'aîné joua et le jeune homme s'enfuit en gesticulant. Puis il bondit sur son cheval et galopa vers la forêt.

— Tu peux être satisfaite ! s'exclama Brian. Tu as semé la mésentente entre mon frère et moi.

— Ah non ! C'est trop facile de me rejeter la faute ! Tu devrais plutôt t'en prendre à ton intransigeance, espèce d'âne bâté ! Comment ai-je pu être assez idiote pour tomber dans tes bras ?

Sans attendre de réponse, elle enfourcha son cheval et quitta les lieux.

Sur le chemin du retour, un sentiment étrange envahit Clémentine. Elle n'avait jamais accordé une trop grande importance à son aventure avec Brian. L'amour qu'il lui avait apporté n'avait aucun rapport avec la tendresse chaleureuse de Peter ou la passion étourdissante et épuisante de Richard. Son intolérance et son mauvais caractère auraient dû la détourner de lui. Il était orgueilleux et obstiné, et ne tenait aucun compte des désirs et du bonheur des siens. Elle aurait dû fuir un tel despote. Pourtant, elle devinait derrière tout cela un désespoir impuissant. Elle se surprit à éprouver de la peine d'avoir rompu avec lui. Le cœur d'une femme était-il donc si complexe ?

D'un autre côté, elle était de nouveau libre. Libre de reprendre sa liaison avec Richard. Pourtant, cette perspective ne présentait pas autant d'attraits qu'elle l'aurait pensé. Le souvenir de Peter l'accompagnait. Parfois, elle s'adressait à lui à voix basse :

— Pourquoi m'as-tu abandonnée, Peter ? Tout était si simple avec toi.

Il lui semblait entendre l'écho de sa voix dans le murmure des vents qui agitaient les branches des eucalyptus géants, dans le bruissement des fougères arborescentes. Le cri d'un diable l'arracha à sa méditation.

Plus loin, elle se reprocha aussi de ne plus penser à William. Elle eut beau se concentrer, elle ne parvint pas à se souvenir du son de sa voix. Des larmes lui montèrent aux yeux. William était le père de Mary. Des images furtives glissèrent dans sa mémoire, lointaines, évanescentes, des réminiscences de guerre, de combat, d'étreintes sauvages sur des lits de fortune. William lui avait offert le plus beau cadeau qui se puisse imaginer : une petite fille pleine de vie qu'il ne verrait hélas jamais grandir. Elle n'avait pas le droit de l'oublier. Mais elle n'oubliait pas non plus qu'elle n'était pas parvenue à percer son mystère. Parfois, elle se disait qu'elle connaissait peut-être sa famille, qu'elle la côtoyait régulièrement sans le savoir. Une idée insensée l'avait un instant effleurée lorsqu'elle avait vu la réaction d'Andrew Prescott lorsque Mary était apparue devant lui. Mais il était difficile d'établir une ressemblance entre William et lui.

Parvenue au domaine des Diables, elle courut retrouver ses enfants, qu'elle serra longuement contre elle. Il valait mieux qu'elle restât seule, au moins pour l'instant. Le petit Paul posa un doigt léger sur la paupière de sa mère et dit :

— Pourquoi tu pleures, maman ?

Elle lui répondit d'un sourire un peu forcé.

— Ce n'est rien ! C'est le vent, mon chéri.

Durant les jours qui suivirent, elle passa le plus clair de son temps en leur compagnie. Mary et Paul étaient ravis. D'autant plus que, malgré le printemps, le mauvais temps s'était installé en maître sur le pays. Une succession de tempêtes fit monter les eaux du Styx, empêchant les bûcherons de travailler. Souvent, ils étaient contraints de demeurer dans leurs baraquements où ils tuaient le temps en jouant aux cartes. Clémentine redoutait un nouvel incident avec le barrage, mais celui-ci tint bon. En revanche, des tensions naquirent au sein de ses équipes. La belle entente qui avait suivi le renvoi de Van Harburg n'était plus qu'un souvenir. Une demi-douzaine d'ouvriers ne cessaient de se dresser contre John Beaver. Celui-ci, malgré toute la patience dont il était capable, avait fini par se fâcher. Clémentine dut intervenir pour éviter des bagarres.

Mais il était dit que le sort ne lui accorderait aucun répit. Une nuit, un bûcheron arriva en courant à la maison, envoyé par Beaver.

— M'dame Clémentine, m'dame Clémentine ! Il y a le feu à la scierie !

38

Affolée, Clémentine s'habilla à la hâte, sella son cheval et se rendit sur les lieux. Les bûcherons luttaient déjà contre le sinistre avec des moyens de fortune. Mais la fournaise était telle qu'il était presque impossible d'approcher. De hautes flammes s'élevaient, projetant dans le ciel nocturne des nuées d'étincelles. John Beaver vint à elle, les traits décomposés :

— Thomas est mort, madame. Il a voulu sauver les machines en essayant d'abattre les cloisons, mais elles se sont effondrées sur lui.

Clémentine sentit sa gorge se nouer. Thomas Curtis était un jeune métis en qui elle voyait un second possible à John Beaver. Elle avait prévu de lui confier bientôt quelques responsabilités et de lui offrir un meilleur salaire.

— On ne peut rien faire, ajouta le contremaître. Quelqu'un a arrosé les machines avec de l'essence.

Une saute de vent rabattit une fumée épaisse vers eux. Clémentine se mit à tousser et recula. L'odeur lui confirma les dires de Beaver. Une colère sourde monta en elle. Elle n'avait pas besoin de chercher bien loin le coupable. Andrew Prescott avait dû envoyer l'un de ses hommes de main avec quelques bidons d'essence. Malheureusement, elle ne pourrait rien prouver, d'autant plus que la police, manipulée par Martin Wilson, ne lèverait pas le petit doigt.

Au petit matin, alors que se levait un soleil pâle, le sinistre s'étala dans toute son horreur. Il ne restait rien des bâtiments. Une partie des stocks de bois avaient été détruits. Quant aux machines, il ne restait d'elles que des squelettes tordus. Seule consolation, les intempéries des jours précédents avaient inondé les alentours. L'incendie n'avait pu se propager à la forêt détrempée.

Quelques bûcherons se dirigèrent vers l'endroit où était tombé Thomas Curtis. Clémentine voulut les suivre, mais John Beaver lui prit le bras.

— N'approchez pas, dit doucement John Beaver. Ce n'est pas beau à voir.

Elle faillit lui répondre qu'elle avait soigné des grands brûlés pendant la guerre. Mais ceux-là étaient encore vivants. Elle ne pouvait malheureusement plus rien faire pour le jeune bûcheron.

Elle revint vers la maison la mort dans l'âme. L'un de ses ouvriers avait péri et son outil de production était hors d'usage. Bien sûr, Peter avait prévu une telle éventualité en souscrivant une assurance. Mais, compte tenu des circonstances suspectes, la compagnie risquait de traîner à effectuer le remboursement. Dans ce cas, Clémentine n'aurait plus d'autre choix que de vendre l'exploitation. Après l'investissement réalisé dans la fabrique de papier, elle ne disposait plus de réserves suffisantes pour couvrir les frais de fonctionnement jusqu'à la reconstruction de la scierie. Et puis, où trouverait-elle l'argent de cette reconstruction ?

Le lendemain, alors que l'on préparait les obsèques du pauvre Curtis, quatre bûcherons demandèrent à être reçus, tous de Maydena. Ils la contemplaient d'un air embarrassé, puis l'un d'eux se décida à parler.

— Nous ne pouvons plus travailler pour vous, m'dame Clémentine, dit-il en tortillant son chapeau entre ses mains.

— Pourquoi ?

— Bah, il faut nous comprendre, m'dame ! Nous autres, on a peur. D'abord, le barrage, ensuite la scierie. Les gars, ils disent comme ça que le mauvais œil est sur la forêt. Peut-être à cause des Diables...

— Allons donc, répliqua-t-elle, vous n'allez pas me faire croire que, tout à coup, vous êtes effrayés par ces petites bêtes. Dites-moi plutôt que Prescott vous a fait des propositions.

Ils se regardèrent, de plus en plus mal à l'aise.

— Ben... commença l'un d'eux, il est vrai que le contremaître de m'sieur Prescott est venu nous voir il y a quelques jours. Nous, on voulait pas l'écouter. Mais après ce qui s'est passé...

Clémentine eut envie de les gifler. Mais elle se contint.

— Alors, ça recommence ! Vous m'abandonnez au moment où je vais avoir besoin de vous pour reconstruire.

Ils voulurent protester, mais elle leva la main pour couper court à leurs protestations.

— Si c'est ainsi, vous pouvez partir, je ne vous retiens pas. Seulement, quand vous rencontrerez monsieur Prescott, dites-lui bien ceci : il ne s'en tirera pas aussi facilement. Il y a eu mort d'homme.

Le lendemain, elle se rendit à New Norfolk pour déposer plainte. Trois jours plus tard, elle était convoquée à Hobart par le procureur Martin Wilson. Celui-ci se montra encore plus odieux que les fois précédentes.

— Cette histoire est très ennuyeuse, miss White, car elle ne plaide pas en votre faveur.

Stupéfaite, Clémentine n'en crut pas ses oreilles.

— Que dois-je comprendre ? répliqua-t-elle sèchement.

— Vous dites que l'on a utilisé de l'essence pour incendier votre scierie. Or, vous possédez vous-même de l'essence pour votre automobile. Vous faites donc partie des suspects.

— Mais vous êtes fou ! Dois-je vous rappeler que l'un de mes ouvriers est mort ?

— Je ne l'ignore pas et c'est pourquoi cette histoire risque de vous coûter très cher. Car je n'écarte pas l'hypothèse que vous ayez vous-même mis le feu.

— C'est absurde ! Pour quelle raison aurais-je commis un tel forfait ?

— Votre mari avait bien souscrit une assurance en cas de sinistre ?

— Bien sûr !

— Dans ce cas, vous allez toucher une belle somme. Mais, à votre place, je n'en serais pas si persuadée. Car il est très possible que les experts prouvent que votre scierie a été incendiée volontairement afin d'encaisser la prime. Cela s'appelle une escroquerie à l'assurance, miss White, et c'est passible de prison.

Clémentine eut soudain envie de lui sauter à la gorge. A mots couverts, il venait de lui signifier que, dans le cas où elle maintiendrait sa plainte, il s'arrangerait pour que les experts concluent à une fraude, ce qui la conduirait inévitablement en prison. Mais si l'assurance ne la remboursait pas, elle pouvait aussi bien abandonner son exploitation. Sans la scierie, elle n'avait plus aucune valeur. Il était évident que Wilson faisait le jeu d'Andrew Prescott, qui n'allait pas tarder à se manifester pour racheter la concession à bas prix.

Au prix d'un effort surhumain, elle parvint à dominer la colère qui bouillonnait en elle.

— Ecoutez-moi bien, Wilson ! Je sais parfaitement qui a commandité l'incendie de ma scierie. Andrew Prescott s'imagine sans doute qu'il va pouvoir racheter mon entreprise à vil prix. Mais qu'il ne se réjouisse pas trop vite. Je ne sais pas encore comment je vais m'y prendre, mais je vous jure que je lui ferai payer ses manipulations malsaines et ses crimes.

Wilson se leva et la toisa avec un sourire narquois.

— Détrompez-vous, miss White. Andrew Prescott n'a absolument rien à voir avec cet incendie. Il est prêt à le jurer sur la Bible.

Clémentine se leva à son tour. Wilson l'apostropha une dernière fois.

— Dans ces conditions, je pense que vous savez ce qui vous reste à faire.

— Nous verrons, monsieur le procureur, répliqua-t-elle. En attendant, je maintiens ma plainte.

Puis, sans attendre de réponse, elle sortit du bureau, dont elle claqua bruyamment la porte.

Une heure plus tard, elle était installée chez Emilie, à qui elle fit part de ses ennuis. Emilie était convaincue, tout comme Clémentine, que l'attentat était l'œuvre d'Andrew Prescott.

— Malheureusement, ma chérie, vous ne pourrez rien prouver. Ces scélérats détiennent les clés du pouvoir. La police elle-même est à leur botte.

— Alors, que puis-je faire ?

— Je l'ignore. Ambrose m'a de nouveau avertie de ne plus vous fréquenter. Je l'ai envoyé promener, mais il s'est fâché.

— Et vous préférez que nous ne nous revoyions plus, conclut Clémentine, inquiète.

Emilie la rassura immédiatement.

— Je lui ai rétorqué que je choisissais mes amies comme il me convenait et que s'il n'était pas content, je le quittais.

— Vous avez dit ça à cause de moi ?

— Bien sûr. Et je le ferais. Il faut vous battre, Clémentine. Vous n'allez pas laisser la victoire à ces politiciens véreux, n'est-ce pas ?

Clémentine soupira.

— Je ne sais plus vers qui me tourner. Wilson m'a fait comprendre que le maintien de ma plainte risquait de se retourner contre moi. Or, si je l'abandonne, l'assurance ne fonctionnera pas, et je ne pourrai pas reconstruire la scierie. Autant dire que je suis coincée. Après l'investissement dans la fabrique de papier, je n'ai plus assez d'argent pour me passer des assurances.

Ce soir-là, Clémentine dormit très mal. Elle avait eu beau tourner le problème dans tous les sens, elle n'entrevoyait aucune solution. Elle avait fait ses comptes : la fabrique avait englouti la majeure partie de sa fortune. Elle pouvait toujours vendre sa voiture, mais ce serait loin d'être suffisant pour reconstruire la scierie.

Le lendemain, elle reprit la route du domaine, désespérée. Elle avait hâte de retrouver ses enfants. Tandis qu'elle roulait sous une pluie battante, un sentiment effrayant s'empara d'elle. Malgré son éducation cartésienne, elle se demanda si elle n'était pas poursuivie par une malédiction. Son premier mari, William, avait péri quelques semaines après l'avoir épousée. Peter avait été tué deux ans après leur mariage. Puis il y avait eu l'incident du barrage, l'incendie de la scierie. Elle s'était fâchée avec Brian et Richard. Et enfin, le sinistre procureur Wilson lui avait fait comprendre qu'il ferait tout pour qu'elle ne puisse pas être remboursée par la compagnie d'assurances. Bien sûr, il ne s'agissait là que d'une basse manœuvre destinée à lui nuire, mais elle ne savait plus comment réagir. Une terrible perspective commençait à poindre dans son esprit : revendre le domaine des Diables.

Mais cela, elle ne pouvait s'y résoudre.

39

Avec le mois de novembre, une vague de chaleur s'était étendue sur le pays. Partout les fleurs éclataient en mille couleurs. Cependant, Clémentine ne voyait rien de ce renouveau. Avec la destruction de la scierie, les bûcherons avaient, par la force des choses, cessé le travail. La plupart étaient retournés à Maydena ou à Temehonne. Seul John Beaver et quelques autres étaient restés, afin de déblayer tant bien que mal les décombres noircis. Un important stock de grumes avait été épargné par l'incendie. Malheureusement, il risquait de pourrir sur place. Clémentine avait tenté de trouver une solution pour faire reconstruire rapidement la scierie. Sans succès.

Chaque jour voyait les charges s'accumuler. L'expert de la Lloyd's n'était toujours pas passé. Et même s'il venait, elle savait qu'il ne pourrait rien faire tant que l'enquête n'aurait pas reçu de conclusion. Elle pouvait faire confiance à Martin Wilson pour faire traîner le dossier afin de laisser la situation se dégrader. La manœuvre de Prescott était imparable. Avec le temps, elle allait être contrainte de vendre les Diables. Il se proposerait alors de les racheter à vil prix. Par moments, elle avait envie de lui rendre la monnaie de sa pièce et d'aller mettre le feu à ses propres installations. Mais elle était incapable d'un tel forfait.

Roberts et Duwall, deux des bûcherons qui avaient démissionné après le désastre, étaient revenus la voir. Reiner, le contremaître de Prescott, avait refusé de les engager.

— Il n'a pas tenu ses promesses, m'dame Clémentine, gémit Roberts. Il a dit qu'il nous embaucherait dès que m'sieur Prescott aurait racheté les Diables, mais pas avant.

Clémentine eut un instant envie de les flanquer dehors. Mais ces pauvres gens n'étaient pas responsables des basses manœuvres de son concurrent. Pour eux s'annonçait la perspective du chômage, avec la misère que cela sous-entendait. Ils n'étaient pas les seuls. Une quarantaine de familles allaient se retrouver sans ressources. Les petits potagers des maisons ouvrières de Maydena seraient bien insuffisants pour nourrir tout le monde le temps qu'une solution soit trouvée. Déjà, quelques ouvriers parlaient de quitter la Tasmanie pour l'Australie, où les salaires étaient plus élevés. Ce phénomène n'était pas propre à la région de Maydena. A Hobart, l'effondrement des confitureries et des fabriques de cidre avait déjà provoqué l'exode de plusieurs milliers de personnes. Le bûcheron poursuivit :

— Bannister et Logan ont été embauchés, eux, mais ils n'ont pas reçu ce qu'on leur avait promis, m'dame Clémentine. Reiner a dit que les salaires avaient baissé. Beaucoup de gars aimeraient revenir ici. Vous êtes une meilleure patronne que m'sieur Prescott.

— Il serait temps de vous en apercevoir, répondit Clémentine un peu sèchement. Malheureusement il n'y a plus de travail.

Ils baissèrent la tête. Puis Duwall déclara :

— A propos, nous avons croisé Van Harburg au pub. Il paraît qu'il ne dessaoule plus de la journée.

— Je croyais qu'il devait être embauché, lui aussi.

— Il l'a été, mais comme simple ouvrier. Il l'a mal pris et il a fait un scandale. Il y a un mois, m'sieur Prescott l'a flanqué à la porte.

— Mais c'est à vous qu'il en veut, m'dame Clémentine, enchaîna Roberts. Il dit partout que tout est de votre faute, parce que vous l'avez renvoyé alors qu'il avait une bonne place. Il a dit qu'il est content de ce qui vous arrive.

Clémentine blêmit. Il n'était pas impossible que le Hollandais soit responsable de l'incendie. Il connaissait suffisamment les lieux.

— Sait-il qu'un homme a péri ?

— Ouais ! Il a même dit qu'un sale métis de moins, c'était pas une grosse perte.

Une bouffée de colère envahit la jeune femme. Ce Van Harburg n'était décidément qu'une triste fripouille.

— C'est bien, je vais avertir la police.

S'il était coupable, il faudrait bien qu'il avoue. Malheureusement, cela ne rendrait pas la vie à Thomas Curtis.

Le lendemain, à l'aube, Clémentine se rendit sur la tombe de son mari.

— Je ne sais plus quoi faire, Peter ! Je porte cette entreprise à bout de bras depuis plus d'un an. J'ai fait face toute seule aux difficultés, j'ai surmonté les crises, préservé l'emploi. Cette fois, j'ai tout tenté, mais j'ai le sentiment de me heurter à un mur. Chaque matin, j'espère que je vais avoir l'idée qui nous sortira d'affaire, ou recevoir une bonne nouvelle. Mais j'ai beau retourner le problème dans tous les sens, il ne se passe rien. Bien sûr, il nous restera la fabrique de papier, mais je n'ai pas envie de me séparer des Diables. J'aurais l'impression de te trahir. J'aime tellement cette maison. Je t'en supplie, Peter, envoie-moi un signe.

Seule la brise légère lui répondit. Elle resta longtemps debout près de la sépulture. Elle secoua la tête. Qu'espérait-elle ? Que le fantôme de Peter allait lui apparaître et lui prodiguer des conseils pertinents ?

— Je deviens folle, murmura-t-elle.

La mort dans l'âme, elle allait regagner la maison quand une silhouette se profila sous le grand hêtre. Elle sursauta, puis reconnut Moragani, la vieille femme qui, selon les siens, avait le don de pénétrer ce qu'ils appelaient « les secrets du Rêve ».

La métisse s'avança vers elle et effleura ses mains sans un mot. Puis elle ferma les yeux et fit le tour de la jeune femme en psalmodiant des mots incompréhensibles, parmi lesquels Clémentine reconnut *Noiheener*, et *Droemerdeem*. Elle savait qu'il s'agissait de deux divinités bénéfiques. La première présidait au jour, et la seconde à la création. Enfin, Moragani se planta devant elle et déclara :

— Ton cœur est triste et ton âme est sombre, ma fille. Mais n'oublie pas ce que je t'ai dit ! Tu appartiens à cette terre. L'esprit de la nuit, *Wraggeo*, soutient tes ennemis. Méfie-toi de lui, car il est habile et peut se jouer de toi sans que tu t'en aperçoives. Tes amis deviendront tes ennemis, et tes ennemis se dissimuleront sous le masque de l'amitié. Tu ne sauras plus à qui te fier. Tu devras te méfier de tout et de tous, et plus encore de toi-même.

Elle lui montra le parc, la forêt, les montagnes.

— Regarde la terre ! C'est en elle que tu dois puiser ta force. Ecoute ce que dit le vent, ce que chante la pluie, ce que murmure la rivière.

Clémentine n'osa répondre qu'elle venait chercher une réponse depuis près d'un mois sans la trouver. Moragani grommela :

— Il est vrai que vous, les Blancs, vous ne savez pas écouter la nature. Pourtant, la réponse est là, autour de toi.

Elle s'inclina une dernière fois, puis s'éloigna d'un pas rapide et agile, inattendu de la part d'une femme aussi âgée. Clémentine la regarda partir, perplexe. Elle aurait eu tant à apprendre de ces gens. Encore ne conservaient-ils que des bribes du savoir de leurs ancêtres. Elle fit quelques pas, puis, mue par une intuition soudaine, posa les mains sur l'écorce du grand hêtre qui dominait la tombe de Peter. Peu à peu, une paix nouvelle descendit en elle. Moragani avait raison. Elle était chez elle sur cette terre. Même si elle était née à l'autre bout du monde, elle n'avait plus aucune envie de partir s'installer ailleurs. Mary aimait la maison car elle ne conservait aucun souvenir de ce qui s'était passé avant. Quant au petit Paul, il était né ici. Il existait certainement une solution. Et elle allait la trouver.

La tiédeur de l'écorce réchauffée par le printemps la rassurait, comme si une protection invisible s'était déployée autour d'elle. Elle eut l'impression que ses idées se faisaient plus claires. En vérité, la force de ses adversaires venait de l'alliance passée entre Prescott, Wilson et quelques autres. Face à eux, sa propre faiblesse provenait de son isolement. Elle devait donc rechercher des alliés parmi les ennemis de Prescott. Et la solution lui parut alors évidente. Elle connaissait l'un d'eux : lord Foster, le gouverneur de la Tasmanie. Elle l'avait rencontré plusieurs fois en compagnie de Peter et elle l'avait invité dernièrement à l'inauguration de la fabrique de papier. Une bouffée de joie envahit Clémentine. Elle ne pouvait rêver un allié plus puissant. Elle était sûre qu'il allait lui apporter son aide. Elle déposa un baiser sur l'écorce rugueuse de l'arbre et murmura :

— Merci !

Le lendemain, à peine arrivée à Hobart, elle se rendit au palais du gouvernement pour demander une audience. C'était un bâtiment magnifique, datant de 1855, construit en grès jaune, et situé à proximité du jardin botanique royal, qu'elle connaissait bien. Lord Foster, qui était présent, accepta de la recevoir immédiatement. Un homme en livrée la guida à travers les pièces immenses, décorées d'arches élégantes, jusqu'au bureau du gouverneur. Celui-ci se leva pour l'accueillir avec la simplicité qui lui était coutumière. Un peu embarrassée, Clémentine se confondit en remerciements.

— Je vous en prie, miss White, répondit lord Foster. Il se trouve que j'avais un peu de temps de libre, et je n'osais espérer une aussi charmante visite.

Il l'invita à s'asseoir sur un fauteuil de bois rouge orné de velours vert.

— Alors dites-moi, la fabrique de papier fonctionne-t-elle comme vous le souhaitez ?

— Elle est parfaitement opérationnelle, Excellence. Le jeune couple avec lequel je me suis associée est très efficace.

— Monsieur et madame Jefferson, n'est-ce pas ?

— Votre Excellence a une bonne mémoire.

— Je suis attentif à tous ceux qui créent des emplois en Tasmanie. Car nous connaissons actuellement une crise difficile. Nombre d'entreprises ont fait faillite, et beaucoup de Tasmaniens se sont retrouvés sans travail, ce qui a amené beaucoup d'entre eux à quitter notre île.

Clémentine soupira.

— Hélas, je crains qu'il y en ait d'autres dans les prochaines semaines.

Elle lui expliqua alors la menace qui pesait sur elle depuis la mort de Peter, le meurtre du détective Steve Robson et le désastre qui avait frappé le domaine des Diables.

— Cette catastrophe est la raison de ma visite, Excellence. J'ai déposé une plainte pour que l'on retrouve l'auteur de cet attentat. Mais le procureur Wilson m'a laissé entendre que j'avais tout intérêt à la retirer.

Lord Foster haussa les sourcils.

— Je connais ses basses manœuvres. Il a voulu vous effrayer en menaçant de vous inscrire sur la liste des suspects.

— Exactement.

— Et bien entendu, plus le règlement de l'assurance tarde à venir, plus votre exploitation bat de l'aile, laissant le champ libre à Andrew Prescott pour la racheter à bas prix. C'est assez dans les méthodes de ce vieux charognard.

Le vieil homme joignit ses mains devant son visage.

— Il faudrait donc les prendre de vitesse sans attendre le versement du remboursement de l'assurance. Avez-vous maintenu votre plainte malgré les menaces de Wilson ?

— Oui.

— Alors, soyez tranquille. Il ne peut vous accuser. C'est à lui d'apporter des preuves. Et il n'en trouvera pas à moins d'en fabriquer, ce qui me paraît risqué. Cependant, je peux difficilement lui ordonner d'accélérer la procédure. Il prendra au contraire un malin plaisir à faire l'inverse. Mais il existe une autre solution.

L'espoir s'empara de la jeune femme.

— Vous possédez un barrage, continua lord Foster. Or, le gouvernement a créé il y a quelques années un département hydroélectrique. Nous avons conçu un grand projet. Pour éviter l'exode massif de nos concitoyens vers l'Australie ou ailleurs, il nous fallait créer de nouveaux emplois à long terme. C'est pourquoi nous avons décidé de porter l'essentiel de notre effort sur le développement du réseau de distribution électrique dans tout le pays. Jusqu'en 1920, seules les villes de Hobart, de Launceston et de Devonport bénéficiaient de l'électricité. C'est pourquoi nous avons fondé ce Département hydroélectrique. Son but est de fournir du courant au pays tout entier. La construction de barrages à elle seule emploie déjà plus de mille huit cents ouvriers. Nous avons reçu une dotation de plusieurs millions de livres pour cet ouvrage titanesque. Non seulement cette électrification va améliorer sensiblement la qualité de vie de nos concitoyens, mais elle va permettre à des industries nouvelles de s'implanter. Et nous pourrons résorber le chômage. Ainsi, outre votre fabrique de papier, il vient de s'ouvrir une chocolaterie à Claremont[1], et des manufactures de textiles à Launceston. Nous sommes sur la bonne voie pour gagner la bataille du développe-

1. Il s'agit de la célèbre chocolaterie Cadbury, qui fut effectivement fondée en Tasmanie dans les années vingt. Il est à noter que la politique décrite ici par lord Foster — personnage ayant réellement existé — est celle qui fut appliquée à cette époque afin de relancer la machine économique.

ment de notre Tasmanie, miss White. Votre mari était un visionnaire, lorsqu'il a fait construire son propre barrage il y a huit ans. C'est probablement une coïncidence, mais j'ai eu ce dossier entre les mains il y a quelques semaines à peine. Votre barrage intéresse beaucoup le Département hydroélectrique, car des villes comme New Norfolk sont encore privées d'électricité. Je ne suis pas technicien, mais il semble que cet édifice serait en mesure de fournir la production nécessaire à l'alimentation de la haute vallée de la Derwent. Si vous acceptiez de le vendre, je suis sûr que monsieur Butters, qui dirige le Département, vous en proposerait un bon prix. Cette somme pourrait vous être versée très vite et vous permettrait de remettre votre scierie en état.

Une onde de joie parcourut Clémentine. Pourquoi n'avait-elle pas pensé plus tôt à cette solution ?

— Je vous remercie, Excellence. Avec cette proposition, vous venez de me rendre la vie.

— C'est un vrai plaisir, miss White. J'avais beaucoup d'estime pour votre mari. Un homme original, certes, dont je ne partageais pas toujours les opinions un peu... subversives, mais c'était un ami solide et sincère. Sa mort m'a profondément bouleversé. Je suis personnellement intervenu pour que l'enquête soit menée dans les meilleures conditions, mais je me suis heurté à mes adversaires, bien décidés à traîner les pieds. Malheureusement, mes pouvoirs sont limités, comme vous le savez. La politique est une jungle. La courtoisie y est de mise, mais elle dissimule l'hypocrisie et une lutte sans pitié pour l'accession au pouvoir. Wilson, Prescott et leurs amis n'ont qu'un désir : me vaincre. Par chance, j'ai toujours réussi à les battre.

Le vieil homme laissa passer un silence, puis ajouta :

— Cette affaire me laisse perplexe. Si Prescott et sa clique sont derrière ces actes criminels, il sera très difficile de le prouver. Cependant, quelque chose me trouble. Je le crois assez capable de s'en prendre aux biens matériels pour parvenir à ses fins, pourtant, je le vois mal s'abaisser à commanditer un assassinat.

— Il m'a donné sa parole qu'il n'était pour rien dans la mort de Peter.

— Je pense qu'il dit vrai. Mais enfin sait-on jamais ? L'âme humaine peut parfois se révéler si noire. Je vais demander officiellement à ce que l'on fasse rouvrir l'enquête et que l'on envoie un inspecteur à Sydney pour élucider la mort de ce détective. Je vais aussi œuvrer pour que la compagnie d'assurances fasse son travail le plus rapidement possible. Et n'ayez aucune crainte si Wilson vous menace. Je possède le moyen de le faire tenir tranquille.

Il se leva et ajouta :

— C'était une grande joie de vous revoir, miss White. Je vais vous mettre en rapport avec monsieur Butters. C'est un homme charmant et efficace.

Il lui tendit la main, qu'elle serra avec chaleur.

— Notre belle Tasmanie a besoin de femmes comme vous, miss White. Je suis heureux d'avoir pu vous apporter mon soutien.

— Merci, Excellence.

Lorsqu'elle sortit du palais du gouverneur, Clémentine sut qu'elle avait gagné.

Le lendemain, elle fut reçue par John Butters, prévenu par lord Foster en personne. Et deux jours plus tard, Clémentine lui montrait le barrage, en compagnie de John Beaver. Le directeur était un homme imposant, ayant une fâcheuse tendance à l'embonpoint, mais passionné par sa tâche.

— C'est un ouvrage magnifique, madame. Lord Foster ne s'était pas trompé. Il peut fournir une bonne partie de l'électricité de la vallée de la Derwent.

— Le revêtement intérieur vient d'être refait, précisa Clémentine. A cause d'un accident dont nous avons été victimes il y a quelques mois.

— C'est parfait. Enfin, je veux dire... la structure n'en sera désormais que plus solide. Cependant, cette centrale est trop faible.

— Elle couvrait amplement nos besoins, expliqua Clémentine.

— C'est évident. Son emplacement est excellent. Il nous suffira d'en construire une plus puissante.

Il fit quelques pas sur le barrage, étudiant chaque détail avec attention.

— J'ignore qui a tracé les plans de cet ouvrage, dit-il, mais c'est un travail remarquable, qui tient compte d'une manière optimale de la configuration du terrain.

— Il a été réalisé par mon contremaître, que voici.

Elle lui présenta Beaver, qui s'inclina respectueusement. John Butters le contempla avec stupéfaction, puis s'écria :

— Mais que faites-vous dans une exploitation forestière, mon garçon ?

— Pardonnez-moi, monsieur. Il y a huit ans, j'ai proposé mes services à votre département. On n'a pas voulu de moi.

— Je vois. Simplement parce que vous êtes métis. Quels imbéciles ! Eh bien, si vous souhaitez toujours entrer à mon service, j'ai une place pour vous.

Clémentine pâlit. Elle n'avait pas pensé à ça. Si Beaver partait, elle se retrouvait sans chef d'équipe. Cependant, elle fut très vite rassurée.

— N'y voyez aucune offense, monsieur le directeur, mais je suis reconnaissant à monsieur White de m'avoir embauché pour réaliser ce barrage. Et ma conscience ne saurait accepter que j'abandonne madame White alors qu'elle rencontre de graves difficultés.

John Butters hocha la tête.

— Cette décision est tout à votre honneur, mon garçon.

Il se tourna vers Clémentine.

— Eh bien, miss White, je crois qu'il ne me reste plus qu'à vous faire une proposition sérieuse.

Une semaine plus tard, Clémentine recevait un chèque de cent mille livres. Elle n'osait y croire. La reconstruction de la scierie n'exigerait pas plus de la moitié de cette somme. Elle réunit aussitôt les bûcherons.

— Mes amis, j'ai une nouvelle excellente à vous annoncer : les Diables sont sauvés !

Une formidable ovation lui répondit. Elle poursuivit :

— Tout d'abord, je veux vous dire que vos salaires vous seront intégralement payés depuis le jour de l'incendie. En contrepartie, je compte sur vous pour fournir un travail important, qui sera rémunéré en conséquence, afin de reconstruire au plus vite notre scierie. Je pars demain pour Hobart commander de nouvelles machines. Je ferai en sorte qu'elles soient livrées et montées au plus vite, car nous avons pris du retard dans nos livraisons.

— Nous le rattraperons, m'dame Clémentine, hurla un bûcheron. Nous sommes avec vous.

— Enfin, je verserai une somme de mille livres à la veuve de Thomas Curtis, qui a donné sa vie en tentant de sauver la scierie. Je sais bien que cela ne remplacera pas son mari, mais cela l'aidera au moins sur le plan matériel.

Dans les jours qui suivirent, une grande effervescence régna aux Diables. Portés par l'enthousiasme de la jeune femme, les bûcherons se mirent au travail avec ardeur. Tandis que l'on achevait de nettoyer les décombres, des arbres furent abattus pour reconstruire.

De même, l'expert de la Lloyd's se présenta enfin. Contrairement à ce que redoutait Clémentine, il ne fit aucune difficulté pour reconnaître la destruction totale de la scierie, qu'il évalua à trente mille livres. Apparemment, les menaces du procureur Wilson n'avaient pas eu de conséquences. Mais la jeune femme supposa qu'il fallait y voir une nouvelle intervention de lord Foster, à qui elle adressa une lettre de remerciements.

Tandis que ses troupes reconstruisaient les bâtiments, Clémentine s'embarqua une nouvelle fois pour Sydney afin de commander de nouvelles machines. Cette fois cependant, elle ne se rendit pas chez Richard.

Enfin, le 31 décembre 1924, une grande fête réunit les bûcherons et leurs familles, aussi bien ceux de Maydena que ceux de Temehonne, au domaine des Diables. Amos et Elisa Jefferson avaient fait le déplacement depuis Hobart. Elisa arborait fièrement un petit ventre rond, qui apportait la preuve que son ingénieur de mari ne s'intéressait pas exclusivement à la pâte à papier.

Le lendemain, Clémentine reçut la visite de Brian Kelly, venu faire la paix.

— J'ai appris le malheur qui t'avait frappée, Clémentine. Pourquoi n'es-tu pas venue me demander de l'aide ?

— L'orgueil, sans doute !

— C'est ridicule !

— Pas plus ridicule que ta haine injustifiée envers Roselynn Prescott. Elle s'est rebellée contre son père et elle le paye très cher. Une amie m'a appris qu'il la séquestre.

Brian grommela :

— Il vaut mieux éviter de le dire à mon frère Sean. Ce petit imbécile serait capable de se rendre à Hobart pour tenter de la délivrer.

Clémentine laissa passer un silence, puis demanda :

— Si elle parvient à s'enfuir de chez son père, accepteras-tu enfin que Sean l'épouse ?

Le visage de Brian se ferma :

— Je ne sais pas.

Clémentine secoua la tête.

— Tu es donc toujours aussi borné, mon pauvre Brian. Dans ce cas, je n'ai rien à faire avec toi. Tu reviendras me voir quand tu auras réfléchi avec intelligence.

Il faillit répondre vertement, mais il ne se sentait pas à l'aise. Voyant qu'il lui serait impossible de fléchir Clémentine, il la salua et s'en alla.

Au début du mois de janvier, les bâtiments de la scierie étaient entièrement reconstruits. Un télégramme informa Clémentine que les nouvelles machines devaient arriver trois semaines plus tard en provenance de Sydney. Elle décida d'en profiter pour prendre quelques jours de vacances en compagnie de ses enfants.

Cela faisait bien longtemps que le *Mary-Clémentine* n'avait pas pris la mer.

40

Quelques jours plus tard, le *Mary-Clémentine* quittait le port de Hobart. A bord, les deux enfants exultaient, surveillés par Loona et Clémentine. Taya, Rego et Baïran assuraient la manœuvre. Un soleil magnifique inondait l'estuaire de la Derwent.

Clémentine avait choisi de refaire le premier périple effectué à bord de son bateau cinq années auparavant, lors de son voyage de noces avec Peter. Le navire se dirigea, au sud, vers le chenal d'Entrecasteaux, qui longeait l'île Bruny sur plus de cent kilomètres.

Sur le bateau, Clémentine ressentait plus que partout ailleurs la présence de son mari. Devant chaque paysage, chaque endroit, il lui semblait entendre sa voix. Elle retrouvait son regard dans les yeux du petit Paul qui, à bientôt quatre ans, se passionnait avec enthousiasme pour tout ce qu'il découvrait, et surtout les oiseaux comme les aigles de mer ou les pingouins. Clémentine songeait que Peter aurait dû être là, pour expliquer lui-même à ses enfants toutes les curiosités de ce pays. Mary, qui allait sur ses six ans, ne l'avait pas oublié. Contrairement à Paul, qui n'avait que deux ans à la mort de son père, elle se souvenait de lui avec une précision surprenante. Cependant, dotée d'une grande sensibilité, elle savait qu'il valait mieux ne pas trop en parler devant sa maman.

Au début, Clémentine se demanda pourquoi elle avait entrepris ce nouveau voyage dans les traces de l'ancien. Elle ne faisait que réveiller des souvenirs douloureux. Mais, peu à peu, sa tristesse s'effaça devant la joie et l'émerveillement de ses enfants. Un matin, voyant des larmes luire dans les yeux de sa mère, Mary se glissa contre elle et lui dit gravement :

— Je t'aime, maman !

Clémentine aurait fondu en pleurs si le petit Paul, subodorant une nouvelle distribution de câlins, ne s'était précipité contre elle à son tour en clamant à pleine voix : « Moi aussi ! Moi aussi ! » sans comprendre de quoi il était question.

Entourée de tant d'amour spontané, Clémentine décida qu'elle devait chasser toute nostalgie pour se consacrer exclusivement à ses enfants. Elle essuya ses larmes et entreprit de leur raconter les histoires attachées à chaque lieu, chaque côte. Elle se surprit même à en inventer.

Après trois jours de navigation, après avoir traversé la baie des Tempêtes par un temps exceptionnellement calme, le *Mary-Clémentine* parvint à Raoul Bay, à l'ouest de Port Arthur. Clémentine retrouva la plage sur laquelle elle avait passé une nuit inoubliable en compagnie de Peter. Mais le temps était plus froid qu'aujourd'hui. On mouilla le navire à l'ancre pour la nuit. Tandis que les trois marins recherchaient des huîtres, Clémentine alluma un feu sous le regard intéressé des petits. Le temps de ce plein été était si doux que les enfants purent même se baigner.

Le soir, les marins avaient ramassé une bonne quantité de coquillages, et Clémentine avait acheté, auprès d'un pêcheur, des ormeaux qu'elle fit griller sur les braises. Les Malais, amusés par l'enthousiasme des enfants, évoquèrent les voyages qu'ils avaient effectués en compagnie de Peter, bien des années auparavant. Mary et Paul les écoutèrent, fascinés.

— Plus tard, je serai corsaire comme mon père ! déclara le petit garçon.

Alors que le soleil glissait doucement vers l'horizon, on se prépara à regagner le bord pour la nuit. Les trois marins mirent la chaloupe à la mer. Clémentine resta à terre quelques instants pour admirer les étoiles naissantes et respirer les odeurs subtiles de la grève. Les enfants et Loona étaient déjà à bord lorsque deux silhouettes surgirent de derrière les dunes et se précipitèrent vers Clémentine, qui poussa un cri de surprise. Avant qu'elle n'ait pu comprendre, l'un des deux hommes braquait un revolver sur elle.

— Emmenez-nous ! dit-il d'une voix essoufflée.

Dès qu'ils entendirent le cri de la jeune femme, Baïran et Rego coururent vers elle. L'arme se tourna vers eux.

— Non ! hurla la jeune femme.

Elle se plaça devant les deux marins, prêts à en découdre.

— Qui êtes-vous ? demanda-t-elle à ses agresseurs.

— Pas le temps de vous l'expliquer. Il faut embarquer tout de suite. Avancez !

— Je vous en supplie, ne faites pas de mal à mes enfants ! s'écria Clémentine, affolée.

— Allez ! Vite !

La mort dans l'âme, Clémentine se résolut à obéir. Elle avait déjà compris. A l'allure des deux hommes, et malgré leurs vêtements civils — visiblement volés —, elle se douta qu'elle avait affaire à deux prisonniers évadés, probablement de la prison de Port Arthur. L'un des deux devait avoir une quarantaine d'années. L'autre avait probablement dépassé les soixante ans.

Toujours sous la menace de l'arme, ils montèrent dans la chaloupe. Clémentine fit comprendre discrètement aux marins de ne rien tenter. Il importait avant tout d'assurer la sécurité des enfants. Mary et Paul contemplaient les forçats avec des yeux effrayés. Loona tremblait de tous ses membres, mais serrait les deux petits contre elle en surveillant les deux hommes d'un œil à la fois inquiet et furieux.

Quelques instants plus tard, tout le monde était à bord du navire. Tandis que Taya et Rego relevaient la chaloupe, Clémentine ordonna à Loona de mettre les enfants à l'abri dans la cabine. Le prisonnier armé tenta de l'en empêcher, mais Clémentine se plaça devant lui, défiant l'homme du regard.

— Vous avez obtenu ce que vous vouliez. Vous êtes à bord. Mais vous ne toucherez pas à mes enfants. Si cela ne vous convient pas, vous pouvez tirer. Cependant, je doute que vous puissiez résister très longtemps à mes marins avec un seul revolver.

Comme pour confirmer ses dires, les Malais vinrent se placer autour d'elle, interdisant l'accès à la cabine. L'homme au revolver répondit :

— Vous êtes très courageuse, madame. Mais dites à vos marins de rester tranquilles. Nous n'avons rien à perdre. Si vous faites ce qu'on vous dit, nous ne vous ferons aucun mal.

— Vous vous êtes évadés de Port Arthur, n'est-ce pas ?

— C'est exact. Mon nom est Patrick Cody. Je suis un patriote irlandais, injustement emprisonné par les Anglais. Et voici Henry Mac Dougall, mon compagnon de cellule. Il y a eu une mutinerie à la prison. Nous en avons profité pour fausser compagnie à nos gardiens. Les autres se sont dirigés vers le goulet de l'Aigle. Mais je sais qu'ils n'ont aucune chance de s'en sortir.

— Vous pensiez en avoir plus en restant sur la presqu'île ?

— Il faut toujours compter sur l'aide de Dieu, madame. J'espérais que nous trouverions une barque de pêcheur. J'avoue que je ne m'attendais pas à tomber sur un bateau aussi beau que celui-ci.

— Et que comptez-vous faire à présent ? demanda Clémentine. Nous tuer pour vous emparer de mon navire ?

— Nous ne sommes pas des assassins. Je suis un prisonnier politique. Quant à Henry, il a été condamné pour vol, mais il n'a jamais fait de mal à personne. Nous ne vous demandons qu'une chose : amenez-nous de l'autre côté. Une fois à terre, nous nous débrouillerons et vous n'entendrez plus parler de nous.

— A moins que l'on ne m'accuse de complicité.

— Madame, je vous en supplie !

— C'est vous qui tenez le revolver, monsieur Cody.

L'homme hésita, puis baissa son arme.

— Je vous ai dit que vous n'aviez rien à craindre de nous. Nous ne sommes pas des criminels. Je ne me servirai de cette arme que dans le cas où vous tenteriez de nous trahir.

Peter avait raconté à Clémentine la manière dont les prisonniers étaient traités dans la prison. Ces deux-là n'avaient pas l'air particulièrement dangereux. Le vieil homme intervint :

— Madame, je vous en conjure, emmenez-nous avec vous ! Si je suis repris, il vont me tuer.

— N'exagérez-vous pas ? On ne tue pas les prisonniers évadés repris. Vous risquez simplement de moisir un peu plus longtemps en prison.

— Moi, ils me tueront, madame !

— Pourquoi ?

Le vieil homme regarda autour de lui, comme s'il craignait d'être entendu, puis répondit d'une voix sourde :

— Parce que j'ai vu quelque chose que je n'aurais pas dû voir.

Intriguée, Clémentine se demanda un instant s'il ne fabulait pas, mais il avait vraiment l'air terrorisé. Elle hésita. Malgré leur revolver, les deux évadés ne résisteraient pas longtemps aux trois Malais, rompus au combat. Que ferait-elle s'ils parvenaient à les maîtriser ? Selon la loi, elle devait les livrer. Mais, compte tenu de ce qu'elle savait sur la prison de Port Arthur, cette idée lui répugnait. Si elle apprenait ensuite qu'ils avaient été exécutés, elle ne se le pardonnerait jamais. Elle scruta leurs yeux. Patrick Cody semblait un homme honnête, et Clémentine n'ignorait pas la manière odieuse dont les Anglais traitaient les Irlandais. Quant à l'autre, il s'agissait sans doute d'un petit malfaiteur, mais il n'avait pas l'air bien méchant. Après tout, elle pouvait toujours les déposer de l'autre côté de la baie des Tempêtes, sur une côte déserte. Ensuite, ils se débrouilleraient seuls.

— C'est bien, dit-elle, vous allez rester à bord. Nous ne tenterons rien contre vous. A une condition : c'est que vous n'approchiez pas des enfants.

— C'est entendu, madame.

— Cependant, nous ne pouvons pas naviguer de nuit. C'est trop dangereux.

— La police maritime va nous rechercher ! s'inquiéta Patrick Cody.

— C'est probable, mais si nous nous mettons en route à présent, cela paraîtra suspect. Et puis, la côte est bordée de récifs très dangereux, et je n'ai pas l'intention de mettre mon navire en péril.

— Et que ferez-vous si la police monte à bord ?

— Ne vous tracassez pas pour ça. Elle ne vous trouvera pas.

Cody hocha la tête.

— Je vais rester sur le pont. Henry et moi allons monter la garde chacun notre tour.

— Comme vous voudrez.

Sans pouvoir expliquer pourquoi, elle ne pouvait s'empêcher d'éprouver de la sympathie pour les deux hommes. Ce qu'elle avait vu de la police et de la justice de Martin Wilson ne l'incitait pas à les dénoncer. Elle n'avait pas eu besoin de les étudier longtemps pour se rendre compte qu'ils n'étaient pas de grands criminels.

Elle prit Taya à part et lui dit :

— Je ne pense pas que ces hommes soient dangereux. Nous allons faire ce qu'ils demandent. Par précaution, surveillez-les à tour de rôle.

— Bien, m'dame Clémentine.

La nuit se déroula sans incident. Visiblement, les recherches de la police s'étaient concentrées sur le seul passage vers la terre ferme, le goulet de l'Aigle. Clémentine se réveilla peu avant l'aube. L'esprit aussitôt en alerte, elle vérifia que les enfants étaient bien là. Mais ils dormaient paisiblement près de Loona. Elle s'habilla à la hâte et sortit sur le pont. Elle constata que les deux prisonniers, épuisés, avaient fini par s'endormir. Les trois Malais les observaient sans bouger, tous trois parfaitement réveillés. Clémentine secoua la tête, amusée. Elle s'approcha de Patrick Cody, s'accroupit et, d'un geste preste, le délesta de son arme. Il s'éveilla instantanément, pour se retrouver face à son propre revolver. Ses traits affichèrent un profond abattement.

— Vous vous êtes jouée de moi, madame.

— Ce n'était guère difficile. Vous êtes mort de fatigue.

— La vie est rude à Port Arthur.

— Je sais.

Elle se redressa, puis lança le revolver dans les flots.

— S'abriter derrière une arme n'est jamais une solution. Une balle trop vite partie peut vous transformer en assassin.

— Qu'allez-vous faire de nous ?

— Je ne reviens pas sur ce que j'ai dit, nous allons vous amener de l'autre côté. Après, vous ferez ce que bon vous semble.

Ils la regardèrent tous deux avec des yeux ronds.

— Pourquoi feriez-vous cela ?

— J'obéis à mon intuition. Elle me souffle que monsieur Mac Dougall dit la vérité lorsqu'il affirme que sa vie est en danger.

— C'est vrai, m'dame. S'ils me reprennent, je suis un homme mort.

Clémentine hocha la tête.

— Nous allons donc lever l'ancre et nous diriger vers l'île Bruny. Afin d'éviter d'être aperçus par d'éventuels pêcheurs, vous allez vous cacher dans la cale.
— Soyez remerciée, madame, répondit l'Irlandais.

Une heure plus tard, le *Mary-Clémentine* cinglait vers l'ouest. Ce fut alors que Baïran avertit Clémentine.
— M'dame, regardez ! On dirait un bateau de la police.

41

Clémentine réfléchit rapidement. Si elle filait vers l'île Bruny, de l'autre côté de la baie des Tempêtes, elle risquait d'attirer l'attention sur elle. Les garde-côtes communiquaient par radio. D'autres navires l'attendraient de l'autre côté pour l'arraisonner.

— Nous allons faire voile vers Port Arthur ! dit-elle. Ainsi, ils n'auront pas de raisons de nous suspecter.

— Bien, m'dame.

En quelques instants, le *Mary-Clémentine* changea de cap. Derrière lui, le navire de la police se mit en chasse. Inquiète, Clémentine constata qu'il les gagnait de vitesse. Elle aurait pu accélérer l'allure. Les vents étaient favorables. Mais cette conduite aurait éveillé les soupçons. Avant que le bateau soit trop près, elle fit la leçon aux enfants.

— Ecoutez-moi bien ! Des policiers vont peut-être monter à bord. Il ne faut pas parler des deux messieurs qui sont avec nous. S'ils vous interrogent, nous ne les avons pas vus. C'est bien compris ?

— Oui, maman.

Elle accordait une confiance totale à Loona et aux Malais. La jeune métisse n'aimait guère la police ; quant aux marins, ils avaient accompagné Peter à l'époque où il était contrebandier. Elle était sûre de leur silence.

Bientôt, alors que le *Mary-Clémentine* parvenait en vue de Port Arthur, le vaisseau de la marine les rattrapa. Un homme équipé d'un porte-voix les interpella :

— Affalez la voilure et mettez en panne. Ceci est une perquisition.

Quelques instants plus tard, une chaloupe s'approchait de l'échelle de coupée. Deux officiers montèrent à bord et saluèrent Clémentine d'un geste rigide. L'un d'eux, un grand type au visage de brute, fouillait déjà le pont du regard. La jeune femme le détesta immédiatement.

— Commandant Meyer, dit-il d'un ton sec ! Je veux parler au capitaine.

— Je suis le capitaine ! répondit Clémentine sur le même ton. Que voulez-vous ?

Il la contempla avec étonnement puis laissa tomber d'un ton méprisant :

— Une femme capitaine ! On aura tout vu.

— Je suis Clémentine White, commandant, et je suis une amie personnelle de lord Foster. Je vous prierai de vous adresser à moi avec respect !

L'autre intervint, plus conciliant.

— Lieutenant Patterson. Nous voudrions connaître la raison de votre présence dans ces eaux, miss White.

— La plaisance. Je suis partie de Hobart il y a trois jours et je comptais faire escale à Port Arthur avant de rentrer.

— Pardonnez cette intrusion. Plusieurs prisonniers se sont évadés de la prison de Port Arthur. La plupart ont été repris, mais deux manquent encore à l'appel.

Meyer reprit la parole.

— Ces individus sont très dangereux. Nous savons qu'ils possèdent des armes. L'un d'eux est particulièrement nuisible, un nommé Henry Mac Dougall. Il doit être impérativement repris.

Clémentine frémit. La froide détermination qu'elle devinait derrière les paroles de Meyer indiquait qu'il ne s'agissait pas simplement de le reprendre, mais de l'abattre. Le vieil homme n'avait pas menti : sa vie était bien en danger.

— Nous les soupçonnons d'avoir emprunté un bateau pour quitter la presqu'île, reprit Patterson.

— Et vous pensez qu'ils sont à mon bord ?

— Nous ne négligeons aucune piste, madame. Ils ont pu monter sans que vous vous en aperceviez.

Clémentine pensa un instant lui rétorquer qu'elle arrivait directement de Hobart, mais des pêcheurs avaient aperçu le *Mary-Clémentine* la veille. Peut-être avaient-ils prévenu la police maritime, ce qui expliquait l'attitude de Meyer. Si elle voulait que son mensonge soit accepté, elle devait dire une partie de la vérité.

— Nous avons fait escale hier à Raoul Bay. Mais il ne s'est rien passé. De toute façon, je me dirige vers Port Arthur. Je ne pense pas que ce soit la direction que ces évadés auraient choisie.

— Nous allons tout de même fouiller votre bateau, grinça Meyer, apparemment persuadé qu'il allait débusquer les deux fuyards.

— Je vous en prie, répondit Clémentine.

Elle tentait de conserver un ton désinvolte, mais elle avait l'impression que les battements de son cœur s'entendaient à des kilomètres à la ronde. Trois matelots montèrent à bord à leur tour et inspectèrent le *Mary-Clémentine* avec un soin minutieux, menés par Meyer. Une demi-heure plus tard, ils revenaient. Meyer affichait un visage déconfit.

— Rien à signaler, dit-il à Patterson. Ils ne sont pas ici.

Mû par une inspiration soudaine, il pénétra dans la cabine où Loona tenait les deux enfants serrés contre elle. Clémentine le suivit. Il s'adressa à Paul :

— Dis-moi, mon petit garçon ! Y a-t-il d'autres hommes que nous à bord de ce bateau ?

L'enfant rentra la tête dans les épaules, effrayé. Puis il acquiesça silencieusement. Un large sourire malsain éclaira le visage du commandant. Une sueur froide coula le long du dos de Clémentine.

— C'est bien. Montre-moi où ils sont.

Le petit Paul leva un doigt timide, puis désigna Taya, Baïran et Rego, qui attendaient, impassibles, sur le pont. Meyer poussa un grognement de dépit, puis sortit de la cabine. Avant de quitter le *Mary-Clémentine*, Patterson déclara :

— Je vous prie de nous excuser pour ce contretemps, madame. Des pêcheurs nous avaient signalé votre présence à Raoul Bay. Or, il semblerait que les deux prisonniers se soient dirigés vers cet endroit. Mon collègue était persuadé que vous étiez complice avec ces deux hommes.

— Dites-lui que je ne manquerai pas de signaler son attitude à lord Foster.

De la chaloupe d'abordage, Meyer leva le nez vers elle, embarrassé.

— Madame, je vous prie d'accepter mes excuses et de me pardonner cette bévue.

Elle hésita, puis répondit :

— Excuses acceptées, commandant.

Quelques instants plus tard, le bateau de la marine s'éloignait. Clémentine poussa un profond soupir de soulagement. Jamais elle ne se serait crue capable d'un tel aplomb. S'ils avaient trouvé les deux évadés, elle était perdue. Dès que le garde-côte fut hors de vue, elle descendit dans la cale. Manœuvrant un détail de boiserie, elle fit basculer des panneaux de bois, révélant deux logements d'où sortirent les évadés, un peu ankylosés.

— Madame, nous vous devons la vie, déclara Patrick Cody en se frottant les membres. J'ai bien cru que nous étions perdus. Ils sont passés à quelques centimètres de nous. Nous les avons entendus fouiller et parler. Mais ces cachettes sont indécelables.

— Mon mari était un homme plein de ressources, répondit-elle.

Lorsqu'il avait fait remettre le *Mary-Clémentine* en état, Peter avait conservé les aménagements particuliers grâce auxquels il avait pu transporter sa marchandise de contrebande. Clémentine se souvenait de son sourire malicieux lorsqu'il lui en avait montré le mécanisme secret.

— Cela peut toujours servir, avait-il dit.

Il ne croyait pas si bien dire. Clémentine s'adressa à Mac Dougall.

— Il va falloir vous montrer très prudent. J'ai cru comprendre que ce commandant Meyer n'hésiterait pas à vous abattre comme un chien.

— Je sais, madame. Déjà par deux fois, dans la prison, on a essayé de me tuer. C'est pour ça que j'ai profité de la mutinerie pour m'enfuir. Ils auraient fini par m'avoir.

— Mais pourquoi ?

— Je ne peux pas vous le dire, madame. C'est votre vie qui serait alors en danger.

— Même à moi il n'a rien dit, précisa Patrick Cody.

Clémentine hocha la tête, puis ajouta :

— Nous devons continuer à donner le change. Nous allons faire une courte escale à Port Arthur. Vous devrez rester cachés. Ensuite, nous traverserons la baie des Tempêtes et je vous débarquerai du côté de Blackmans Bay, au sud de Hobart. Cela vous convient-il ?

— Tout à fait, madame. Mais comment vous remercier ?

— En évitant de vous faire reprendre. Je n'aimerais pas devoir m'expliquer devant la police.

— Soyez rassurée. Même si nous sommes pris, nous ne parlerons pas.

A Port Arthur, Clémentine vit revenir le commandant Patterson, qui lui expliqua qu'il faisait étroitement surveiller les bateaux afin d'éviter que les fuyards ne s'introduisissent à bord. Une nouvelle fois, Clémentine joua la comédie en lui assurant que cette histoire l'inquiétait et qu'elle allait repartir dès le lendemain matin.

— Si je pouvais, je repartirais dès ce soir. Mais je ne peux naviguer de nuit dans ces parages.

Ainsi put-elle justifier la courte durée de son escale. Patterson poussa même l'amabilité jusqu'à placer deux gardes en faction devant le *Mary-Clémentine*. La jeune femme n'en dormit pas de la nuit.

Le lendemain, elle appareilla aux premières heures de l'aube. Cependant, elle ne fut complètement tranquille que lorsque le *Mary-Clémentine* fut en pleine mer. Alors seulement elle permit aux deux hommes de sortir de leur cachette.

— Il nous faudra la journée pour rallier la côte occidentale, déclara Clémentine. Les vents sont contraires, il va falloir louvoyer. A la moindre alerte, vous disparaissez dans la cale.

— Bien, madame.

Patrick Cody lui expliqua qu'il venait d'Irlande du Nord. L'Irlande avait acquis son indépendance en 1921, sauf pour l'Ulster, qui avait choisi de rester uni à la Grande-Bretagne.

— Là-bas, les catholiques sont persécutés. Les protestants nous privent de tous nos droits. Les sociétés leur appartiennent et les patrons refusent de nous donner du travail. Le gouvernement a promulgué en 1922 le *Special Powers Act*, qui donne tous les droits à la police pour réprimer la moindre révolte de notre part. Il a même créé des Brigades Spéciales. C'est parce que j'ai lutté contre cette injustice que j'ai été envoyé ici. Mais je veux repartir pour continuer le combat.

— Que comptez-vous faire ?

— Je dois rejoindre des amis. Si j'y parviens, ils sauront me faire rentrer en Irlande.

Ayant quitté l'Europe en 1919, Clémentine avait entendu parler de la guerre civile qui avait déchiré l'Irlande. Mais elle ignorait ce qui s'était passé ensuite. Les journaux tasmaniens, soumis à l'autorité britannique, évitaient soigneusement le sujet. Un sentiment de révolte l'envahit. Elle ne regrettait pas d'avoir apporté son aide aux deux hommes.

Cependant, à l'inverse de Cody qui bouillait d'impatience, Henry Mac Dougall restait prostré dans son coin. Clémentine s'approcha de lui.

— Et vous, monsieur Mac Dougall, où irez-vous ?

— Je ne sais pas, madame. J'ai une fille qui vit dans le Nord, à Burnie. J'essaierai de la rejoindre. J'espère qu'elle voudra bien me loger.

Elle hésita, puis demanda :

— Qu'avez-vous vu que vous n'auriez pas dû voir, Henry ?

— Tenez-vous vraiment à le savoir ?

— Non, mais je sais que vous avez besoin d'en parler. Et puis, je ne risque rien. Personne ne sait que nous nous sommes rencontrés.

— C'est vrai, soupira-t-il. Et puis, s'ils finissent par me tuer, quelqu'un doit savoir.

Clémentine s'assit près de lui, à même le pont. Mis en confiance, Mac Dougall désigna Patrick Cody du menton.

— A lui je n'ai rien dit, parce que je sais où il va : chez Brian Kelly, l'Irlandais. C'est lui qui va l'aider.

Cette révélation n'étonna guère Clémentine, qui se garda de dire qu'elle le connaissait.

— Il vaut mieux que les Kelly ne soient pas au courant, parce que ce que j'ai vu, c'est le crime dont leurs parents ont été victimes il y a plus de vingt ans.

Une émotion intense s'empara de la jeune femme. Le vieil homme poursuivit :

— Pendant tout ce temps, je n'ai rien dit. Mais, il y a quelques semaines, j'en ai parlé à un codétenu. Cette histoire m'étouffait depuis trop longtemps. J'aurais mieux fait de me couper la langue, car c'est depuis que mes ennuis ont commencé. En prison, on a essayé par deux fois de me tuer.

— Vous savez donc qui a tué les parents Kelly...

— Je le revois comme si c'était hier. On était en avril, au début de l'automne. A cette époque-là, j'étais un homme libre. J'étais parti chasser du côté de Tim Shea, à l'ouest de Maydena. Le gibier y est abondant. J'avais tué un wallaby et je m'apprêtais à rentrer parce que le jour baissait. Tout à coup, j'ai entendu des éclats de voix. Je me suis caché dans les fourrés. Je n'aimais pas trop me mêler des affaires des autres. Et c'est là que j'ai vu. Il y avait une voiture à cheval, avec un homme et une femme. C'étaient Peter et Maureen Kelly. Je les connaissais, parce que j'avais travaillé pour eux comme bûcheron. Face à eux, il y avait six chasseurs. Je ne voyais pas bien leurs têtes, parce que le temps était couvert, et il commençait à faire sombre. Les chasseurs ont insulté les parents Kelly, disant qu'ils n'avaient rien à faire sur cette route, qu'ils n'étaient que de sales Irlandais. Mais le père Kelly n'était pas du genre à se laisser impressionner. Il a répliqué, malgré les conseils de Maureen qui lui disait de se taire. Elle a demandé aux chasseurs de les laisser passer. Ils ont refusé. Alors, Peter a lancé ses chevaux pour les obliger à se pousser. A ce moment-là, j'ai vu un grand type vêtu de noir lever son fusil. Le coup de feu a claqué et le père Kelly a été touché à l'épaule. Il a quand même trouvé la force de prendre son fusil et il a voulu riposter. Il y a eu d'autres coups de feu. Je ne voyais plus grand-chose. Deux des chasseurs n'étaient pas d'accord ; ils hurlaient aux autres d'arrêter, mais ils n'écoutaient pas. J'ai entendu Maureen crier et j'ai compris que Peter avait été gravement touché. Ensuite, elle a pris peur et elle a tenté de s'enfuir. Elle a sauté à bas de la voiture, puis elle a couru dans ma direction. D'où j'étais, j'ai vu le corps de Peter Kelly s'écrouler. Le grand type en noir s'est lancé à la poursuite de Maureen. Il l'a traquée comme une bête sauvage. Une balle a frappé cette pauvre femme dans le dos. Elle est tombée à moins de deux mètres de moi. Elle m'a aperçu, et j'ai lu dans ses yeux qu'elle m'appelait au secours.

Le vieil homme se mit à pleurer.

— Mais que pouvais-je faire ? Je n'avais que mon fusil et ils étaient six. Elle a tendu la main vers moi. J'étais pétrifié. J'entendais le rire de l'autre, ses pas qui se rapprochaient. J'avais l'impression que c'était le Diable en personne qui marchait vers moi. C'était effrayant. Un nouveau coup de feu a claqué, qui l'a touchée en pleine tête. Je me suis tapi au fond de ma cachette. Je tremblais de tous mes membres. Il faut dire que je n'ai jamais été très courageux. Malgré son horrible blessure, Maureen bougeait encore. L'homme en noir est arrivé derrière elle. Il a poussé un ricanement terrible. J'ai cru qu'il m'avait repéré et j'ai essayé de me souvenir de mes prières. Mais il ne m'a pas vu. Il a levé son fusil une dernière fois et il a achevé froidement Maureen, comme on abat un chien enragé. D'autres sont arrivés. C'est là que j'ai reconnu l'un d'eux.

Il hésita, regarda autour de lui, puis souffla :

— Vous n'allez jamais le croire. C'était Martin Wilson, le procureur de Hobart. Je le connaissais, parce que j'avais déjà eu affaire à lui. J'entends encore sa voix. Il a dit : « Cela fera toujours deux Irlandais de moins ! »

Clémentine était devenue livide. Il lui semblait qu'elle avait toujours su que Wilson était lié à la mort des parents Kelly.

— Voilà pourquoi on a essayé de me tuer, m'dame. Pendant vingt ans, j'ai gardé cette histoire pour moi. Et puis un jour, je me suis confié à mon voisin de cellule. Il s'appelait Roy Shermann. Il a été libéré, mais des copains m'ont dit qu'il était mort quelques jours après sa sortie de prison. Je suppose qu'il s'est cru très malin et qu'il a essayé de faire chanter Wilson. Mais avant de mourir, il a dû raconter d'où il tenait cette histoire.

— C'est probable. Et les autres ?

— Je n'ai pas vu leurs visages. Mais je me souviens d'un détail. L'homme en noir portait une bague bizarre. Elle avait la forme d'un serpent avec des pierres rouges à la place des yeux.

Une onde d'angoisse envahit tout à coup Clémentine. Un cobra enroulé sur lui-même, dont les yeux étaient de minuscules rubis... cela correspondait à la chevalière que portait Richard Prescott.

42

Un profond malaise s'était emparé de Clémentine. Il s'agissait certainement d'une coïncidence. Richard ne pouvait avoir participé à ce crime. Il n'avait que... treize ans en 1904. Elle lui avait demandé une fois qui lui avait offert ce bijou. Il avait répondu : « Mon père ! » Puis il avait précisé, immédiatement après : « Avant que nous ne soyons fâchés, bien sûr ! ». Cela signifiait donc que l'homme en noir n'était autre qu'Andrew Prescott, ce que tendait à confirmer la présence de Wilson. Cela expliquait la haine que le vieil homme éprouvait envers les Kelly.

— Je sais qui était cet homme vêtu de noir, dit-elle, déjà gagnée par un début de colère. Il s'appelle Andrew Prescott.

Mais Henry secoua la tête négativement.

— Non, ce n'était pas lui. Je connais le père Prescott, j'ai travaillé aussi dans son exploitation. Malgré la pénombre, je l'aurais reconnu.

La colère de Clémentine retomba, remplacée par la stupéfaction.

— Je n'ai pas vu les visages des autres, poursuivit Mac Dougall. Pour moi, c'étaient de hauts personnages. Deux d'entre eux semblaient affolés. Ils disaient que les autres étaient fous, qu'ils allaient tous avoir des ennuis avec la justice. Alors, Wilson a dit :

« — La justice, c'est moi ! Personne n'aura de problème si nous restons unis et si nous jurons de garder le silence. D'ailleurs, nous n'avons commis aucun crime. Nous avons débarrassé la Tasmanie de deux individus douteux, dont le frère a été pendu il y a vingt ans pour ses méfaits.

« — Mais il a été prouvé qu'ils étaient innocents, a objecté l'un des deux hommes.

« — Parce qu'on n'a rien pu prouver contre eux. Quant à moi, je suis sûr qu'ils étaient complices avec Ned Kelly. Si certains d'entre vous décident de parler, ils courent au-devant de graves ennuis.

« Une autre voix a dit :

« — Personne ne parlera, Martin. Nous allons prêter serment.

« Et c'est ce qu'ils ont fait. Ils ont tendu la main au-dessus du corps de la pauvre Maureen et ils ont juré le silence. Ensuite, ils se sont éloignés sans se préoccuper des cadavres. Quand j'ai été certain qu'ils étaient partis, je suis sorti de ma cachette. Je n'ai pu que constater la mort de Maureen et de Peter. Je suis parti en me disant qu'il valait mieux que je garde cette histoire pour moi. C'est ce que j'ai fait pendant vingt ans. Mais cela a pesé sur ma conscience pendant tout ce temps. J'ai commis la sottise de tout raconter à Roy Shermann. Il en est mort. Quant à moi, je sais que tôt ou tard, ils finiront par m'avoir.

Clémentine resta longuement silencieuse. Le récit de Henry Mac Dougall avait réveillé le souvenir douloureux du meurtre de Peter, tué lui aussi par un homme vêtu de noir. Un homme qu'il avait croisé bien longtemps auparavant. Mais si ce funeste inconnu n'était pas Andrew Prescott, qui était-il ? Et comment expliquer l'histoire de la chevalière ? Richard avait-il un lien avec cet individu ?

Elle se releva et s'accouda à la lisse. Les embruns qui venaient frapper les flancs du navire l'éclaboussèrent. Ce qu'elle venait d'entendre lui donnait la nausée. Ce maudit procureur n'était qu'un vulgaire criminel. Mais comment le démasquer ? Même si Henry Mac Dougall décidait de parler, personne ne le croirait. Elle-même ne pouvait rien faire sans révéler qu'elle avait porté assistance à deux évadés. Elle risquait les pires ennuis face à un scélérat comme Wilson, que sa position plaçait au-dessus de tout soupçon. De toute façon, au bout de vingt ans, il y avait sans doute prescription. Elle se demanda qui étaient les autres. Mac Dougall disait que deux d'entre eux avaient tenté de retenir leurs compagnons. Il n'en restait pas moins que pas un n'avait parlé, et que l'affaire avait été étouffée. On avait accrédité la thèse du règlement de comptes et le dossier avait été clos. Cela n'avait été qu'un jeu d'enfant pour le procureur. Combien avait-il de crimes sur la conscience, celui-là ? Il y avait au moins celui de Roy Shermann, le codétenu de Mac Dougall. Peut-être était-il aussi à l'origine de la mort de Peter. A cette idée, le sang de Clémentine se mettait à bouillir. Si c'était le cas, elle trouverait le moyen de le venger.

Luttant contre un vent contraire, le *Mary-Clémentine* ne parvint sur la côte occidentale que le soir. Après avoir doublé la pointe Dennes, au nord de l'île Bruny, il jeta l'ancre non loin de Tinderbox, à l'entrée du chenal d'Entrecasteaux. Taya partit en éclaireur pour vérifier que les lieux étaient déserts, puis Patrick Cody et Henry Mac Dougall purent enfin descendre à terre, libres. L'Irlandais serra longuement les mains de Clémentine dans les siennes.

— N'ayez crainte, madame, si nous sommes repris, nous garderons le silence. Soyez mille fois remerciée pour l'aide que vous nous avez apportée.

La jeune femme les regarda disparaître dans le crépuscule. Elle leur avait donné un peu d'argent et des vêtements propres. Elle savait à présent pourquoi elle avait obéi à son intuition en ne les dénonçant pas. Dans ce monde en folie, les plus grands criminels n'étaient pas tous derrière les barreaux. Certains même occupaient des postes haut placés.

Elle ne dormit guère la nuit qui suivit.

Le lendemain, elle était de retour à Hobart. Elle décida d'y rester jusqu'à la livraison des nouvelles scies, qui devaient arriver sous une huitaine, ainsi que le confirmait un télégramme.

Sa première visite fut pour Amos et Elisa. Heureusement, de leur côté, tout allait bien. La fabrique de papier fonctionnait sans problème. Les premiers rouleaux avaient quitté Hobart pour Sydney et Melbourne, et les clients avaient fait part de leur satisfaction. Elle retrouva ensuite Emilie. Elle hésita à lui dévoiler ce qu'elle avait appris, puis renonça. Cette révélation risquait de mettre la vie de son amie en danger. Mieux valait qu'elle restât la seule à savoir.

Un soir, comme elle revenait d'une promenade avec ses enfants et Loona, elle reconnut la voiture de Richard, garée devant la maison. Une vive émotion s'empara d'elle. Une partie d'elle-même lui criait qu'elle était heureuse de le revoir. Lors de leur dernière rencontre, elle ne lui avait pas laissé la moindre chance. Il lui avait pourtant fourni une explication solide quant à ce qu'elle avait surpris à Sydney. Mais à l'époque, elle n'avait pas encore rompu avec Brian. A présent, elle était libre. Une fois encore, le souvenir des étreintes passionnées partagées avec Richard s'imposa. Cela faisait plusieurs mois qu'un homme ne l'avait pas touchée et elle ressentait un besoin impérieux de tendresse.

Dans le même temps, au fond d'elle-même, une voix lui hurlait de garder ses distances. Le mystère de la chevalière restait entier. Et si Richard avait un rapport avec l'homme en noir ? Ce dernier portait une bague identique à celle que Richard disait tenir de son père.

Mais tout cela ne tenait pas debout. Comment Richard aurait-il pu porter la bague de cet inconnu ? Il était plus probable qu'il existait deux bagues sans rapport entre elles.

A la fois ravie et sur la défensive, elle entra. Henrietta l'accueillit avec un large sourire.

— Madame, monsieur Richard est là. Je me suis permis de le faire entrer.

— Vous avez bien fait, Henrietta.

La brave femme n'avait pas oublié la manière dont le jeune homme avait veillé sur Clémentine pendant sa maladie, et les bons moments partagés avec lui dans la cuisine, lorsqu'il prenait plaisir à préparer des petits plats pour la jeune femme. Richard avait aussi su apprivoiser les enfants, qui se jetèrent dans ses bras dès qu'ils l'aperçurent.

— Oncle Dick !

Ainsi l'appelaient-ils. Il avait toujours des petits cadeaux pour eux. Comme Peter autrefois. Cette fois encore, il leur avait réservé des surprises. Une magnifique poupée pour Mary et une voiture de pompiers pour Paul. Tandis qu'ils déballaient leur présent, Richard s'approcha de Clémentine.

— Pardonne-moi, dit-il. Je me suis introduit chez toi sans permission. Je suis arrivé de Sydney hier et je brûlais d'envie de te revoir. J'ai pris la liberté de t'attendre ici, au risque de me retrouver dans la même situation que toi à Sydney. Ce qui n'aurait été qu'un juste retour des choses. J'avoue que je redoutais de me trouver face à Brian Kelly.

— Aucun risque. C'est terminé avec Brian.

Le visage de Richard s'illumina.

— Je mentirais en disant que j'en suis désolé. Mais il y a peut-être quelqu'un d'autre.

— Non, personne.

— Alors, je serais heureux que tu acceptes mon invitation à dîner, ce soir. J'ai réservé dans un grand restaurant français.

Clémentine n'avait ni la force ni l'envie de refuser.

Le soir même, ils se retrouvaient à la terrasse d'un fameux restaurant de Sandy Bay, ouvert sur l'estuaire. Des parfums aquatiques remontaient du fleuve où passaient de lourds cargos illuminés. De l'autre côté, on devinait les lumières de Bellerive. Le temps étant resté au beau depuis plusieurs jours, il faisait chaud et la brise légère du crépuscule était la bienvenue.

Richard se montra drôle et séduisant, et Clémentine avait envie de se laisser séduire. Parfois, elle avait l'impression de jouer avec le feu, lorsque le souvenir de la chevalière revenait la hanter. A d'autres moments, elle se disait qu'elle s'était montrée injuste avec Richard. Et surtout, elle voulait qu'il la prît dans ses bras, qu'il lui fît oublier ses mois de solitude, l'amour trop sage de Brian et les épreuves qu'elle avait dû surmonter sans aucune aide. Elle avait besoin de se perdre dans la chaleur d'un homme.

Plus tard, ils firent une longue promenade sous la lumière de la pleine lune qui éclaboussait les eaux de la Derwent d'ocelles argentées. Lorsqu'il posa ses lèvres sur les siennes, elle se laissa faire. Il avait fait preuve d'une telle prévenance... Ce diable d'homme savait embrasser. Elle eut la sensation vertigineuse de tomber vers lui, tandis qu'une onde de plaisir parcourait son corps sevré de caresses depuis trop longtemps.

— Emmène-moi ! murmura-t-elle.

Il la prit par la main, l'entraîna vers la voiture. Une brève escapade les mena jusqu'aux rives sud du fleuve, sur la route côtière de Kingston, loin des dernières habitations. Il l'emporta dans un bosquet, la déshabilla dans la tiédeur de la nuit.

« Je suis complètement folle », songea-t-elle.

Mais lorsqu'il se pencha sur elle, quand son corps se coucha sur le sien, elle frémit, s'ouvrit, s'offrit. Elle ne voulait plus penser, elle désirait seulement être aimée, avec passion, avec folie, comme autrefois...

Ils ne reprirent leurs esprits qu'au petit matin. La nuit les avait surpris blottis l'un contre l'autre, enroulés dans une couverture complice. Seuls quelques rapaces nocturnes avaient surpris leurs ébats impudiques. Le soleil se levait à peine lorsque Clémentine ouvrit les yeux. Richard dormait encore. Elle contempla avec tendresse son visage où perçaient encore les traits de l'enfance. Tout à coup, à sa main, la mystérieuse chevalière la rappela à la réalité. Une onde désagréable la parcourut. Se pouvait-il que ce bijou soit celui que portait l'assassin de Peter et de Maureen Kelly ? Elle devait en avoir le cœur net, sans toutefois éveiller les soupçons de son amant. Elle posa les doigts sur le bijou, le caressa doucement. Richard se réveilla et cligna des yeux. Clémentine lui sourit sans cesser de toucher la chevalière.

— Elle est magnifique, dit-elle. C'est ton père qui te l'a offerte, n'est-ce pas ?

— C'est vrai. Mais pourquoi cette question ?

— Je suis étonnée que tu la portes encore aujourd'hui. Ne m'as-tu pas dit que tu le détestais ?

— Je le déteste, c'est vrai, dit-il. Mais je garde cette bague parce que je ne désespère pas de parvenir à le surprendre. Ce jour-là, je la lui montrerai, pour qu'il sache qui je suis.

Ainsi, cette chevalière avait bien appartenu à Andrew Prescott. Il s'agissait donc d'une coïncidence. Sans doute existait-il deux bagues aux formes semblables, peut-être fabriquées par le même joaillier, en raison d'une mode oubliée.

Une impression étrange envahit Clémentine. Elle ressentait dans le cœur de Richard un mélange paradoxal de haine et d'amour. Il haïssait son père, mais il ne pouvait s'empêcher de l'aimer. Après toutes ces années écoulées, il rêvait encore de lui prouver sa valeur. Hélas, elle se demandait ce qui serait capable d'émouvoir le tyrannique Andrew Prescott. Richard n'avait-il pas déjà réussi en devenant un avocat très prometteur ? Que devait-il faire de plus pour que le vieux Prescott s'intéressât à lui ?

Il lui prit la main.

— Clémentine, il faut que je te dise une chose. Tu le sais déjà, parce que je te l'ai déjà dit. Mais voilà : je désire faire ma vie avec toi, et je voudrais que tu acceptes de devenir ma femme.

Clémentine frissonna. Elle avait envie de lui crier qu'elle acceptait, mais un reste de méfiance lui soufflait de n'en rien faire.

— Tout cela est un peu précipité, dit-elle doucement. J'aimerais que tu me laisses le temps d'y réfléchir.

Il eut un air malheureux.

— Cela veut dire que je n'ai guère d'espoir, n'est-ce pas ?

Elle l'attira contre elle et lui glissa à l'oreille :

— Au contraire. Je te demande juste un petit peu de temps.

Il lui répondit de même :

— Alors, j'attendrai le temps qu'il faudra, ma princesse. Mais ne me fais pas languir trop longtemps.

Puis il s'écarta d'elle, se roula dans l'herbe couverte de rosée et éclata d'un rire clair. Clémentine le regarda faire, attendrie.

Plus tard, elle lui parla de l'incendie de la scierie, et des soupçons qu'elle nourrissait envers son père.

— Je ne sais que penser de tout ça, répondit-il. Je le crois capable de toutes sortes de traîtrises pour parvenir à ses fins, car c'est un homme dévoré par l'ambition et la volonté de dominer les autres. Il ne supporte pas que l'on s'oppose à lui. Il n'a alors qu'une obsession : détruire celui qui se dresse sur sa route, non pas parce qu'il le gêne, mais surtout parce qu'il a osé lui tenir tête. Devoir reconnaître ses torts ou plier devant autrui est pour lui un signe de faiblesse inacceptable.

Clémentine songea qu'elle s'était élevée contre Prescott avec la plus ferme détermination lorsqu'il était venu reprendre Roselynn. Il avait fini par obtenir gain de cause, puisque sa fille l'avait suivi, mais il avait dû se sentir affaibli devant elle, à cause de son malaise.

— Il m'a juré qu'il n'était pour rien dans la mort de Peter. J'ai eu envie de le croire. Mais penses-tu qu'il irait jusqu'à tuer ? demanda Clémentine.

— S'il t'a donné sa parole, il a sans doute dit la vérité. Tout au moins, je l'espère. Car sinon, cela voudrait dire qu'il a perdu le sens de l'honneur. Et cela, je ne peux pas y croire.

Il laissa passer un silence, puis ajouta :

— Mais cela fait dix ans que je n'ai eu aucun contact avec lui.

Elle faillit lui parler de l'histoire de la chevalière et du meurtre des parents Kelly, mais elle y renonça. Elle ne voulait pas risquer de mettre sa vie en danger. Richard poursuivit :

— Il est peut-être innocent dans le meurtre de Peter White, mais je ne serais pas étonné qu'il fût derrière l'attentat contre ta scierie. Son but est de contrôler la totalité des concessions forestières. Il a déjà réussi à s'emparer de la plupart des petites exploitations situées autour de la sienne. Leurs propriétaires ont dû quitter les lieux ou travailler pour lui comme simples bûcherons.

Clémentine ne répondit pas, mais Peter lui avait déjà parlé des manœuvres d'intimidation employées par Prescott pour parvenir à ses fins.

A la fin du mois de janvier, les nouvelles scies arrivèrent à Hobart. Clémentine se rendit sur le port en compagnie de Richard afin de les réceptionner. Tandis qu'elle surveillait leur chargement sur les wagons qui allaient les transporter à Maydena, Richard lui prit les mains :

— Je dois plaider une affaire importante, dit-il. Il me faut repartir pour Sydney. Mais il ne tient qu'à toi que je revienne le plus vite possible. As-tu réfléchi à ma proposition ?

Une vive émotion s'empara d'elle. Elle y avait souvent pensé. Rien ne s'opposait à ce qu'elle l'acceptât. Elle ne pouvait rester fidèle à un fantôme jusqu'à la fin de sa vie. Pourtant, curieusement, ce n'était pas vraiment le souvenir de Peter qui la retenait. En réalité, alors qu'elle n'avait pas accordé une grande importance à sa relation avec Brian, celui-ci lui manquait parfois. Bien sûr, son intransigeance l'agaçait, mais il y avait aussi en lui une grande générosité et une profonde tendresse. Alors, que devait-elle faire ?

Pour se donner une contenance, elle demanda d'une voix mal assurée

— Crois-tu que l'endroit soit bien choisi pour prendre une telle décision ?

— Ne m'en veux pas, Clémentine. Je repars demain et je veux être sûr qu'à mon retour, tu n'auras pas filé faire ton nid dans les bras d'un autre.

Il était difficile de résister à son regard intense. Ses yeux la fixaient comme si elle avait été le centre du monde. Elle se sentait désirée, adulée, vénérée, possédée, exigée. Elle devait faire un choix. Elle ne pouvait aimer deux hommes à la fois. Et l'amour que lui offrait Richard était tellement... éblouissant. Devant la force de son regard, elle finit par rendre les armes.

— J'accepte, dit-elle.

Le visage anxieux du jeune homme s'illumina. Il la prit dans ses bras et la fit tourner. Lorsqu'il la reposa, elle était un peu étourdie.

— Tu es complètement fou, dit-elle en riant.

— Mais bien sûr que je suis fou. Fou de joie, fou de bonheur. Il me faut un peu de temps pour mettre mes affaires en ordre à Sydney. Mais je reviens dès que possible. Nous sommes début février. Nous pourrions nous marier... fin mars. Qu'en dis-tu ?

— C'est d'accord.

Le lendemain, après avoir accompagné Richard au port, elle regagna le domaine des Diables avec les enfants et Loona. Le jeune homme lui manquait déjà. Tout en roulant, elle se souvint qu'elle n'en avait pas parlé à Emilie. Il lui tardait de revenir à Hobart pour se confier à son amie. Elle devait être la première à savoir. Au fond d'elle-même, elle pensait qu'une nouvelle fois, elle allait jouer un bon tour à ce vieux grognon de Prescott.

Elle arriva à temps à la gare pour réceptionner les énormes scies à ruban, qui furent chargées sur de puissants camions. Les nouvelles machines furent accueillies avec des hourras enthousiastes par les bûcherons. Il faudrait encore une bonne semaine pour les mettre en service, mais John Beaver connaissait son affaire. De même, il avait convaincu Clémentine d'organiser des tours de garde autour de la scierie afin de dissuader toute nouvelle tentative d'attentat. La jeune femme, s'inspirant du goulet de l'Aigle qui interdisait toute évasion aux prisonniers de Port Arthur, fit même l'acquisition de molosses destinés à protéger les lieux. La perspective des sbires de Prescott s'enfuyant avec ses gros chiens aux fesses la réjouissait.

Le lendemain, pendant que l'on installait les machines, elle reçut la visite de Brian.

— Je souhaiterais que tu viennes chez moi, dit-il.

Malgré l'émotion qu'elle ressentait en le revoyant, elle jugea utile de mettre les choses au point.

— Je n'en vois pas l'utilité, Brian. Nous nous sommes tout dit. Jamais je n'accepterai ton intransigeance ni ton intolérance.

— Ce n'est pas la raison de ma venue. J'héberge actuellement un ami. Il souhaiterait te parler, mais il ne peut venir jusqu'ici.

Clémentine comprit qu'il s'agissait de Patrick Cody. Elle hésita un court instant, puis déclara :

— C'est bon, je t'accompagne. Le temps de seller Balto.

Chemin faisant, Brian lui expliqua que Sean avait quitté la maison.

— Il m'en veut terriblement. Il s'est installé à New Norfolk où il travaille pour l'un des derniers petits exploitants forestiers indépendants. Il veut gagner assez d'argent pour pouvoir épouser Roselynn Prescott. Je sais par Deirdre, avec qui il a gardé le contact, qu'ils parviennent à échanger des lettres grâce à une cuisinière complice. Mais cette pauvre fille est toujours séquestrée par son père. Elle attend un moment propice pour s'évader et rejoindre Sean.

— Et cette histoire ne t'a pas amené à changer d'avis sur elle ?

— Je commence à me poser des questions. Je me suis peut-être trompé. Il faudrait que je la revoie, que je lui parle.

Elle évita de lui faire part de ses projets avec Richard Prescott. Il valait mieux patienter. Sean, passait encore, mais elle sentait bien que Brian éprouvait toujours un sentiment pour elle. Il n'eût pas été très diplomate de lui annoncer qu'elle aussi allait épouser un Prescott, même fâché avec son père. Il l'apprendrait bien assez tôt.

Quant à elle, quels étaient ses sentiments ? En le revoyant si malheureux, elle ne pouvait s'empêcher d'éprouver une certaine nostalgie. Mais elle la chassa par un violent effort de volonté. Elle ne pouvait pas épouser deux hommes.

Lorsqu'elle arriva chez les Kelly, elle eut confirmation que sa supposition était juste. Dès qu'elle pénétra dans la maison, elle fut accueillie avec chaleur par l'évadé irlandais. Tandis que Deirdre préparait le thé, ils prirent place autour de la table familiale.

— Je suis très heureuse que vous ayez réussi à échapper à la police, monsieur Cody.

— Et c'est pour moi une grande joie de vous revoir, madame.

Elle regarda autour d'elle, mais son compagnon d'évasion n'était pas présent. Le visage de l'Irlandais s'assombrit.

— Ne cherchez pas Henry, madame. Il a été tué.

Clémentine pâlit.

— Tué ?

— C'est pour cette raison que je voulais vous revoir.

— Que s'est-il passé ?

— Nous étions arrivés à New Norfolk. Grâce à l'argent que vous nous aviez donné, nous avions pris une chambre dans un petit hôtel de la ville. Je suppose que quelqu'un a reconnu Henry et l'a dénoncé. La police est arrivée dans la nuit. J'étais sorti pour rencontrer Sean, le frère de Brian. Il devait nous emmener le lendemain. Lorsque je suis revenu, l'endroit grouillait de policiers. Je me suis caché. D'où j'étais, je voyais la fenêtre de la chambre. Ils n'ont laissé aucune chance à Henry. Ils sont entrés et ils ont tiré sans sommation. Il n'avait même pas d'arme. J'ai pensé qu'ils me réserveraient le même sort s'ils me trouvaient. Alors, je me suis fondu dans la nuit et j'ai rejoint Sean. Nous avons aussitôt quitté New Norfolk. Mais je sais que Henry vous avait confié son secret. Il me l'avait dit. Alors, je voulais vous avertir de vous méfier.

— Je vous remercie, monsieur Cody.

Clémentine hésita. Le secret du vieil Henry était trop lourd à porter pour elle seule. Mais devait-elle le confier à Brian ? Si elle parlait, le clan Kelly risquait de vouloir venger ses parents. En revanche, si elle se taisait et disparaissait sans avoir rien dit, le secret de Henry Mac Dougall serait perdu et les assassins resteraient impunis à jamais. Après un long silence, elle se décida à dire ce qu'elle savait, sans toutefois révéler la présence de Martin Wilson. Après tout, il n'était pas le seul coupable. Elle se tourna vers Brian.

— Est-il possible que nous restions seuls tous les trois ?

Deirdre et les autres n'attendirent même pas l'ordre de leur frère aîné. Dès qu'ils furent sortis, Clémentine poursuivit :

— Voilà : Henry Mac Dougall a été tué parce qu'il avait été témoin d'un crime commis il y a plus de vingt ans : celui au cours duquel tes parents ont été assassinés.

Brian blêmit.

— Tu connais donc le nom de leurs assassins.

— Hélas, non. Il faisait noir, et le vieil Henry n'a pas vu grand-chose. Il a seulement aperçu un homme vêtu de noir qui portait une chevalière en forme de serpent. La description qu'il m'a donnée correspond étrangement à celle de l'homme qui a tué Peter. Il a vu son visage, mais il ne l'a pas reconnu. Henry a gardé son histoire pour lui pendant vingt ans. Un jour, il en a fait part à un codétenu, un nommé Roy Shermann. Celui-ci a été tué peu après. Quant à Henry, il a échappé à deux tentatives de meurtre dans la prison elle-même.

— Cela signifie que les assassins disposent de certains pouvoirs, conclut Brian. Il s'agit donc de personnages haut placés.

— Probablement, mais je n'ai aucun nom à te donner.

Il lui en coûtait de mentir ainsi, mais la révélation du nom de Martin Wilson déclencherait une catastrophe. Brian serra les mâchoires, puis déclara :

— Un détail me revient. Le jour où Prescott est venu me voir pour me racheter ma concession, après la mort de mes parents, un homme vêtu entièrement de noir l'accompagnait. Je me souviens de son regard glacial. Le regard d'un tueur.

Mue par une intuition soudaine, Clémentine demanda :

— Sais-tu si cet homme portait une chevalière ?

Il secoua la tête.

— C'est un détail auquel je n'ai pas prêté attention. En revanche, son nom me revient : il s'appelait John Lawrence. C'était une sorte de hobereau désargenté qui s'était introduit dans la haute société de Hobart. On le voyait souvent traîner avec Prescott.

Clémentine sentit qu'il commençait à s'énerver.

— Cela ne suffit pas pour l'accuser, Brian, dit-elle en posant la main sur son bras.

— J'ai toujours dit que ce vieux salaud était responsable de la mort de mes parents, s'exclama-t-il.

— Brian ! J'ai émis la même hypothèse. Mais Henry Mac Dougall connaissait Prescott parce qu'il a travaillé pour lui. Or, il m'a certifié qu'il n'était pas là.

Il finit par se calmer.

— Il faut retrouver ce fumier de Lawrence, gronda-t-il. Il doit révéler les noms de ses complices.

— Malheureusement, nous ne pouvons pas prévenir la police, objecta Clémentine. Il faudrait pour cela avouer que j'ai apporté mon aide à deux évadés.

— C'est vrai, grommela-t-il.

— De toute façon, au bout de vingt ans, il y a sans doute prescription, ajouta-t-elle.

— Pas pour moi. Lawrence a disparu peu après l'assassinat de mes parents. Ce qui signe son crime. Si j'avais pu y penser avant... Il faudrait savoir ce qu'il est devenu.

— Il semblerait qu'il soit revenu en Tasmanie. Je suis sûre que c'est lui qui a tué Peter.

Elle secoua la tête, vivement émue, et reprit d'une voix altérée :

— Pourtant, avant de mourir, Peter m'a dit qu'il le connaissait à peine.

— C'est exact, confirma doucement Brian. Je n'ai jamais vu cette fripouille dans son entourage.

— Alors, pour quelles raisons ce John Lawrence l'aurait-il tué ?

— Peut-être une vengeance, suggéra Patrick.

— Peter n'avait pas d'ennemi, monsieur Cody. Il y a certainement une autre raison. Mais laquelle ?

43

Quelques jours plus tard, Clémentine reçut un télégramme de Richard, qui annonçait son retour à Hobart. Une vive émotion s'empara d'elle. Elle avait fait son choix. Même s'il lui en coûtait de devoir renoncer à Brian, elle se sentait plus attirée par Richard. Et puis, les enfants l'adoraient. Avant de regagner la capitale, elle se rendit sur la tombe de Peter, auquel elle fit part de ses projets à voix basse.

— Bonjour, Peter. Je ne sais pas si tu peux m'entendre. J'ignore ce qui se passe au-delà de la mort, et je n'ai plus aucune foi après ce que j'ai vu dans les tranchées. Mais peut-être m'entends-tu et me vois-tu, d'où tu es à présent. Aussi, je voudrais te dire quelque chose : je vais épouser Richard Prescott. Tu as dû le connaître. C'est le fils d'Andrew Prescott. Je sais bien que ce vieux fou était ton adversaire, mais Richard est fâché avec son père.

Elle hésita, puis poursuivit :

— Pardonne-moi, Peter. Je ne veux pas te trahir, mais les enfants ont besoin d'un père, et je suis si seule...

Un vacarme soudain retentit dans un arbre proche, faisant sursauter Clémentine. Une chouette blanche s'envola dans un bruyant battement d'ailes. La jeune femme frissonna. S'il s'agissait d'un signe, comment fallait-il l'interpréter ? Puis elle sourit. Cela ne pouvait être qu'une coïncidence. Elle scruta les alentours, dans le vague espoir d'apercevoir Moragani. Mais il n'y avait personne. Les paroles de la vieille métisse lui revinrent :

« Regarde la terre ! C'est en elle que tu dois puiser ta force. Ecoute ce que dit le vent, ce que chante la pluie, ce que murmure la rivière. »

Elle avait aussi évoqué Wraggeo, le démon de la nuit.

« Méfie-toi de lui, car il est habile et peut se jouer de toi sans que tu t'en aperçoives. »

Clémentine ne put s'empêcher de penser que cet esprit malfaisant s'était peut-être incarné dans le corps de John Lawrence. Si on lui avait conté une telle histoire quelques années auparavant, elle aurait souri. Mais elle avait appris à regarder le monde différemment depuis qu'elle vivait au contact des arbres et de la forêt.

Elle se trouvait aujourd'hui devant un choix, dont allait dépendre sa vie entière. Elle avait déjà donné sa réponse à Richard, et elle n'avait aucune intention de renoncer à l'épouser. Pourtant, elle ne pouvait s'empêcher d'éprouver un certain malaise, comme si la forêt avait distillé une hostilité impalpable. Mais n'était-ce pas dû au fait que Richard était un Prescott, même s'il avait rompu avec son père ? Et Peter avait toujours considéré les Prescott comme des adversaires.

— Il n'est pas comme son père, murmura-t-elle. Et puis, je reste maîtresse du domaine. Tu n'as donc pas à t'inquiéter.

Le lendemain, elle se rendit à Hobart en compagnie des enfants et de Loona. Elle refusait de prendre le risque de les laisser au domaine. Bien sûr, ils bénéficiaient là-bas de la protection des Malais et de Bernie, mais elle préférait les garder près d'elle. Par précaution, elle emmena également Taya. C'était un géant au visage impénétrable, dont Clémentine savait qu'il pratiquait un art martial très puissant appelé karaté. Il restait dangereux même sans arme. Elle se sentait plus en sécurité avec ce colosse à ses côtés.

Malgré ses craintes, le voyage se déroula sans incident, sinon un pneu crevé à la hauteur de Granton. Richard ne devant arriver que le lendemain, Clémentine en profita pour rendre visite à Emilie, à qui elle annonça son mariage prochain. Pourtant, contrairement à ce qu'elle imaginait, la nouvelle ne réjouit pas son amie.

— Vous, Clémentine, vous allez épouser un Prescott ?

— Il s'agit de Richard. Il est fâché avec son père, qu'il n'a pas revu depuis dix ans. Il n'a rien à voir avec lui.

— C'est tout de même un Prescott, objecta Emilie. A part Roselynn, je n'ai pas une grande confiance dans cette famille. Enfin, si c'est votre choix...

Elle laissa passer un silence, puis ajouta :

— Je me souviens un peu de ce Richard. Il a quitté Hobart il y a dix ans, en effet. Un beau garçon, mais un peu bizarre. Je crois me souvenir que son père lui menait la vie dure.

— Comme à tous ses enfants, précisa Clémentine.

— Sans doute, mais dans le cas de Richard, on aurait dit qu'il le méprisait. Vous en a-t-il donné la raison ?

— Il m'a dit qu'il se heurtait sans cesse à son père. Il n'a pas supporté la manière dont Prescott a réagi lors de la mort de son fils Edward. Il semble qu'il lui ait tenu rigueur d'avoir attiré le scandale sur la famille. Il en a voulu à Richard d'avoir pris la défense de son frère.

Emilie eut une moue sceptique.

— Oui, c'est bien possible.

— Richard n'a pas accepté l'attitude de son père et il a préféré s'en aller. Prescott a monté toute la famille contre lui. Depuis dix ans, Richard n'a plus aucun contact avec les siens.

— Tout ceci me semble étrange. Je comprends qu'il se soit fâché avec son père. Mais pourquoi avec sa mère ?

— Il m'a dit qu'Elisabeth s'était rangée à l'avis de son mari.

Emilie resta un moment silencieuse, puis répondit :

— Il est vrai que ce vieux chacal a toujours exercé une domination sur elle. Pauvre Elisabeth. Savez-vous que c'était une très belle femme autrefois ? Malheureusement, son mari l'a écrasée, et aujourd'hui, elle n'est plus que l'ombre d'elle-même.

Elle soupira :

— Enfin, si vous êtes heureuse, Clémentine, cela seul compte.

Un peu décontenancée par la réaction d'Emilie, Clémentine la quitta plus tôt que prévu, prétextant mille choses à faire. La réaction de son amie la surprenait. Elle aurait dû se réjouir, au contraire, de la voir refaire sa vie.

Mais, à l'idée de retrouver Richard, elle oublia très vite ses inquiétudes. De retour chez elle, elle passa le reste de la journée à préparer sa venue.

Le lendemain, Clémentine et les enfants se rendirent sur le port pour accueillir « oncle Dick ».

Les jours qui suivirent passèrent comme un rêve. Jamais Richard n'avait été aussi gentil. Le cynisme désabusé dont il avait fait preuve autrefois avait disparu. Dans la journée, il effectuait de longues promenades en compagnie de Clémentine et des enfants qui ne juraient plus que par lui.

— Tu les gâtes trop, lui fit-elle remarquer un jour.

Il venait de ramener un train mécanique pour Paul et une magnifique dînette en porcelaine pour Mary.

— Eh bien, n'est-ce pas ainsi que doivent se conduire les pères ? rétorqua-t-il avec bonne humeur.

Parfois, lorsqu'un doute venait effleurer Clémentine au sujet de son prochain mariage, elle se disait que les enfants possédaient un instinct sûr. S'il jouait double jeu, il aurait pu la tromper elle, mais il n'aurait pu se jouer de Mary et Paul. Or, ceux-ci l'adoraient. Le soir, avant d'aller au lit, ils passaient ensemble de longs moments à jouer et à chahuter. Parfois, elle se disait que ce n'étaient plus deux enfants qu'elle allait avoir, mais trois. Il n'était pas toujours facile d'endormir les petits ensuite.

Elle ne savait pas si elle devait se réjouir de la complicité qui régnait entre eux et son compagnon. Parfois, elle estimait qu'ils avaient un peu vite oublié Peter. Mais ils étaient si jeunes lorsqu'il avait disparu... Ils avaient besoin d'un nouveau papa, et ils avaient jeté leur dévolu sur Richard. Un soir qu'il avait pris Mary sur ses genoux, elle leur trouva même un vague air de ressemblance.

Elle fit visiter à Richard la fabrique de papier. Il y porta un vif intérêt. Amos et Elisa, dont le ventre s'arrondissait de plus en plus, réservèrent un bon accueil au jeune avocat. Lorsque Clémentine leur annonça le mariage, fixé au vingt-huit mars suivant, ils se réjouirent et décidèrent de fêter l'événement au restaurant. Richard acheva de faire la conquête des Jefferson, en leur racontant avec humour quelques anecdotes issues des tribunaux de Sydney.

Dans les jours qui suivirent, Clémentine et Richard commencèrent à préparer le mariage. Un matin, il lui dit :

— A propos, j'ai déposé un projet de contrat de mariage chez un notaire de Hobart. Il s'agit de maître Gladstone. Je pense qu'il est nécessaire de protéger les droits de tes enfants par rapport à ceux que nous aurons plus tard.

L'évocation de leurs futurs enfants provoqua une vive émotion chez la jeune femme. Malgré les précautions qu'elle prenait, leurs nuits fougueuses risquaient bientôt de porter leurs fruits. Richard poursuivit :

— J'ai essayé de faire les choses pour le mieux. Si tu souhaites le lire, il est à ta disposition. Bien entendu, rien ne presse, mais...

— Nous avons encore le temps de parler de ça, le coupa-t-elle.

Il la prit dans ses bras et l'embrassa avec passion. Comme à chaque fois, Clémentine avait l'impression de se fondre en lui. Il murmura :

— J'ai aussi autre chose à te dire. J'ai quitté ma fonction à Sydney. J'ai pensé remonter un cabinet ici, mais je n'ai encore rien décidé. J'espérais... enfin... peut-être pourrais-tu me trouver quelque chose à faire dans l'une de tes innombrables entreprises... Ainsi, nous ne serions plus séparés, même dans le travail. Et gare à ceux qui oseraient s'attaquer à nous !

Clémentine secoua la tête en riant.

— Ne t'inquiète pas, je finirai bien par te trouver une petite occupation. En attendant, nous pourrions prendre quelques jours pour que je te fasse visiter le domaine.

— Avec plaisir.

Le lendemain, toute la famille quittait Hobart pour les Diables. Les jours suivants, malgré quelques tempêtes violentes et soudaines qui annonçaient un automne tourmenté, Clémentine fit faire à Richard le tour du propriétaire. Il découvrit ainsi le barrage où les ouvriers du Département hydroélectrique avaient commencé à construire une centrale plus importante, et la scierie à laquelle la fabrique de papier avait apporté un surcroît de travail.

— J'ai pu rengager les bûcherons qui avaient choisi de déserter pour rejoindre l'exploitation de ton père, expliqua-t-elle.

— Il doit enrager.

Elle lui montra aussi le grand hêtre baptisé Charlemagne. Cependant, il refusa de grimper à son sommet.

— Je suis sujet au vertige ! dit-il.

Les nuits de Clémentine étaient toujours aussi éblouissantes. Elle ne s'expliquait pas cette attirance singulière et irrésistible qu'elle éprouvait pour Richard. Le simple contact de sa peau lui provoquait des frissons de désir. Dans la journée, elle n'osait repenser à leurs jeux érotiques, proches parfois de la perversité. Mais, dès la nuit tombée, elle n'avait qu'une hâte, sentir les bras de Richard se refermer sur elle, respirer son odeur, sentir sa force virile la pénétrer, la posséder pour la mener aux sommets du plaisir.

Un matin, alors que Richard et elle se promenaient dans le parc, Clémentine entrevit la silhouette de Moragani près du hêtre où était enterré Peter. Elle voulut l'appeler, mais la vieille femme se fondit dans un rideau de fougères arborescentes qui bordait le parc. Cette furtive apparition suffit à réveiller les craintes de Clémentine. Un doute subsistait en elle, à propos de la chevalière portée par l'assassin des parents Kelly.

— As-tu entendu parler de John Lawrence ? demanda-t-elle tout à coup.

— Comment se fait-il que tu connaisses ce nom ? répliqua-t-il, stupéfait.

— Donc, toi-même, tu le connais.

Il hésita un court instant, puis répondit :

— Bien sûr. C'était un ami de mon père. Je me souviens assez peu de lui, parce qu'il a quitté la Tasmanie il y a plus de vingt ans. C'est pourquoi je suis surpris que tu sois au courant de son existence.

— On en a parlé devant moi.

— Qui ?

— Brian Kelly l'a connu à l'époque où il fréquentait les gens de Hobart.

— Que t'a-t-il dit sur lui ?

— Que ce John Lawrence avait coutume de se vêtir de noir. Or, l'homme qui a tué Peter était lui aussi vêtu de noir.

— Cela ne veut rien dire. Beaucoup d'hommes s'habillent ainsi.

— C'est vrai, mais Peter m'a affirmé avoir croisé cet homme il y a longtemps. C'est pourquoi Brian a pensé à John Lawrence. Il s'est souvenu également d'un autre détail : il portait lui aussi une bague en forme de serpent.

— Comme la mienne ? demanda Richard.

— Je l'ignore, mais je dois dire que cette coïncidence me trouble.

Il haussa les épaules.

— Il n'y a vraiment pas de quoi. Cette chevalière m'a été offerte par mon père lorsque j'étais adolescent. J'ignore s'il la tenait de John Lawrence. Mais à mon avis, il s'agit de deux bagues différentes. Je vois mal Lawrence offrir sa bague à mon père en cadeau de rupture.

— Evidemment. Mais j'ai peur que cet individu soit revenu.

— C'est peu probable. Personne n'a revu ce Lawrence depuis vingt ans. A l'époque, je crois qu'il est parti pour Sydney. D'après ce que je sais, c'était un personnage peu fréquentable, joueur, buveur, bagarreur, provocateur. Pendant les dix ans que j'ai passés dans les tribunaux australiens, je n'ai jamais entendu parler de lui. Rien ne prouve même qu'il soit encore vivant.

— C'est peut-être lui dont Steve Robson a retrouvé la trace à Sydney.

— De quoi parles-tu ? Qui est ce Steve Robson ?

— Le détective que j'avais engagé pour enquêter sur la mort de Peter. Malheureusement, il y a perdu la vie. Ce qui prouve qu'il était sur la bonne piste. La police a repris l'affaire en main depuis, mais elle n'a pas progressé.

Richard resta un moment silencieux, puis déclara :

— Je vais essayer d'en savoir plus auprès de mes collègues de Sydney. En tout cas, si ce John Lawrence est toujours vivant et qu'il veut te faire du mal, il trouvera à qui parler. Désormais, je suis là, et je te défendrai.

44

La date du mariage approchait. La liste des invités était un véritable casse-tête pour Clémentine, car il lui était difficile d'éviter les Wilson et les Kleinberg, déjà invités à son premier mariage parce qu'elle avait donné des cours de français à leurs enfants. Cette fois pourtant, elle savait qu'ils refuseraient de venir en raison de leurs liens avec la famille Prescott, dont Richard ne faisait plus partie. De même, il était délicat d'inviter le clan Kelly. Personne n'ignorait la relation qu'elle avait entretenue avec Brian quelques mois auparavant. D'autres problèmes venaient se greffer, comme la robe de mariage qu'elle porterait.

Richard quant à lui ne rencontrait pas ces difficultés. Sa famille ne serait pas présente, et il n'avait pas d'amis en Tasmanie. L'essentiel de ses relations vivait à Sydney et seul un petit groupe ferait le voyage.

Toutes ces préoccupations avaient fini par dissiper les inquiétudes de Clémentine lorsque, le deux mars au matin, John Beaver vint la trouver, le visage grave.

— Madame, dit-il, j'ai une triste nouvelle à vous annoncer. Sean Kelly a été transporté ce matin à l'hôpital de Hobart dans un état critique.

Une vive émotion s'empara de Clémentine.

— Sean ? Que lui est-il arrivé ?

— Hier avait lieu la fête de la bière de New Norfolk. Comme chaque année, tous les bûcherons s'y trouvaient réunis. Et comme chaque année, il y a eu une bagarre générale. Les gars de monsieur Kelly et les nôtres se sont battus avec ceux de monsieur Prescott. D'habitude, ça se termine avec des yeux pochés, quelques dents cassées et une tournée générale au bar. Mais hier, ce fut différent. Personne ne sait ce qui s'est passé. On a retrouvé Sean Kelly, laissé pour mort, dans une ruelle proche du fleuve. Le médecin qui l'a examiné a dit que ses agresseurs ont cherché à le tuer.

— Le tuer ? Mais pourquoi ? Où est-il à présent ?

— A l'hôpital Trevine. On l'y a conduit ce matin.

Il laissa passer un silence, et ajouta :

— Les médecins étaient très inquiets. Je ne sais pas s'il est encore en vie.

— Est-ce que Brian est au courant ?

— Je suppose, madame. Il n'était pas présent à New Norfolk, mais la police a envoyé quelqu'un le prévenir.

— Bien.

Clémentine n'hésita qu'un court instant. Elle se tourna vers Richard qui avait assisté à l'entretien et déclara :

— Je vais à Hobart.

— Hein ? Mais que veux-tu y faire ?

— Sean est un ami, le coupa-t-elle. Je suis médecin. Si je peux faire quelque chose, ma place est auprès de lui.

Richard voulut objecter que l'hôpital comptait certainement déjà des docteurs très compétents, mais il comprit qu'il ne parviendrait pas à la détourner de son idée.

— Bon. Dans ce cas, je vais avec toi, soupira-t-il.

Le soir même, ils arrivaient dans la capitale. Cette fois, les enfants étaient restés au domaine. Clémentine n'avait pas prévu de demeurer très longtemps à Hobart.

— Nous pourrons toujours en profiter pour faire prendre les mesures de ta robe et de mon costume, soupira Richard avec résignation.

Visiblement, il se moquait de ce qui pouvait arriver à Sean. Mais Clémentine n'avait pas envie de se disputer avec lui à ce sujet.

Le lendemain matin, de bonne heure, elle se rendit à l'hôpital Trevine, situé dans Macquarrie Street, l'artère principale de

Hobart. Richard ne l'accompagna pas. Il n'avait aucune envie de croiser Brian Kelly.

Et en effet, il était là. Dans une grande salle où s'alignaient une vingtaine de lits séparés par de simples tentures, l'Irlandais veillait sur son frère qui gisait, immobile, le visage tuméfié, badigeonné de teinture d'iode. Brian avait les yeux rouges et les traits déformés par la douleur. Cependant, dès qu'il aperçut Clémentine, il l'apostropha durement.

— Qu'est-ce que tu viens faire ici ? cingla-t-il.

Douchée par son ton agressif, elle resta un moment interdite, puis demanda :

— Je suis venue dès que j'ai appris la nouvelle. Comment va-t-il ?

Il lui jeta un regard noir, puis grommela :

— Les médecins refusent de se prononcer.

— Que s'est-il passé ?

— Parce que ça ne se voit pas ? Il a été roué de coups par les gars de Prescott ! Voilà ce qui s'est passé !

Il serra les dents et ajouta d'une voix sourde :

— Mais ces salauds ne perdent rien pour attendre ! Je saurai retrouver ceux qui ont fait ça. Et je leur ferai passer l'envie de recommencer, crois-moi !

Il la fixa dans les yeux.

— Quant à toi, je t'ai posé une question : pourquoi es-tu venue ?

— Parce que c'était mon devoir, Brian. Sean est un ami et je suis médecin. Je pourrai peut-être me rendre utile.

— Non ! Je t'interdis de le toucher, tu entends !

— Mais pourquoi ? Que t'ai-je fait, Brian ?

— J'ai appris que tu allais épouser Richard Prescott.

— C'est exact, répondit-elle.

— Alors, tu n'as rien à faire ici. Pour moi, tu appartiens désormais au clan ennemi.

— Mais je ne suis pas ton ennemie, Brian. Et Richard n'a rien à voir avec son père. Ils sont fâchés depuis dix ans.

— Ecoute bien ! Les Prescott sont tous des ordures, et tu vas devenir l'une d'entre eux. Alors, tu n'as rien à faire près de mon frère.

— Brian, je te rappelle qu'au cours de cette bagarre, mes bûcherons se sont rangés au côté des tiens. Ce ne sont pas eux qui ont frappé Sean.

— C'est possible, mais comment se comporteront-ils quand tu t'appelleras Prescott ?

Clémentine secoua la tête, désemparée par son attitude.

— Tu es injuste, Brian. J'aime beaucoup Sean, et...

— Fiche le camp, la coupa-t-il. Je ne veux plus te voir.

Elle comprit qu'elle ne pourrait lui faire entendre raison. La mort dans l'âme, elle se résigna à partir. Cet Irlandais était une vraie tête de mule. Pourtant, elle comprenait sa réaction.

Elle traversait le hall de l'hôpital lorsqu'une voix retentit derrière elle.

— Miss White ?

Elle se retourna. Devant elle se tenait Georges Brady, le chef de la police de New Norfolk.

— Que faites-vous ici, miss White ? demanda-t-il d'un air soupçonneux.

Elle l'aurait volontiers remis en place, car elle n'ignorait pas qu'il était une créature de Martin Wilson, mais elle n'avait aucune envie de se battre.

— Je suis venue prendre des nouvelles de Sean Kelly, inspecteur. En sait-on plus sur ses agresseurs ?

— Pas grand-chose. Nous avons interrogé les bûcherons des deux camps. Evidemment, personne ne sait rien, personne n'a rien vu. Ils nient tous en bloc. Ils affirment qu'ils aiment faire le coup de poing, mais que jamais ils ne frapperaient un homme à terre. Et je suis assez tenté de les croire. Pour moi, cette affaire ressemble plutôt à un règlement de comptes entre truands.

— Comment ça ?

Il toucha son long nez de fouine, qu'encadraient deux moustaches épaisses relevées en croc.

— Le flair, miss White, le flair. Croyez-en un homme d'expérience. Ces Kelly ne sont que de la racaille. Et nous finirons bien par les coincer.

Clémentine refusa de discuter avec lui.

— A propos, poursuivit-il, nous avons arrêté l'homme qui a incendié votre scierie. Il s'agit de Wilhem Van Harburg. Je l'avais soupçonné dès le début. Depuis quelque temps, il passait son temps à boire. Nous l'avons questionné, et il a fini par avouer. Je voulais vous en avertir.

— Je me doutais qu'il avait quelque chose à voir avec l'incendie, soupira-t-elle. A-t-il dit pourquoi il avait fait ça ?

— Il n'a pas supporté que vous le jetiez à la rue après vingt ans de bons et loyaux services.

Clémentine détesta le ton insidieusement accusateur du policier. Elle rétorqua :

— Pour un peu, ce serait de ma faute, n'est-ce pas ? Mais bien entendu, je suppose qu'il ne s'est pas vanté d'avoir servi d'espion pour le compte d'Andrew Prescott, qui devait lui offrir la direction des Diables après qu'il l'aurait racheté. Pas plus qu'il vous a raconté que le jour où le barrage a failli céder, il était en train de boire à Maydena.

— En effet, il ne nous a pas dit ça. Mais quoi qu'il en soit, il risque une lourde peine de prison, voire la pendaison, car il y a eu mort d'homme.

Clémentine frémit. Elle ne souhaitait pas la mort de Van Harburg.

— C'est un peu excessif, vous ne croyez pas ? Il n'en est pas directement responsable. Thomas Curtis a pris un risque pour sauver la scierie. Il l'a payé de sa vie, mais il n'a pas été tué par Van Harburg.

— Ce sera au juge d'en décider, miss White.

Il s'inclina brièvement pour la saluer, puis s'en fut en direction des salles. Sans doute venait-il questionner Brian afin de lui faire avouer ses relations avec une quelconque mafia.

— Ce type est vraiment un parfait imbécile, murmura-t-elle pour elle-même.

Perplexe, elle regagna la maison à pas lents. Elle ne partageait absolument pas le point de vue du policier. Les bagarres entre bûcherons étaient fréquentes. Ce n'était pas la première fois que les deux groupes s'affrontaient ainsi. Il n'y avait jamais eu de conséquences tragiques. Pourquoi soudain les bûcherons de Prescott auraient-ils décidé de battre le frère de Brian à mort ? Cela ne reposait sur aucune logique. Mais, si ce n'était pas les bûcherons, qui avait agi ? Et pour quelle raison, si ce n'était pour provoquer un conflit ouvert entre le clan Kelly et le clan

Prescott ? Car il y avait fort à craindre que Brian n'allait pas rester sans rien faire.

Revenue à la maison, elle fit part de son inquiétude à Richard. Pourtant, contrairement à ce qu'elle espérait, celui-ci se rangea à l'avis de Brady.

— Ce flic a sans doute raison, déclara-t-il. Ton copain Sean a été victime d'un règlement de comptes.

— Ce n'est pas possible. Jamais les bûcherons de l'un ou l'autre camp n'ont essayé de tuer l'un d'entre eux.

— Nous n'en savons rien. Moi, je soupçonne derrière cette affaire une histoire de dettes de jeu. Je sais qu'il existe des tripots clandestins à New Norfolk.

— Sean n'était pas joueur. Il y a autre chose.

— Et quoi ?

— On dirait que quelqu'un a cherché à provoquer un conflit grave entre le clan Kelly et le clan Prescott.

— C'est absurde. Qui aurait intérêt à ça ?

— Je l'ignore, mais je suis sûre que la mort de Peter a un rapport avec ce qui se passe aujourd'hui.

— Tu penses encore à ce John Lawrence, cet homme en noir que personne n'a revu depuis vingt ans ? Tu m'as dit toi-même que ton mari n'avait aucun lien avec lui. Pourquoi l'aurait-il tué ? Et puis, je ne sais pas ce qui s'est passé entre mon père et lui, mais je crois que s'il avait voulu se venger, il l'aurait fait avant, non ?

— A moins qu'il n'ait pas eu la possibilité de le faire, objecta Clémentine. S'il était en prison, par exemple...

Richard ne répondit pas immédiatement.

— C'est une hypothèse plausible, dit-il enfin. Il a pu être libéré récemment et vouloir se venger de mon père. Mais cela n'explique pas pourquoi il aurait tué Peter White, qui le connaissait à peine. D'ailleurs, rien ne dit que c'est John Lawrence qui a battu Sean Kelly. La police n'a recueilli aucun témoignage dans ce sens.

— C'est vrai.

Ils restèrent un long moment silencieux. Visiblement, cette histoire commençait à agacer Richard. Clémentine aurait aimé qu'il se montre un peu plus compréhensif, mais elle admettait sa réaction. Sean était le frère de Brian, et il ne devait pas apprécier qu'elle s'inquiétât de lui ainsi.

— Que comptes-tu faire à présent ? demanda-t-il d'un ton un peu sec.

— Je vais retourner voir Sean demain. Ensuite, nous nous occuperons de nos achats pour le mariage, puis nous repartirons pour les Diables.

— D'accord.

Le lendemain, Clémentine se présenta à l'hôpital Trevine, espérant ne pas tomber sur Brian. Mais il n'était pas là. En revanche, elle reconnut, près du lit, la silhouette de Roselynn Prescott. Avant de la rejoindre, elle se dirigea vers le médecin de garde pour lui demander son diagnostic.

— Je suis madame White, une amie de ce blessé, et je suis médecin, dit-elle.

— Docteur Stevenson, miss White. J'ai entendu parler de vous. Eh bien, ce monsieur a eu de la chance dans son malheur : il n'a rien de cassé. Malheureusement, les coups reçus sur la tête ont provoqué le coma. Nul ne peut dire quand il en sortira. Peut-être dans quelques minutes, peut-être jamais.

— Merci, docteur.

Bouleversée, Clémentine s'avança vers Roselynn, qui la salua d'un ton glacial. Un peu déconcertée, Clémentine s'assit sur un siège, de l'autre côté du lit, et observa Sean. La veille, elle n'avait guère eu le temps de l'examiner. Son visage était tuméfié, marqué de coups violents. L'un de ses yeux était gonflé, la paupière dilatée et violacée. Des bandages lui couvraient le crâne et les membres. Il respirait difficilement, mais avec régularité. Clémentine avait redouté une hémorragie interne, mais le fait qu'il fût encore vivant était plutôt rassurant sur ce point. Elle prit son pouls sous le regard noir de Roselynn. Il battait régulièrement.

Discrètement, elle regarda la jeune fille. Apparemment, elle avait réussi à s'enfuir de chez son père. Mais pour quelle raison se montrait-elle aussi distante ? Bien sûr, elle était fâché avec les Prescott, sa propre famille, et Clémentine allait épouser Richard. Mais celui-ci, tout comme elle, s'était révolté contre la tyrannie d'Andrew Prescott. Roselynn aurait dû s'en réjouir, au contraire. Alors, y avait-il une autre raison ? Clémentine mourait d'envie de lui poser des questions, mais elle savait par expérience que c'était inutile. Lorsque quelque chose n'allait pas, Roselynn se refermait comme une huître et il était impossible d'en tirer quoi que ce fût.

— Brian n'est pas là ? demanda-t-elle doucement.

— Non.

Roselynn évitait de la regarder en face. Clémentine insista :

— Je suis heureuse que vous ayez pu venir.

— Je me suis enfuie de chez mon père, répondit-elle en la fixant d'un air de défi. Je n'y retournerai pas et je ne veux plus jamais entendre parler des Prescott.

Il était clair que ce rejet incluait également Richard.

— Vous savez, Roselynn, ajouta Clémentine, si vous souhaitez que nous parlions, vous êtes toujours la bienvenue à la maison.

— Je n'en ai pas envie, répliqua sèchement la jeune fille.

Puis elle détourna la tête, signifiant par là que la conversation était terminée. Clémentine n'osa insister. Tout de même, cette attitude lui semblait quelque peu excessive. Roselynn n'avait pas revu son frère depuis plus de dix ans. Elle aurait pu au moins avoir la curiosité de demander de ses nouvelles. Mal à l'aise, Clémentine s'apprêtait à repartir lorsque le blessé s'agita sur son lit.

— Sean ! s'inquiéta Roselynn.

Clémentine se pencha sur lui. Visiblement, il sortait du coma. Le docteur Stevenson, qui était en train de soigner un autre patient, arriva aussitôt pour l'examiner.

— Il semblerait que notre blessé soit en train de se réveiller, dit-il. C'est un solide gaillard.

— Je vais rester près de lui, déclara Clémentine.

Stevenson acquiesça et reprit sa visite. Affolée, Roselynn avait perdu son air agressif. A présent, elle semblait rassurée par la présence de Clémentine.

— Il faut le laisser reprendre doucement ses esprits, dit cette dernière.

Au fond d'elle-même, elle redoutait que les coups aient provoqué des lésions graves au cerveau. Sean ouvrit son œil valide. Puis ses traits exprimèrent la douleur. Il secoua légèrement la tête comme pour chasser le carcan invisible qui lui broyait le crâne. Anxieuse, Clémentine scruta son regard. Mais elle fut très vite rassurée. Sean les avait reconnues.

— Vous êtes là, miss White ? articula-t-il avec difficulté. Et vous, Roselynn...

— Ne bougez pas ! dit la jeune fille, inquiète. Vous avez été gravement blessé.

— Détendez-vous, ajouta Clémentine. A présent que vous avez repris connaissance, tout va aller mieux. Vous n'avez rien de cassé. Avec le temps, les ecchymoses disparaîtront.

— Que s'est-il passé ?

— Nous ne savons pas exactement. Il semblerait que des hommes aient tenté de vous battre à mort. Vous en souvenez-vous ?

— C'étaient les bûcherons de mon père, Sean. Il avait dû leur donner l'ordre de vous tuer parce que nous voulions nous marier. Ils vous ont laissé pour mort dans une ruelle de New Norfolk.

Sean fronça les sourcils, réfléchit un long moment, puis déclara, toujours avec difficulté :

— Non ! Ce n'étaient pas des bûcherons. Je me suis battu aux côtés des gars de mon frère. Ceux de miss White nous ont aidés.

Il marqua une pause, reprit son souffle et poursuivit :

— Je ne sais même plus pourquoi on se battait. C'est toujours comme ça à New Norfolk. La bière, sans doute... Je crois que ça s'est passé au moment où les choses commençaient à se calmer. Je suis retourné au bar pour vider une chope avec le patron, Mortimer. Là, un gars est venu me chercher. Je ne l'avais jamais vu. Il m'a dit que Brian avait des ennuis et qu'il me réclamait. Je me demandais bien ce que Brian pouvait fabriquer à New Norfolk, mais je n'ai pas imaginé un seul instant qu'il s'agissait d'un piège. J'ai suivi ce type parce que j'étais inquiet pour mon frère. Il m'a entraîné à l'autre bout de la ville, jusqu'au lac des cygnes noirs. Tout à coup, je me suis retrouvé face à trois individus commandés par un homme vêtu d'un long costume noir. Il avait une tête bizarre. On aurait dit un vautour. Avant que j'aie pu demander quoi que ce soit, ils me sont tombés dessus. J'ai essayé de me défendre, mais ils étaient costauds, et je ne pouvais rien faire contre quatre. Ils ont dû m'assommer. Et après... je ne sais plus.

Clémentine avait pâli. Ainsi, elle avait vu juste.

— Cet homme en noir s'appelle John Lawrence, dit-elle. C'était un ami de votre père, Roselynn. Mais il a quitté la Tasmanie il y a plus de vingt ans après s'être fâché avec lui. Aujourd'hui, il est revenu.

— Comment savez-vous tout ça ? demanda la jeune fille.

— J'ai mené ma propre enquête. Ce John Lawrence a sans doute tué mon mari.

— Mais pourquoi Sean ? s'insurgea Roselynn. Il y a vingt ans, il n'avait que six ans.

— Peter, lui, n'avait jamais entretenu de relation avec Lawrence.

— Où est Brian ? demanda Sean.

— Je l'ignore, répondit Roselynn. Hier, il était là quand je suis arrivée. Au début, il ne voulait pas que je vous approche, parce que j'étais une Prescott. Mais je lui ai parlé. Je ne sais plus ce que je lui ai dit, mais il s'est radouci. Il m'a demandé de rester près de vous, puis il est parti.

Une angoisse soudaine s'empara de Clémentine.

— Pourvu qu'il ne fasse pas de bêtises ! dit-elle.

— Il en est bien capable, acquiesça Sean. S'il croit que les bûcherons de Prescott sont coupables, il va vouloir me venger. Il faut lui dire qu'ils n'y sont pour rien.

Clémentine se leva.

— Je vais essayer de le retrouver avant qu'il commette l'irréparable, dit-elle.

En sortant de l'hôpital, sa décision était prise. Elle devait se rendre au plus vite jusqu'au domaine Kelly, afin d'expliquer à Brian ce qui s'était passé. Auparavant, elle devait repasser par chez elle afin de prévenir Richard.

Mais lorsqu'elle retrouva le jeune homme, il était dans tous ses états.

45

— Mon frère Charles a été tué ! s'exclama-t-il. Ma mère savait que j'étais chez toi. Elle a envoyé un domestique me prévenir.

Clémentine blêmit. Elle n'avait pas réagi assez vite. Devant l'état de Sean, Brian avait sans doute perdu l'esprit et s'était lancé dans une vengeance aveugle. Comme s'il avait deviné ses pensées, Richard l'apostropha durement :

— Voilà de quoi sont capables les Kelly ! Tu peux être fière de les compter parmi tes amis !

— Tu es injuste, Richard ! Et d'abord, est-on sûr que Brian soit en cause ?

— Et qui d'autre pourrait avoir commis ce crime ?

— Que s'est-il passé ?

— Avant-hier, Charles s'est rendu au domaine forestier. Il comptait reprendre l'équipe en main. Il y avait eu quelques départs dernièrement. Il voulait comprendre pourquoi.

Clémentine se garda de répondre. Il s'agissait sans doute des bûcherons qui étaient revenus travailler pour elle. Richard continua :

— D'après ce qu'on sait, il a souhaité visiter les lieux de coupe. Reiner, le chef d'équipe, a proposé de l'accompagner, mais il a refusé. Cela s'est passé hier après-midi. Ne le voyant pas revenir, Reiner est parti le chercher. Il a retrouvé son corps au pied du mont Field, près d'une cabane. Il avait été massacré à coups de hache.

— De hache ?

— D'après la police, il avait la tête presque séparée du corps.

Richard fit quelques pas nerveux, puis explosa :

— Pour moi, ce crime est signé ! Brian Kelly n'a pas supporté que son frère soit battu à mort par les hommes de mon père et il a voulu le venger en frappant quelqu'un qui le touchait de près. Et il a tué mon frère !

— Rien ne prouve que ce soit lui.

— Tu oses prendre sa défense ?

— Calme-toi ! J'ai une information à te communiquer. Sean Kelly a repris connaissance.

— Hein ?

— Et il a décrit ses agresseurs. Ce ne sont pas des bûcherons. Sean a été attaqué par une poignée d'individus dirigés par un homme entièrement vêtu de noir. Ce ne peut être que John Lawrence.

— Encore cette histoire ? Mais personne n'a revu ce Lawrence depuis vingt ans. Il est sans doute mort à l'heure qu'il est.

— Non ! Je suis sûre que c'est lui qui a tué ton frère, comme il a tué Peter.

Mais Richard ne l'écoutait plus. Il se remit à tourner comme un lion en cage. Clémentine ne voyait pas quoi faire pour l'apaiser. Soudain, il déclara :

— Il faut que j'aille là-bas. Ce chien d'Irlandais est capable de tuer mon père.

— Ton père doit être à Hobart.

— Il n'y est plus. Il est parti pour Maydena lorsqu'il a appris la nouvelle. Il a refusé que ma mère l'accompagne.

Il passa dans le vestibule, prit son manteau et déclara :

— Je dois empêcher ce fou de continuer ses massacres. Il n'est peut-être pas trop tard.

— Je vais avec toi !

— Non ! Je veux y aller seul. Ce peut être dangereux.

Puis, sans attendre de réponse, il s'en fut, laissant Clémentine bouleversée. Elle se demanda un instant pourquoi elle n'avait pas insisté davantage pour le suivre. Il y avait dans tout cela quelque chose d'incompréhensible. Tout allait soudain très vite, comme si le monde était pris de folie. D'abord Sean, à présent Charles Prescott. D'autres personnes étaient probablement en danger, comme Andrew Prescott. Et elle-même, peut-être. Mais pourquoi ? S'agissait-il d'une vengeance ? Dans ce cas, pourquoi

Lawrence avait-il tué Peter, qui n'avait jamais eu affaire à lui ? C'était absurde ! Il devait y avoir autre chose. Cet homme poursuivait un but, mais lequel ?

En début d'après-midi, elle commença à préparer ses malles pour retourner au domaine des Diables. Avant tout, elle devait préserver ses enfants. Mais à peine s'était-elle mise à la tâche qu'Henrietta lui annonça une visite.

— Deirdre ?

— Brian a été arrêté, dit la jeune femme, désemparée.

Il sembla à Clémentine que son cœur cessait de battre. Les policiers n'avaient pas perdu de temps. Deirdre poursuivit :

— Il est revenu hier à la maison. Il était en effervescence. Il voulait que nous organisions une expédition punitive contre le domaine d'Andrew Prescott. Il nous a dit que Sean allait certainement mourir et que nous devions le venger. Nous avons réuni les gars. Ils étaient tous d'accord pour que nous allions flanquer une bonne correction à ceux de Prescott.

— Attendez ! A quelle heure est-il arrivé ?

— Vers le milieu de l'après-midi.

Clémentine fit un rapide calcul. Par le train, il fallait cinq heures pour revenir de la capitale jusqu'au terminus de la ligne. Donc, Brian n'avait pas eu le temps de se rendre sur les terres de Prescott pour tuer Charles et revenir ensuite chez lui.

— Mais alors, pourquoi l'a-t-on arrêté ?

— Les policiers l'ont accusé d'avoir tué Charles Prescott. Il a juré qu'il n'y était pour rien, mais ils n'ont pas voulu l'écouter et ils l'ont emmené.

— Quels crétins ! s'exclama Clémentine.

— J'ai accompagné Brian. Il a d'abord été amené à New Norfolk hier soir. Il était presque minuit lorsque nous sommes arrivés. Ce matin, on l'a conduit à Hobart, où il a été présenté au procureur Wilson. Celui-ci a dit qu'il ferait tout pour qu'il soit pendu. Je suis venue vous voir parce que je ne sais plus quoi faire. Brian est innocent.

Clémentine frémit. Elle connaissait désormais assez Wilson pour savoir qu'il tenait là le moyen d'anéantir le clan Kelly et qu'il n'allait pas s'en priver, quitte à fabriquer des preuves. Elle prit les mains de la jeune Irlandaise dans les siennes.

— Merci de m'avoir prévenue, Deirdre. Je vais voir si je peux faire quelque chose.

Restée seule, Clémentine réfléchit. Il fallait à tout prix faire libérer Brian rapidement. Sinon, on pouvait compter sur Wilson pour faire instruire un dossier à charge qui ne lui laisserait aucune chance. Très vite, la solution lui apparut. Elle était extrêmement risquée, mais elle n'avait pas le choix. Elle prit une feuille de papier et commença à rédiger une lettre.

Deux heures plus tard, elle se rendit chez maître Galloway, un avocat de Hobart auquel elle n'avait jamais eu affaire, et lui remit un dossier.

— A n'ouvrir qu'au cas où il m'arriverait malheur, précisa-t-elle.

L'avocat eut l'air étonné, mais ne posa aucune question.

Ensuite, elle se présenta au cabinet de Martin Wilson. Au début, il refusa de la recevoir, mais elle menaça de faire un scandale et il finit par céder. A peine était-elle dans son bureau qu'elle l'attaqua de front.

— Que reprochez-vous à Brian Kelly ? accusa-t-elle. Vous n'avez aucune preuve contre lui, et vous savez pertinemment qu'il n'a pas eu les moyens matériels de tuer Charles Prescott. Il était dans le train à l'heure où celui-ci a été tué.

— Ce sera à la justice de l'établir, miss White, répondit l'autre sèchement. Vous n'avez pas à vous en mêler.

— Vous êtes décidé à le détruire, n'est-ce pas ?

— Je ne vois pas de quoi vous voulez parler. Brian Kelly est un criminel. Il est donc juste qu'il soit puni.

— Il est surtout indispensable qu'il soit condamné parce que cela sert vos intérêts ! riposta-t-elle vertement.

— Madame, je ne vous permets pas ! Et je vous prie de sortir !

— Je me moque de votre permission, monsieur le procureur. Ecoutez-moi bien : en réalité, vous vous moquez complètement du fait que les Kelly aient des ancêtres hors-la-loi. Vous savez que ce sont des gens honnêtes. Mais ils ont un tort : Andrew Prescott et vous-même voulez devenir les seuls exploitants forestiers de Tasmanie. C'est pourquoi vous devez les éliminer. Il est donc plus facile de laisser planer sur eux les soupçons les plus éhontés, en laissant croire, par exemple, que Brian pourrait avoir été à l'origine de la mort de ses parents, ou encore qu'il a fait tuer sa femme, Krissy Kessler. Les enquêtes ont été très vite bouclées. Pourquoi, sinon parce que l'on ne souhaitait pas vraiment que les vrais coupables fussent démasqués ?

— Prenez garde à ce que vous dites, miss White. Vous êtes à la limite de la diffamation.

— Je n'ai pas terminé. D'après vous, qui a agressé Sean Kelly ?

— Il ne fait aucun doute qu'il s'agit d'un règlement de comptes entre truands.

— A moins qu'il ait été attiré dans un piège par un homme vêtu de noir !

— Encore cette lubie ! Nous avons mené une enquête, Miss White. Personne n'a vu cet homme. C'est une pure invention de votre part.

— Ah oui ? Eh bien allez donc interroger Sean Kelly. Il a repris connaissance et il a formellement désigné ses agresseurs : trois hommes dirigés par un individu portant un long manteau noir. Curieuse coïncidence, n'est-ce pas ?

Enervé, Wilson se leva et déclara :

— Bien, à présent, j'en ai assez entendu. Madame, je vous ordonne de quitter mon bureau, avant que je ne vous fasse arrêter pour outrage à magistrat dans l'exercice de ses fonctions.

Clémentine sourit intérieurement. Elle l'avait amené où elle voulait. Tout à coup, elle demanda :

— Avez-vous entendu parler de John Lawrence ?

Wilson resta un moment interloqué.

— D'où tenez-vous ce nom ? demanda-t-il, brusquement mal à l'aise.

— De Brian Kelly. D'après lui, un homme vêtu de noir accompagnait Andrew Prescott lorsqu'il est venu proposer de racheter son exploitation, il y a vingt ans.

Wilson parut troublé.

— John Lawrence...

— John Lawrence, oui, qui s'habillait toujours entièrement de noir. Vous le connaissez bien, n'est-ce pas ? Vous savez par exemple que c'est lui qui a tué Peter et Maureen Kelly.

Le procureur blêmit.

— Qu'est-ce que c'est que cette histoire ?

— Mais il n'était pas seul. Cinq hommes l'accompagnaient. Et l'un d'eux avait nom... Martin Wilson.

Le procureur manqua de s'étouffer de colère et de stupeur. Jamais on n'avait osé lui manquer de respect à ce point.

— Vous rendez-vous compte de la portée de vos propos, madame ?

Ignorant la question, elle pointa le doigt sur lui et poursuivit, d'une voix qu'elle s'efforçait de conserver calme et ferme :

— Vous êtes un assassin, monsieur le procureur. Tout comme vos complices.

Le regard de défi qu'elle dardait sur lui augmenta son malaise. Il se leva et s'insurgea, d'une voix mal assurée :

— Vous fabulez ! Tout ceci est un tissu de mensonges !

— Vous savez bien que non. Comme vous savez que je n'ai pu apprendre cette histoire que d'une seule manière : de la bouche de Henry Mac Dougall, qui a assisté au crime.

— Personne ne croira la parole d'un prisonnier évadé.

— D'autant moins qu'il a été abattu sur votre ordre. Mais il a eu le temps de me confier son secret.

— Madame, je vous jure que vous allez payer tout cela très cher, grinça-t-il.

— Taisez-vous ! C'est vous qui avez assassiné les parents Kelly. John Lawrence a froidement achevé Maureen qui tentait de s'échapper, mais vous-même avez dit : « La justice, c'est moi ! Personne n'aura de problème si nous restons unis et si nous jurons de garder le silence. » Deux d'entre vous n'étaient pas d'accord, mais ils ont tout de même prêté serment.

— Qui avalera une histoire aussi fantaisiste ?

— Les journaux en sont friands, monsieur le procureur. Bien sûr, il est probable que vous allez faire le nécessaire pour qu'il m'arrive un... « accident » après avoir quitté ce bureau. Je sais que vous n'hésiterez pas à m'éliminer tout comme vous l'avez fait pour Henry Mac Dougall et Roy Shermann. Vous n'agirez pas personnellement, vous donnerez des ordres à vos hommes de main. Mais prenez garde ! J'ai consigné toute l'histoire dans une lettre qui est déposée chez un avocat dont je tairai le nom. S'il m'arrivait de mourir brutalement ou si l'on s'en prenait à mes enfants, le dossier serait aussitôt transmis aux plus hautes autorités et envoyé à tous les journaux de Tasmanie et d'Australie.

Wilson émit un ricanement.

— Tout ceci est pure invention. Et de toute façon, il y a prescription.

— Pour la justice, peut-être, monsieur le procureur, mais pas pour le scandale. Je doute que vous puissiez vous remettre d'une telle publicité.

— Et vous êtes prête à risquer la mort pour ça ?

— La mort, je l'ai côtoyée bien souvent il y a quelques années. Je ne la redoute pas.

Wilson la fusilla du regard, mais elle le fixa sans faiblir, à tel point qu'il dut lui-même baisser les yeux. Il laissa passer un silence, puis demanda d'un ton rogue :

— Que voulez-vous ? De l'argent ?

Elle secoua la tête d'un air dégoûté.

— Vous me connaissez bien mal. Je veux la libération de Brian Kelly.

Il la contempla avec stupéfaction.

— C'est tout ? Et vous avez pris ce risque pour ça ? J'avoue que je ne comprends pas.

— Brian Kelly est innocent des crimes dont vous l'accusez. Et il fait partie de mes amis.

Wilson ne répondit pas immédiatement. Il se rassit en maugréant.

— Alors, que décidez-vous ? insista Clémentine.

— Que voulez-vous que je fasse ? Vous me faites chanter, je suis bien obligé de céder à votre odieuse machination.

— Parce qu'en plus, c'est moi qui suis odieuse !

— Rien ne prouve qu'après avoir obtenu ce que vous désirez, vous n'exigerez pas autre chose.

— Vous avez ma parole d'honneur que vous ne risquez rien tant que vous ne vous attaquerez pas à moi ou à l'un de mes amis.

— Votre parole d'honneur...

— Si ce mot a encore un sens pour vous, vous saurez ce que je veux dire.

Il blêmit sous l'insulte, mais ne répondit pas.

— Alors ? insista-t-elle.

Il bougonna, puis se gratta le menton. Enfin, il déclara :

— C'est bien, je vais faire libérer Brian Kelly.

Il prit un document, qu'il remplit rapidement sous les yeux de Clémentine, et le signa.

— Voilà. Il sortira dès aujourd'hui.

Il appuya sur une sonnette. Un secrétaire se présenta.

— Faites porter ceci à la prison ! grommela-t-il.

L'homme saisit le document et l'emporta. Lorsqu'il fut sorti, Wilson ajouta :

— Peut-être ne le croirez-vous pas, mais j'étais persuadé que Kelly était coupable. Je trouvais parfaitement logique qu'il veuille venger son frère. Il est vrai que cela arrangeait aussi les affaires de mon ami Andrew Prescott, qui a perdu son dernier fils dans l'affaire.

Clémentine faillit lui faire remarquer qu'il lui en restait un autre. Mais il était probable que le vieil Andrew ne considérait plus Richard comme son fils depuis belle lurette. Wilson reprit :

— Cependant, vous m'avez apporté un nouvel élément.

— Lequel ?

— John Lawrence. Après toutes ces années, tout le monde l'avait oublié. Mais il est revenu, et apparemment, il a décidé de se venger.

— Quel mal lui a-t-on fait pour qu'il puisse avoir le désir de se venger ainsi ?

Wilson haussa les épaules.

— Il y a vingt ans, notre groupe l'a rejeté. Il a dû quitter la Tasmanie pour l'Australie. Je sais qu'il s'est livré là-bas à des activités douteuses. Il a été condamné pour escroquerie et déchu de ses titres de noblesse. Autrefois, on l'appelait sir John Lawrence. C'était un baronnet ruiné qui avait décidé de tenter sa chance dans les colonies. Son titre constituait un excellent atout auprès des banquiers. C'est pour cela que Prescott s'était lié d'amitié avec lui. Cependant, lorsqu'il a été condamné, nous ne nous sommes pas occupés de lui. Nous avons craint un moment qu'il raconte ce qu'il savait. Mais il ne pouvait nous dénoncer sans se condamner lui-même à la peine capitale. Et puis, il devait se douter qu'il avait peu de chances d'être pris au sérieux. Il a donc dû purger sa peine en rêvant de nous faire payer notre indifférence. Je suppose qu'il a été libéré récemment et qu'il a ruminé une sombre vengeance contre nous.

— Mais mon mari ne faisait pas partie de votre groupe.

— Non, bien sûr !

— Alors, pourquoi Lawrence l'a-t-il tué ?

Wilson eut une moue dubitative.

— En effet, ce n'est pas logique. On peut imaginer qu'il s'en soit pris à Sean Kelly et à Charles Prescott afin de déclencher une guerre entre les deux clans, mais Peter White n'avait rien à voir avec cela.

— Qu'allez-vous faire ?

— Il faut l'empêcher de nuire à nouveau. Je vais envoyer mes meilleurs hommes à sa poursuite.

— Alors, ne tardez pas, parce que ce monstre a déjà fait trop de mal.

Elle se leva et enfila son manteau. Elle s'apprêtait à quitter le bureau lorsque Wilson lui dit :

— Miss White, sachez que je vous déteste cordialement. Mais je vous admire également. Vous faites preuve d'un courage que beaucoup d'hommes vous envieraient. Quel dommage que nous soyons dans des camps opposés.

Elle lui adressa un sourire froid.

— Je prends ceci comme un compliment, monsieur le procureur. Mais ne me proposez pas de m'allier avec vous, parce que moi, je ne vous admire pas.

Puis, sans attendre de réponse, elle sortit du bureau.

46

En quittant le palais, Clémentine ne se sentait pas très bien. Elle avait joué sa vie uniquement pour faire libérer Brian. Mais quelque chose lui soufflait qu'elle avait agi comme elle le devait. Wilson aurait fait fabriquer des preuves afin de le faire accuser. Désormais, le procureur et ses complices vivraient avec une épée de Damoclès au-dessus de la tête. Cependant, même si elle avait triomphé, à présent que l'heure du combat était passée, Clémentine se sentait affaiblie. Elle pensa un instant retourner chez elle, mais elle n'avait pas envie de se retrouver seule. Emilie n'habitait pas très loin du palais. Elle décida de lui rendre une petite visite.

Son amie l'accueillit avec un visage grave. Sur le moment, Clémentine pensa que la nouvelle de la mort de Charles Prescott l'avait attristée. Mais, apparemment, elle n'était pas encore au courant. Lorsque Clémentine lui en parla, elle s'écria :

— Charles Prescott ? Mon Dieu ! Cela ne s'arrêtera donc jamais ! Sait-on ce qui s'est passé ?

Clémentine lui raconta ce qu'elle savait.

— John Lawrence, oui, je me souviens de lui, répondit Emilie. Un drôle d'individu. Il ne portait que des vêtements noirs. Il avait un visage particulier, comme taillé à la hache, avec un nez aquilin qui le faisait ressembler à un rapace, des yeux d'un gris métallique. Il ne riait jamais. On aurait dit un fauve prêt à massacrer sa proie. Malgré ça, il avait un succès invraisemblable auprès des femmes.

Elle se tut un instant, prit une profonde inspiration, puis poursuivit :

— Clémentine, je dois vous dire quelque chose qui ne va pas vous faire plaisir, mais, en tant qu'amie, je dois vous avertir.

Une onde glaciale parcourut l'échine de la jeune femme.

— De quoi s'agit-il ?

— Voilà. Vous envisagez d'épouser Richard Prescott, n'est-ce pas ?

— C'est exact.

— Je voudrais que vous réfléchissiez bien avant de prendre une décision définitive.

Clémentine blêmit.

— Que voulez-vous dire ?

— Il faut vous méfier de lui. Cet homme est un dangereux pervers.

Le regard de Clémentine se durcit. Elle ne comprenait plus rien. Pourquoi son amie, en qui elle avait toujours eu la confiance la plus totale, la trahissait-elle ainsi ?

— Qu'est-ce que c'est que cette histoire ?

— Vous n'allez jamais croire ce que je vais vous dire. Il a... commis un viol sous les yeux de sa sœur, Roselynn.

— Hein ? Vous mentez ! Tout cela est faux !

— Calmez-vous, Clémentine. Je comprends que vous refusiez de me croire, mais peut-être accepterez-vous d'écouter Roselynn ?

— Roselynn ?

— Elle est venue se réfugier ici après avoir quitté Sean à l'hôpital. Elle m'a parlé de vous. Elle a dit qu'il fallait vous aider, même malgré vous. En ce moment, elle se repose dans une chambre. Mais je peux lui demander de venir.

— Non ! Je ne veux rien entendre de plus. Tout ceci est un tissu de mensonges.

— Clémentine !

— Je ne veux plus vous voir. Adieu !

Elle se leva, mais Roselynn apparut soudain devant elle. Elle avait l'air déterminée.

— Restez, Clémentine ! Vous m'avez sauvé la vie il y a quelque temps. Je dois faire la même chose pour vous. Asseyez-vous !

Subjuguée par le ton nouveau de la jeune fille, Clémentine obéit. Roselynn prit place près d'elle.

— Richard n'est pas celui que vous croyez, déclara-t-elle. Il vous joue la comédie pour mieux endormir votre méfiance. Quand il veut, il est capable de se montrer très gentil, très tendre et très drôle. Mais c'est pour mieux tromper son monde. Il n'agit ainsi que lorsqu'il poursuit un but précis. En réalité, il possède un tempérament violent et pervers. Il a douze ans de plus que moi. Quand j'étais toute petite, il me terrorisait. Il tordait le cou de mes poupées, il me frappait, puis il menaçait de me tuer si je le dénonçais. J'avais tellement peur que je ne disais rien. Je crois qu'il se vengeait sur moi de toutes les humiliations que lui faisait subir notre père. Cela s'est calmé lorsqu'il est parti pour suivre ses études de droit. Quand il revenait à la maison, il continuait à me traiter comme si j'étais sa domestique, mais il ne martyrisait plus mes poupées et ne me frappait plus. Il passait son temps à travailler.

« En 1914, j'avais une amie, Clarisse. Elle avait treize ans et moi onze. Je l'enviais, car elle paraissait déjà plus mûre que son âge ; elle avait de grands yeux bleus, des seins superbes. C'était la fille du jardinier et mes parents n'aimaient pas trop que je joue avec elle. Mais je m'en moquais. J'aimais beaucoup Clarisse. Un jour, Richard a proposé de nous emmener jusqu'à la maison que possédait ma mère sur la côte, au sud de Hobart.

— Je la connais, dit sourdement Clémentine. Il m'a montré les ruines.

— A l'époque, cette maison était très belle. Je n'avais pas très envie d'accepter, mais Richard s'est montré très gentil. Cela arrivait tellement rarement que j'ai pensé un moment qu'il avait changé, et j'en ai été très heureuse. Il faisait un temps magnifique. Richard a dit que nous pourrions faire un pique-nique. Nous avons tout préparé et nous sommes partis avec le cabriolet. Mes parents n'étaient pas là pour la journée. Ils m'interdisaient toujours de sortir. J'avais l'impression de leur jouer un bon tour, avec la complicité de Richard. C'était tellement grisant que je ne me suis pas méfiée un seul instant. Tout s'est bien passé jusqu'à la fin du repas. Mais Richard avait emporté du vin. Il avait bu. Alors, il a commencé à caresser Clarisse. Au début, elle ne s'est pas méfiée, et moi non plus. Mais après...

Roselynn éclata en sanglots.

— Ce fut horrible. Il l'a frappée parce qu'elle ne voulait pas. Il l'a prise de force. Et il m'a forcée à regarder. C'était terrible. J'ai cru que j'allais mourir de honte. Après, il a menacé de nous battre si nous le dénoncions. Il a dit que Clarisse l'avait provoqué et qu'elle n'avait eu que ce qu'elle méritait. Si nous parlions, son père perdrait son emploi.

Une nausée soudaine saisit Clémentine. Elle connaissait assez Roselynn pour savoir qu'elle n'avait pas inventé toute cette histoire. Elle comprenait aussi à présent pourquoi la jeune fille restait si souvent repliée sur elle-même. Elle avait deviné, lorsqu'elle l'avait reçue chez elle, l'année précédente, que quelque chose de terrible l'avait marquée autrefois. Aujourd'hui, elle connaissait la réponse.

— Est-ce pour cette raison qu'il a quitté la Tasmanie ? demanda-t-elle.

— Non ! Il est parti quelques mois plus tard, après la mort d'Edward. Après le viol, nous avons eu tellement peur que nous n'avons rien dit. Ce n'est qu'après son départ que j'en ai parlé à ma mère.

Clémentine hocha la tête, abasourdie. Une douleur lui barrait la poitrine. Elle serra les dents pour ne pas céder aux larmes. Comment avait-elle pu se laisser abuser ainsi ? Richard devait pourtant bien savoir qu'elle finirait par apprendre sa conduite passée. Mais sans doute avait-il une histoire toute prête pour se justifier, comme il l'avait fait après l'épisode de Patricia. Roselynn avait raison, cet individu était habité par une rare perversité. Il avait même réussi à tromper les enfants, qui l'appelaient oncle Dick. Mais c'était terminé !

Une angoisse nouvelle la saisit soudain. Si tout cela était vrai, qu'en était-il de l'histoire de la chevalière ? Peut-être avait-il vraiment un lien avec John Lawrence...

Clémentine se souvint des paroles de Moragani. « La trahison et la mort rôdent autour de toi... » Une fois encore, la vieille femme avait raison. Pourquoi ne s'était-elle pas méfiée plus tôt ?

Lorsqu'elle quitta la demeure d'Emilie, il faisait nuit. Elle avait l'impression d'avoir été rouée de coups.

Le lendemain, dès neuf heures, elle se rendit chez Gladstone. Elle voulait vérifier les termes du contrat de mariage préparé par

Richard. S'il contenait quelque chose de suspect, elle s'en rendrait compte immédiatement. Le notaire tergiversa.

— Ce n'est qu'un projet, dit-il sans la regarder en face. En principe je ne dois le remettre qu'à monsieur Prescott.

— Il m'a dit que je pouvais en prendre connaissance quand je le souhaitais. J'attends donc que vous me le donniez.

Visiblement, ce Gladstone avait partie liée avec Richard. Embarrassé, il finit par accepter de lui confier le document. Elle dut le relire deux fois avant de comprendre. Richard y avait fait preuve d'une finesse machiavélique. Si elle avait lu ce contrat sans savoir ce qu'elle savait à présent, elle n'aurait rien soupçonné. Clémentine restait propriétaire de tous ses biens, ce qui était logique et conforme à la loi de 1870 sur les propriétés des femmes mariées. En revanche, une clause prévoyait son décès. Dans ce cas, il était prévu que sa fortune serait gérée par Richard, dans l'intérêt des enfants. A la lumière de ce qu'elle avait découvert, elle commençait à comprendre l'ampleur de la machination.

Elle avait revu Richard deux ans plus tôt, à Hobart, en mars 1923. A cette occasion, elle lui avait appris qu'elle était mariée avec Peter White. Deux mois plus tard, celui-ci était assassiné par un homme vêtu de noir, John Lawrence. Il était impossible d'établir un rapport entre ce crime et sa rencontre avec Richard. Sauf s'il existait un lien entre lui et John Lawrence, comme semblait le prouver la chevalière. Lawrence avait tué Peter afin de la rendre veuve. Mais Richard avait agi avec une rare intelligence. Il avait attendu plusieurs mois avant de reprendre contact avec elle, afin que l'on ne puisse établir le moindre lien. Il avait alors tout fait pour la séduire, y compris la veiller pendant sa maladie, et il avait atteint son objectif : la séduire. Malheureusement, il ne s'attendait pas à ce qu'elle lui rende une visite surprise à Sydney, et découvre l'existence de sa maîtresse. Mais, encore une fois, il s'en était tiré avec subtilité, en inventant une histoire de rupture à laquelle elle avait fini par croire, à tel point qu'elle avait accepté de l'épouser. Son plan était machiavélique. Et elle n'avait rien vu, parce que tout s'était étalé dans le temps, et parce qu'il s'était montré sous un jour irrésistible. Mais ce n'était qu'un masque qui dissimulait la plus noire des perversités. A la vérité, elle n'aurait rien soupçonné si le hasard ne lui avait fait rencontrer Henry Mac Dougall. Elle comprenait mieux à présent l'intuition qui l'avait poussée à porter secours aux deux évadés. Sans le secret du vieux bagnard, elle n'aurait jamais eu vent de l'existence de John Lawrence, et elle serait tombée tête baissée dans son piège.

Elle voyait clair dans son jeu désormais. Il avait manœuvré pour s'emparer de sa fortune. Il était probable qu'il avait prévu, dans les mois qui suivraient leur mariage, d'organiser un accident qui le laisserait veuf et seul maître de ses biens. Peut-être même avait-il envisagé de tuer les enfants. C'était même probable.

Mais alors, pourquoi John Lawrence s'était-il attaqué à Sean, puis à Charles Prescott ? Et quel était ce lien mystérieux entre Lawrence et Richard ?

Une seule personne pouvait peut-être répondre à cette question : Elisabeth Prescott.

Quelques instants plus tard, elle frappait à la porte des Prescott. Un domestique anglais l'introduisit dans un salon où Elisabeth l'accueillit avec un sourire sans chaleur.

— Asseyez-vous, miss White. Je m'attendais à votre visite.

Clémentine prit place. Lorsque le majordome fut parti, Elisabeth déclara :

— Je suppose que vous êtes venue me voir pour en apprendre plus sur mon fils Richard.

— C'est exact.

— Alors, je veux vous donner ce conseil : ne vous mariez pas avec lui. Richard est un monstre. Je suppose que Roselynn vous a parlé de cette histoire de viol.

— Oui.

— Mais elle ne sait pas tout. Il y a pire encore.

Clémentine frémit. Elisabeth poursuivit :

— C'est Richard qui a tué son frère Edward il y a dix ans.

Clémentine resta un long moment interdite. Elle se souvint de ce que lui avait raconté Richard lorsqu'il l'avait emmenée visiter les ruines de la demeure incendiée. Pas un instant elle n'avait soupçonné quoi que ce fût.

— Ce n'est pas possible... murmura-t-elle.

— Hélas, c'est la vérité. Richard était l'amant de Krissy Kessler, la femme de Brian Kelly. Ce qu'il ignorait, c'est que son frère Edward avait également une relation avec elle. Depuis ses déboires professionnels, Krissy Kessler avait sombré dans l'alcool et la déchéance. Elle s'offrait à tout un chacun.

— Richard m'a dit qu'elle s'était mise à boire parce que Brian lui interdisait de voir sa fille.

— C'est faux. Krissy se moquait bien de sa fille. Elle ne pensait qu'à elle, qu'à sa carrière. Elle s'est mise à boire parce qu'elle ne supportait pas d'avoir échoué. Il fallait bien être aussi stupide que Richard pour s'amouracher d'une telle créature. Il était très épris d'elle. Mais ce n'était pas réciproque. Elle le trompait avec Edward. Edward était bel homme, et aucune femme ne pouvait lui résister. Il s'était attiré les foudres de son père à cause de cela, mais il n'en avait cure. Un jour, le drame a éclaté. Richard s'est rendu au pavillon du bord de mer pour y retrouver Krissy. Hélas, celle-ci était déjà avec Edward. Lorsqu'il est arrivé, ils étaient au lit, dans le plus simple appareil. D'après ce qu'il a dit, ils se sont moqués de lui. Alors, il a vu rouge. Il est reparti chercher un fusil de chasse dans le cabriolet, il est revenu et il les a tués tous les deux.

Clémentine baissa la tête. Richard lui avait raconté une tout autre version et elle y avait cru sans se douter de rien.

— Que s'est-il passé ensuite ? demanda-t-elle.

— Il est rentré et s'est confié à son frère William. Celui-ci lui a conseillé d'aller se constituer prisonnier. En faisant valoir le crime passionnel, commis sous le coup de la colère, il pouvait espérer s'en tirer avec une peine supportable. Nous avions les moyens de payer un bon avocat. Mais Andrew, une fois mis au courant, ne fut pas de cet avis. Il est entré dans une colère noire et il a frappé Richard. J'ai cru qu'il allait le tuer. William a dû s'interposer.

— Mais qui est William ?

— Mon fils aîné. Lorsqu'Andrew a été calmé, il a organisé un conseil de famille. Il a déclaré qu'il ne fallait surtout pas qu'un scandale éclabousse la famille. Edward était un dépravé. Il avait péché gravement en glissant une femme mariée dans son lit. Dieu l'avait puni. Si Richard devait aller en prison, la honte rejaillirait sur nous tous. C'est pourquoi il valait mieux que l'on croie à un crime crapuleux. Andrew a donc ordonné à Richard de retourner sur place et de mettre le feu à la maison, afin d'effacer les traces du double meurtre. Mieux encore, il fallait laisser sur place des éléments qui orienteraient les soupçons sur Brian Kelly, le mari de Krissy. Cette décision a écœuré William. Andrew lui a ordonné de se mêler de ses affaires. Il était le chef de famille et il entendait que tout le monde lui obéisse. Mais William s'est mis en colère. Il... enfin, mon mari et lui se sont battus. C'était horrible. William a eu le dessus et Andrew l'a accusé d'avoir tenté de le tuer. William était bouleversé. Il avait toujours respecté son père, mais cette fois, Andrew avait perdu tout crédit à ses yeux. Alors, il a quitté la maison et n'est jamais revenu. Quant à Richard, il fut très heureux de s'en tirer à si bon compte. Il a exécuté les ordres d'Andrew sans discuter. Ensuite, mon mari a fait courir la rumeur selon laquelle Brian Kelly avait assassiné sa femme. Kelly fut innocenté, et pour cause, mais les soupçons, entretenus par Andrew, ont continué à peser sur lui.

— Et vous avez supporté cet ignoble individu pendant toute votre vie.

Elisabeth haussa les épaules, résignée.

— Que vouliez-vous que je fisse ? A part William, personne n'a eu le courage de se dresser contre lui. Andrew a exigé que Richard quitte la Tasmanie. Ce qu'il a fait. Je l'ai aidé un peu financièrement, au début. Après, il s'est débrouillé tout seul, et je n'ai plus eu de ses nouvelles pendant des années. Jusqu'à ce qu'il revienne, il y a quelques mois. Lorsque j'ai appris qu'il devait vous épouser, j'ai tremblé pour vous. J'ai failli aller vous voir, mais je pensais que vous n'accorderiez aucun crédit à toute cette histoire.

— Même à présent, j'ai du mal à y croire. Mais... qu'est devenu William, votre fils aîné ? Je n'avais jamais entendu parler de lui.

— C'est un sujet douloureux. Nous évitons de l'évoquer et nos amis respectent notre peine. Mais William était le meilleur de mes fils. Il se heurtait souvent à son père, auquel il reprochait ses méthodes. La mort d'Edward fut la goutte qui fit déborder le vase. Cela s'est passé en 1914. La guerre venait d'éclater en Europe. Il s'est engagé et nous ne l'avons jamais revu. Je suppose qu'il a été tué. Mais nous n'en avons pas éte avertis.

Une vive émotion envahit Clémentine.

— Peut-être s'était-il engagé sous un faux nom, avança-t-elle.

— C'est bien possible.

— Quel âge avait-il ?

— Il était né le 7 août 1884. En 1914, il avait trente ans.

Clémentine crut que son cœur allait s'arrêter de battre.

— Auriez-vous une photo de votre fils ? demanda-t-elle d'une voix altérée.

Elisabeth sortit le médaillon qu'elle portait sur elle et l'ouvrit. Il renfermait une série de petites photos.

— Tous mes enfants sont là, dit-elle. Même Richard.

Elle en sélectionna une et la tendit à Clémentine, qui la prit avec fébrilité. Il n'y avait aucun doute.

— C'est William, souffla-t-elle.

— Bien sûr, c'est William, confirma Elisabeth, étonnée.

— Non, vous ne comprenez pas. En France, j'ai épousé un officier tasmanien sous le nom de William Smith. Il a été tué en août 1918. Mais je portais un bébé de lui, ma petite Mary. Cela veut dire... qu'elle est votre petite-fille.

Elisabeth la regarda comme si elle la découvrait pour la première fois.

— Vous ? Vous avez épousé mon fils ?

Clémentine ne put que hocher la tête pour confirmer. Sa gorge était trop serrée pour laisser passer une parole. Bouleversée, Elisabeth éclata en sanglots. Elle se leva et prit Clémentine dans ses bras.

— Si j'avais pu savoir...

Clémentine avala difficilement sa salive et déclara :

— Vous avez tout lieu d'être fière de votre fils, madame Prescott, parvint-elle à articuler. Il fut un soldat courageux et un mari exemplaire. C'est pour retrouver sa famille que je suis venue en Tasmanie avec Mary. Mes parents avait été emportés par la grippe espagnole, et je n'avais plus personne en France. Malheureusement, lorsque je suis arrivée, on m'a dit que William Smith n'existait pas.

Un souvenir lui revint à l'esprit.

— J'aurais dû me douter de quelque chose plus tôt. Le jour où votre mari est venu chercher Roselynn au domaine des Diables, il a eu l'air surpris lorsque Mary est sortie sur le pas de la porte. Je comprends aujourd'hui pourquoi. Elle devait ressembler à son père quand il était petit.

— Je me souviens. Il m'en a parlé lorsqu'il est revenu. Cette ressemblance l'avait frappé.

Elisabeth s'écarta de Clémentine et esquissa un sourire.

— Nous devons avoir l'air bête de pleurer comme ça toutes les deux. Il faudra que vous reveniez me voir. Nous avons tant de choses à nous dire.

— Je vous le promets. Mais il reste un élément que je voudrais comprendre : existe-t-il un lien entre Richard et John Lawrence ?

Le sourire d'Elisabeth s'effaça. Elle ferma les yeux, hésita, puis déclara d'une voix sourde :

— Il y en a un : John Lawrence... est le père de Richard.

47

Clémentine eut l'impression qu'elle avait mal compris.

— Vous dites que John Lawrence est le père de Richard ?

Elisabeth eut un pauvre sourire, puis s'effondra.

— Tout est de ma faute. J'ai commis le plus terrible des péchés et Dieu m'a punie.

— Que s'est-il passé ? demanda doucement Clémentine.

— Lorsque j'ai épousé Andrew, en 1883, je venais d'avoir dix-sept ans. Il avait neuf ans de plus que moi. William est né l'année suivante. Puis il y a eu Edward, en 1887, et Charles, en 1889. A cette époque, j'étais une belle femme. Les hommes me convoitaient et me faisaient des propositions discrètes. Mais j'avais juré fidélité à mon mari, et, dans mon milieu, on ne plaisantait pas avec ces choses-là. Et surtout, j'avais peur de lui. Il dirigeait son monde avec une poigne de fer et il brandissait toujours la Bible. J'ai subi sa tyrannie sans broncher. Puis un jour, John Lawrence est arrivé. C'était juste après la naissance de Charles. Je ne sais pas ce qui s'est passé. J'ai été irrésistiblement attirée par cet homme. Il n'était pas particulièrement beau, mais il émanait de lui une fascination étrange. Lorsqu'il me parlait, j'avais l'impression de perdre la tête. J'éprouvais l'envie qu'il me prenne dans ses bras, qu'il m'emporte avec lui où il voudrait... J'étais complètement folle.

Clémentine sourit intérieurement. Elle n'avait pas ressenti autre chose pour Richard. Elle posa la main sur celle d'Elisabeth.

— Je vous comprends.

— J'ai résisté de toutes mes forces. Mais un jour, Andrew est parti pour Launceston, et John est resté près de moi. C'est ainsi que cela a commencé. Oh, cette relation n'a duré que quelques semaines. Je n'osais plus regarder Andrew en face. Je ne sais pas comment j'ai fait pour lui cacher ce qui s'était passé. J'avais l'impression qu'il pouvait deviner la vérité rien qu'en me regardant. Mais le fait est : il ne l'a pas su. Tout se serait arrêté là si je ne m'étais pas retrouvée enceinte. Et le doute ne m'était pas permis. En fonction des dates, j'ai compris que le père de l'enfant ne pouvait être que John Lawrence. Lui aussi l'a compris, mais il n'a rien dit. Il a seulement obtenu d'être le parrain de Richard. Andrew, qui ne se doutait de rien, a accepté. A cette époque, ils étaient amis. La vie a repris comme avant. Seuls John et moi connaissions le secret de la naissance de Richard. Roselynn est née dix ans plus tard, en 1903. Mais son père est bien Andrew.

« La vérité a éclaté un peu après le treizième anniversaire de Richard, en 1904. Andrew avait toujours été autoritaire et irascible, mais, depuis quelque temps, il devenait de plus en plus insupportable. J'ai l'impression qu'il avait vécu quelque chose de terrible, dont il ne pouvait pas parler. Il se mettait à hurler sous le moindre prétexte. Il terrorisait tout le monde. Un jour, il a même été jusqu'à me frapper. Je ne l'ai pas accepté, et je lui ai dit... ce que j'aurais dû garder enfoui au plus profond de moi. Je lui ai craché à la figure qu'il n'était pas le père de Richard, que je l'avais trompé. Il m'a encore frappée, jusqu'à ce que je lui avoue le nom du vrai père. J'ai cru qu'il allait tuer John. Mais celui-ci ne s'est pas laissé faire. Il a entraîné Andrew à l'écart et ils se sont expliqués. J'ignore ce qu'ils se sont dit, mais, le lendemain, John Lawrence disparaissait de notre vie. Je sais qu'Andrew lui a donné une grosse somme d'argent. Depuis, je n'ai plus entendu parler de lui. Jusqu'à ce que vous me parliez de lui tout à l'heure.

Clémentine secoua la tête.

— Tout s'éclaire désormais. Y compris la coïncidence de la chevalière.

— Quelle chevalière ?

— Celle que porte Richard. Il m'a dit qu'elle lui avait été offerte par son père. Il ne voulait pas parler d'Andrew, mais bien de John Lawrence. C'est lui qui a offert cette bague à Richard, sans doute lorsqu'ils se sont retrouvés à Sydney. Je sais que Lawrence a fait de la prison pour escroquerie. Lorsqu'il a été libéré, il a dû prendre contact avec Richard et lui révéler la vérité.

— C'est vrai. Je n'avais rien dit à Richard. Il a toujours cru qu'Andrew était son père.

— Et il ne s'expliquait pas pourquoi Andrew le méprisait et l'humiliait. Il a compris lorsque Lawrence lui a révélé le secret de sa naissance.

— Mais oui, c'est sans doute ce qui s'est passé.

— J'avais chargé un détective privé, Steve Robson, d'enquêter sur la mort de mon mari. J'ignore comment il s'y est pris, mais il a dû apprendre l'existence de Lawrence et il s'est rendu à Sydney pour le débusquer. Malheureusement, l'autre s'est sans doute rendu compte qu'il était surveillé, et il a éliminé Steve Robson.

— Quelle horreur ! Comment ai-je pu aimer un monstre pareil ? gémit Elisabeth.

— Je sais à présent pourquoi Richard cherchait à détourner mes soupçons de John Lawrence, ajouta Clémentine. Il ne voulait pas que je découvre qu'il avait partie liée avec lui.

Elle expliqua à Elisabeth le plan imaginé par Richard pour s'emparer de sa fortune.

— Cela semble parfaitement logique, admit Elisabeth. Cependant, je ne comprends pas pourquoi Lawrence s'en est pris à Sean Kelly, puis à mon fils Charles. S'il voulait se venger d'Andrew, pourquoi ne l'a-t-il pas frappé directement ?

Clémentine réfléchit, puis s'écria :

— Je crois que j'ai compris.

Elle laissa passer un silence, puis ajouta, abasourdie :

— C'est encore plus machiavélique que je ne pensais. J'ai pensé que Richard voulait s'emparer de ma fortune, mais cela ne lui suffisait pas. Son but était encore plus ambitieux.

— Comment ça ?

— Il voulait s'emparer de la totalité des concessions forestières, y compris celle des Kelly. Il a tout calculé. Il lui fallait attendre que notre mariage fût sur le point de se réaliser. Son complice John Lawrence commence par tuer Sean. Il sait qu'il va ainsi provoquer la colère du clan Kelly. Deux jours plus tard, il tue votre fils Charles, en se doutant que la police, poussée par le procureur Wilson, qui sert les intérêts de votre mari, va accuser Brian Kelly d'avoir voulu venger son frère. Il sème ainsi le discrédit sur le clan des Irlandais.

— Et ensuite ?

— Ensuite, à part Andrew, Richard reste le seul héritier mâle du clan Prescott. Il sait que votre mari va vouloir se rendre sur place pour examiner les lieux où son fils Charles a été tué.

Elisabeth la regarda, les yeux soudain agrandis par la terreur.

— Mon Dieu ! C'est vrai ! Andrew est parti pour Maydena hier après-midi.

— Et Richard m'a dit qu'il voulait se rendre sur place pour venger son frère Charles. Encore une fois il m'a joué la comédie.

— Il va tuer Andrew.

— Pas lui-même. Il va se montrer ostensiblement à vos bûcherons afin de se constituer un alibi. Et c'est John Lawrence, le mystérieux homme en noir que tout le monde a oublié, qui va frapper. Plus tard, on accusera un autre Kelly, probablement Ruppert.

— Oh non ! gémit Elisabeth.

— Ma fortune ne lui suffisait pas, déclara Clémentine d'une voix blanche. En tuant Charles, il reste le seul héritier mâle de la famille Prescott. En éliminant Andrew, il devient le chef de famille. Et en éliminant le clan Kelly, il se prépare à racheter leur concession à un prix dérisoire. Et personne ne peut le soupçonner, puisque ce n'est pas lui qui agit directement, mais John Lawrence, un père secret dont vous seule connaissez l'existence.

— C'est épouvantable !

Elisabeth prit les mains de Clémentine dans les siennes.

— Clémentine, il faut que vous alliez là-bas. Vous pouvez encore l'arrêter.

— Je pars immédiatement. Quant à vous, prévenez immédiatement le procureur Wilson que Lawrence se trouve sans doute à Maydena, sur votre domaine.

48

Après être passée chez elle pour se munir d'un pistolet et d'un fusil, Clémentine prit la route de New Norfolk. Par chance, elle avait rempli le réservoir de la Vauxhall la veille. Conduisant à bonne allure, elle ne mit pas trois heures pour parvenir au domaine Prescott. La maison qui jouxtait les bâtiments de la scierie et les entrepôts était d'architecture géorgienne. Si elle attirait l'œil, Clémentine s'aperçut très vite qu'elle avait dû connaître des jours meilleurs. Le petit parc qui la ceinturait n'était pas entretenu. De hautes herbes envahissaient les massifs de roses et d'orchidées. Les boiseries auraient nécessité une réfection. Visiblement, les propriétaires ne venaient pas souvent ou s'en moquaient.

Anxieuse, Clémentine scruta le parc. Nulle part elle ne vit la voiture de Richard. Elle n'avait pas envie de tomber sur lui. Sans perdre de temps, elle se dirigea vers la scierie, située à peu de distance. Lorsqu'elle descendit de son véhicule, un grand gaillard aux cheveux roux en brosse et à la moustache en croc s'avança vers elle. Reiner, le contremaître. Elle le connaissait pour l'avoir vu plusieurs fois au côté d'Andrew Prescott, particulièrement la fois où ils étaient venus rechercher Roselynn.

— Ça alors ! s'exclama-t-il. B'jour, miss White !

— Bonjour, monsieur Reiner, dit-elle. Andrew Prescott est-il là ?

— Non, m'dame. Le patron est parti voilà une heure sur les lieux où ce pauvre m'sieur Charles a été tué.

— Seul ?

— Non. Deux gars l'accompagnent

— Ecoutez-moi bien, monsieur Reiner. Andrew Prescott court un grand danger. Il faut absolument que vous m'accompagniez sur place, avec des fusils.

Il la regarda avec stupéfaction.

— Vous croyez que l'assassin de m'sieur Charles va s'en prendre au patron ?

— J'en suis sûre. Autre chose : avez-vous vu Richard Prescott dernièrement ?

— M'sieur Richard ? Pour ça oui. Même que j'ai été plutôt étonné. Ça faisait plus de dix ans que je l'avais pas revu. Il est arrivé ce matin pour rencontrer son père. Il a dit qu'il avait appris la mort de m'sieur Charles et qu'il voulait se réconcilier avec m'sieur Prescott. Mais le patron n'a rien voulu savoir. Ils se sont engueulés ! Oh là là, j'ai cru que m'sieur Prescott allait le frapper. Je sais pas pourquoi, mais ils s'aiment pas, ces deux-là.

— Qu'a fait Richard ?

— Il est reparti avec sa voiture.

— Bon débarras ! Ecoutez, monsieur Reiner, il faut rejoindre monsieur Prescott le plus vite possible.

— C'est bien, miss White. Je fais seller des chevaux et nous y allons.

— Il faudrait que nous soyons nombreux. Les autres sont au moins quatre.

— Ne vous inquiétez pas. Je vais demander à quelques gars de nous accompagner.

Quelques instants plus tard, Clémentine fonçait vers l'endroit où avait été tué Charles Prescott, suivie d'une demi-douzaine d'hommes armés. La jeune femme remarqua très vite que l'exploitation n'était pas gérée de la même manière que la sienne. Ici, on abattait les arbres sans discernement, sans aucun souci de préserver la forêt. Par endroits, il ne restait plus que de larges étendues de taillis au milieu desquels émergeaient çà et là des souches d'eucalyptus géants, véritables plate-formes végétales que les lianes et les mousses recouvraient inexorablement. Ailleurs, on avait détruit ce fouillis impénétrable par le feu. Ils traversèrent une lande désolée d'où surgissaient des squelettes noircis. Plus loin enfin, la végétation reprenait ses droits et ils passèrent sous les arches de hautes fougères arborescentes.

Tout à coup, ils entendirent des coups de feu. Clémentine fit signe à ses compagnons de mettre pied à terre. Laissant les chevaux sous la garde de l'un d'eux, ils prirent leurs armes et s'avancèrent parmi les fourrés épais. Des bourrasques violentes agitaient les grands eucalyptus, au niveau supérieur. Le ciel bas et couvert ne laissait passer qu'une luminosité réduite, d'un bleu gris uniforme qui noyait les reliefs dans une demi-nuit angoissante. Un peu plus loin, ils parvinrent en surplomb d'un petit vallon parcouru par un torrent dévalant du mont Field. A proximité du cours d'eau se dressait une cabane, dans laquelle les assiégés avaient trouvé refuge. Un corps inanimé gisait à quelques mètres.

— C'est Kramer ! précisa Reiner d'une voix où se mêlaient la tristesse et la colère. Ils l'ont eu.

Dans la lumière crépusculaire, les langues de feu des armes trahissaient les positions de quatre tireurs embusqués que la densité de la végétation rendait invisibles.

— Ils résistent encore, dit un homme.

— Mais apparemment, ils n'ont plus beaucoup de munitions, remarqua Clémentine. Ils ne tiendront plus très longtemps.

Elle arma son fusil et déclara :

— Nous allons attaquer par surprise, dit-elle à ses compagnons.

Tacitement, ils s'étaient rangés sous ses ordres.

— La lueur des tirs nous permet de les localiser. Nous allons concentrer nos tirs sur chacun d'eux, les uns après les autres. Ainsi, nous aurons plus de chance de les toucher.

Ils acquiescèrent. Elle désigna le premier. Sur son ordre, les fusils claquèrent simultanément. Un cri de douleur retentit dans les fourrés. Sans perdre de temps, elle indiqua le deuxième homme. Un autre hurlement se fit entendre. Clémentine rechargea son arme rapidement. Des jurons éclatèrent, suivis d'un vacarme de branches cassées. Clémentine comprit que les agresseurs s'enfuyaient. Elle distingua une ombre noire se faufilant au cœur de la sylve, en direction de la haute montagne. Elle eut la conviction qu'il s'agissait de John Lawrence. Elle épaula et tira de nouveau. Mais l'ombre disparut dans les ténèbres glauques de la forêt.

— Raté ! grommela-t-elle.

Avec prudence, elle s'avança vers la cabane, suivis par ses compagnons sur le qui-vive. Mais les agresseurs avaient disparu. Elle descendit vers la cabane tandis que Reiner et les bûcherons inspectaient les environs. Une silhouette apparut à la porte de la masure, le fusil à la main. Une odeur de poudre se mêlait aux senteurs de la forêt. Clémentine avait l'impression de se retrouver au cœur de l'un de ses cauchemars. Il était à peine trois heures de l'après-midi et on avait l'impression que la nuit était sur le point de tomber tant la luminosité était faible. Dans les branches des grands arbres, les vents furieux faisaient entendre des mugissements inquiétants. Une tempête se préparait.

— M'sieur Prescott est blessé, dit le bûcheron à l'entrée de la cabane.

Clémentine s'agenouilla d'abord près du corps de l'homme étendu près du ruisseau. Mais il n'y avait plus rien à faire pour lui. Une balle lui avait emporté une partie de la tête.

— Ils nous sont tombés dessus d'un seul coup, expliqua le bûcheron en se tenant l'épaule.

Il fit une grimace. Lui aussi était touché.

— Oh, ce n'est rien, dit-il pour la rassurer. Juste une éraflure.

Il désigna le torrent en contrebas.

— C'est ici que m'sieur Charles a été massacré à coups de hache. Le patron voulait voir les lieux, pour chercher des traces, quoi. Mais il n'a pas pu aller bien loin. A peine arrivés, on nous a tiré dessus. Kramer a été tué sur le coup. Heureusement, la cabane était proche. Nous avons couru pour nous y réfugier. Nous avons résisté comme nous avons pu, mais il était temps que vous arriviez. Il me restait encore trois balles. Quant à m'sieur Prescott, je crois qu'il n'avait plus rien.

Clémentine entra dans la cabane. Andrew Prescott était adossé à la paroi, près de la fenêtre. Il tenait encore son fusil, mais une tache écarlate maculait sa poitrine. Il émit un ricanement lorsqu'il découvrit Clémentine.

— Vous ?

— Eh oui, encore moi, dit-elle.

— Que faites-vous ici ?

— Je suis venue vous sauver la vie.

— Me sauver la vie... Dire que j'ai cru un moment que c'était vous qui aviez payé ces tueurs.

— Je vous ferai remarquer que ces hommes ont aussi tué mon mari.

— C'est vrai. Alors, qui sont ces types ?

Epuisé, il se laissa glisser sur le sol. Clémentine posa son arme et s'agenouilla près de lui.

— Calmez-vous, dit-elle. D'abord, je vais examiner votre blessure.

Il se laissa faire. Clémentine écarta la chemise et constata qu'il avait été gravement touché.

— Il faut vous ramener chez vous très vite, dit-elle. Je n'ai pas ce qu'il faut pour vous soigner ici.

— Comment se fait-il que vous soyez là ? demanda-t-il d'une voix rauque.

Elle soupira.

— C'est une longue histoire. Mais nous aurons le temps d'en reparler.

Il lui saisit le poignet, qu'il serra avec force.

— Non, nous n'aurons pas le temps. Je sais que je vais mourir.

— Restez tranquille ! Nous allons essayer de vous sauver. Bien que je me demande si vous le méritez.

Il ne releva pas l'allusion. Ses yeux s'accrochèrent à ceux de Clémentine.

— J'ai reconnu celui qui a essayé de me tuer, souffla-t-il. Il s'appelle John Lawrence. Prenez garde. Cet homme est le Diable en personne.

— Je sais qui est John Lawrence. Et je ne crains pas le Diable. Vous avez vu, je l'ai fait fuir.

Il soupira.

— C'est vrai. Ah, quel dommage que nous soyons ennemis.

— Arrêtez, Prescott. Nous ne sommes pas ennemis. C'est vous qui vous êtes mis cette idée dans la tête. De toute façon, nous ne le serons jamais plus, parce que, d'une certaine manière, nous sommes de la même famille.

Il hocha la tête à plusieurs reprises et déclara :

— Oui, nous sommes de la race des vainqueurs.

— Il ne s'agit pas de ça. J'ai dit que nous sommes de la même famille parce que ma fille Mary est votre petite-fille.

— Quelle petite-fille ?

— Vous l'avez aperçue lorsque vous êtes venu chercher Roselynn au domaine des Diables.

— C'est vrai. Elle m'a rappelé l'un de mes enfants.

— Votre fils William. Celui avec qui vous vous êtes disputé il y a dix ans.

— William, soupira Prescott, bouleversé. Je me souviens de lui.

Visiblement, la souffrance altérait la mémoire et l'élocution du vieil homme. Il devait se concentrer pour suivre la conversation. Clémentine lui prit la main.

— J'ai rencontré William en France, pendant la guerre. Il s'était engagé sous le nom de Smith. Je l'ai aimé, et nous nous sommes mariés. Malheureusement, il est mort alors que j'attendais un enfant de lui. Mary est votre petite-fille, monsieur Prescott. Vous voyez bien que nous ne pouvons pas être ennemis.

— Mary... William...

Il balança lentement la tête comme pour aider l'information à pénétrer son esprit embrumé par la douleur.

— Je crois que je m'en suis douté la première fois que je l'ai vue chez vous. Elle avait le même regard étonné que son père au même âge.

Il serra les mâchoires, puis fut secoué d'un bref sanglot.

— William.... Mais pourquoi l'ai-je laissé partir ? Le seul de mes fils qui ne m'a jamais déçu. Vous a-t-il... parlé de moi ?

— Non, répondit-elle doucement. Dans le cas contraire, je serais déjà venue vous trouver. Mais William m'avait caché son véritable nom.

— Sans doute est-ce de ma faute, soupira Prescott. Il va falloir que je m'en explique bientôt devant le Très-Haut.

— Nous n'en sommes pas encore là. Nous allons vous ramener chez vous.

A ce moment, Reiner entra dans la cabane.

— Votre tactique était efficace, Miss White, dit-il. Kramer est vengé. Les deux gars que nous avons touchés sont morts. Malheureusement, il n'y a pas le type en noir.

Clémentine hocha la tête.

— Les deux autres se sont enfuis. Cela veut dire que John Lawrence n'a désormais plus qu'un seul complice en dehors de Richard.

Une heure plus tard, Andrew Prescott avait été ramené chez lui. On l'installa dans sa chambre, une pièce austère et sombre, éclairée par deux lampes à pétrole. Au mur était accroché un crucifix avec un christ sculpté au regard sévère, au front couvert d'épines. Clémentine examina le vieil homme avec attention. La blessure était sérieuse. Une balle s'était logée près du cœur.

— Il va être difficile de l'extraire, dit-elle.

— Cela ne fait rien, dit-il. Je crois que j'ai assez vécu, et je m'aperçois que je n'ai pas fait que des choses bien. Mais vous, dites-moi ce qui s'est passé.

Il se tourna vers la vieille domestique qui avait aidé Clémentine et lui demanda de sortir. Elle obéit en bougonnant.

— D'où connaissez-vous John Lawrence ? demanda Andrew.

Clémentine ne répondit pas immédiatement.

— Je ne le connais pas, mais j'ai entendu parler de lui. Je sais qu'il a fait partie de vos amis autrefois. Je sais aussi qu'il est le père de Richard.

Le vieil homme blêmit.

— Qui vous l'a dit ?

— Votre femme. Je me doutais qu'il existait un lien entre Richard et cet homme.

Elle lui raconta les révélations de Roselynn, l'hypocrisie du contrat de mariage et les aveux d'Elisabeth concernant la mort d'Edward et de Krissy Kessler.

— Mais ce n'est pas tout, dit-elle enfin. C'est John Lawrence qui a donné le coup de grâce à Maureen Kelly lorsqu'elle fut tuée avec son mari en 1904.

— Vous savez cela également...

— Je sais aussi qu'il n'était pas seul.

Cette fois, elle tentait un coup de bluff. Henry Mac Dougall n'avait reconnu que Martin Wilson. Pourtant, elle était persuadée qu'Andrew Prescott faisait partie du groupe. Elle précisa:

— J'ai eu récemment une petite conversation avec Martin Wilson.

La stupéfaction se peignit sur les traits d'Andrew Prescott.

— Et il vous a laissée repartir comme ça...

— J'ai pris mes précautions. Le procureur Wilson tient avant tout à éviter un scandale.

La stupéfaction devint de l'accablement.

— Alors, vous savez, souffla-t-il.

— Six hommes ont ouvert le feu sur un couple d'Irlandais innocents qui n'avaient commis d'autre crime que d'appartenir à la même famille qu'un hors-la-loi exécuté vingt ans plus tôt.

— Pas six. Seulement quatre. Lawrence et Wilson ont tiré. Moi, j'ai tiré, ainsi que Kleinberg. Mais Herbert Fischer et Ambrose Richmond n'étaient pas d'accord. Il a fallu exiger qu'ils prêtent serment pour obtenir leur silence.

Clémentine resta un moment silencieuse. Sans s'en douter, Andrew Prescott venait de lui fournir les noms qui lui manquaient. Ainsi, Herbert et Ambrose faisaient partie de la bande. Un profond sentiment de déception l'envahit.

— Ils n'ont pas tiré, répondit-elle, mais ils sont tout de même complices de ce crime.

— Comment l'avez-vous appris ?

— Le hasard m'a amenée à rencontrer le seul témoin, Henry Mac Dougall. Avant de mourir, il m'a confié son secret.

— Et qu'allez-vous faire ?

Clémentine secoua la tête.

— Rien. Révéler la vérité déclencherait un scandale et inciterait le clan Kelly à venger Peter et Maureen. Mais une vengeance meurtrière ne les ramènerait pas.

— Malheur à celui par qui le scandale arrive...

— C'est pourquoi je garderai cette histoire pour moi. J'ai donné ma parole d'honneur à Wilson. Elle ne serait connue que s'il m'arrivait malheur.

— Il ne vous arrivera rien. Vous êtes la mère de ma petite-fille.

Une grimace de douleur déforma son visage. Il lui prit la main.

— Je voudrais la voir. Il ne me reste plus beaucoup de temps, je crois.

— Il vous reste encore quelques années si vous tenez bon. Vous souffrez beaucoup, mais le fait que vous soyez encore vivant prouve que la balle n'a pas endommagé le cœur ou l'aorte. Il sera difficile de l'ôter, mais je peux y arriver. Seulement, je ne peux pas le faire seule. Il me faut l'aide d'autres médecins. Comme vous êtes intransportable, il faut qu'ils viennent ici. Je vais télégraphier à l'hôpital Trevine. D'ici là, il faudra que vous résistiez. Vous ne bougerez pas de ce lit. Reiner va demander au médecin de New Norfolk de venir.

— Non, c'est un vieux charlatan. Ne vous inquiétez pas, je résisterai. J'ai trop envie de connaître ma petite-fille.

Quelques instants plus tard, après avoir donné ses instructions à Reiner pour qu'il veille sur son patron, Clémentine regagnait sa voiture, bousculée par des rafales violentes. Il faisait presque nuit. Elle espéra qu'il n'était pas trop tard pour envoyer un télégramme à l'hôpital Trevine.

Elle arriva juste à temps au terminus de la ligne de chemin de fer, seul endroit où se trouvait un bureau de poste. L'employée, qui allait fermer, grommela, mais finit par accepter d'expédier le télégramme, que Clémentine adressa au docteur Stevenson. Rassurée sur ce point, elle décida de repasser par le domaine des Diables afin de s'assurer que tout allait bien. Elle ne s'inquiétait pas trop. Les enfants étaient sous bonne garde.

Mais au moment où elle allait monter dans sa voiture, une voix familière retentit tout près d'elle.

— Bonsoir, Clémentine.

Elle se retourna d'un bloc et se retrouva face à Richard, le visage éclairé par un sourire mauvais.

49

Le cœur de Clémentine se mit à battre plus vite.

— Richard ! Je croyais que tu étais chez ton père.

Il ricana :

— Tu dois pourtant savoir que je n'y étais pas, puisque tu en viens.

— Je... je ne comprends pas.

Elle regarda autour d'elle pour quêter du secours. Mais, à cette heure tardive, il ne restait plus personne dans cette gare destinée essentiellement au transport du bois de construction. Les ouvriers avaient regagné Maydena, tout comme les employés de la Banque du Commonwealth. Seule subsistait la lueur falote du petit bureau de poste que l'employée se préparait à fermer.

— Tu m'as parfaitement compris au contraire, grinça Richard. Et ne cherche pas à nier.

Il s'était interposé entre sa voiture et elle.

— Laisse-moi passer ! hurla-t-elle.

Comme il ne s'écartait pas, elle leva la main pour le frapper, mais il fut plus rapide qu'elle. Un coup d'une rare violence lui fit exploser la lèvre. Elle s'écroula. Il la releva d'un geste brutal et la força à le suivre en lui maintenant les poignets. Clémentine se retrouva devant la voiture de Richard. Au volant se tenait un homme de haute taille, à la mine patibulaire. La portière arrière s'ouvrit.

— Maman !

Clémentine crut qu'elle allait s'évanouir. Paul et Mary étaient assis sous la garde d'un individu dont elle distingua à peine les traits en raison de la pénombre.

— Monte ! ordonna Richard.

Elle s'exécuta. Les enfants se jetèrent dans ses bras. Elle se mit à pleurer. Lorsqu'elle releva les yeux, elle constata que l'homme assis à ses côtés pointait un pistolet sur elle. Il était entièrement vêtu de noir. Elle comprit qu'elle se trouvait face à John Lawrence. Son regard trahissait une absence totale de sensibilité. Son visage au nez recourbé et aux yeux vifs faisait penser à un oiseau de proie. Elle s'écarta de lui autant que le permettait la banquette inconfortable et le supplia :

— Ne leur faites pas de mal.

Mais il ne réagit pas, se contentant de lui indiquer de rester tranquille d'un geste sec de son arme. Elle se blottit dans le fond de la voiture en serrant ses deux enfants contre elle, tournant le dos au pistolet, pour les protéger. Richard prit place sur le siège opposé. La voiture démarra. A l'extérieur, l'ouragan s'était mis à souffler en rafales. Les lumières parcimonieuses de la gare s'évanouirent dans le lointain. La lueur tremblotante des phares à acétylène éclairaient la route cahoteuse à quelques mètres devant le véhicule. Celui-ci ne pouvait avancer très vite. Clémentine se rendit compte que l'on retournait vers Maydena. Un petit quart d'heure plus tard, la voiture traversa le village sous une pluie battante, mais ne s'arrêta pas. La dure suspension de la Ford mettait les reins des passagers à rude épreuve. Le moteur bruyant peinait dans les côtes.

— Nous aurions dû prendre sa voiture, dit Richard à l'adresse de John Lawrence.

— Elle était trop repérable. Celle-ci est plus discrète.

Clémentine avait reconnu celle de Richard, qu'il utilisait lors de ses déplacements en Tasmanie.

— Où allons-nous ? demanda-t-elle, inquiète.

— Tu le verras bien, répondit-il sèchement.

— Comment se fait-il que les enfants soient ici ? insista-t-elle. Est-ce que... tu as tué tout le monde au domaine des Diables ?

Il gloussa :

— Ma chère, me prendrais-tu pour un assassin ?

Elle faillit lui répondre qu'il n'avait pas assez de courage pour cela et qu'il préférait faire exécuter la besogne par d'autres, mais elle s'abstint. Elle devait éviter à tout prix de le provoquer.

— Je suis retourné là-bas comme le futur marié que je suis toujours à leurs yeux. On m'a accueilli à bras ouverts. J'ai expliqué que tu étais restée à Hobart pour soigner Sean Kelly, et que tu m'avais demandé de revenir au domaine pour que les enfants ne se sentent pas trop seuls. J'ai dit aussi que tu devais revenir sous deux ou trois jours au maximum. Personne n'a mis ma parole en doute.

— Et ensuite ?

— Cet après-midi, j'ai proposé une petite promenade en voiture aux enfants pendant que Dina préparait le repas du soir. Ils ont sauté de joie. Je les ai chaudement habillés et nous sommes partis. C'est aussi simple que ça. Je me doutais que tu allais passer par ici pour retourner aux Diables. Et je ne me suis pas trompé.

— Que comptes-tu faire de nous ?

Il ne répondit pas, se contentant de jouer avec son propre pistolet pour lui faire peur.

La voiture roula ainsi pendant une petite heure. Puis elle arriva dans un petit village appelé Westerway, à une trentaine de kilomètres avant New Norfolk. Là, elle pénétra dans la cour d'une ferme désaffectée, située à l'extérieur de l'agglomération. Sous la menace des armes, Clémentine et les deux enfants furent contraints de gagner l'habitation. Un véritable déluge les détrempa en quelques instants. Puis on les cloîtra dans une chambre vétuste, dont le chauffeur taciturne referma la porte à clé. Clémentine examina aussitôt la fenêtre, mais celle-ci était close par des barreaux. Impossible de tenter de s'échapper par là. Mary regarda sa mère avec des yeux anxieux.

— Que vont-ils nous faire, maman ? J'ai peur.

— Ne t'inquiète pas, ma chérie. Je ne les laisserai pas vous faire du mal.

Paul serra ses petits poings d'un air rageur et déclara :

— Moi, je voudrais être très grand et très fort pour casser la figure d'oncle Dick ! Il est très méchant !

La pièce était meublée d'un lit, d'une petite table, d'une chaise bancale et d'un vase de nuit. L'éclairage provenait d'une lampe à pétrole posée sur la table. Une odeur de vieux bois flottait dans l'air, mêlée à des relents d'humidité et de moisissure. A l'extérieur, Clémentine perçut des éclats de voix, sans comprendre ce qui se disait. Apparemment, les trois hommes échangeaient des propos animés. Elle imagina qu'ils n'allaient pas repartir le soir même et songea que c'était bien ainsi. Il fallait gagner du temps. Wilson avait peut-être déjà lancé ses hommes à la poursuite de John Lawrence. Avec un peu de chance, ils seraient délivrés rapidement.

Une heure après leur arrivée, la clé tourna dans la serrure et Richard entra, apportant de quoi manger. Pain sec, eau et quelques pommes. Les enfants se jetèrent sur la nourriture avec voracité.

— Pourquoi es-tu retourné au domaine des Diables ? demanda Clémentine. Je croyais que tu devais voir Prescott pour te réconcilier avec lui.

Il fit une grimace.

— Oh, c'est une longue histoire, grommela-t-il. Lorsque je me suis présenté chez lui, cet imbécile m'a jeté dehors.

— Tu devais bien te douter qu'il ne te pardonnerait pas aussi facilement. Il n'a sans doute pas oublié que tu as tué son fils Edward.

Richard la contempla avec stupéfaction.

— Alors tu es au courant...

— Ta mère m'a tout raconté. Je sais aussi que John Lawrence est ton véritable père.

— Décidément, tu es très fine.

— Pourquoi étais-tu revenu le voir ?

— Je voulais que l'on me voie à la scierie, afin de me constituer un alibi.

— Pendant ce temps-là, John Lawrence devait tuer Andrew Prescott.

Richard marqua un temps, comme s'il choisissait ses mots, puis déclara :

— Disons qu'il devait permettre à ce vieux chacal de rejoindre un monde réputé meilleur où l'attendaient déjà son dernier fils, Charles, et quelques autres personnes parmi lesquelles ton défunt mari, Peter White.

Clémentine sentit qu'il prenait un malin plaisir à la faire souffrir avec ces dernières paroles. Elle respira profondément pour ne pas céder à sa provocation.

— Ainsi, tu avoues que c'est toi qui l'as fait tuer !

— La belle affaire ! Il me gênait. Il fallait que tu sois libre pour que je puisse t'épouser.

— Tu n'es qu'un salaud ! grinça-t-elle.

— Surveille ton langage devant les enfants, voyons !

Clémentine se mordit l'intérieur de la joue afin de calmer la colère qui bouillonnait en elle. Le cynisme de l'infect personnage avait refait surface. Comment avait-elle pu être aveugle à ce point et croire qu'elle était amoureuse de lui ? Elle se haïssait de s'être montrée si faible. Satisfait de lui, Richard poursuivit :

— Prescott m'a chassé, mais il n'était pas indispensable que je reste chez lui pour me fabriquer un alibi. Je me suis donc installé à Maydena en attendant que tout soit terminé. Le témoignage des clients de la taverne suffirait largement à prouver que je n'étais pour rien dans le meurtre d'Andrew Prescott.

Tout à coup, son sourire narquois s'effaça.

— Mais tu as tout flanqué par terre. Depuis la taverne où je m'étais installé à Maydena, j'ai vu ta voiture passer. Un instant, j'ai pensé que tu regagnais le domaine des Diables, mais tu t'es dirigée vers l'exploitation Prescott. Je me suis aussitôt douté que les choses ne se déroulaient pas comme prévu. J'ai attendu l'heure que mon père et moi avions fixée, puis je me suis rendu au point de rendez-vous prévu. Lorsqu'il est arrivé, il m'a dit que tu étais intervenue à temps pour sauver ce vieux crétin de Prescott, et que tu avais tué deux de nos hommes.

Il se mit à hurler d'une voix de dément .

— Des compagnons fidèles, avec qui mon père s'était lié pendant ses années de prison. Ils sont morts par ta faute.

Elle soutint son regard sans faiblir. Elle n'oubliait pas que ce scélérat avait le sang de Peter sur les mains. Si les enfants n'avaient pas été là, elle lui aurait sauté à la gorge. Mais elle ne pouvait prendre ce risque. Même si elle parvenait à l'assommer, elle se doutait que les deux autres interviendraient immédiatement pour la maîtriser. Elle fit un violent effort sur elle-même pour ne pas réagir. Voyant qu'il ne parvenait pas à l'impressionner, Richard serra les poings comme s'il allait la frapper. Elle ne broncha pas. Peut-être à cause de la présence des enfants, il finit par se calmer.

— Tu es tout de même une sacrée bonne femme, admit-il. On voit que la guerre t'a endurcie.

— Pourquoi as-tu enlevé les enfants ? demanda-t-elle.

— Là encore, tu es la seule responsable. Ton intervention chez Prescott prouvait que tu avais compris beaucoup de choses. Tu es trop intelligente, Clémentine. J'ai pourtant essayé de détourner tes soupçons de John Lawrence, mais il a fallu que tu continues à fouiner, n'est-ce pas ? Et tu as découvert la vérité.

Il marqua un silence, puis poursuivit :

— Mon plan était pourtant parfait, martela-t-il. Andrew Prescott mort, il ne restait plus qu'à attirer les soupçons sur Ruppert Kelly. Le clan des Irlandais était fini, car aucun de ceux qui restaient n'était capable de reprendre l'exploitation. J'aurais pu la racheter pour une bouchée de pain. Quant à moi, j'héritais de la moitié de la fortune Prescott, et de celle de ma chère épouse, à qui il serait survenu un triste accident quelques mois après notre mariage.

Clémentine frémit. Elle avait vu juste : il avait bien eu l'intention de l'éliminer.

— Je croyais que tu m'aimais, objecta-t-elle.

Il ricana :

— Eh bien tu te trompes. Je ne t'ai jamais aimée. Pour moi, tu ne représentais qu'une grosse fortune dont je voulais m'emparer.

— Pour quelle raison ? Je peux comprendre que tu ne m'aies pas aimée. Mais je ne t'ai jamais fait de mal. Dans ce cas, pourquoi me tuer ?

— Parce que toi aussi, tu me gênais. Tu n'as rien compris à la vie, ma pauvre Clémentine. Le monde est une jungle dans laquelle tu dois dévorer les autres si tu ne veux pas mourir. Seuls les plus forts survivent parce qu'ils sont les meilleurs. Ainsi s'exerce la sélection naturelle. Regarde les animaux.

— Justement, les animaux ne sont pas des êtres humains. Pour moi, les plus forts doivent protéger les plus faibles, et non les détruire.

— Foutaises ! explosa-t-il de nouveau.

Il se mit à marcher de long en large.

— Et puis, j'avais une autre raison : je voulais me venger de ce crétin d'Andrew Prescott. Il n'a pas cessé de m'humilier pendant toute ma jeunesse, pour me faire payer le fait qu'il n'était pas mon vrai père. Mais je n'étais pas responsable, n'est-ce pas ? Je n'ai pas oublié les heures passées dans le cellier, les genoux calés sur un manche à balai, les jours maudits au cours desquels je devais réciter des dizaines de patenôtres afin d'expier la faute commise par ma mère. Je voulais lui faire payer tout ça, tout le mal qu'il m'a fait. Pour cela, il me fallait l'écraser en réalisant ce qu'il n'a jamais été capable de faire lui-même : devenir le plus gros, le seul exploitant forestier de Tasmanie.

Clémentine frémit. Richard n'avait plus toute sa raison. Il resta un instant silencieux sans cesser de marcher puis hurla :

— Mais c'est fichu ! A cause de toi ! A présent, nous sommes obligés de fuir.

Terrorisés, les enfants se mirent à crier. Clémentine les prit contre elle. Elle ne sentait pas les larmes qui ruisselaient sur ses joues. Larmes de rage et d'impuissance. Larmes de peur aussi. Elle ne tremblait pas pour elle. Mais elle ne pouvait supporter l'idée que l'on fît du mal à Paul et à Mary. Il lui semblait que son sang s'était transformé en glace. Elle souffla :

— Je t'en supplie, Richard, si tu veux t'en prendre à quelqu'un, venge-toi sur moi. Mais ne fais pas de mal à mes enfants.

Il ricana de nouveau, puis, sans répondre, quitta la chambre, dont il referma la porte à clé.

Clémentine se recroquevilla sur le lit, tenant toujours Mary et Paul contre elle.

Pourquoi Richard les avait-il amenés dans cette maison à l'écart de tout ? Peut-être envisageait-il de les tuer tous les trois, puis de s'enfuir ensuite. Elle jeta un coup d'œil aux enfants. Installés sur le lit, ils avaient cessé de manger. Ils avaient écouté, pétrifiés par la peur, les propos des deux adultes qui semblaient prêts à s'égorger mutuellement. L'attitude de leur mère et de Richard était d'autant plus angoissante que, encore deux jours plus tôt, ils semblaient très amoureux. Les petits comprenaient d'autant moins qu'ils avaient déjà adopté « oncle Dick » comme leur nouveau papa. Mais il s'était transformé en un monstre terrifiant, dont ils ne comprenaient plus le comportement. Les adultes étaient-ils donc capables de mentir à ce point ?

Recrue de fatigue, Clémentine se décida à se coucher près des enfants. Mais elle mit longtemps à s'endormir.

Le lendemain, le jour naissant l'éveilla. Elle se rendit à la fenêtre pour tenter d'apercevoir quelque chose, mais l'ouverture donnait sur un fouillis de végétation inextricable. Impossible d'espérer prévenir quelqu'un par là. De toute façon, la maison n'avait aucun voisin immédiat. Désespérée, elle revint s'asseoir sur le lit et contempla ses enfants encore endormis.

Un peu plus tard, Richard leur porta du pain et un peu de café infect, puis disparut sans lui adresser la parole. Elle nota qu'il avait l'air soucieux, ce qui était plutôt rassurant.

Il revint vers midi, avec un peu de viande de porc froide et des haricots qu'il n'avait même pas pris la peine de réchauffer. Clémentine en profita pour lui demander :

— Comment as-tu retrouvé John Lawrence ?

Il hésita, puis répondit :

— C'était il y a deux ans, peu de temps après que je t'ai retrouvée à Hobart. A cette époque-là, j'aurais encore pu tomber amoureux de toi, mais tu m'as dit que tu étais mariée avec Peter White. Quand je suis revenu à Sydney, tu ne vas peut-être pas le croire, mais j'étais très malheureux. Tu n'avais pas cherché à me revoir. Je t'en ai voulu.

« Et puis un jour, j'ai vu arriver un homme bizarre qui m'a dit : bonjour Richard, je suis ton père ! Il venait de sortir de prison. Je me souvenais vaguement de lui pour l'avoir souvent vu à Hobart, chez mon... enfin chez Prescott. Cet homme s'appelait sir John Lawrence. Il m'a tout raconté, et j'ai enfin compris pourquoi Andrew Prescott me haïssait. C'est ainsi que nous avons mis au point un plan pour nous venger de lui et nous emparer du même coup des exploitations forestières. En prison, Lawrence s'était lié avec des truands qui étaient prêts à tout pour lui. Il faut dire que c'est un vrai un noble, un baron anglais. Tu ne peux pas en dire autant.

Clémentine jugea inutile de répliquer à cette phrase stupide.

— C'est vous qui avez tué Steve Robson...

— Qui ? Ah, ton détective privé. Un sacré fouille-merde, celui-là. Je l'ai vu rôder plusieurs fois autour de mon bureau et de mon domicile, à Sydney. Puis il est venu me voir. Il a tenté de me faire parler de John Lawrence. J'ai compris qu'il fallait se débarrasser de lui. Mon père s'en est chargé. Et voilà !

Clémentine renonça à discuter plus avant. Peut-être était-ce le contact de l'assassin qu'était son père, peut-être aussi les humiliations subies dans l'enfance lui avaient-elles complètement fait perdre le sens des valeurs, Richard était devenu un monstre d'insensibilité, un être démoniaque capable de jouer la comédie de l'amour pour parvenir à ses fins. Mais cela pouvait s'expliquer. Depuis l'enfance, Richard n'avait eu d'autre arme, pour se défendre, que le mensonge, l'hypocrisie et la manipulation. Il y était passé maître.

Pendant le reste de la journée, elle ne revit plus personne. Mais la maison était toujours occupée. Clémentine se rendit compte qu'en collant son oreille à certains endroits du mur, elle parvenait à percevoir des bribes de conversation. A force d'écouter, elle finit par comprendre plusieurs choses. Tout d'abord, Richard n'avait pas l'intention de les tuer, elle et ses enfants. Dans son esprit, ils constituaient plutôt une monnaie d'échange en cas d'affrontement avec la police. Cette découverte la soulagea un peu. Ensuite, elle apprit pourquoi ils étaient venus se réfugier dans cette maison, depuis laquelle John Lawrence avait organisé ses crimes depuis deux ans. Parce que tout avait échoué et qu'ils étaient démasqués, ils ne leur restait plus qu'une solution : fuir la Tasmanie. Mais il fallait d'abord s'assurer que la voie était libre. Ils avaient envisagé de s'embarquer à Hobart, sur le premier bateau en partance. Mais, d'après le chauffeur, Manfred, qu'ils avaient envoyé en éclaireur en motocyclette, il semblait que la route de la capitale était coupée.

— Je suis allé à New Norfolk, expliqua-t-il. Les flics grouillent partout. Ils recherchent une Ford. Ils ont dû apprendre que c'était votre voiture, patron.

Richard poussa un énorme juron.

Un peu plus tard, et après une nouvelle exploration de Manfred, Clémentine apprit que la route de Launceston par Hamilton et Bothwell était également fermée. Elle jubila : le piège se refermait. Il ne restait plus qu'à attendre. Mais le soir, alors que la nuit venait de tomber, Richard monta et déclara :

— Allez, venez ! On s'en va.

— Où ? demanda Mary d'un ton agressif.

— Tu verras bien !

Clémentine supplia :

— Laisse-moi au moins le temps de les habiller chaudement, supplia-t-elle.

Il cracha :

— Dépêche-toi !

De nouveau sous la menace du pistolet, Clémentine et les deux petits furent contraints de remonter dans la vieille Ford. Puis celle-ci démarra. Evitant la route principale de New Norfolk, elle prit la direction de Fentonbury et d'Ellendale. Clémentine réfléchit à toute allure. S'ils ne pouvaient passer par Launceston ou Hobart, ils n'avaient plus qu'une option : la route de Queenstown. Celle-ci n'était guère praticable, mais elle permettait de joindre Strahan, sur la côte ouest. C'était un port actif qui recevait les chargements de minerai de cuivre et le soufre extraits des mines du mont Lyell, au nord de Queenstown. Là, ils pourraient embarquer sans qu'on leur pose trop de questions. Mais cela représentait un voyage de près de trois cents kilomètres.

La route était très mauvaise, creusée d'ornières et de nids-de-poule. Clémentine savait qu'elle rejoignait la vallée de la Derwent quelques kilomètres après la petite ville de Hamilton. En vérité, c'était la seule chance qu'ils avaient d'échapper aux barrages. Clémentine décida de prendre son mal en patience. En faisant preuve de docilité, elle parviendrait peut-être à déjouer la vigilance de ses gardiens. Malheureusement, leur surveillance ne se relâcha pas. Autour du véhicule s'étendait une nuit profonde, impénétrable. L'ouragan de la veille s'était un peu calmé, mais l'air restait froid, bien que l'on fût encore en été. Dans la montagne forestière, on pouvait subir le blizzard et la neige même en cette saison.

La voiture roulait depuis plus de quatre heures lorsqu'elle emprunta un petit chemin sur la droite. Aussitôt, une vague d'angoisse saisit la jeune femme. Et si elle s'était trompée, s'ils allaient les tuer... Mais la voix de John Lawrence, étrangement basse, la rassura.

— Nous allons passer la nuit ici, décida-t-il.

Le chauffeur sortit du coffre des couvertures qu'il distribua à chacun. Si les enfants ne tardèrent pas à s'écrouler, Clémentine ne dormit guère. Faisant semblant de s'assoupir, elle guettait les réactions des trois hommes, espérant déjouer leur vigilance. Mais ils montèrent la garde à tour de rôle pour la surveiller. De toute façon, où aurait-elle pu aller au cœur de cette nuit d'encre, avec deux enfants aussi jeunes sur les bras ?

Le lendemain, après une trop courte nuit et quelques pas à l'extérieur pour dégourdir les membres ankylosés, la voiture reprit sa route. La tempête avait cessé et un soleil resplendissant inondait le paysage. Cependant, il faisait toujours très frais.

Vers le milieu de la matinée, après une halte dans un petit village, Tarraleah, où ils avaient acheté du pain et des fruits, ils arrivèrent à la hauteur de Derwent Bridge. A cet endroit, la route passait non loin du lac St Clair, l'un des sites les plus sauvages de Tasmanie. Derwent Bridge était un pont de bois étroit, assez large pour laisser passer un seul véhicule. Depuis la veille, ils n'avaient pas croisé plus d'une dizaine de voitures et quelques camions.

Aux voix des trois hommes, Clémentine comprit que leur attention se relâchait. Ils étaient persuadés d'avoir réussi à duper la police. Tout à coup, le moteur de la voiture se mit à tousser.

— Que se passe-t-il ? s'inquiéta Richard.

— Il ne reste presque plus d'essence, patron, grogna le chauffeur.

— Comment ça ? Nous devions avoir assez pour aller jusqu'à Strahan.

— Elle a consommé plus que prévu. Et puis, il n'y avait pas de pompe dans les villages que nous avons traversés.

— Imbécile ! explosa Richard. Qu'allons-nous faire maintenant ?

Clémentine reprit espoir. S'ils étaient immobilisés, peut-être pourrait-elle réussir à leur fausser compagnie. John Lawrence déclara :

— Nous allons arrêter le premier véhicule qui passera. Nous convaincrons son propriétaire de nous le... prêter.

Clémentine devina qu'il n'hésiterait pas à tuer. Tandis que Richard gardait un œil sur les prisonniers, Lawrence et le chauffeur scrutaient les alentours. Tout à coup, Manfred bondit de joie :

— Là-bas, regardez, patron, un véhicule !

Mais le visage de Lawrence ne relaya pas la jubilation de son homme de main.

— Enfer ! Ce sont des flics ! Et il n'y en a pas un, mais trois.

Clémentine poussa un soupir de soulagement. En effet, au loin venaient d'apparaître trois voitures noires en provenance de Queenstown. Elle était sûre qu'ils étaient à leur recherche. Wilson avait tenu parole. Elle faillit dire aux fuyards qu'ils feraient mieux de se rendre, mais elle redoutait de les pousser à bout. Richard regardait autour de lui d'un air affolé. Depuis la veille, Clémentine s'était rendue compte qu'il avait tendance parfois à adopter un comportement incohérent, comme si le fait d'avoir échoué lui avait fait perdre ses moyens. Elle devinait en lui la terreur d'être capturé et envoyé en prison, voire à la potence. Elle comprit qu'il n'accepterait jamais d'être pris et qu'il était prêt à tout pour l'éviter, quitte peut-être à y laisser la vie. Et elle redoutait que, poussé à cette extrémité, il tentât d'entraîner les autres dans la mort.

Autour d'eux s'étendait la forêt, dans toutes les directions. Seule la route témoignait de la présence humaine. Lawrence ne perdit pas son sang-froid.

— Si nous restons ici, nous ne pourrons pas leur échapper. Ils vont s'arrêter dès qu'ils verront notre voiture.

— Mais où aller ? s'écria Richard. Il n'y a qu'une route.

— Nous allons nous cacher dans la forêt le temps qu'ils soient passés.

Sur son ordre, Manfred et Richard poussèrent la voiture au creux d'une petite dépression qui la dissimulerait aux yeux des policiers. Puis ils s'enfoncèrent dans la forêt.

Parvenus à bonne distance de la route, Lawrence fit arrêter le petit groupe. Bientôt, les bruits de moteur se rapprochèrent. Clémentine espéra qu'ils s'arrêteraient. Lawrence avait sorti son pistolet et le pointait sur elle. Elle comprit qu'à la moindre tentative pour prévenir les policiers, il n'hésiterait pas à l'abattre.

Elle ferma les yeux et adressa une prière à ce Dieu auquel elle avait cessé de croire.

Peut-être l'entendit-Il malgré tout, car, tout à coup, les bruits de moteur ralentirent, puis cessèrent.

— Enfer ! Ils se sont arrêtés ! s'exclama Richard.

— Tais-toi et surveille-la.

Clémentine vit Lawrence se faufiler dans la végétation en direction de la route. Il revint un petit quart d'heure plus tard.

— C'est fichu, souffla-t-il à voix basse. Ils ont repéré la voiture. Ils sont une bonne dizaine. Nous ne pouvons rien tenter contre eux.

— Alors, qu'allons-nous faire ? s'affola Richard.

— Nous allons passer par la forêt !

50

— Vous êtes fou ! s'exclama Clémentine. Jamais les enfants ne pourront suivre.

— S'ils ne peuvent pas suivre, ils deviennent inutiles, répondit sèchement Lawrence en agitant son arme.

Atterrée, Clémentine se plaça devant les petits. Elle comprit qu'il n'hésiterait pas à tirer sur eux malgré la présence des policiers. Perdu pour perdu...

— C'est bien, ils suivront. Ne leur faites pas de mal.

Il hocha la tête et donna le signal du départ.

— Nous allons contourner ces collines, à l'ouest, dit-il. Nous retournerons vers la route quelques kilomètres plus loin.

Clémentine ne fit aucun commentaire. Apparemment, il ne connaissait pas la haute forêt tasmane. En théorie, son idée pouvait fonctionner, mais dans la pratique, il en serait tout autrement. Il était facile de s'égarer dans ce pays où n'existait aucun repère. Elle-même connaissait les lieux pour les avoir parcourus par deux fois en compagnie de Peter. Au nord, à environ cinq kilomètres, s'étendait le lac St Clair, où la Derwent prenait sa source. Clémentine comptait sur ses souvenirs pour l'aider à s'enfuir. Mais Lawrence semblait avoir deviné ses intentions car il ne la lâchait pas des yeux.

Commença une marche pénible. Le soleil de l'aube n'était plus qu'un souvenir. Déjà, à l'ouest s'amoncelaient de nouveaux nuages. La forêt était encore plus dense que les grandes sylves que l'on rencontrait plus au sud. Ici, les arbres étaient essentiellement des pins Huon et des eucalyptus aux troncs desquamés, qui offraient toutes sortes de nuances de jaune, d'ocre, de rouge et d'orangé. Par endroits, il était impossible de pénétrer l'épaisseur de la végétation tant celle-ci était dense. Des buissons rampants entravaient la progression du petit groupe. Par endroits, sur les hauteurs balayées par les vents, la forêt s'éclaircissait et laissait apparaître de larges étendues de bruyère et d'herbe jaune qui opposaient autant d'obstacles naturels. La seule solution consistait à marcher sur le sol rocheux affleurant.

D'innombrables animaux peuplaient ces étendues farouches, oies sauvages, bernaches à crinière ainsi que le singulier canard musqué dont le dessous du bec s'ornait d'un lobe en forme d'étrave. Ils croisèrent les inévitables kangourous, des phalangers, sorte de petits renards marsupiaux, mais aussi des varans et des émeus. Dans ces espaces vierges, la nature semblait avoir donné toute la démesure de son imagination avec ces papillons géants aux couleurs incomparables ou encore ces chenilles d'une quinzaine de centimètres de long, qu'il valait mieux éviter de toucher si l'on ne voulait pas être victime de pénibles démangeaisons.

Les enfants ne se plaignaient pas. Ils avaient bien compris que les trois hommes n'hésiteraient pas à les frapper, ou pire, s'ils refusaient d'avancer. Alors, ils puisaient dans leur peur la force de marcher, et marcher encore. Epuisée par la nuit précédente, Clémentine les soutenait de toute son âme, cherchant désespérément le moyen de s'échapper. Courageusement, Mary aidait son petit frère dont elle ne lâchait pas la main. Par moments, elle jetait des regards noirs à « oncle Dick ». Elle ne lui pardonnait pas de les avoir trompés ainsi. Dans le secret du petit matin, elle avait glissé à sa mère qu'elle « voulait qu'il meure parce qu'il était trop méchant ».

Deux autres éléments inquiétaient la jeune femme. Les trois hommes avaient gardé pour eux les quelques provisions achetées le matin, et ne les distribuaient que parcimonieusement aux enfants affamés. Discrètement, Clémentine parvint à cueillir quelques baies qu'elle leur donna. Mais ce n'était pas le plus grave. Leurs ravisseurs ne se rendaient pas compte que leur fuite insensée ne les mènerait nulle part. A travers la montagne forestière, il leur faudrait plusieurs jours pour rejoindre la route de Queenstown après un détour suffisant pour semer la police. La solution la plus raisonnable eût été de se rendre, mais ils savaient tous les trois qu'ils risquaient la corde. C'était la mort qu'ils fuyaient au cœur de cette forêt farouche qu'ils ne connaissaient pas.

Au bout d'une demi-journée, ils atteignirent un sommet depuis lequel on découvrait l'étendue magnifique du lac St Clair. Celui-ci, en grande partie dissimulé sous un manteau de brume épaisse, laissait par endroits apparaître des eaux de couleur sombre, reflétant le ciel bas et gris. Clémentine se souvint de la dernière expédition à laquelle elle avait participé en compagnie de Peter. Ils avaient eu la chance de découvrir ce lac sous les rayons du soleil couchant, qui parait les rives de couleurs chaudes et profondes. La surface des eaux reflétait un ciel d'une pureté inimaginable, d'un bleu incomparable, tandis que, sur les rives, la lumière d'or mettait en valeur l'infinie variété des troncs dénudés des eucalyptus.

Aujourd'hui, le lac St Clair s'était enveloppé de mystère, et distillait une sourde hostilité. Une décharge d'adrénaline fit un instant trembler Clémentine. C'était comme si elle ressentait physiquement les menaces qui pesaient sur eux.

Les paroles de Moragani lui revinrent en mémoire :

« Tu appartiens à cette terre ! C'est en elle que tu puiseras ta force le moment venu ! »

La vieille femme ne s'était jamais trompée. Elle communiquait directement avec ce qu'elle appelait le « Rêve ». Mais que pouvait-il bien être, sinon l'esprit de la Terre elle-même ? Et si elle, Clémentine, appartenait à la Terre, peut-être était-elle capable de comprendre ce Rêve insaisissable...

Par un violent effort de volonté, elle se contraignit à chasser son angoisse. Elle devait écouter le vent, le murmure des eaux, les cris des animaux, communier avec cette forêt sauvage. Oublier ses propres repères. Elle était ici chez elle.

Peu à peu, elle s'aperçut qu'elle possédait un énorme avantage sur les trois hommes. Non seulement elle connaissait la forêt, mais elle était en harmonie avec elle. D'instinct, elle posait ses pieds où il fallait, évitant les pièges, et invitant ses enfants à l'imiter. Tandis que les trois hommes gaspillaient une quantité énorme d'énergie et s'épuisaient en proférant des jurons presque à chaque pas, elle se glissait au cœur de cette terre sans réelle difficulté. L'obstacle le plus embarrassant reposait sur sa propre peur. Une peur qu'elle s'appliqua à combattre jusqu'à la faire disparaître. Paul et Mary durent sentir la détermination nouvelle de leur mère, car ils marchèrent d'un pas plus sûr. Les pleurs s'évanouirent. Suivant l'exemple de Clémentine, ils économisaient leurs forces, scrutaient le sol pour y déceler le moindre danger.

Peu à peu, Clémentine se rendit compte que la forêt refermait son piège sur les trois hommes. C'était d'elle, de ses arbres, de ses animaux qu'elle devait attendre un secours. Un secours qu'elle appela de toutes ses forces, de toute son âme. A chaque pas qu'elle faisait, il lui semblait percevoir la puissance extraordinaire de la terre la pénétrer. Soudain, le sol se modifia étrangement. Clémentine marqua un instant d'étonnement, puis un souvenir lui revint, et elle comprit ce qui se passait. Elle serra brièvement la main des enfants et leur chuchota discrètement :

— Surtout, restez bien près de moi, et faites attention où vous posez les pieds.

Autour d'eux se dressaient de grands eucalyptus dont les hautes branches laissaient pendre des dentelles de lianes et de mousses qui composaient comme une cathédrale végétale. La luminosité réduite rendait les lieux encore plus lugubres.

Tout à coup, John Lawrence, qui ouvrait la marche, s'écria :

— Le sol est vraiment bizarre, par ici. On dirait qu'il n'est pas stable.

— Oui, ajouta Richard, ça fait un moment qu'il n'y a plus de cailloux, rien que des débris végétaux.

Lawrence poussa un juron, puis poursuivit sa progression. Et soudain, ce fut le drame. Il poussa un cri terrible et s'enfonça d'un coup jusqu'à la taille. Clémentine prit les enfants contre elle. Jetant un coup d'œil, elle vit le scélérat s'enliser inexorablement dans un sol qui n'offrait plus aucune consistance. Pétrifiés, les deux autres ne savaient plus quoi faire. Lawrence continuait de hurler pour qu'on vienne à son aide, mais ils n'osaient s'approcher. Manfred, plus courageux, tenta bien de lui tendre une branche cassée, à laquelle il s'agrippa avec l'énergie du désespoir, mais elle se brisa. En quelques secondes, Lawrence fut englouti dans les profondeurs de la terre. On l'entendit pousser un cri de terreur, qui s'estompa lorsque l'on vit le sol se reformer lentement à l'endroit où il avait disparu.

La Terre, alliée de Clémentine, avait frappé.

Richard était comme fou.

— Qu'est-ce qui s'est passé ? Qu'est-ce qui s'est passé ?

Clémentine faillit lui expliquer, mais s'abstint. En réalité, ils marchaient sur des « arbres horizontaux ». C'était un arbuste dont le mode de reproduction était très particulier. Son tronc fin et élancé le rendait fragile. Dès qu'il avait atteint une hauteur de cinq ou six mètres, il s'écroulait sur le sol. De nouvelles pousses apparaissaient alors sur son tronc, croissaient jusqu'à la même hauteur, puis tombaient à leur tour, donnant naissance à d'autres arbustes. Ainsi finissait par apparaître un fouillis inextricable et si dense que les débris végétaux ne pouvaient plus atteindre le sol et formaient un tapis épais qui constituait une plate-forme assez solide pour supporter le poids d'un homme, voire des troncs d'arbre morts. Cette plate-forme pouvait se situer parfois à plus de dix mètres du sol véritable. Mais il arrivait, par endroits, que le pourrissement creusât des trouées invisibles. L'une d'elles avait avalé John Lawrence.

Clémentine ferma les yeux. Cette canaille n'avait eu que le sort qu'il méritait, mais c'était une mort horrible, car il était probable que l'enchevêtrement des branches avait freiné sa chute, et qu'il n'avait pas péri sur le coup. Il mettrait ainsi longtemps à mourir, seul dans les ténèbres. Clémentine préféra ne pas y penser.

Manfred se mit à hurler à son tour.

— Tout ça, c'est de ta faute ! dit-il en pointant le doigt sur Richard. C'est toi qui nous a entraînés dans cette histoire !

Richard prit son pistolet et le pointa sur son complice.

— Tais-toi ! C'est lui qui a voulu passer par cette maudite forêt. Il aurait dû savoir ce qu'il faisait. Maintenant, on ne peut plus rien pour lui. Alors, si tu n'es pas content, tu peux t'en aller. Tu tomberas sur les flics et tu seras tranquille. Tu sais ce qui t'attend. Maintenant, si tu préfères vivre, tu la boucles et tu me suis.

Manfred faillit répondre, mais la perspective de tomber entre les mains des policiers lancés à leur poursuite dut le refroidir, car il obéit.

— Allez, en route, cracha Richard à l'adresse de Clémentine.

Baissant les yeux pour éviter de provoquer sa colère, elle obéit. Richard avait pris une longue branche et sondait prudemment le sol devant lui. Bientôt, ils retrouvèrent le sol rocailleux avec soulagement. Clémentine se rendit compte qu'il avaient dû traverser ainsi un petit vallon entièrement occupé par des « horizontaux ».

Ils reprirent leur difficile progression. De longues écharpes de brume s'étiraient entre les troncs des eucalyptus et des pins Huon, rendant impossible toute orientation. Malgré cela, Richard s'obstinait à avancer.

Tout à coup, Clémentine crut être victime d'une hallucination. L'espace d'une fraction de seconde, elle distingua une forme sombre se glissant entre deux arbres, à une vingtaine de mètres de distance. Sans doute était-ce un diable ou peut-être un chat-tigre. Mais la silhouette semblait plus grande. Elle secoua la tête. Le brouillard devait lui jouer des tours.

Le second drame eut lieu à peine une heure plus tard, alors que la luminosité commençait à décliner. Ils avaient atteint une sorte de promontoire donnant sur un ravin profond, au creux duquel coulait l'un des petits *creeks* qui alimentaient le lac St Clair. Par moments, au nord, on distinguait le mont Olympus, qui dominait le lac de ses mille quatre cent quarante-neuf mètres. Ils étaient arrivés au milieu de nulle part. La végétation s'était clairsemée, composée essentiellement d'arbustes modestes.

Clémentine se demandait déjà dans quelles conditions ils allaient passer la nuit lorsque Manfred poussa un cri de douleur. Clémentine n'eut que le temps de voir un éclair noir s'enfuir dans les herbes. Un serpent-tigre. Manfred avait dû enjamber imprudemment un tronc écroulé et lui avait marché dessus. Il s'écroula sur le sol en gémissant. En quelques minutes, le venin avait fait son œuvre. Le malheureux s'était adossé au tronc d'arbre, jetant autour de lui des regards affolés.

— Je ne peux plus respirer, souffla-t-il.

Richard apostropha Clémentine :

— Fais quelque chose pour lui ! Tu es médecin, non ?

— Je ne peux rien faire. Je n'ai pas de sérum, pas de seringue. Si tu m'avais laissée prendre ma trousse de secours...

— Je t'ordonne de le soigner ! s'égosilla-t-il.

Désespérée, elle écarta les bras.

— Mais que veux-tu que je fasse ? Je n'ai pas de bandage pour comprimer la plaie. Et ça ne servirait à rien. Le venin a déjà agi.

Tout à coup, il bondit sur elle et lui arracha le petit Paul. Puis il s'écarta en tenant l'enfant terrorisé contre lui, l'arme pointée contre sa tempe. Clémentine hurla, paniquée.

— Laisse-le tranquille ! C'est un enfant !

— Tu n'as pas le choix, Clémentine ! s'époumona-t-il, d'une voix marquée par la démence. Je ne veux pas rester seul dans cette forêt maudite ! Alors, ou tu guéris mon copain, ou je tue ton sale môme !

Comprenant qu'il était inutile de lui faire entendre raison, elle s'approcha de Manfred. Les yeux de celui-ci reflétaient la plus totale terreur. Il savait qu'il était en train de mourir. Son souffle se faisait de plus en plus court. Ses mains griffaient le sol de manière spasmodique. Clémentine comprit qu'il n'en avait plus que pour quelques minutes. Alors, Richard tuerait Paul. Pour donner le change, pour gagner du temps, elle ne savait plus, elle déchira le pantalon de l'agonisant. Elle nota immédiatement, à la hauteur de la cheville, les deux traces de morsure. Maladroitement parce qu'elle tremblait, elle épongea les gouttes de sang, puis exerça une pression, sachant pertinemment que tout cela était parfaitement dérisoire. Désespérée, elle adressa une prière fervente à la Terre, qui lui était déjà venue en aide une heure plus tôt.

— Aide-moi ! Aide-moi, je t'en supplie ! murmura-t-elle.

Peut-être ne fut-ce qu'une coïncidence. Soudain, un bruissement insolite attira l'attention de Clémentine. Voyant qu'elle s'occupait de Manfred, Richard avait baissé son arme. Sous les yeux étonnés de la jeune femme, plusieurs silhouettes silencieuses se matérialisèrent au milieu des arbustes, surgissant des brumes épaisses. Instantanément, elle reconnut les mystérieux tigres de Tasmanie. L'un d'eux sauta sur le poignet de l'homme qui hurla de douleur. Le pistolet tomba sur le sol. Richard, attaqué férocement, dut aussi lâcher le petit Paul qui, terrorisé, resta prostré sur la rocaille. Les fauves se mirent à gronder, contraignant l'homme à reculer. En proie à la panique, il ne vit pas le bord du ravin se rapprocher dangereusement derrière lui. Soudain, il bascula dans le vide, poussant un hurlement horrible, qui s'acheva d'un coup avec un bruit sourd.

Clémentine n'osait plus faire un geste. Comme dans un rêve, elle vit les loups tigrés revenir vers le petit garçon, autour duquel ils s'assirent en cercle en silence, montrant ainsi leur volonté de le protéger. Près d'elle, Manfred avait rendu l'âme. Mary s'était réfugiée dans ses bras et pleurait à chaudes larmes.

— Ils ne vont pas faire de mal à Paul, n'est-ce pas ? gémit-elle.

— Au contraire. Ils l'ont sauvé.

Lentement, pour ne pas effrayer les tigres, Clémentine se redressa, puis s'avança vers eux. Ils étaient une vingtaine. Parmi eux, elle reconnut une femelle au ventre blanc, qui la fixait de son regard sombre. La poche ventrale était bien visible. Elle aperçut aussi, bien nettes, les rayures noires qui leur avaient valu leur surnom de « tigres ». Mais ils ressemblaient plus à des loups qu'à des félins.

Elle avait toujours su établir des relations particulières avec les animaux. Elle arrivait même à approcher ces bestioles insupportables qu'étaient les diables. Mais elle ignorait tout des thylacines. Comment allaient-ils réagir avec elle ?

Ses craintes se dissipèrent très vite. Comme elle approchait, ils s'écartèrent pour la laisser passer. Enfin, elle put serrer son fils dans ses bras. La femelle au ventre blanc ne cessait de la fixer. A travers ses larmes, Clémentine murmura :

— Merci !

Elle songea combien Brian aurait été heureux d'assister à cette intervention miraculeuse. Elle lui dirait que ses loups n'avaient pas été tués par les chasseurs, qu'ils étaient bien vivants, et qu'ils avaient sauvé la vie de son fils. Brian... Mais quelle imbécile avait-elle été de ne pas voir qu'elle l'aimait vraiment, ce maudit Irlandais au fichu caractère ! Par quelle aberration avait-elle pu lui préférer un être démoniaque comme Richard ?

Elle resta longtemps assise sur le sol, serrant ses enfants, ses trésors, contre elle. Puis, un par un, les loups tigrés s'éloignèrent en silence. Elle se redressa.

— Ils sont partis, maman, dit Paul. Ils sont beaux.

— Oui. Ce sont eux les vrais seigneurs de cette forêt.

— Où allons-nous, maman ? demanda Mary.

Clémentine regarda autour d'elle. Ils n'étaient pas encore sauvés. La nuit allait tomber dans moins d'une heure. Il leur fallait trouver un abri. Elle n'avait même pas de quoi allumer un feu.

Prise d'une inspiration soudaine, elle fouilla les poches de Manfred et découvrit une boîte d'allumettes. De même, elle récupéra le sac dans lequel il transportait le reste des vivres, qui consistait en quelques quignons de pain et une douzaine de pommes.

— Eh bien, nous aurons de quoi manger ce soir, dit-elle joyeusement.

Il était hors de question de reprendre le chemin qu'ils avaient suivi. La seule solution consistait à suivre les crêtes longeant le lac St Clair en direction du sud. Là, elle retrouverait la piste qui joignait le lac à la route de Queenstown. Mais avant tout, elle se mit en quête d'un endroit susceptible de les accueillir. Une nouvelle fois, la chance lui sourit. Le long d'une paroi rocheuse, elle découvrit une petite grotte peu profonde, mais suffisante pour les protéger du vent froid qui s'était mis à souffler. Après avoir installé les enfants au fond de la caverne, elle ramassa du bois mort et de la mousse sèche. Quelques instants plus tard, alors que la nuit prenait possession de la forêt, un feu haut et clair s'élevait. Les enfants purent réchauffer leurs membres frigorifiés. Le repas de pain et de pommes leur parut un festin.

— Maman, demanda soudain Mary d'une voix inquiète, tu ne crois pas que des monstres peuvent venir cette nuit ?

— Non, ma chérie. Tu peux dormir tranquille. L'esprit de la Terre a veillé sur nous aujourd'hui. Il continuera de le faire pendant notre sommeil.

Rassurée, Mary se blottit contre elle et s'enveloppa dans sa couverture. Quelques instants plus tard, les deux petits dormaient.

Clémentine, épuisée, médita sur ce qui s'était passé. La vieille Moragani, une fois de plus, avait eu raison. Plus que jamais Clémentine ressentait ce lien privilégié qui existait entre cette île mystérieuse et elle. Malgré le froid, malgré la faim, elle se sentait bien au cœur de cette forêt farouche. Elle savait que plus rien de mal ne pouvait lui arriver désormais. Recrue de fatigue, elle finit par s'endormir à son tour.

Le lendemain, le soleil déjà haut la réveilla en lui chatouillant le nez. Elle ouvrit les yeux, puis poussa un cri : plusieurs silhouettes noires se tenaient devant elle.

51

Lorsque ses yeux se furent accoutumés à la lumière, Clémentine reconnut Brian Kelly, en compagnie d'une douzaine d'individus dont deux tenaient des chiens en laisse. Tous étaient armés jusqu'aux dents. La jeune femme se jeta dans les bras de l'Irlandais en riant et pleurant à la fois.

— C'est fini, dit-il en la serrant avec force. Nous allons vous ramener.

— Mais comment êtes-vous arrivés là ?

— Je vais t'expliquer. Mais il faudrait d'abord s'occuper de tes enfants.

Elle revint vers Mary et Paul qui, emmitouflés dans leurs couvertures, contemplaient les arrivants avec un mélange de frayeur et de soulagement. Elle les prit contre elle et, discrètement, leur souffla :

— Surtout, ne dites rien en ce qui concerne l'intervention des loups tigrés. Si ces hommes apprenaient leur présence, ils reviendraient ici avec des fusils pour les tuer. C'est d'accord ?

Ils hochèrent vigoureusement la tête.

Plus tard, tandis que la petite troupe se mettait en marche, elle prit Brian à l'écart et lui raconta ce qui s'était passé avec les thylacines.

— J'ai reconnu celle que tu as baptisée Ventre-Blanc, dit-elle. C'est elle qui a désarmé Richard. Ils l'ont obligé à reculer jusqu'au précipice où il s'est tué. Ensuite, ils se sont placés autour de Paul pour le protéger. Ces animaux sont intelligents, Brian. Il faut tout faire pour les préserver.

— Ce que tu me dis me réchauffe le cœur. Ils sont vivants. C'est merveilleux. A présent, il faut agir auprès du gouvernement pour qu'il déclare cette région parc national, comme il l'a fait pour le mont Field.

Elle l'avait rarement vu aussi heureux.

— Mais toi, demanda-t-elle, comment se fait-il que tu sois là ?

— Eh bien, c'est une histoire complètement folle. Après notre rencontre un peu orageuse à l'hôpital Trevine, je suis reparti pour Maydena par le train. J'y suis arrivé dans l'après-midi. Je me suis immédiatement rendu chez moi. Je voulais organiser une expédition punitive chez le vieux Prescott, pour venger Sean. Je dois dire que j'étais persuadé à ce moment-là qu'il n'allait pas s'en sortir. Mais vers le soir, des policiers se sont présentés chez moi et m'ont arrêté, prétextant que j'avais tué Charles Prescott. J'ai eu beau leur expliquer que c'était impossible puisque j'arrivais de la capitale par le train, ils n'ont rien voulu entendre. Ils m'ont d'abord emmené à New Norfolk, où j'ai passé la nuit au poste. J'ai demandé à parler à un avocat. Ils ont refusé. Le lendemain matin, ils m'ont conduit à la prison de Hobart. Là encore, impossible de parler à un avocat. En revanche, j'ai reçu la visite de Wilson. Il m'a dit qu'il allait tout faire pour que je sois pendu. J'ai pensé qu'il s'agissait d'un coup monté. Et puis, deux jours plus tard, le matin, on m'a libéré sans me donner la moindre explication. Je n'ai rien compris.

Clémentine sourit intérieurement.

— Je pense que Wilson a dû s'apercevoir de son erreur, dit-elle.

— Il aurait pu s'excuser, au moins !

— Ne te plains pas, tu es libre.

— Oui, bien sûr. Après ça, je suis passé à l'hôpital, où mon frère Sean avait repris connaissance. Deirdre était présente, ainsi que Roselynn. C'est elle qui m'a confirmé que son frère Richard était probablement à l'origine de tout, avec John Lawrence, l'ancien ami de son père. Elle m'a dit aussi que tu étais rentrée au domaine des Diables. Alors, j'ai eu envie de te voir. Sean était entre de bonnes mains. Le lendemain, à la première heure, j'ai pris le train pour Maydena. Mais en arrivant au terminus vers midi, il y avait foule. J'ai d'abord rencontré Bernie qui m'a dit que les enfants avaient été enlevés par Richard la veille. Il a ajouté qu'on avait retrouvé ton véhicule vide et que tu avais disparu. L'endroit grouillait de flics. Et au milieu de tout ça, j'ai croisé Martin Wilson. Je me suis demandé ce qu'il faisait là étant donné qu'il n'était pas policier. Mais il est venu me voir et il m'a expliqué que tu avais probablement été enlevée, toi aussi. L'employée de la poste t'avait vue discuter avec un homme dont le signalement correspondait à celui de Richard Prescott. Wilson m'a presque supplié de participer aux recherches, parce que je connaissais bien la région. J'ai accepté, bien sûr. Il semblait très inquiet pour toi. « Il faut absolument les retrouver vivants », disait-il. Je ne savais pas que vous étiez amis à ce point.

— « Ami » n'est pas exactement le mot, mais je crois qu'il ne souhaite pas qu'il m'arrive quelque chose, en effet.

— En tout cas, poursuivit Brian, la police a employé les grands moyens. Il y avait même des voitures équipées d'un système de radio pour communiquer à distance. Ils ont recherché en direction de Hobart et de Launceston, sans succès. Et puis, le soir, on leur a indiqué une maison, à Westerway, où quelqu'un avait repéré une voiture correspondant au signalement de la Ford de Prescott. Nous nous y sommes rendus. Mais vous aviez déjà quitté les lieux. Au moins, nous savions que vous étiez toujours vivants. Wilson a alors pensé que vous pouviez vous diriger vers Strahan. Il a prévenu la police de Queenstown. Mais il était trop tard pour nous lancer à votre poursuite.

« Hier, en fin de matinée, une patrouille venant de Queenstown a retrouvé la voiture de Prescott abandonnée près de Derwent Bridge. Pendant qu'ils commençaient les recherches, je suis allé les rejoindre avec quelques policiers de Hobart. Je suis arrivé hier en fin d'après-midi, avec des chiens et un équipement suffisant pour passer la nuit en forêt. Il ne m'a pas été très difficile de retrouver la trace de votre passage. Malheureusement, nous avons dû arrêter les recherches quand la nuit est tombée. J'ai passé la pire nuit de ma vie en vous imaginant dehors, sans aucune protection, avec un tel froid. Nous sommes repartis ce matin, dès le lever du soleil. Nous avons d'abord retrouvé le corps de leur complice, mais aucune trace des autres.

— Et pour cause.

— Je me suis douté qu'il s'était passé quelque chose de bizarre quand j'ai vu la réaction des chiens. Ils semblaient affolés. Mais je les ai relancés sur votre piste et nous avons fini par vous trouver.

Quelques heures plus tard, les voitures de police arrivèrent à Maydena. Prévenu, Martin Wilson vint en personne accueillir Clémentine. Tandis qu'on s'occupait des enfants affamés, il la prit à part et déclara :

— Je ne pensais pas que je dirais ça un jour, mais je suis heureux de vous revoir, miss White.

Elle sourit, mais ne répondit pas. Elle savait pertinemment que c'était surtout à cause du dossier compromettant déposé chez un avocat inconnu qu'il avait tremblé.

— On m'a dit que vous aviez réussi à vous débarrasser seule de vos agresseurs. Comment cela s'est-il passé ?

— Ils ne connaissaient pas la forêt et ses pièges, répondit-elle. John Lawrence est tombé dans une trouée végétale ; son complice Manfred a été mordu par un serpent-tigre. Quant à Richard Prescott, il a fait une chute mortelle dans un précipice. Je crois qu'il souffrait du vertige.

— Est-ce vous qui l'avez poussé ? demanda-t-il, vaguement amusé.

— Même pas. Ce n'est pas l'envie qui m'en manquait, mais je n'ai pas eu à le faire. Je pense qu'il a eu peur de quelque chose, peut-être un autre serpent. Mais à mon avis, il a perdu la raison parce que ses deux complices avaient péri. Il tenait des propos incohérents.

— Eh bien, cela évitera un procès à la Couronne, conclut-il en guise d'oraison funèbre. Ces scélérats n'ont eu que ce qu'ils méritaient.

Il laissa passer un court silence, puis ajouta :

— Ecoutez, je sais bien que vous êtes épuisée, miss White. Mais ce n'est pas pour rien que je vous ai fait venir ici, à Maydena.

Elle le regarda, intriguée.

– Expliquez-vous.

— Voilà, cela fait trois jours que mon ami Andrew Prescott est entre la vie et la mort. Le docteur Stevenson, que vous avez prévenu, est arrivé dès le lendemain avec un confrère. Malheureusement, ils connaissent mal ce genre d'opération. Les blessures par balles, c'est plutôt votre spécialité, n'est-ce pas ?

— Et ils attendent que je sois là pour l'opérer...

— C'est cela. Je sais bien que vous êtes très fatiguée, mais je crains qu'il ne résiste plus longtemps. Or, il m'a appris une chose très importante : vous êtes la mère de sa petite-fille.

— Disons qu'il est le grand-père de ma fille, je préfère.

— Si vous voulez. C'est pour elle, parce qu'il veut la voir, qu'il s'est battu avec une telle volonté. Mais il souffre beaucoup, et...

— Vous, monsieur Wilson, vous êtes donc capable de compassion ?

— Andrew est mon ami, miss White. Je suis peut-être sans pitié par certains côtés, mais pour moi, l'amitié est sacrée.

Clémentine hocha la tête.

— C'est bien, conduisez-moi près de lui. Mais laissez-moi tout de même le temps de me laver.

Une heure plus tard, Clémentine arrivait au domaine Prescott. On avait transformé la chambre du blessé en salle d'opération. Près du lit attendaient deux médecins, deux infirmières, ainsi qu'Elisabeth et Roselynn. Sans doute la jeune fille avait-elle voulu revoir son père. Clémentine les salua.

— Bonjour, miss White, dit le docteur Stevenson. Ainsi, vous êtes chirurgien !

— Je le suis devenue par la force des choses, sur les champs de bataille.

— Alors, espérons que votre expérience nous sera profitable, car mon confrère et moi nous sentons impuissants devant ce cas. Je crains qu'il faille ouvrir la cage thoracique. C'est une chose que nous n'avons jamais faite.

Une voix retentit. Celle d'Andrew Prescott.

— Laissez-la faire ! Elle connaît son métier.

Clémentine s'approcha du lit. Le vieil homme semblait avoir pris dix ans en trois jours. Ses traits s'étaient creusés sous l'effet de la souffrance. Clémentine lui prit la main.

— Mary est venue avec moi, monsieur Prescott. Vous savez, je ferai tout mon possible, mais je ne suis pas sûre de réussir. Aussi, je voulais que vous voyiez votre petite-fille avant l'opération.

La main du vieillard serra la sienne avec reconnaissance. On fit entrer l'enfant. Très émue, celle-ci s'avança, puis adressa un sourire à son grand-père. Deux larmes glissèrent sur les joues ravinées du vieil homme. Mary lui prit la main, puis se serra contre lui.

— Maman m'a dit que vous étiez mon grand-père, monsieur. Alors, je veux que vous viviez, parce que je n'ai plus mon papa. Et le papa de Paul est mort, lui aussi.

Andrew la regarda longuement, comme s'il voulait imprégner son esprit de son image, de la couleur de ses yeux, de celle de ses cheveux.

— Je te promets que je ferai tout pour te faire plaisir, ma petite fille. Je vais me battre comme jamais je ne l'ai fait.

Mary déposa un baiser léger sur la joue du vieil homme, puis Roselynn et Elisabeth l'entraînèrent hors de la chambre. Clémentine poussa un profond soupir, puis s'adressa à Andrew.

— Merci d'avoir attendu, monsieur Prescott. Je suis désolée d'arriver si tard, mais j'ai été retenue en route. Etes-vous prêt ?

— Je suis prêt.

Clémentine lui adressa un sourire, puis se tourna vers ses collègues.

— Messieurs, nous pouvons y aller.

52

Trois mois plus tard, on célébrait le mariage de Roselynn et de Sean. Celui-ci, de par cette union, était devenu le nouveau maître du domaine Prescott, et c'est dans la grande maison restaurée qu'avait lieu la réception. Les plus hautes personnalités de Hobart, dont lord Foster lui-même, avaient été invitées. Des tables avaient été dressées dans la vaste salle de réception. En ce mois de juin hivernal, il n'avait bien sûr pas été possible de profiter du grand parc.

Mary et Paul, vêtus d'habits neufs, couraient partout en compagnie d'autres enfants, surveillant les tables chargées de sucreries, tartes aux prunes, au tremble-citron, aux pommes et autres friandises.

Roselynn, à qui ses dernières expériences avaient apporté une assurance nouvelle, rayonnait dans une magnifique robe blanche. Clémentine la contemplait avec émotion. Elles étaient redevenues amies, et cette amitié comptait beaucoup pour elle.

Parmi les invités se trouvaient Emilie et Ambrose. Ce dernier, à la demande impérative de sa femme, avait présenté des excuses à Clémentine pour la manière dont il s'était conduit avec elle quelques mois plus tôt. Clémentine les avait acceptées. Depuis, il avait acheté la même automobile qu'elle et lui avait demandé des conseils.

Amos et Elisa avaient eux aussi été invités, mais n'avaient pu venir. En effet, la jeune femme venait d'accoucher d'un superbe petit garçon de neuf livres.

Tout à coup, Martin Wilson s'approcha de Clémentine.

— Eh bien, il semble que vous ayez triomphé, madame.

Il l'attira de nouveau à l'écart.

— Vous savez, cette histoire m'a bouleversé. Il est vrai que j'ai tremblé pour vous surtout parce que je craignais que votre mort n'entraînât l'ouverture de ce dossier compromettant. Je le reconnais égoïstement. Mais je veux vous dire ceci : je n'espère pas qu'un jour vous m'honorerez de votre amitié, bien sûr ; pourtant, malgré toutes les préventions que vous avez contre moi, sachez que jamais je ne tenterai quoi que ce soit contre vous. A mes yeux vous êtes désormais comme la fille que mon vieil ami Andrew aurait aimé avoir. Donc, vous pouvez détruire ce dossier. Je ne crains plus rien pour moi, puisque je vais arrêter la politique et abandonner ma fonction au tribunal. Mais je ne voudrais pas que cette erreur, commise par les imbéciles orgueilleux que nous étions à l'époque, puisse anéantir des familles entières s'il vous arrivait un accident stupide dans lequel nous ne serions pour rien.

Clémentine ne répondit pas immédiatement Puis elle déclara :

— Vous n'avez plus aucun souci à vous faire. J'ai brûlé le dossier quelques jours après l'opération de monsieur Prescott.

Martin Wilson hocha la tête et ajouta :

— Alors, c'est l'esprit d'autant plus libre que je veux vous demander pardon pour tout le mal que j'ai pu vous faire.

— Pardon accordé, monsieur le procureur, dit-elle avec un sourire.

Brian arriva, deux verres de champagne à la main.

— Je vais vous laisser, souffla Wilson en s'éclipsant.

— Je ne peux pas t'abandonner quelques minutes sans que quelqu'un en profite pour venir te conter fleurette.

— Oh, j'aime bien quand tu es jaloux.

Clémentine et Brian avaient repris leur relation amoureuse quelques jours seulement après l'enlèvement. La jeune femme avait compris combien sa relation avec Richard avait été fausse, trompeuse. Elle avait été abusée. Elle s'était détestée de s'être ainsi laissé soumettre à ses sens. Une soumission qui l'avait rendue aveugle à la vérité.

Il avait fallu toute l'amitié d'Emilie pour la réconcilier avec elle-même.

— Ce que vous prenez pour de la soumission n'était en réalité que de l'amour. C'est la grâce de toute femme que de se donner entièrement, corps et âme. Les hommes sont plus égoïstes, qui pensent d'abord à la satisfaction de leurs petits plaisirs personnels. Oh, bien sûr, ils ne sont pas tous comme ça. Votre Peter, par exemple, était un être extraordinaire. Mais il n'est plus là. Alors, je crois que vous devriez oublier ce cauchemar et songer à vivre.

Ce qu'elle avait fait, en retournant voir Brian après quelques jours de repos. Cependant, celui-ci avait une idée bien précise en tête.

Tandis que Sean embrassait sa jeune épouse avec tendresse, Brian, qui les regardait, murmura à l'oreille de Clémentine :

— Tu ne crois pas qu'il aurait été encore plus beau de célébrer deux mariages en même temps ?

— Oh non ! J'ai bien l'intention de rester libre encore un peu. Laisse-moi d'abord le temps de m'habituer à ton foutu caractère d'Irlandais.

— Parce que c'est moi qui ai un foutu caractère ? s'insurgea-t-il.

— Exactement ! Si tu pouvais te voir, on dirait un diable !

— Hein ?

Elle lui donna un léger coup sur le nez.

— Tu vois, tu te mets en colère pour un rien.

Il comprit qu'elle se moquait de lui et fit la grimace.

Elisabeth Prescott s'approcha d'eux.

— Clémentine, avec tous ces événements, je n'ai même pas eu le temps de vous remercier pour tout ce que vous avez fait.

— Je n'ai fait que mon métier, madame Prescott.

— Oui, mais vous le faites bien. Pourriez-vous venir ? Il veut vous parler. Vous aussi, monsieur Kelly.

Elle les amena devant un fauteuil sur lequel trônait Andrew Prescott.

— Prenez place, dit-il en désignant des sièges.

Il s'assirent.

— Je vous ai déjà remerciée de m'avoir sauvé la vie, Clémentine. Mais je voulais le faire devant monsieur Kelly. Cela doit vous surprendre, n'est-ce pas ?

— Parfois, le fait de frôler la mort peut apporter un éclairage totalement différent sur la vie, monsieur Prescott.

— C'est exactement ça. Monsieur Kelly, je voudrais que vous acceptiez de me serrer la main.

Un peu intrigué, Brian s'exécuta. Le vieil homme la serra avec émotion. Clémentine devina que dans son esprit passaient des images douloureuses, lourdes de remords.

— Monsieur Kelly. Par Dieu qui m'entend, je vous prie de me pardonner tout le mal que j'ai pu vous faire, à vous ainsi qu'à votre famille. Il faudra que je m'en explique bientôt devant Lui. J'espère avoir en partie réparé ce tort en permettant à ma fille, le seul enfant qui me reste, d'épouser votre frère Sean. J'ai parlé avec lui. C'est un garçon intelligent, et il aime sincèrement Roselynn. C'est pourquoi j'ai voulu qu'il reprenne mon exploitation.

— Le Christ nous ordonne de pardonner, monsieur Prescott. Aussi, je vous pardonne.

— Je vous en remercie. Vous savez, j'ai beaucoup réfléchi aux raisons qui nous poussent à détester des gens que nous ne connaissons pas, simplement parce qu'ils n'ont pas la même religion que nous, ou une couleur de peau différente. Nous sommes pourtant tous les enfants de Dieu. Mais il est plus facile de haïr les gens à qui l'on a fait du mal. Cela donne une justification à nos actes, et cela nous évite des remords.

Il se tourna vers Clémentine.

— Je me sens un peu mieux à présent.

Il hésita, puis ajouta avec un sourire espiègle :

— Au fond, on peut dire que j'ai réussi. Après tout, je voulais l'unification des exploitations forestières, et j'y suis parvenu.

— Comment ça ?

— Eh bien, comme vous l'avez dit, nous faisons un peu partie de la même famille. Mary est ma petite-fille. Quant à ma fille Roselynn, elle épouse un Irlandais qui va lui faire une ribambelle d'enfants. Les trois plus grosses exploitations de Tasmanie seront donc unies par les liens du sang. Le mien !

Epilogue

Ventre-Blanc contemplait l'étendue sauvage du lac St Clair. Tout autour, les crêtes montagneuses étaient couvertes d'un manteau de neige. Un soleil rare faisait scintiller les cimes des grands arbres. C'était la saison froide, dont elle ne pouvait savoir que les créatures-à-deux-pattes l'avaient baptisée « hiver ».

Elle huma longuement l'air glacial. Il n'y flottait plus aucune trace inquiétante. La forêt avait retrouvé la paix qui était la sienne depuis toujours. Mais pour combien de temps ? Elle croyait avoir trouvé le repos près de la cascade où l'étrange créature-à-deux-pattes lui était venue en aide lorsqu'elle était blessée. Elle avait retrouvé d'autres membres du Peuple, eux aussi chassés par la mort incompréhensible qui s'était abattue sur le monde. Ils l'avaient acceptée dans leur horde et elle avait pris pour compagnon un mâle courageux et attentionné, Longues-Mâchoires. Elle avait eu des fils et des filles. Certains avaient survécu, d'autres avaient déjà rejoint l'esprit de la Terre. Ainsi était la Loi. Mais elle se sentait bien près de la cascade, où la créature rôdait parfois, comme pour confirmer leur alliance. Et elle qui détestait les créatures semeuses de mort éprouvait une sorte de vénération pour cet être fascinant dont la main savait se faire si douce pour caresser son pelage.

Elle aurait pu vivre ainsi en paix près du petit lac. Malheureusement, d'autres démons étaient survenus, et, de nouveau, le monde s'était chargé de menaces. Un jour, elle avait senti l'odeur de l'allié, mêlée à celle d'une femelle, elle aussi bienveillante. Mais, au-delà de ces senteurs amicales, l'air apportait les relents fétides d'êtres terrifiants, porteurs de mort et de destruction. La horde s'était réfugiée au plus profond de la forêt, épiant les créatures. Pendant la nuit, le vent avait apporté l'angoissante odeur du feu, provenant de l'autre côté de la colline. Ventre-Blanc avait perçu, pendant une journée entière, la présence de la créature alliée et de la créature femelle, leurs odeurs s'entrelaçant intimement. Elle avait failli courir les rejoindre, mais Longues-Mâchoires lui avait ordonné la prudence. Elle ne devait pas mettre la survie de la meute en danger. Alors, elle avait obéi et n'avait pas revu cet être qui l'attirait si fort.

Pire encore, l'instinct de son compagnon lui avait fait comprendre que la cascade n'était plus un lieu sûr. La horde avait donc fui vers le nord, s'enfonçant encore plus profondément dans la montagne forestière. Après une longue errance au cours de laquelle il avait fallu redoubler de prudence pour éviter d'être aperçu des créatures de mort, ils étaient parvenus près de ce lac immense dont les montagnes environnantes offraient une multitude d'endroits secrets capables de les soustraire à la traque des démons. Et de nouveau ils avaient connu la paix.

Un jour, il s'était produit quelque chose d'étrange. L'air avait apporté une odeur connue : celle de la créature femelle et amicale qui accompagnait celle de l'allié. Mais elle se nuançait de peur, d'angoisse. Deux odeurs similaires s'y mêlaient, celles des petits de la femelle. Ventre-Blanc avait tout de suite senti qu'un danger planait sur les trois créatures. Elle n'avait pas été longue à comprendre l'origine de cette menace. Les puanteurs de trois démons empestaient le monde, se répandant parmi les arbres comme une brume impalpable et maléfique. Ce n'étaient pas celles des semeurs de mort. C'était autre chose de plus effrayant encore, comme le reflet de la folie de ces créatures destructrices. La terreur et la colère suintaient de ces trois spectres malfaisants. L'instinct de Ventre-Blanc l'avait poussée à ne pas fuir. La créature femelle alliée avait besoin d'être protégée contre ces êtres funestes. Ventre-Blanc avait communiqué ses craintes à Longues-Mâchoires. Alors, furtivement, la meute avait suivi le groupe de créatures.

Ils avaient assisté, de loin, à l'agonie de l'un des démons, pris au piège des arbres-qui-poussent-sous-la-terre. Puis l'ombre de la mort s'était abattue sur un deuxième démon. Le troisième avait alors sombré dans la folie, laissant échapper des effluves de panique. Il s'était emparé de l'un des petits de la femelle alliée. Ventre-Blanc se souvenait de l'exaltation et de la colère ressenties par l'ensemble de la meute. Elle-même avait pris la tête de la horde et s'était rapprochée en silence du démon. Puis, parvenue à bonne distance, elle avait bondi sur lui, libérant le petit. L'être maléfique avait péri, écrasé au fond d'un ravin. Et une nouvelle fois, l'alliance avec la femelle avait été conclue. Mais l'air se chargeait déjà d'autres odeurs lointaines, et il avait fallu se fondre dans la forêt.

Aujourd'hui, la forêt avait retrouvé sa sérénité. Ventre-Blanc sentait qu'elle ne verrait peut-être pas les neiges du prochain soleil. Ses membres alourdis et douloureux lui disaient qu'elle approchait de l'âge où elle devrait bientôt rejoindre le Grand Esprit de la Terre. Aussi, elle profitait de chaque instant qui passait, de la complicité de son compagnon, Longues-Mâchoires, qui avait cédé le commandement de la horde à un mâle plus jeune et plus puissant. Cela s'était fait sans combat, comme le voulait autrefois la tradition. Aujourd'hui, le Peuple savait qu'il fallait économiser chaque vie, protéger plus que tout chaque petit qui naissait, et se dissimuler à la vue des créatures de mort qui rôdaient encore parfois à la frontière du Royaume.

A ce prix-là seulement, le Peuple parviendrait-il à survivre...

Très loin, de l'autre côté du monde, au sud du continent australien, existe une île étonnante. Au cœur de cette île s'étend un lac aux eaux le plus souvent masquées par les brumes, et cernées par des ceintures de forêts impénétrables et sauvages où l'homme n'a pas sa place. C'est là, au cœur de cette sylve farouche, que, selon la légende, survivraient les derniers tigres de Tasmanie.

FIN

LA TASMANIE

Géographie

Située au sud de l'Australie, la Tasmanie mesure 296 km du nord au sud et 315 km d'est en ouest. Son territoire, d'une superficie de 64 000 km^2, regroupe quelque 500 000 habitants. Sa population se concentre sur la côte nord et dans la partie orientale de l'île. La capitale, Hobart, compte à elle seule 180 000 habitants. Cette petite ville au charme indéniable est essentiellement connue pour la fameuse course Sydney-Hobart, qui a lieu chaque année en décembre. Installée à l'embouchure de la Derwent, elle présente un riche capital architectural de style victorien et géorgien, comme par exemple le Théâtre royal, construit en 1837, qui fut le premier en Australie.

La Tasmanie se situant à la hauteur des quarantièmes rugissants, le climat de l'île est maritime. Les précipitations sont abondantes, mais l'île connaît aussi des périodes de chaleur et d'ensoleillement. Un proverbe affirme que l'on peut y rencontrer les quatre saisons en une seule journée.

Les principales ressources de l'île reposent sur l'exploitation minière (soufre, cuivre), forestière, ainsi que l'élevage et l'agriculture. L'abondance des lacs permit très tôt de faire bénéficier l'industrie d'une production hydroélectrique à moindre coût, ce qui aida grandement la Tasmanie à se relever de la grave crise économique qu'elle traversa pendant les années vingt.

La Tasmanie présente, dans sa partie occidentale, une vaste forêt de trois millions d'hectares, aujourd'hui protégée. C'est le seul pays au monde dont vingt pour cent de la superficie soit occupée par des parcs nationaux.

Histoire

L'île fut peuplée il y a plusieurs milliers d'années par des Aborigènes en provenance d'Australie, dont ils restèrent probablement séparés par la suite. Ils y menèrent une vie sans histoire jusqu'à l'arrivée des Européens.

La Tasmanie fut découverte par un Hollandais, Abel Tasman, en 1642. En l'honneur du gouverneur général des Indes hollandaises, elle fut tout d'abord baptisée Terre de Van Diemen. Bien que passée sous contrôle britannique au début du dix-neuvième siècle, elle ne reçut son nom actuel qu'en 1856.

Elle reçut la visite de plusieurs navigateurs, comme Cook (1777) ou encore le sinistre capitaine Bligh, tristement célèbre pour l'aventure des révoltés du Bounty (1788). Lorsque l'explorateur français Nicolas Baudin y débarqua en 1802, les Britanniques s'inquiétèrent et prirent possession de l'île en 1803. La première colonie fut composée de quelques dizaines de convicts et de soldats, qui survécurent dans des conditions difficiles à l'embouchure de la Derwent, où fut fondée la cité de Hobart. Le gouverneur Macquarrie développa la ville à partir de 1811, et elle connut très vite un essor spectaculaire.

L'histoire de la Tasmanie fut marquée par des événements dramatiques. Tout d'abord, il fallait de la main-d'œuvre bon marché pour défricher les terres vierges, et les juges anglais en perruque blanche n'hésitèrent pas à prononcer des condamnations de déportation pour des vétilles. Au cours du dix-neuvième siècle, plus de soixante-quatre mille personnes, dont dix-sept mille femmes, furent ainsi déportées dans l'île. Le sort de ces femmes fut particulièrement tragique. Si certaines parvinrent à trouver du travail dans les manufactures locales, où elles étaient honteusement exploitées, d'autres n'eurent que la ressource de vendre leur corps pour subsister.

L'isolement de la Tasmanie lui valut aussi d'abriter le terrible bagne de Port Arthur, qui accueillait les prisonniers les plus dangereux. Les conditions de détention étaient épouvantables. Sous le prétexte de « réhabilitation » par la punition, les détenus étaient cloîtrés dans des cellules minuscules, où ils pouvaient à peine bouger, et ceci vingt-trois heures par jour. Pendant l'unique heure de promenade, ils devaient porter des masques. Les plus récalcitrants étaient enfermés dans l'obscurité totale, ce qui entraîna de nombreux cas de folie. Le bagne, fermé en 1877, fut d'ailleurs transformé... en asile de fous.

Mais le drame le plus effroyable fut le conflit qui opposa très vite les colons et les Aborigènes. Si ces derniers réservèrent un accueil plutôt bon aux arrivants dans les premières années, les relations se ternirent très vite lorsque les immigrants commencèrent à repousser les Aborigènes à l'intérieur des terres pour installer leurs troupeaux. En 1804, les habitants d'un petit village d'autochtones furent massacrés sur la rive orientale de la Derwent, à Bellerive. Les Aborigènes se vengèrent en tuant les troupeaux. Le conflit s'amplifia, à tel point qu'en 1832, la loi martiale fut décrétée, autorisant les colons à abattre les Aborigènes qui s'introduiraient sur leurs terres. Il s'ensuivit un massacre systématique qui aboutit à l'extermination totale des premiers Tasmaniens. La dernière survivante, Truganini, dont l'histoire tragique est évoquée dans le roman, s'éteignit le 8 mai 1876. Pour comble d'ignominie, son squelette fut exposé de 1904 à 1947 au musée de l'Homme de Hobart. Ce n'est qu'en 1976, à l'instigation des Aborigènes australiens, que ses cendres furent enfin rendues à l'océan.

La flore

La Tasmanie constitue un pays à part, puisqu'on y découvre des arbres incroyables, comme les eucalyptus géants, seuls capables de rivaliser avec les séquoias californiens.

Dans la haute forêt pluviale, on croise aussi des pins âgés de plusieurs milliers d'années, ainsi que des arbustes étonnants comme les « rampants », les arbres « horizontaux » ou les « arbres à lames ».

La faune

La Tasmanie se caractérise aussi par sa faune très particulière, conséquence de son isolement prolongé. On y rencontre des animaux aussi surprenants que le diable ou sarcophile, petit marsupial carnivore, le chat-tigre, le phalanger, l'opossum ou l'échidné. On y croise aussi l'ornithorynque, mammifère marsupial qui pond des œufs et allaite ses petits, présente des pattes palmées et un bec de canard.

Cependant, l'animal le plus étonnant était sans conteste le thylacine, autrement appelé loup tigré ou tigre de Tasmanie, dont il est question dans le roman. Il fut pourchassé à partir du dix-neuvième siècle parce qu'il s'attaquait aux troupeaux importés par les colons, à tel point qu'il disparut au début du vingtième siècle. Le dernier spécimen vivant, une femelle baptisée « Benjamin », mourut au zoo de Hobart en 1934. Depuis, la légende prétend qu'il survivrait dans les forêts profondes, quelque part aux alentours du lac St Clair. Toutefois, les expéditions menées à de nombreuses reprises n'ont rien donné.

Grâce à la technologie du clonage, certains scientifiques estiment qu'il devrait être possible de faire réapparaître l'espèce, en utilisant des cellules prélevées sur les embryons de thylacines conservés au musée, et en les faisant porter par un marsupial comme le sarcophile. Mais aucun programme n'est en cours actuellement.

Bibliographie

Outre la documentation considérable fournie par madame Hilary Fawcett et les membres de l'Alliance française de Hobart, je me suis référé aux ouvrages suivants :

Le Grand Guide de l'Australie (Gallimard)
Australie, le cinquième continent (Yves Paccalet et Stanislas Fautré, Arthaud)
Regard sur l'Australie (Michaël Ruetz, Hologramme)
Australie (Jean-Michel Defoilhoux et Olivier Bolch, Hermé)
Encyclopædia Universalis

retrouvez Bernard Simonay sur son site :
www.simonay.com

PRODUCTION JEANNINE BALLAND

Romans « Terres de France »

Jean Anglade
Un parrain de cendre
Le Jardin de Mercure
Y a pas d'bon Dieu
La Soupe à la fourchette
Un lit d'aubépine
La Maîtresse au piquet
Le Saintier
Le Grillon vert
La Fille aux orages
Un souper de neige
Les Puysatiers
Dans le secret des roseaux
Sylvie Anne
Mélie de Sept-Vents
Le Secret des chênes
La Couze
Ciel d'orage sur Donzenac
Jean-Jacques Antier
Autant en apporte la mer
Marie-Paul Armand
La Poussière des corons
La Courée
tome I *La Courée*
tome II *Louise*
tome III *Benoît*
La Maîtresse d'école
La Cense aux alouettes
Nouvelles du Nord
L'Enfance perdue
Un bouquet de dentelle
Victor Bastien
Retour au Letsing
Françoise Bourdon
La Forge au Loup
La Cour aux Paons
Le Bois de lune
Annie Bruel
La Colline des contrebandiers
Le Mas des oliviers
Les Géants de pierre
Marie-Marseille
Jean du Casteloun
Michel Caffier
Le Hameau des mirabelliers
La Péniche Saint-Nicolas
Les Enfants du Flot
Jean-Pierre Chabrol
La Banquise
Alice Collignon
Un parfum de cuir
Didier Cornaille
Les Labours d'hiver
Les Terres abandonnées
La Croix de Fourche
Étrangers à la terre
L'Héritage de Ludovic Grollier
L'Alambic
Georges Coulonges
Les Terres gelées
La Fête des écoles
La Madelon de l'an 40
L'Enfant sous les étoiles
Les Flammes de la Liberté
Ma communale avait raison
Les blés deviennent paille
L'Été du grand bonheur
Des amants de porcelaine
Le Pays des tomates plates
La Terre et le Moulin
Les Sabots de Paris
Yves Courrière
Les Aubarède
Anne Courtillé
Les Dames de Clermont
Florine
Dieu le veult
Les Messieurs de Clermont
L'Arbre des dames
Le Secret du chat-huant
Annie Degroote
La Kermesse du diable
Le Cœur en Flandre
L'Oubliée de Salperwick
Les Filles du Houtland
Le Moulin de la Dérobade
Les Silences du maître drapier
Alain Dubos
Les Seigneurs de la haute lande
La Palombe noire
La Sève et la Cendre
Le Secret du docteur Lescat

Elise Fischer
Trois Reines pour une couronne
Les Alliances de Cristal
Alain Gandy
Adieu capitaine
Un sombre été à Chaluzac
L'Énigme de Ravejouls
Les Frères Delgayroux
Les Corneilles de Toulonjac
L'Affaire Combes
Les Polonaises de Cransac
Le Nœud d'anguilles
Gérard Georges
La Promesse d'un jour d'été
Michel Hérubel
La Maison Gelder
La Falaise bleue
Tempête sur Ouessant
Le Démon des brumes
Denis Humbert
La Malvialle
Un si joli village
La Rouvraie
La Dent du loup
L'Arbre à poules
Les Demi-Frères
La Dernière Vague
Yves Jacob
Marie sans terre
Hervé Jaouen
Que ma terre demeure
Jean-Pierre Leclerc
Les Années de pierre
La Rouge Batelière
Louis-Jacques Liandier
Les Gens de Bois-sur-Lyre
Les Racines de l'espérance
Jean-Paul Malaval
Le Domaine de Rocheveyre
Les Vignerons de Chantegrêle
Jours de colère à Malpertuis
Quai des Chartrons
Les Compagnons de Maletaverne
Dominique Marny
A l'ombre des amandiers
La Rose des Vents
Louis Muron
Le Chant des canuts
Henry Noullet
La Falourde
La Destalounade
Bonencontre
Le Destin de Bérengère Fayol
Le Mensonge d'Adeline
Frédéric Pons
Les Troupeaux du diable
Les Soleils de l'Adour
Jean Siccardi
Le Bois des Malines
Les Roses rouges de décembre
Le Bâtisseur de chapelles
Jean-Michel Thibaux
La Bastide blanche
Le Secret de Magali
La Fille de la garrigue
Le Roman de Cléopâtre
La Colère du mistral
L'Homme qui habillait les mariées
La Gasparine
L'Or des collines
Jean-Max Tixier
Le Crime des Hautes Terres
La Fiancée du santonnier
Brigitte Varel
Un village pourtant si tranquille
Les Yeux de Manon
Emma
L'Enfant traqué
Le Chemin de Jean
L'Enfant du Trièves
Colette Vlérick
La Fille du goémonier
Le Brodeur de Pont-l'Abbé
La Marée du soir
Le Blé noir

Collection « Sud Lointain »

Jean-Jacques Antier
Le Rendez-vous de Marie-Galante
Marie-Galante, la Liberté ou la Mort
Erwan Bergot
Les Marches vers la gloire
Sud lointain
tome I *Le Courrier de Saigon*
tome II *La Rivière des parfums*
tome III *Le Maître de Bao-Tan*
Rendez-vous à Vera-Cruz
Mourir au Laos
Jean Bertolino
Chaman
Paul Couturiau
Le Paravent de soie rouge
Le Paravent déchiré
Alain Dubos
Acadie, terre promise
Hervé Jaouen
L'Adieu au Connemara
Dominique Marny
Du côté de Pondichéry
Les Nuits du Caire
Juliette Morillot
Les Orchidées rouges de Shanghai
Michel Peyramaure
Les Tambours sauvages
Pacifique Sud
Louisiana
Jean-Michel Thibaux
La Fille de Panamá

Romans

Alain Gandy
Quand la Légion écrivait sa légende
Hubert Huertas
Nous jouerons quand même ensemble
La Passagère de la « Struma »
Michel Peyramaure
Le Roman de Catherine de Médicis

Impression réalisée par

BUSSIÈRE

GROUPE CPI

à Saint-Amand-Montrond (Cher)
en mars 2005
pour les Presses de la Cité
12, avenue d'Italie
75013 Paris

Composition : Nord Compo

N° d'édition : 7078. — N° d'impression : 050969/1.
Dépôt légal : mars 2003.
Suite du 1er tirage

Imprimé en France